所得課税における
時間軸とリスク

課税のタイミングの理論と法的構造

神山弘行

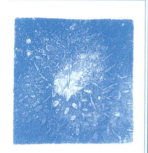

有斐閣

はしがき

　本書は，筆者が東京大学大学院法学政治学研究科に提出をした助教論文「租税法における年度帰属の理論と法的構造」（この一部を法学協会雑誌 128 巻 10 号・12 号，129 巻 1 号～3 号に公表した）及び，助教論文と密接に関連する論文をもとに補充・修正を加えた上で，一冊の書物の形にしたものである。恩師である中里実先生の勧めもあり，これまでの研究に一つの区切りをつけるべく，出版させていただくこととした。本書のもとになった諸論文の出典は次の通りである。

第 1 編
　序　　章　　法学協会雑誌 128 巻 10 号 1 頁～11 頁（2011 年）
　第 1 章　　法学協会雑誌 128 巻 10 号 12 頁～38 頁（2011 年）
　第 2 章　　法学協会雑誌 128 巻 10 号 38 頁～79 頁（2011 年），同 128 巻 12 号 194 頁～272 頁（2011 年），同 129 巻 1 号 99 頁～133 頁（2012 年）
　第 3 章　　法学協会雑誌 129 巻 1 号 134 頁～163 頁（2012 年），同 129 巻 2 号 135 頁～203 頁（2012 年）
　第 4 章　　法学協会雑誌 129 巻 3 号 153 頁～222 頁（2012 年）
　結　　語　　法学協会雑誌 129 巻 3 号 222 頁～227 頁（2012 年）
第 2 編
　はじめに　書下ろし
　第 1 章　　「所得の年度帰属——低金利時代における基礎理論の再考」日税研論集 74 号 189 頁，198 頁～215 頁（2018 年）
　第 2 章　　「租税法と『法の経済分析』——行動経済学による新たな理解の可能性」金子宏編『租税法の発展』315 頁～336 頁（有斐閣，2010 年）
　第 3 章　　書下ろし
　結　　語　　書下ろし

i

筆者が研究者を志す契機は，学部3年生の冬学期に受講した中里実先生の租税法演習であった。そこでは，租税・財政の諸問題について，精緻な解釈論だけでなく，経済学やファイナンス理論を駆使した法と経済学の分析や立法政策論，分配的正義や公平・衡平といった哲学的分析，政治経済学や公共選択論を踏まえた分析など実に多角的な観点から，毎週のように知的議論が活発に展開されていた。筆者にとって，この時から租税法学の領域は，知的好奇心を掻き立て，未知の発見をもたらしてくれる実り豊かなジャングルのような存在であり続けている。

　助手として学究の途に足を踏み入れてから今日に至るまで，中里実先生は筆者を大変親身に導いて下さった。「鉄は熱いうちに打て」と助手時代に米国留学を勧めて下さったことには，心より感謝申し上げる。今後も引き続き変わらぬご指導をお願い申し上げたい。金子宏名誉教授は，伝統的解釈法学からは乖離することが少なくない筆者の学術的興味や研究をいつもあたたかく見守って下さる。米国ハーバード・ロースクールのS.J.D.（法学博士）課程の指導教員であったDaniel Halperin教授も親身にご指導下さった。渕圭吾教授，浅妻章如教授，吉村政穂教授，藤谷武史教授は日頃から議論を通じて学術的刺激を与えて下さるだけでなく，国内外において様々な局面で救いの手を差し伸べて下さった。また，日頃から研究にご助言を下さる佐藤英明教授，増井良啓教授，渋谷雅弘教授，そしてハーバードでお世話になったHowell Jackson教授，Alvin C. Warren教授，J. Mark Ramseyer教授，Louis Kaplow教授にも感謝を申し上げたい。これら全ての先生方の助けがなければ，筆者は租税法学のジャングルで一人遭難していたであろう。残念ながら全ての方のお名前を挙げることができないが，租税法学会，租税法研究会，租税判例研究会，その他研究会でご指導・ご助言を下さる先生方にも感謝申し上げる。岡山大学，神戸大学，一橋大学の同僚の先生方からも多大なる刺激を受けた。

　幼少期から好奇心と自主性を尊重し自由に学習させてくれた父と母，筆者の研究生活をいつも支え励ましてくれる愛する妻と二人の子に心から感謝するとともに，本書を捧げたい。

　本書の出版にあたっては，有斐閣の柳澤雅俊氏から長期にわたり多大なる尽力を得た。厚く感謝申し上げる。本書所収の諸論文および新規書下ろし部分の執筆はJSPS科研費JP21730019，JP23730022，JP26380037，JP18K01241の

はしがき

助成を得て行われた。また，本書の刊行は公益財団法人租税資料館の出版助成
金を得て行われた。

　　2019 年 11 月 10 日　　国立の研究室にて

　　　　　　　　　　　　　　　　　　　　神　山　弘　行

目　次

第1編　課税のタイミングの理論と法的構造
——政府の視点と納税者の視点の峻別

序章　問題の所在 ———————————————————— 3

    I　本書の目的　*(3)*　　II　問題意識　*(3)*　　III　第1編の検討対象
と分析の順番　*(9)*

第1章　先行研究と本書の視座 ————————— 11

  序 ……………………………………………………………… 11

  第1節　課税のタイミングに関する従来の基礎理論 ……………… 11

    第1款　取得費の控除時期と投資収益課税の関係　*12*

      第1項　ベースラインとしての経済的減価償却　*12*

      第2項　即時全額控除と投資収益非課税の等価性
          （Cary Brown Model）　*14*

      第3項　利子つきの減価償却　*16*

    第2款　課税繰延と投資収益非課税の等価性　*18*

    第3款　中間利息への課税　*20*

  第2節　従来の基礎理論の問題点と本書の視座 ……………… 21

    第1款　二つの視座　*21*

    第2款　政府（国庫）の視点　*22*

      第1項　租税支出論　*22*

      第2項　政府と納税者のパートナーシップ契約という
          アナロジー　*24*

      第3項　所得税におけるリスクへの課税　*24*

第4項　本書の視座　*26*

第3款　納税者の視点　*31*

第3節　小　　括 ……………………………………………………… *32*

第2章　法理論・法制度の形成と到達点
　　──アメリカ法を題材に ───────────────── *35*

第1節　は じ め に ……………………………………………… *35*

第1款　本章の位置づけ　*35*

第2款　用 語 法　*36*

第2節　課税のタイミングと法的基準──フローの視点 ……… *37*

第1款　現金主義と発生主義　*37*

第2款　現金主義会計と課税所得の算出　*39*

第1項　現金主義と三つの法理　*39*

第2項　みなし受領の法理（Constructive Receipts Doctrine）　*42*

　　Ⅰ　財務省規則制定以前（1957 年以前）　（*42*）　　Ⅱ　財務省規則の構造（1957 年以降）と裁判例　（*42*）　　Ⅲ　みなし受領の法理の適用を巡る裁判例　（*43*）　　Ⅳ　みなし受領の法理の適用の判断が困難になる類型　（*46*）

第3項　現金等価の法理（Cash Equivalence Doctrine）　*52*

第4項　経済的利益の法理（Economic Benefit Doctrine）　*56*

　　Ⅰ　起　源　（*56*）　　Ⅱ　1969 年税制改正による適用範囲の拡大　（*57*）

第5項　三法理の関係　*59*

　　Ⅰ　経済的利益の法理と現金等価の法理　（*59*）　　Ⅱ　経済的利益の法理とみなし受領の法理　（*60*）　　Ⅲ　みなし受領の法理と現金等価の法理　（*60*）

第3款　発生主義会計と課税所得の算出　*61*

第1項　問題の所在と分類　*61*

第2項　不確実性と所得・費用の発生──全事情の基準　*62*

　　Ⅰ　判例法の変遷　（*62*）　　Ⅱ　判例法の解釈と射程　（*65*）

第3項　所得の計上時期──前受金　*66*

第 4 項　費用の計上時期——全事情の基準と経済的履行の法理　*67*

Ⅰ　金銭の時間的価値と発生主義会計　(*67*)　Ⅱ　全事情の基準の法的構造とその限界　(*68*)　Ⅲ　経済的履行の法理（Economic Performance Doctrine）の法的構造　(*84*)

第 4 款　取引当事者間の課税のタイミングの乖離と

マッチング法理　*92*

第 1 項　内国歳入法典 83 条(h)　*92*

第 2 項　内国歳入法典 267 条(a)　*93*

第 3 項　内国歳入法典 404 条(a)　*95*

第 4 項　考　　察　*96*

Ⅰ　Halperin 論文——マッチング不要説　(*96*)　Ⅱ　Halperin 論文への留保　(*98*)　Ⅲ　繰り返しゲームとしての雇用・委任関係という視点　(*103*)

第 5 款　小　　括　*103*

第 3 節　課税繰延・早期控除への制度的対応

——フローとストックの視点 ……………………………… *104*

第 1 款　時価主義課税とその限界——PFIC を題材に　*106*

第 1 項　国際課税における課税繰延　*106*

第 2 項　国際課税における課税繰延防止規定とその変遷　*107*

Ⅰ　内部留保課税（Accumulated Earning Tax）　(*108*)　Ⅱ　外国同族持株会社（Foreign Personal Holding Company）　(*110*)　Ⅲ　同族持株会社（Personal Holding Company）　(*111*)　Ⅳ　CFC ルール（Controlled Foreign Corporation）　(*111*)　Ⅴ　外国投資会社（Foreign Investment Company）　(*112*)

第 3 項　PFIC ルール（Passive Foreign Investment Company）　*113*

Ⅰ　立法経緯　(*113*)　Ⅱ　適用対象　(*114*)　Ⅲ　課税方法　(*116*)

第 2 款　将来支出の割引現在価値の控除

——内国歳入法典 468 条と 468A 条　*121*

Ⅰ　内国歳入法典 468A 条の立法背景と法的構造　(*122*)　Ⅱ　内国歳入法典 468 条の法的構造　(*123*)　Ⅲ　分析——Ex ante と Ex post の乖離という問題　(*123*)

第 3 款　直接的又は間接的な利子税の賦課　*125*

第 1 項　参照利率の条文構造　*125*

Ⅰ　連邦短期レート　（*125*）　　Ⅱ　過大納税への還付加算金　（*126*）
Ⅲ　過少納税への利子税　（*126*）　　Ⅳ　1 年物国債の利率　（*127*）
Ⅴ　連邦レートの 110%　（*127*）　　Ⅵ　6% の固定利率　（*127*）　　Ⅶ
無利息国債の購入　（*128*）

第 2 項　適切な利子率に関する導入的考察　*128*

Ⅰ　適切な利子率の基準　（*128*）　　Ⅱ　利子率の代表的候補　（*130*）
Ⅲ　租税回避および脱税が行われる蓋然性の上昇　（*135*）

第 3 項　利子税の賦課方式　*137*

Ⅰ　課税繰延を認める理由と賦課方式　（*137*）　　Ⅱ　納税資金不足による
課税繰延　（*138*）　　Ⅲ　時価評価が困難なことによる課税繰延　（*141*）

第 4 款　代替課税（Substitute taxation）　*143*

Ⅰ　経済的履行の法理（内国歳入法典 461 条(h)）　（*144*）　　Ⅱ　原子力
発電所の廃炉費用（内国歳入法典 468A 条）　（*145*）　　Ⅲ　関連当事者
間の取引とマッチング　（*146*）

第 5 款　分　　析　*147*

第 1 項　三つの手法　*147*

第 2 項　各手法の問題点　*147*

Ⅰ　経済的履行の発生時点と現実の支払いの乖離　（*147*）　　Ⅱ　費用
の割引現在価値の控除と現金主義——事前（ex ante）と事後（ex post）
の視点　（*148*）　　Ⅲ　割引なしの即時控除と利子賦課　（*149*）

第 4 節　小　　括 ……………………………………………………… *149*

第 3 章　基礎理論の再検討——政府の視点と納税者の視点—— *153*

第 1 節　本章の視点 …………………………………………………… *153*

第 1 款　本章の対象　*153*

第 2 款　用 語 法　*153*

第 2 節　等価性と非等価性 …………………………………………… *154*

第 1 款　先払消費課税と後払消費課税の等価性　*154*

第 2 款　非等価性をもたらす要因——従来の視点　*156*

第 1 項　アブノーマル・リターン　*157*

第 2 項　累 進 課 税　*159*

Ⅰ　二段階累進（フラット税率と非課税枠）・二期モデル・リスクなし
（*160*）　Ⅱ　多段階累進・二期モデル・リスクなし　（*162*）　Ⅲ　二
段階累進・二期モデル・リスクあり　（*163*）

第3項　将来における税率の上昇　*166*

第4項　相続・贈与の存在　*167*

Ⅰ　二つの消費（所得）概念　（*167*）　Ⅱ　米国・連邦所得税の構造
（*170*）　Ⅲ　消費概念と等価性・非等価性　（*173*）　Ⅳ　議論からの
示唆　（*176*）

第3款　小　　括　*176*

第3節　政府（国庫）の視点と納税者の視点の峻別 ……………… *177*

第1款　割引率に対する基本的視座　*178*

第1項　割引率ゼロという規範的主張　*179*

第2項　租税支出とフィナンシャル・アプローチ　*181*

Ⅰ　タックス・コスト方式（tax cost method）　（*182*）　Ⅱ　ベネフ
ィット方式（benefit method）　（*183*）

第3項　租税支出とソーシャル・アプローチ　*184*

第2款　アメリカにおける政府の割引率政策の解明と分析　*186*

第1項　予算過程における割引率　*187*

Ⅰ　割引率ゼロと割引率無限大　（*187*）　Ⅱ　政府の借入利率（国債
の利率）　（*188*）

第2項　決算過程における割引率　*193*

Ⅰ　FASABと連邦政府の決算報告　（*193*）　Ⅱ　ソーシャル・セキュリ
ティ（年金）　（*194*）　Ⅲ　ソーシャル・セキュリティ（健康保険）　（*194*）

第3項　政策決定過程における割引率　*195*

Ⅰ　行政機関の視点——OMBの指針　（*195*）　Ⅱ　政府監査院の視点
——GAOの指針　（*200*）　Ⅲ　連邦議会予算局の視点——CBOの指針
（*203*）　Ⅳ　考　察　（*204*）

第4項　小　　括　*207*

第3款　政府の割引率に関する考察——リスクの観点から　*208*

第1項　リスクと割引率の関係　*208*

Ⅰ　割引率に影響を与える要因　（*208*）　Ⅱ　リスクの尺度　（*209*）
Ⅲ　リスクと割引率　（*210*）

第2項　租税の存在と割引率　*211*

Ⅰ　リスクが存在しない場合　(*211*)　　Ⅱ　リスクが存在する場合
（*212*）

　　第3項　政府・リスク・割引率　*214*
　　　Ⅰ　政府の借入金利　(*214*)　　Ⅱ　政府とリスク　(*215*)

　　第4項　割引率を引き上げる要因　*219*

　第4款　政府の割引率の具体的候補　*220*

　　第1項　時間選好率　*220*

　　第2項　機会費用──限界投資収益率，加重平均，影の資本価格　*221*

　　第3項　国債の利子率　*225*

　　第4項　確実性等価物と無リスク金利の併用　*227*

　第5款　小　　括　*228*

第4章　課税繰延への対処策と日本法への示唆 ──────── *231*

第1節　課税繰延の問題点 ………………………………………… *231*

第2節　金銭の時間的価値と課税繰延
　　　　　──キャピタル・ゲイン課税を題材に ……………………… *232*

　第1款　概　　要　*232*

　第2款　問題点の定式化　*233*

　第3款　対　処　策　*235*

　　第1項　時価主義課税　*235*

　　第2項　毎年度の利子税賦課　*236*

　　第3項　実現時の調整もしくは利子税の賦課　*239*

　　第4項　Retrospective Taxation　*241*

　　第5項　Generalized cash-flow taxation　*244*

　　第6項　イールド課税（The Yield Based Method）　*247*
　　　Ⅰ　離散モデルと連続モデル　(*248*)　　Ⅱ　基本構造──中間利子・
　　中間配当がない場合　(*249*)　　Ⅲ　保有期間に対する中立性　(*252*)
　　　Ⅳ　損失と還付税額の関係　(*255*)　　Ⅴ　中間利子・配当　(*257*)
　　　Ⅵ　課税対象としての投資単位の問題　(*260*)　　Ⅶ　ポートフォリオ
　　へのイールド課税　(*263*)

ix

第4款　小　　括　*267*

　第3節　加速度減価償却 ………………………………………… *269*

　　第1款　歴史的背景と制度の機能　*269*
　　　Ⅰ　日本の法制度　（*269*）　　Ⅱ　米国の法制度　（*270*）

　　第2款　改 善 余 地　*274*

　第4節　限界税率の変化と所得平準化 ………………………… *276*

結　　語 ———————————————————————— *283*

第2編　租税法理論の理解更新——納税者の視点から

は じ め に ———————————————————————— *291*

第1章　ゼロ金利時代と課税のタイミングに関する基礎理論　*293*

　第1節　課税のタイミングの重要性の後退？
　　　　——Listokin（2016）の問題提起 …………………………… *293*

　第2節　実現主義とロック・イン効果
　　　　——Brennan & Warren（2016）の反論 ……………………… *295*

　第3節　考　　察 ………………………………………………… *299*

　第4節　小　　括 ………………………………………………… *308*

第2章　納税者行動の理解の更新 ——————————————— *309*

　第1節　行動経済学のレンズを通じた人間行動の理解更新 …… *309*

第2節　法の経済分析の基本的スタンス ………………………… 310

第1款　二つの問い　310

第2款　新古典派経済学における前提　313

第3節　行動経済学の視点と租税法 ……………………………… 315

第1款　行動経済学の視点　315

第2款　租税法の枠組みに関する新たな理解の可能性　321

第3款　租税政策における規範的議論　328

第4節　小　　　括 ……………………………………………… 331

第3章　法人の投資行動と税制 ————————————— 333

第1節　は じ め に ……………………………………………… 333

第2節　投資決定と税率——伝統的な理解 …………………… 334

第1款　四つの投資局面と税率　334

第2款　限界税率の概念　335

第3節　税務会計と企業会計の乖離 …………………………… 338

第4節　法人の意思決定
　　　　——法人は限界税率を参照しているのか？ …………… 341

第1款　経営者の判断基準　342

第2款　投資家／アナリストの合理性　345

第3款　参照税率と税制改革の効果　346

第5節　考　　　察 ……………………………………………… 348

結　　　語 ——————————————————————— 351

索　　引　353

本書のコピー，スキャン，デジタル化等の無断複製は著作権法上での例外を除き禁じられています。本書を代行業者等の第三者に依頼してスキャンやデジタル化することは，たとえ個人や家庭内での利用でも著作権法違反です。

第1編　課税のタイミングの理論と法的構造
──政府の視点と納税者の視点の峻別

序章　問題の所在

I　本書の目的

　本書の直接的な目的は，租税法における課税のタイミング（課税時期，年度帰属）[1]の問題について，「政府（国庫）の視点」と「納税者の視点」から，伝統的な租税法理論の再解釈および再構築を行うことである。

　従来の租税法研究において，「政府（国庫）の視点」と「納税者の視点」は，明確に峻別されてこなかった。本書では，両者の視点を区別することで，課税のタイミングの観点から，（広義の）所得課税について，普遍的かつ現実的な法システムを探求することが，より大きな目的となる（第1編）。

　所得概念論に代表されるように，租税法の基本概念や基礎理論は，経済学の知見を参照する形で，発展してきた。本書では，租税法理論のさらなる進化を目指して，個人の限定合理性に着目をする行動経済学等の成果も参照することで，「納税者の視点」からも，伝統的な租税法理論の再解釈及び再構築を目指す（第2編）。

II　問 題 意 識

　国家は，何のために租税を課すのであろうか。国家が租税を課す最大の目的は，国家活動の「財源」を調達するためであろう。今日，日本やアメリカのように，巨額の財政赤字・公的債務に直面する先進国にとって財政赤字の解消は喫緊の課題である。また，一部の個人や企業が，取引を法的に加工することで，租税を減少させようとする租税回避（tax avoidance）と，それを防ごうとする課税当局の攻防が続いている。もし仮に，納税者に多大な負担を強いることなく財政赤字を解消するための租税制度の実現が可能であれば，その存在に気付かないことは社会全体にとって大いなる損失といえる。

---

1)　本書では，特に断りのない限り，課税のタイミング，課税時期，年度帰属を同義で用いることとする。

第 1 編　序章　問題の所在

　一般に，租税とは「国家が，特別の給付に対する反対給付としてではなく，公共サービスを提供するための資金を調達する目的で，法律の定めに基づいて私人に課する金銭給付である」[2]と考えられている。租税法分野における先行研究は，利子，配当，キャピタル・ゲイン（資産の増加益）など資本所得への課税の分野において，主に納税者の観点から考察を加え，租税法理論を構築してきた。

　たしかに，租税制度の納税者への影響を検討することは，租税の「公平性」や「中立性」を考察する際に必要不可欠な作業である[3]。しかし，同時に個別具体的な租税法制度が国家の税収にどのような影響を与えうるかを考慮する必要もあろう。この点は，租税を賦課徴収することの最大の目的が，公共サービス提供のための資金調達である以上，避けては通れない点ではないだろうか。

　世界的にみて，所得課税（とりわけ資本所得課税）に関する租税法の先行研究は，三つの大きな問題を抱えていると考えられる。第一の問題は，政府と納税者の間で「割引率（discount rate）」[4]が異なる可能性を無視している点である[5]。第二の問題は，インフレーションの存在を過度に捨象している点であ

---

2)　金子宏『租税法〔第 23 版〕』9 頁（弘文堂，2019 年）。

3)　租税法における公平性および中立性の意義については，増井良啓「租税法における水平的公平の意義」金子宏先生古稀祝賀論文集『公法学の法と政策（上）』176 頁（有斐閣，2000 年）参照。

4)　割引率とは，将来の価値が現在どれだけの価値に相当するか（割引現在価値）を計算する時に適用される「利子率」のことである。

　　たとえば，利子率を年 10% とすれば，「今日の 100 万円」は「1 年後には 110 万円［＝ 100 ×（1 + 0.1)]」になる。逆に，1 年後の 110 万円の割引現在価値は，100 万円［＝ 110/(1 + 0.1)]である。この将来価値から現在価値を求める際に用いた，利子率 10% が割引率に相当する。より一般的には，割引率を d とすると，n 年後のキャッシュ・フロー C の割引現在価値 PV は，$PV = C/(1 + d)^n$ と表現できる。

　　ただし，単純に割引率として市場金利（market interest rate）を用いることが必ずしも適切とは限らない。詳細は，第 3 章において検討する。

5)　割引率および割引現在価値という概念は，金銭の時間的価値（time value of money）の概念と密接に関連しており，所得課税を論じる上で，避けては通れない概念の一つである。そのため，割引現在価値の概念を利用して租税法を分析する枠組みは，租税法研究者の間のみならず，日本の税務訴訟における司法審査にも広く浸透している。たとえば，将来キャッシュ・フローの割引現在価値の観点から，年金払特約付き生命保険への課税について，所得税と相続税の二重課税を分析した最高裁判決として，最判平成 22 年 7 月 6 日民集 64 巻 5 号 1277 頁がある。本判決に関して，割引率の観点から検討を加えたものとして，中里実「租税法におけるストックとフローの関係」ジュリスト 1410 号 19 頁（2010 年）参照。

る[6]。インフレーションと租税法の関係については，既に別稿において検討を加えた[7]。第三の問題は，合理的な個人の存在を前提に，多くの議論を展開してきた点である。

そこで，第1編では，主として第一の問題について，課税のタイミングに関する法理論を検討することとしたい。続く第2編では，近年の行動経済学等の諸研究が示唆する「限定合理的な納税者」の存在も考慮に入れつつ，納税者の視点から，課税のタイミングに関する法理論を検討する。

本編第1章で明らかにするように，日本を含めた先進諸国の租税法研究者および，多くの立法担当者は，租税減免措置による納税者への「減税という恩恵」は，即ち政府サイド（国庫）にとって「税収の損失」と捉える傾向にある[8]。たとえば，租税回避策や先端的な金融商品により生み出される課税繰延（tax deferral）は，政府税収の犠牲のもとに，納税者を利する結果になると考えられてきた。そのため，日本やアメリカをはじめとして，各国において様々な課税繰延防止規定（anti-tax deferral provisions）が導入されてきた[9]。

このような従来の捉え方に対して，政府の観点から，租税法に関する基礎理論および法制度について理解の再構築を試みることには，どのような意義があるのであろうか。たとえば，一定の条件下において，将来キャッシュ・フローに対する「政府の割引率」が「納税者の割引率」よりも低いのであれば，課税繰延は政府にとって，もはや損失ではなくなる可能性がある[10]。もしそうであ

---

6) 近代以降，租税は原則として「金銭」により賦課徴収されている。所得算定の「尺度」として金銭が用いられるところ，インフレーションはその尺度自体に「ブレ」を生じさせることになる。インフレーションに対して十分な補正措置（インフレ・インデックス）を講じていない日本の所得税法は，所得を「正確に」測定することができないという問題を内包している。

7) 神山弘行「物価変動と租税に関する一考察——インフレ・インデックスの観点から」金子宏編『租税法の基本問題』296頁（有斐閣，2007年）。

8) 課税のタイミングに関する我が国での代表的な研究として，中里実『金融取引と課税——金融革命下の租税法』15-34頁（有斐閣，1998年）参照。

9) たとえば，課税繰延防止の機能を果たしているものとして，アメリカをはじめとした先進諸国で導入されている外国子会社合算税制（CFC税制）や，アメリカのPFIC（Passive Foreign Investment Company）などがある。*See, e.g.*, BRIAN J. ARNOLD, THE TAXATION OF CONTROLLED FOREIGN CORPORATIONS: AN INTERNATIONAL COMPARISON (Canadian Tax Foundation 1986). 中里・前掲注8) 22頁参照。

10) 課税繰延の問題については，本書執筆の準備段階における導入的考察として，神山弘行「課税繰延の再考察」金子宏編『租税法の基本問題』247-271頁（有斐閣，2007年）を執筆した。本書は，これを受ける形で，課税のタイミング一般について，より包括的な分析を加えるものである。

第1編　序章　問題の所在

るとすれば，各種の課税繰延防止規定は，政府税収を増大させるどころか，逆に税収を減じている恐れがある。この観点からすれば，既存の課税繰延防止規定や時価主義課税の多くは，政府税収の確保ないし最大化という観点から再考察・修正が必要になってくる[11]。

　各国の政府は，課税繰延や加速度償却を，投資促進や景気刺激のための租税誘因措置（Tax Incentive）として活用している。アメリカやドイツなどの先進諸国では，これらの租税誘因措置のコストを補助金のように租税支出予算（Tax Expenditure Budget）として毎年度の議会の予算プロセスに組み込んでいる。租税支出に起因する政策コストを認識・提示することは，議会を通じた民主的な予算決定および政策選択を行う際に重要なプロセスだといえよう。しかし，現実の租税支出予算の法的枠組みおよびその基礎をなす学術的議論において，政府（国庫）と納税者の視点は，明確に峻別されてこなかった。そこで，政府の観点から課税のタイミングに関する基礎理論および法理論を再考察する際には，租税支出のコストの認識のあり方についても検討を加える必要がでてくる。

　ところで，近代的な租税である所得税や消費税（付加価値税）は，金銭を価

　上記論文は，本書の研究ノートとして執筆されたものであるところ，本書と上記論文において発想または叙述が重複する箇所が一部ある。ただし，上記論文が公刊された後に考察が進展した箇所については，本書執筆時点で見解を改めた。

11)　本書は，次の点で，公共経済学における分析枠組みと異なる。公共経済学等における一般均衡分析において，各種法理論の存在や法制度の執行面は捨象されて，しばしば理想的状況にある「純粋」な所得課税や消費課税を念頭に分析が加えられている。これに対して，本書は各法理論および法制度を分析の出発点として，個別具体的な検討を加える点で異なる。

　また，公共経済学における最適課税論の議論は，政府税収を所与とした上で，社会厚生関数（social welfare function）を最大化する租税構造を分析している。ここで最大化の対象となる社会厚生関数は，基本的に個々人の効用（utility）ないし well-being から構成されている。See, e.g., LOUIS KAPLOW, THE THEORY OF TAXATION AND PUBLIC ECONOMICS, 41-42, 359-369 (Princeton Univ. Press 2008). Also see, LOUIS KAPLOW & STEVEN SHAVELL, FAIRNESS VERSUS WELFARE, 39, fn.52 (Harvard Univ. Press 2002).

　そのため，公共経済学における最適課税論の議論は，従来の租税法学と同様に，基本的に「納税者の視点」から考察を加えているか，または納税者と政府のペイ・オフを表裏一体のものと捉えていると解される。なお，最適課税論は，分析の簡略化のために，代表的な個人（representative individual）を想定して，その代表的個人の厚生を最大化する租税構造を導出することが多いことから，個人間の差異を捨象する傾向があるといえる。See, N. Gregory Mankiw, Matthew Weinzierl, & Danny Yagan, Optimal Taxation in Theory and Practice, 23 (4) JOURNAL OF ECONOMIC PERSPECTIVES 147, 148 (2009).

6

値尺度（物差し）として経済活動から生じる所得や付加価値を把握した上で，租税を賦課徴収している。そのため，租税法研究においては，所得概念の議論に代表されるように，（ある意味，伝統的な比較法研究の一つの帰結として）経済学やファイナンス理論の知見を参照する形で議論が発展してきたという特色がある[12]。金子宏名誉教授が「租税法は，租税に関する学問の一つとして，財政学および租税政策学と姉妹関係に立ち，また会計学とも密接な関係を有する。租税法の研究にあたっては，これらの分野の成果を参照することによって，租税法の研究はいっそう充実したものとなる」[13]と指摘されているように，租税法学と経済学は密接な関係にある。

　従来の租税法研究が，経済学（とりわけ新古典派経済学）の知見を援用する際には，一般的に「合理的な個人」の存在を前提として議論を構築してきたと考えられる[14]。しかしながら，近年の実験・実証研究などによって，現実の経済主体である生身の人間は，各種のバイアスや近視眼的な意思決定によって合理的な行動（もしくは長期的な観点からすれば望ましい行動）から乖離した限定合理的な行動をすることが知られ始めている[15]。このように，「納税者の視点」から議論をする際には，従来想定されてきた合理的な経済主体とは異なり，感情やバイアスを有する「より現実に近い」限定合理的な経済主体を想定した上

---

12)　所得概念論に関する先行研究として，たとえば，金子宏「租税法における所得概念の構成」同『所得概念の研究』（有斐閣，1995 年，初出 1966～1975 年），中里実「所得概念と時間——課税のタイミングの観点から」金子宏編『所得課税の研究』129 頁（有斐閣，1991 年），藤谷武史「所得税の理論的根拠の再検討」金子宏編『租税法の基本問題』272 頁（有斐閣，2007 年）。さらに法学と経済学の知見を融合させる形で，所得税の法的構造を分析するものとして，中里・前掲注 8），同『キャッシュフロー・リスク・課税』（有斐閣，1999 年）参照。

13)　金子・前掲注 2）35 頁。

14)　前掲注 12）の文献を参照。*Also see*, J. Mark Ramseyer & Minoru Nakazato, Japanese Law : An Economic Approach, 220-227 (University of Chicago Press 1999).

15)　*See*, *e.g.*, Daniel Kahneman & Amos Tversky eds., Choices, Values, and Frames (Cambridge University Press 2000); George Loewenstein, Daniel Read & Roy F. Baumeister eds., Time and Decision: Economic and Psychological Perspectives on Intertemporal Choice (Russell Sage Foundation 2003); Colin F. Camerer, George Loewenstein & Matthew Rabin eds., Advances in Behavioral Economics (Princeton Univ. Press 2004); Nick Wilkinson & Matthias Klaes, An Introduction to Behavioral Economics (Palgrave Macmillan 3rd ed. 2017). 従来の新古典派経済学と行動経済学の関係を論じるものとして，神取道宏「経済理論は何を明らかにし，どこへ向かってゆくのだろうか」日本経済学会編『日本経済学会 75 年史』241 頁（有斐閣，2010 年）参照。

第1編　序章　問題の所在

で，法制度がどのような作用をもたらすかを検討することは有益であると考えられる[16)17)]。

これまで法学研究者にとって，従来の経済学的知見が多少非現実的であると感じられる場面があったかもしれない。行動経済学の知見は，法学研究者がこれまで実践的知見ないし直感に基づいて行ってきた人間行動に関する議論を，より体系的な見地から補完してくれる可能性を秘めているといえよう[18)]。行動経済学に代表される新たな視点からの分析については，第2編で行うこととし，第1編では「納税者と国庫の視点の峻別」という観点から考察を加えることとする。

---

16)　租税法研究者が，個人の限定合理性（bounded rationality）に着目をする行動経済学のレンズを通して，租税法における法的構造を再解釈・再構築する試みとして，増井良啓「行動経済学から見た個人寄付の一側面」東京大学法科大学院ロー・レビュー5巻351頁（2010年），神山弘行「租税法と『法の経済分析』——行動経済学による新たな理解の可能性」金子宏編『租税法の発展』315頁（有斐閣，2010年），神山弘行「租税法と行動経済学——法政策形成への応用とその課題」金子宏監修『現代租税法講座(1)——理論・歴史』269頁（日本評論社，2017年）参照。See, e.g., Christine Jolls, *Behavioral Economics Analysis of Redistributive Legal Rules*, 51 VANDERBILT LAW REVIEW. 1653 (1998); Edward J. McCaffery, *Cognitive Theory and Tax*, in BEHAVIORAL LAW & ECONOMICS, 398 (Cass R. Sunstein ed., 2000); Edward J. McCaffery & Joel Slemrod, *Toward an Agenda for Behavioral Public Finance*, in BEHAVIORAL PUBLIC FINANCE, 3 (Edward J. McCaffery & Joel Slemrod eds., 2006); Edward J. McCaffery, *Behavioral Economics And Fundamental Tax Reform*, USC Law Legal Studies Paper No.06-8 (2006); Christine Jolls, *Behavioral Law and Economics*, in BEHAVIORAL ECONOMICS AND ITS APPLICATIONS, 115 (Peter Diamond & Hannu Vartiainen eds., Princeton University Press 2007); David Weisbach, *What Does Happiness Research Tell Us about Taxation?*, 37 (S2) JOURNAL OF LEGAL STUDIES S293 (2008) [*reprinted in*, ERIC A. POSNER & CASS R. SUNSTEIN, LAW & HAPPINESS (Chicago University Press 2010)]; David Gamage & Darien Shanske, *Three Essays on Tax Salience*: *Market Salience and Political Salience*, 65 TAX LAW REVIEW 19 (2011); Edward J. McCaffery, *Behavioral Economics and The Law*: *Tax*, in THE OXFORD HANDBOOK OF BEHAVIORAL ECONOMICS AND THE LAW 599 (Eyal Zamir & Doron Teichman eds. 2014).

17)　たとえば，手持ち資金を現在の消費にまわしてしまい，老後のための生活資金を十分にためられない個人の存在が考えられる。そのため，そのような限定合理性は，政府による強制加入年金（我が国の国民年金）や，税制上の優遇（確定拠出年金や企業年金への税制優遇）による経済的誘因の付与の正当化根拠の一因となろう。

18)　たとえば，我が国の民事法の分野において行動経済学の知見を投資家保護の議論に取り込む試みとして，山本顯治「投資行動の消費者心理と民法学《覚書》」同編『法動態学叢書 水平的秩序(4)——紛争と対話』77頁（法律文化社，2007年），同「投資行動の消費者心理と勧誘行為の違法性評価」新世代法政策学研究5号201頁（2010年）がある。

Ⅲ　第 1 編の検討対象と分析の順番

第 1 編では，このような問題意識のもと，次の順序で検討を行う。

まず第 1 章において，課税のタイミングに関する主要な先行研究および基礎理論を概観するとともに，それらの理論の背後に存在する前提を明らかにする。結論を先取りすれば，主として従来の議論が，納税者の視点から議論を進めてきたか，もしくは納税者と政府のペイ・オフが表裏一体であることを暗黙の前提としてきた点を確認することになる。

次の第 2 章では，比較法の観点から，課税のタイミングに関する従来の基礎理論の発想に基づいて，納税者の恣意的な課税繰延や早すぎる控除による租税負担の軽減効果を排除すべく，アメリカにおいて実際にどのような判例や法制度が発展してきたかを検討する。

続く第 3 章においては，理論的な側面から，課税のタイミングに関する基礎理論について再検討を加えるために，政府と納税者の視点を峻別する。政府の視点については，割引率について，現実の予算過程および決算過程においてどのような視点が用いられているかを事実解明的な視点から分析するだけでなく，規範的な側面から政府と納税者の異同について検討を加える。そこでは，「国家活動の金融的側面」である歳入および歳出を，「時間軸」との関係で，どのように捉えるべきかという観点も織り交ぜつつ考察を行うことになる[19]。

そして，第 4 章では，前章での考察をもとにして，課税繰延の類型ごとにどのような対応策が考えられるのかにつき立法論的観点から検討を行う。

本書がアメリカ法を主たる題材として選択する理由は，次の三点にある。第一の理由は，課税繰延や控除の時期に関する課税のタイミングを巡る理論について，アメリカにおいて第 1 章で紹介する Carry Brown モデルの登場以降，租税法研究者および実務家によって多くの議論が蓄積されているからである。そのため，アメリカの租税法理論および法制度を検討することで，課税のタイミングに関する基礎理論と実際の法制度の関係について有益な知見を得ること

---

19)　財政法による国家歳出の統制と「時間軸」の関係について，神山弘行「財政赤字への対応——財政規律と時間枠組み（複数年度予算・発生主義予算）」ジュリスト 1397 号 12 頁（2010 年）［以下，神山（2010）］，および神山弘行「財政法におけるリスクと時間——Contingent Liability としての公的債務保証」フィナンシャル・レビュー 103 号 25 頁（2011 年）［以下，神山（2011）］において導入的考察を加えている。

第1編　序章　問題の所在

ができる。第二の理由は，アメリカ法は，日本の所得税法および法人税法の母法としての性格が強いからである。これは，日本の所得税法および法人税法の基本的な構造が，第二次世界大戦後にアメリカより派遣されたシャウプ使節団が提示した「シャウプ勧告」に依拠する形で生成・発展してきたことに起因する。そして，第三の理由は，（第一の理由と第二の理由の帰結ともいえるが）今後の日本において所得税法ならびに法人税法の改正を検討する際に，アメリカ法の変遷およびその理論的根拠，ならびにその限界を検討することは，極めて有益な準備作業だと考えるからである。

　このように本書では，比較法研究の手法に加えて，経済学の知見も援用することで，課税のタイミングについて多角的に考察を加えることになる[20]。

　租税法研究の発展のためには，歴史学，哲学，社会学，経済学など隣接する学術分野の知見を参照することが有益であると考えられる。本書は，そのうちの一つである経済学の知見に着目をしつつ，租税法学と経済学の協働の可能性を探究するものである。

　ただし，本書は，経済学の知見のみが租税法研究の発展に有益であると主張するものではない。また，法と経済学（法の経済分析）の手法が，全ての法分野において常に有益な分析手法であることを主張するものでもない[21]。

---

20)　なお，経済学の知見を活用して法制度を分析する場合に，法制度が納税者個人にどのような影響を与えるのかという事実解明的分析（positive analysis）と，どのような法制度が社会的に望ましいのかという規範的分析（normative analysis）を区別して論じる必要がある。

　　本書では，実証分析（empirical analysis）との混同を避けるべく，positive analysis を事実解明的分析と表記する。奥野正寛＝鈴村興太郎『ミクロ経済学 I』6 頁（岩波書店，1985 年）参照。

21)　法と経済学（法の経済分析）における規範的分析に対して，効率性（たとえば富の最大化）のみに着目をしており，公平性（たとえば所得再分配）を考慮していないとの批判がなされることがある。規範的分析において用いられる厚生経済学（welfare economics）の枠組みは，公平性の基準となる分配的正義に関する構想を「内在的」に決定することはない。このような意味において，上記批判は妥当しうる（ただし，租税法学も，水平的公平・垂直的公平の議論において，何が平等かという基準について内在的な指針を有しているわけではない）。しかし，厚生経済学の枠組みは，外在的に与えられる公平性についての「任意の基準」に基づいて，効率性と公平性の双方を考慮できる枠組みであることには留意をする必要があろう。この点について詳しくは，神山（2010）・前掲注 16）316-318 頁参照。*Also see*, Anthony B. Atkinson, *Economics as a Moral Science: The Restoration of Welfare Economics*, 101 (3) Aᴍᴇʀɪᴄᴀɴ Eᴄᴏɴᴏᴍɪᴄ Rᴇᴠɪᴇᴡ 157 (2011).

10

第1章　先行研究と本書の視座

序

　本章の目的は，課税のタイミングに関する基礎理論とその前提を概観するとともに，基礎理論を再検討することの意義について素描することである。第1節では，課税のタイミングについて，重要な基礎理論と先行研究による解釈を概観する。続く第2節では，これまで政府の視点からどのような研究がなされてきたかという点を概観した上で，本書による考察が先行研究との関係でどのような位置づけにあるかを示す。

第1節　課税のタイミングに関する従来の基礎理論[1]

　課税のタイミングを論じる際に，重要な要素の一つは，金銭の時間的価値（time value of money）[2]の存在である。本節では，この観点から，課税のタイミングに関する基礎理論を確認する。

　第1款では，費用控除の計上時期と所得課税について，租税法研究の基礎をなしてきた議論を紹介する。具体的には，包括的所得概念に基づく所得税制を

---

[1]　本節の叙述は，神山弘行「課税繰延の再考察」金子宏編『租税法の基本問題』247-271頁（有斐閣，2007年）における導入的考察をもとに，加筆・修正を施したものである。

[2]　本書では，特に断りのない限り，「金銭の時間的価値」を「無リスク金利（risk-free interest rate）」と同義で用いている。また，無リスク金利，リスク調整後の金利の表記に関して，原則として年率で表記することとする。

　　「時間」の概念については，特に断りのない限り，1日や1年単位といった不連続モデル（discrete model）を用いている。なお，自然対数の底eによる連続モデル（continuous model）を採用した場合にどのような展望が開けるかという点については，第4章で議論をする。

第1編　第1章　先行研究と本書の視座

ベースラインとした場合[3]，減価償却のタイミングと控除額が，資産所得課税にどのような影響を及ぼすかについて，基礎理論を概観する。第2款では，収入の計上年度を遅らせることで課税のタイミングを先延ばしにする課税繰延（tax deferral）についての基本的な知見を確認する。第3款では，第1款および第2款で触れた課税のタイミングに関する基礎理論に対するこれまでの学説上の一定の留保を紹介する。

第1款　取得費の控除時期と投資収益課税の関係

第1項　ベースラインとしての経済的減価償却

包括的所得概念の考え方に従えば，ある課税期間の所得は，当該期間における消費と純資産の増加額として観念されることになる[4]。包括的所得概念のもとで，各年度の資産性所得を正確に把握するための手法の一つとして，経済的減価償却（Economic Depreciation）がある[5]。機械などの減価償却資産においては，キャッシュ・フローをもたらす分だけ資産価値が減少するところ，当該

---

3)　第二次世界大戦後，米国のシャウプ勧告を受けて確立した我が国の所得税法が，包括的所得概念を理念型としている点については，異論は少ないであろう。ただし現行の所得税法の仕組みは，執行上の理由や各種政策的判断により，純粋な包括的所得概念から乖離している部分が多い。

なお，包括的所得概念は，富の寡占という問題に対処する必要があった時代背景のもとでサイモンズらによって提唱された所得概念の一つである点に留意しなければならない。すなわち，包括的所得概念は，所得課税を論じる際に最も有力なベースラインの一つになるものの，これを金科玉条として掲げるべきではない。本書では，包括的所得概念を議論の出発点とするものの，盲目的にこれを支持するものではない。

4)　包括的所得概念に関しては，Henry C. Simons, Personal Income Taxation: The Definition of Income as a Problem of Fiscal Policy (The University of Chicago Press 1938)，金子宏「租税法における所得概念の構成」同『所得概念の研究』（有斐閣 1995 年，初出 1966～1975 年）参照。

5)　経済的減価償却は，サミュエルソン償却とも呼ばれる。Paul A. Samuelson, *Tax Deductibility of Economic Depreciation to Insure Invariant Valuations*, 72 Journal of Political Economy 604 (1964).

この経済的減価償却の考え方は，現行所得税法・法人税法を分析する時の基本的視座となっている。そのため，代表的な教材である金子宏他編著『ケースブック租税法〔第5版〕』486-487 頁（弘文堂，2017 年），岡村忠生『法人税法講義〔第3版〕』117-121 頁（成文堂，2007 年），増井良啓「租税法入門・費用控除（2）」法学教室 364 号 133-134 頁（2010 年）などにおいても紹介されている。

12

減少分を所得計算において費用として控除することになる。経済的減価償却は，課税のタイミングを巡る議論の出発点となることから，簡単に確認をしておく。

　たとえば，年度 1 末と年度 2 末にそれぞれ 100 万円の収入をもたらしてくれるある資産があり，同資産を年度 0 末に購入するとしよう。また，利子率を 10% と想定する[6]。資産価値は，当該資産がもたらす将来キャッシュ・フローの割引現在価値によってのみ決定されると想定すれば，本資産の年度 0 末の資産価値は，173.5 万円になる[7]。

　年度 1 末に 100 万円のキャッシュ・フローをもたらすことにより，年度 1 末時点における資産の価値は，90.9 万円になる（資産価値が 82.6 万円分だけ減少する）[8]。所得の計算上，収入 100 万円から資産価値の減少分である 82.6 万円を控除するので，年度 1 の所得は 17.4 万円となる。同様に，年度 2 末にこの資産は 100 万円のキャッシュ・フローをもたらすことで，資産の価値が 0 円になる（資産価値が 90.9 万円分だけ減少する）。そのため，年度 2 の所得は，収入 100 万円から 90.9 万円を控除した 9.1 万円となる。

　通常，投資をする場合，投資元本は，課税後の所得から拠出される。たとえば，銀行預金の元本は税引後の所得を貯蓄したものであり，そこから生じる利子のみが所得課税の対象となる。そのため，「投資は課税済所得から行われなければならないという所得課税の基本原則からは，減価償却資産に対する投資も，課税済所得から構成されるその元本部分と，その投資が生み出した課税前の所得とを峻別することが，あるべき減価償却を見出すための基本的視点となる」[9]と指摘される。経済的減価償却の視点は，計算手法こそ異なるものの，銀行預金における元本（課税済所得）と利子を区別することと本質的に同じだといえる。

---

6)　ここでは，議論の簡略化のために，リスクの存在およびアブノーマル・リターン（市場リターンを上回る超過リターン）の存在を捨象している。リスクおよびアブノーマル・リターンと課税のタイミングの関係については，本章第 2 節第 2 款第 3 項および第 3 章を参照。

7)　すなわち，$100/1.1 + 100/1.1^2 \fallingdotseq 173.5$ である。なお，本書における全ての数値例は，表記の簡略化のため，小数以下は概数表記である。

8)　年度 1 末において，この資産は年度 2 末に 100 万円のキャッシュ・フローをもたらしてくれるだけなので，$100/1.1 \fallingdotseq 90.9$ となる。

9)　岡村・前掲注 5) 117 頁。

第1編　第1章　先行研究と本書の視座

この経済的減価償却が，（控除時期と控除額の関係において）包括的所得概念に忠実な費用計上の方式の一つだとすると，同方式から乖離する方式は，包括的所得概念から何らかの点において乖離する可能性が出てくる。

第2項　即時全額控除と投資収益非課税の等価性（Cary Brown Model）

Cary Brown モデルとは，資産の取得費の全額を（毎年度の減価償却ではなく）初年度に償却すること（これは expensing と呼ばれ，即時全額控除，取得時全額控除，初年度全額償却，即時償却などの訳があてられる。以下では「即時全額控除」とよぶ）が，その資産からもたらされる投資収益を非課税にすることと等価であるという理論である[10]。これは，費用項目等の計上が早められる加速度減価償却の最も極端な例だといえる。この Cary Brown モデルは，日米において，租税法研究のみならず，立法およびタックス・プランニングの重要な前提となっている[11]。

本理論の重要性を法学者および実務家の間に再認識させたハーバード・ロースクールの William Andrews 教授は，利益率の観点から本理論を次のように説明をする[12]。税引前利益率が年 10%，税率が一律 50% のもと，年度 1 末に納税者が 100 万円を投資し，年度 2 末に利子 10 万円と元本 100 万円の計 110 万円を受け取るとする。

年度 1 に投資額の全額控除が認められた場合，100 万円分だけ課税所得が減額されるため，納税者は年度 1 に 50 万円の税金を節約できる。この節税効果を勘案すると年度 1 の実質的投資コストは 50 万円（100 − 50 ＝ 50）である。年

---

10)　Cary Brown, *Business Income Taxation and Investment Incentives, in* INCOME, EMPLOYMENT AND PUBLIC POLICY: ESSAYS IN HONOR OF ALVIN H. HANSEN (Lloyd A. Metzler et al. 1948). なお，Cary Brown モデルに関する解釈については，CHRISTOPHER H. HANNA, COMPARATIVE INCOME TAX DEFERRAL; THE UNITED STATES AND JAPAN, 13-28 (Kluwer Law International 2000) が詳細にまとめているものの，論者の間で大きな差異はないため，本書では，最も代表的な Andrews 教授の視点を紹介するにとどめる。

11)　Cary Brown モデルは，金子他・前掲注5) 486 頁，岡村・前掲注5) 116 頁，増井・前掲注5) 134-135 頁等において取り上げられているように，租税法研究および教育において，基礎的な地位を確立している。

12)　William Andrews, *A Consumption-Type or Cash Flow Personal Income Tax*, 87 HARVARD LAW REVIEW 1113 (1974). なお，本書での説明は，神山・前掲注1) 249 頁脚注 11 に加筆・修正を加えたものである。

14

度 2 に当該納税者は計 110 万円を受け取り，その全額が課税所得に算入される
ため，55 万円の税金を支払う。税引後の受取額は 55 万円となる。ここで，当
該納税者の税引後利益率は 10%（＝(55 − 50)/50）となり，税引前利益率 10%
と同じになる。これは，投資収益が実質的に非課税であることを意味する。

　納税者が年度 1 の投資額を 200 万円にすると（グロス・アップ），年度 2 に
220 万円を受け取る。年度 1 の節税効果は 100 万円（＝ 200 × 0.5）となり，実
質的な投資コストは 100 万円（200 − 100 ＝ 100）となる。年度 2 に 110 万円の
税金を支払うため，税引後の受取額は 110 万円となる。この場合，当該納税者
は実質的に 100 万円を投資して，110 万円（税引後）を受け取っており，課税
のない世界と同様の結果を生み出せる。

　なお，Cary Brown モデルが成立するためには，次の点が前提になってい
ると一般的に解されている。第一に，税率が比例的であり（累進的でない）か
つ不変である（上昇・下落しない）こと。第二に，税額がマイナスの場合には，
還付されること（還付されずに繰り越される場合には利子がつくこと）。第三に，投
資においてアブノーマル・リターン（abnormal rate of return）が存在しない
ことである。

　上記の Andrews 教授による Cary Brown モデルの著名な紹介は，投資の
「利益率」に着目をしている。本書は，課税のタイミングの理論に割引率の観
点から分析を加えるところ，割引現在価値の観点から，Cary Brown モデル
を次のように再解釈してみたい。

　納税者は，年度 1 末に 100 万円を投資して，全額を損金算入することで 50
万円の節税効果（もしくは税還付）を得る。無リスク金利を 10% とすると，年
度 2 末にこの投資が 110 万円となるため，納税者は 55 万円の税金を支払う。
もし仮に，割引率として 10% を用いると[13]，上記税額 55 万円の割引現在価値
は 50 万円となり，節税額 50 万円と相殺し合う。その結果，本件投資における
純租税負担はゼロとなる（**表 1**）[14]。換言すると，Cary Brown モデルが成立

---

13)　ここでは，便宜上，取得費の即時控除（expensing）が認められる場合，投資収益は実質的に
　　非課税となるため，納税者の課税後の割引率（税引後の機会費用）も 10% のままであると考えて
　　いる。なお，内部収益率（Internal Rate of Return）——この事案では，同じ 10% であるもの
　　の——を割引率として用いているわけではない点に留意されたい。
14)　神山・前掲注 1) 250 頁。

第1編　第1章　先行研究と本書の視座

表1　Cary Brown モデルの再解釈

	年度1	年度2
① キャッシュ・フロー	−100	110
② 節税額（還付額）	50	
③ 支払税額		−55
④ ③の割引現在価値	−50（= −55/1.1）	
⑤ 純租税負担（= ② + ④）	0（= 50 − 50）	

するためには，割引率として 10% を用いることが暗黙の前提になっていると
解される。

第3項　利子つきの減価償却

即時全額控除（expensing）ではなく，毎年度一定のルールに従って減価償
却を行う場合でも，当該資産の未償却相当額に利子を付すことで，各年度の控
除額の割引現在価値を即時全額控除と同額にすることが可能である[15]。

そこで，Alvin C. Warren 教授の議論を援用する形で，次の(1)及び(2)にお
ける各数値例を見てみよう[16]。共通の前提として，年度 0 末に 120 万円の資産
を購入したとする。また，利子率を 10% とする。残存価格はゼロと想定する。

(1)　3 年間の定額償却の場合

まず，年度 0 末に 120 万円で購入した資産を，年度 1～3 の 3 年間，毎年
定額の償却（40 万円）をした場合を考える（表2）。年度 1 は，未償却相当額が
120 万円であるため，その部分に対応する控除可能な利子分は 12 万円となる。
この利子相当額 12 万円に償却額 40 万円を加えた 52 万円を年度 1 の収入から
控除することができる。この 52 万円の年度 0 末における割引現在価値は，割
引率として 10% を用いた場合，① 47.27 万円になる。同様に，年度 2 の未償

---

15)　*See, e.g.*, Robin Boadway & Neil Bruce, *A General Proposition on the Design of a
Neutral Business Tax*, 24 JOURNAL OF PUBLIC ECONOMICS 231 (1984); Alvin C. Warren,
The Business Enterprise Income Tax: A First Appraisal, 118 TAX NOTES 921, 923-924
(2008).

16)　Warren, *supra* note 15, at 923. 本書の数値例は，Warren (2008) の数値例に修正を加えた
ものである。また，表記の簡略化のために，小数点第 3 位以下について調整を施した近似値を用い
ている。

16

第1節　課税のタイミングに関する従来の基礎理論

表2　利子つきの減価償却 (1)

年度	減価償却額	利子分	控除額	控除額の年度0末における現在価値
1	40	12	52	47.27
2	40	8	48	39.67
3	40	4	44	33.06
合計				120

却相当額が80万円であり，それに対応する利子相当額は8万円となる。この利子相当額8万円に償却額40万円を加えた48万円が，年度2の控除総額となる。この48万円の割引現在価値 (年度0末基準) は，② 39.67万円である。年度3においては，利子分4万円と，償却額40万円の和である44万円を控除できる。この44万円の割引現在価値 (年度0末基準) は，③ 33.06万円となる。

　ここで，各年度における控除可能額の割引現在価値の合計 (①＋②＋③) は，120万円となる。このことは，この方式が即時全額控除 (expensing) と同じ効果 (投資収益非課税の効果) をもたらすことを示唆している。

(2)　年度2末と年度3末に60万円の減価償却を認める場合

　年度1には減価償却を一切認めず，年度2と年度3にそれぞれ60万円の減価償却を認めるような変則的な減価償却スケジュールを考えてみる (**表3**)。年度1には，未償却相当額120万円に対する利子分12万円の控除のみが認められる。この12万円の割引現在価値 (年度0末基準) は，① 10.91万円となる。年度2において，未償却相当額が120万円のままなので，それに対応する利子分12万円と，減価償却額60万円の合計である72万円の控除が認められる。この72万円の割引現在価値 (年度0末基準) は，② 59.5万円となる。そして，年度3において，未償却相当額は60万円であり，それに対する利子6万円と，減価償却額60万円の合計66万円が控除可能となる。66万円の割引現在価値は，③ 49.59万円となる。

　各年度における控除可能額の割引現在価値の合計 (①＋②＋③) は，120万円となる。これは，変則的な減価償却スケジュールであっても，未償却相当額に対応する利子相当額の控除を認めれば，即時全額控除と同じ効果をもたらすことを示している。

第1編　第1章　先行研究と本書の視座

表3　利子つきの減価償却（2）

年度	減価償却額	利子分	控除総額	控除額の年度0末における現在価値
1	0	12	12	10.91
2	60	12	72	59.50
3	60	6	66	49.59
合計				120

　これらの数値例において，注意しなければならないのは，資産の残存価格相当額に対する利子を算出するための「利子率」と，各年度の控除可能総額を現在価値に直すために用いられる「割引率」が同じ値であることを前提にしている点である。

第2款　課税繰延と投資収益非課税の等価性

　収入の計上が遅らされる課税繰延の場合（いわゆる EET スキーム）と，（税引後所得を投資した場合の）投資収益を非課税（yield exemption）にする場合（いわゆる TEE スキーム）とが等しくなることが知られている[17]。たとえば，次の数値例を考えてみよう[18]。税引前の利子率（無リスク金利）を年 10%，税率を40% とする。納税者は，年度1末に 100 万円の給与（税引前）を受け取り，税引後受取額の全額を貯蓄にまわすものと想定する[19]。

（1）課税繰延

　課税繰延の場合，年度1に所得 100 万円への課税が繰り延べられるため，納

17）　*See*, *e.g.*, Andrews, *supra* note 12, at 1123-28; Alvin C. Warren, *The Timing of Taxes*, 39 NATIONAL TAX JOURNAL 499-500 (1986). 資金拠出時・運用時・給付時の各段階について，課税される場合を T（Tax），非課税の場合を E（Exempt）と表記している。すなわち，TEE は拠出時課税・運用時非課税・給付時非課税を，EET は拠出時非課税・運用時非課税・給付時課税を表している。これは，先払消費課税（pre-payment consumption tax）と後払消費税（post-payment consumption tax）の等価性と同種の議論である。

18）　ここでの数値例は，神山・前掲注1）250-251 頁での説明をもとにしている。

19）　これは，個人の貯蓄性向が1という極端な想定ではあるものの，ここでの議論の目的は，課税繰延（EET）と投資収益非課税（TEE）における租税負担額の比較であることから，議論に影響を及ぼさないと考えられる。*Also see*, Kaplow, *infra* note 35, at 790.

第1節　課税のタイミングに関する従来の基礎理論

税者は100万円全額を貯蓄できる。年度2末において、当該貯蓄は110万円（元本100万円と利子10万円）になり、その全額が課税所得に算入される。納税者は、年度2に44万円の税金を支払うため、税引後の受取額は66万円となる（図1）[20]。

(2) 投資収益非課税

投資収益非課税の場合、納税者は、年度1に40万円の税金を支払い、税引後の60万円を貯蓄する。年度2末において当該貯蓄は66万円になり、利子6万円は非課税扱いを受ける。結果、最終的に66万円が納税者の手元に残る。これは、上記(1)の課税繰延の場合と同額になる（図2）[21]。

このように、収益項目等の計上が遅らされる課税繰延や、費用項目等の計上が早められる加速度償却・即時全額控除は、（包括的所得概念の観点から）納税者に便益をもたらすものとして理解されてきた。これは金銭の時間的価値を考慮すれば、当然のように思われる[22]。

なお、所得課税ではなく消費課税を議論のベースラインとして考えると、課税繰延スキーム（EETスキーム）は、後払消費課税（post-payment consumption tax）の方式ということになる。一方、投資収益非課税は、先払消費課税（pre-payment consumption tax）の方式と位置づけられることになる。後払消費課税の代表例は、我が国の消費税である付加価値税（value added tax）や、キャッシュ・フロー法人税、支出税などがある。先払消費課税の代表例は、勤労所得にのみ課税する賃金税（wage tax）である。

---

20)　神山・前掲注1）250-251頁。
21)　神山・前掲注1）250-251頁。
22)　合理的個人の仮定を弱め、個人は将来の課税を十分に認識せずに現在の貯蓄を決定するとすれば、課税繰延の方が、投資収益非課税よりも好まれうる。*See*, B. Douglas Bernheim, *Taxation and Saving*, in HANDBOOK OF PUBLIC ECONOMICS Vol.3, at 1204 (Alan J. Auerbach & Martin Feldstein eds., 2002).

第1編　第1章　先行研究と本書の視座

第3款　中間利息への課税[23]

Alvin C. Warren 教授と Daniel Halperin 教授などが指摘しているように，先述の等価性には一定の留保が必要である。

第一の留保は，税率が一定でかつ繰り延べられた租税が他の投資（課税を繰り延べなかった場合の投資）と同率の（税引後）収益率で運用される限り，課税を繰り延べようが繰り延べまいが，納税者にとって租税負担額の割引現在価値は同一という事実である[24]。

たとえば，年度1に100万円の税引前所得があり，税引前リターンを10%，税率を一律40%とすると税引後リターンは6%となる。通常の所得税では，年度1に100万円に対して課税がなされ40万円の租税を支払うため，60万円を投資にまわすことができ，（税引後リターンが6%なので）年度2には63.6万円が手元に残る。一方，課税繰延によって，年度1に100万円に対して課税がなされないとしても，投資収益に課税が及ぶ場合，年度2の投資残高は106万円となる。そして年度2に42.4万円の所得税を支払うと，63.6万円が手元に残る。納税者の機会費用は税引後リターンである6%のため，割引率を6%とすれば[25]，年度2に支払う42.4万円の租税の割引現在価値は40万円となる。これは，通常の所得課税における租税40万円と等価である。

これをより一般化すれば，次のように表現できる[26]。税引前リターンをr，一律の税率をt，年度1における給与をPとする。①通常の所得課税の場合，年度1末に所得税tPを支払うと投資可能額は$(1-t)P$となる。これを年度1末から年度n末まで$n-1$年間，課税後リターン$(1-t)r$で運用すると，最終的な受取額は$(1-t)P[1+(1-t)r]^{n-1}$になる。②課税繰延の場合，課税前のP全額を年利$(1-t)r$で$n-1$年間運用した場合，$P[1+(1-t)r]^{n-1}$

---

23)　神山・前掲注1）251頁参照。

24)　*See*, Warren, *supra* note 17, at 499-500. 政府の視点については，本章第2節及び本編第3章を参照。

25)　税引後のキャッシュ・フローを割り引く際には，税引後ベースの割引率（税引後利子率など）を用いる必要がある。もしも，将来キャッシュ・フローを，税引前ベースの割引率を用いて割り引くと，投資期間が複数年度に及ぶ場合に，（複利計算において）再投資部分を税引前リターンで運用することを前提にしていることになってしまうからである。

26)　Warren, *supra* note 17, at 499.

となり，所得課税後の残額は $(1-t)P[1+(1-t)r]^{n-1}$ となる。①と②において，最終的な税引後受取額が，同じになることが確認できる。

第二の留保は，対価費用の支払者（例：雇用者）の損金算入時期と，対価の受益者（例：被雇用者）の課税時期をずらしても，同じ税率で投資所得が課税される限り課税繰延は納税者に何の利得ももたらさないという事実である[27]（Halperin (1986) のこの主張は，第2章第2節においてより詳細に紹介した上で，分析を加える）。そして，この Halperin (1986) の提示した理論枠組みに依拠する形で，米国議会はその後の税制改正を推進していくことになる[28]。

第2節　従来の基礎理論の問題点と本書の視座

第1款　二つの視座

本書は，これらの先行研究およびそれに基づく法理論に対して，次の二つの視座から，新たな理解の可能性を模索していくことになる。第一の視座は，「納税者の視点」と「政府（国庫）の視点」を峻別することである。これが本書第1編の主たる視座となる。第二の視座は，先行研究が前提としてきた新古典派経済学において想定されている合理的な個人（納税者）ではなく，限定合理的な納税者を想定する行動経済学の知見を援用することで，租税法の解釈論および立法論について従来とは異なった新たな視点から，基礎理論・法理論を捉え直すことである。

第2款において，課税のタイミングに関する政府（国庫）の視点からなされてきた従来の主要な議論を概観する。結論を先取りすれば，これまでの議論では，政府（国庫）と納税者のペイ・オフが表裏一体の関係にあることを暗黙の前提としてきたことが確認できる。その上で，両者の立場が表裏一体でない場合に，課税のタイミングに関する基礎理論について，どのような影響をもたら

---

27)　*See*, Daniel Halperin, *Interest in Disguise*: *Taxing the 'Time Value of Money'*, 95 YALE LAW JOURNAL 506 (1986).

28)　Halperin (1986), *supra* note 27 の租税法研究における重要性および，立法実務への影響については，Hanna, *supra* note 10, at 25-28 (Kluwer International 2000) 参照。

第1編　第1章　先行研究と本書の視座

しうるのかを紹介する。

第2款　政府（国庫）の視点

第1項　租税支出論

第1節において概観した課税のタイミングに関する基礎理論は，主として納税者の視点から議論を進めてきたといえる。ただし，課税のタイミングに関する従来の議論において，納税者の視点からだけでなく，政府（国庫）の視点から議論が展開されることもあった。その代表例が，租税支出論（Tax Expenditures）である[29]。

租税支出論は，租税の減免措置が税収減少をもたらすという点において，直接補助金と同様に政府（国庫）による費用負担であると考える。そのため，予算過程において，適切に租税の減免措置により生じる国庫への費用を認識した上で，他の直接支出と同様に統制する必要性を主張する議論である。この租税支出論の観点から，1968年にアメリカ財務省は，初の租税支出予算を公表した。さらに，1974年の予算法改正により，租税支出の一覧およびその額の掲示が義務づけられるなど，租税支出予算が予算過程に組み込まれ，修正を経ながら今日まで続いている[30]。

租税支出論の文脈では，加速度償却や課税繰延を「政府から納税者への無利息融資（interest free loan）」に等しいものと捉えた上で，議論が展開される[31]。たとえば，年度1に1億円の所得が納税者にあったと想定しよう。税率を一律30％とすると，本来であれば年度1に賦課徴収すべき所得税額は3000万円となる。この所得税の賦課徴収が（税制優遇措置の存在または租税回避商品の

---

29)　租税支出論については，*See, e.g.*, STANLEY S. SURREY & PAUL R. McDANIEL, TAX EXPENDITURES (Harvard University Press 1985).

30)　Surrey & McDaniel, *supra* note 29, at 1-2; U.S. Office of Management and Budget, *Analytical Perspectives: Fiscal Year 2012*, at 240 (2011) [*thereafter*, OMB(2011)]; U.S. Office of Management and Budget, *Analytical Perspectives: Fiscal Year 2018*, at 127 (2017) [*thereafter*, OMB (2017)]. 連邦政府予算の支出ではなく，歳入（federal receipts）の部分において，一般歳入と分離した形で，租税支出の章が設けられている。なお，アメリカの租税支出予算における政府（国庫）の視点については，本編第3章において詳細に検討を加える。

31)　*See*, Surrey & McDaniel, *supra* note 29, at 41-42, 198, 228-229.

活用などによって）年度2まで1年間だけ繰り延べられることは，政府から納税者に対して，1年間，3000万円を無利子（かつ無担保）で貸し付けたのと等しいと見ることができる。そのため，貸付元本3000万円に対する利子相当額が，政府から納税者への補助金に該当するというのである[32]。

　このように租税支出論では，個々の納税者と政府のペイ・オフが「表裏一体」または「対称」であることが暗黙の前提とされてきた。すなわち，納税者に対する租税の恩恵は，政府にとっての損失になることが前提とされてきたのである。

　なお，望ましい課税ベースとして包括的所得概念を想定している場合，課税繰延や早期控除は，納税者にとっての恩恵となり，租税支出に該当すると判断される。これに対して，（投資収益・利子への二重課税をしない）消費課税[33]を望ましい課税ベースと想定する場合，課税繰延や即時全額控除は，投資収益非課税という課税上の正しい取扱いということになるため，納税者への恩恵とは判断されず，租税支出に該当しなくなる[34]。

---

32)　*See*, Stanley S. Surrey, *The Tax Reform Act of* 1969-*Tax Deferral and Tax Shelters*, 12 (3) BOSTON COLLEGE INDUSTRIAL AND COMMERCIAL LAW REVIEW 307, 310-311 (1971); STANLEY S. SURREY, PATHWAYS TO TAX REFORM, 109-110 (Harvard University Press 1973).

　　このような考え方のもとでは，政府からの補助金として捉えるべき利子相当額は，通常であれば借手である納税者の「信用リスク」を加味した利子率をもとに算出するべきであろう。しかし，実際，米国の租税支出予算において用いられている利子率や割引率は，この点を十分に考慮しておらず，政府が国債発行により追加的に市場から資金を調達する際のコストである国債の利子率を用いている。そのため，現実の租税支出予算において，理論的に適切な利子率・割引率から乖離している可能性がある。この点については，本編第3章において，検討を加える。

33)　本書では，「消費課税」の用語を消費型所得概念，付加価値税，支出税等を包含する広い意味で用いる。

34)　*See*, U.S. Office of Management and Budget, *Analytical Perspectives 2008*, at 313-321 Appendix A (2007) [*thereafter*, OMB (2008)]. 中里実『金融取引と課税——金融革命下の租税法』17頁脚注3（有斐閣，1998年）参照。

　　なお，ブッシュ Jr. 政権下における OMB (2008) では，包括的所得概念と現行法の二つのベースラインに加えて，消費課税をベースとした租税支出予算の算出を付録Aにおいて行っている。これに対して，オバマ政権下における OMB (2011), *supra* note 30 では，包括的所得概念と現行法の二つをベースラインとして租税支出を分析しているだけであり，消費課税については言及されていない。トランプ政権下における OMB (2017) も，OMB (2011) の枠組みを踏襲している。OMB (2017), *supra* note 30, at 128-129.

第1編　第1章　先行研究と本書の視座

第2項　政府と納税者のパートナーシップ契約というアナロジー

即時全額控除や課税繰延について，納税者と政府（国庫）の関係が，投資におけるパートナーシップ契約の関係に類似しているという観点から，分析が加えられることもある[35]。

たとえば，先述の数値例（税率30%，所得1億円のケース）で考えてみると，年度1末に納税者が7000万円，政府が3000万円の元本を拠出して，1年物債券（ないし投資プロジェクト）に共同投資するのと同じ状況にあるというのである[36]。仮に利子率を10%とすると，年度2末に，本件投資から得られる利子は，合計で1000万円であり，そのうち納税者は700万円を，政府は300万円を得ることになる。

政府（国庫）は，プロジェクトに主体的に参加せず受動的に資金提供を担い，当該プロジェクトの成否の一部を享受する一種のサイレント・パートナーという位置づけになる。このアナロジーのもとでは，政府のプロジェクトに対する持分割合と利益分割割合は，税率と等しいことになる[37]。

このように即時全額控除や課税繰延を，政府と納税者の間のパートナーシップ契約として捉えて分析を加える立場においても，政府と納税者の利得が，対称的（または表裏一体）であることが前提となっているといえる。

第3項　所得税におけるリスクへの課税

政府と納税者の間のパートナーシップ契約というアナロジーと近い見方として，政府は所得課税を通じて，納税者との間でリスクに関する取引をしていると分析する見解も存在する。この見解は，従来の租税法研究が，所得税を分析する際に政府（国庫）についてどのような視点を採用してきたかという点について，重要な示唆を与えてくれるため，簡単に確認をしておく。

望ましい課税ベースを論ずる際に，包括的所得税と消費課税（消費型所得概

---

35) *See, e.g.*, Louis Kaplow, *Taxation and Risk Taking: A General Equilibrium Perspective*, 47 NATIONAL TAX JOURNAL 789, 796 n.3 (1994); Hanna, *supra* note 10, at 32-35.

36) 課税繰延の期間が10年であれば，10年物の債券ないし10年間の投資プロジェクトの共同出資者ということになる。

37) *See*, Hanna, *supra* note 10, at 34.

念，付加価値税，支出税など）の差異がしばしば議論される。包括的所得税のもとでは，投資（貯蓄）への二重課税がなされるのに対し，消費課税のもとでは貯蓄（投資）への二重課税が生じないと一般に理解されている[38]。

投資へのリターンは，①無リスク金利部分（金銭の時間的価値），②リスクへのリターン，③アブノーマル・リターン（経済的レント），④インフレ部分への対価から構成されている。旧来の理解は，理念的な包括的所得税のもとでは①②③が課税されるのに対して，（後払方式の）消費課税のもとでは③のみが課税されるという認識であった[39]。

しかし，一定の条件下[40]では，納税者がポートフォリオを調整することにより，包括的所得税も消費課税同様に，②リスクへのリターンの部分に課税をしていないという点が，租税法研究者の間での共有認識となっている[41]。この議論の要点を簡潔に述べれば，納税者が（課税前の世界と比べて）無リスク投資からリスク投資へと資金を移転させることで，実質的に課税前と同じ状況を作り出せるというものである。この点を，次の簡単な数値例で確認しておく。なお，議論の簡略化のために金銭の時間的価値（無リスク金利）の存在は捨象する[42]。

---

[38]　たとえば，貯蓄に対する租税の中立性を重視するのであれば，消費課税を支持することになるし，資産性所得に課税をすることで所得再分配機能の強化を重視するのであれば，包括的所得税を支持することになろう。

[39]　インフレ部分への対価と課税については，神山弘行「物価変動と租税に関する一考察——インフレ・インデックスの観点から」金子宏編『租税法の基本問題』299-325 頁（有斐閣，2007 年）参照。

[40]　ここでの前提条件は，①損失が生じた場合には完全還付がなされること，②納税者が流動性制約に直面しないこと（借入によってリスク投資を任意に増加できること），③納税者が自己のポートフォリオを適切に変更できること，④税率がフラットかつ不変であることなどである。

[41]　*See, e.g.*, Kaplow, *supra* note 35, at 789-798; Alvin C. Warren, *How Much Capital Income Taxed Under an Income Tax Is Exempt Under a Cash Flow Tax?*, 52 TAX LAW REVIEW 1 (1996); David Weisbach, *The (Non) Taxation of Risk*, 58 TAX LAW REVIEW 1 (2004). 租税法学者の間におけるこの一連の議論は，Evsey D. Domar & Richard A. Musgrave, *Proportional Income Taxation and Risk - Taking*, 58 QUARTERLY JOURNAL OF ECONOMICS 388 (1944) に影響を受けている。

　　なお，この一連の議論は，増井良啓「租税法入門（第 12 回）所得税（9）時間とリスク」法学教室 366 号 113 頁（2011 年）〔同『租税法入門〔第 2 版〕』Chapter 11（有斐閣，2018 年）〕において取り上げられるなど，日本においても基礎的な地位を占めつつある。

[42]　金銭の時間的価値の存在を考慮に入れても，納税者が流動性制約に直面しないなどの，一定の条件が満たされていれば，結論に差異は生じない。

第1編　第1章　先行研究と本書の視座

サイコロの目で偶数が出たら勝ち，奇数の目が出たら負けという賭けを想定する。仮に偶数の目に 120 万円を賭けた場合，1／2 の確率で 120 万円の利益を得ることができ，1／2 の確率で 120 万円の損失を被ることになる（課税前の世界）。

ここで，税率を一律 40％ とする所得税（完全還付あり）を想定してみよう。偶数の目が出た場合には，48 万円の所得税を支払い，手元には税引後で 72 万円の利益が残る。損失が生じた場合，120 万円の損失を控除した上で，48 万円の所得税還付（ないし節税効果）を受けられるため，税引後ベースでの実質的な損失は 72 万円となる。

それでは，納税者が掛金をグロス・アップ（gross up）して，120 万円から 200 万円にしたらどうなるであろうか[43]。納税者は，賭けに勝てば，税引前で 200 万円の利益を得ることができ，そこから 80 万円の所得税を支払って，税引後で 120 万円を手にすることができる。賭けに負けた場合，200 万円の損失を被るものの，80 万円の還付（ないし節税効果）によって，税引きベースでの実質的な損失は 120 万円となる。これは，リスク投資の元本を（税率に対応させて）グロス・アップすることで，所得税が存在する場合でも，課税のない世界と同じペイ・オフを生み出せることを意味する。

ここで，問題となるのは，納税者がグロス・アップにより，リスク投資の総額を増加させた場合に，その取引の相手方がどこにいるのかという（一般均衡的な）問題点である。この点について，例えば，ハーバード・ロースクールのKaplow 教授は，政府も納税者と同じ投資機会を有していると仮定した上で議論を進めている[44]。政府は，納税者のリスク投資の増額によって，歳入の分散（variance）が大きくなるため，それを相殺するために，納税者と反対のポジション（サイコロの例では奇数に賭ける立場）をとると想定すれば均衡状態になるというのである[45]。

第4項　本書の視座

先述のように，従来の議論は，将来キャッシュ・フローに対する「割引率」

---

43)　ここでは，120/(1 − 0.4) ＝ 200 としてグロスアップをしている。

44)　Kaplow, *supra* note 35, at 791.

45)　Kaplow, *supra* note 35, at 794.

が政府と納税者で同率であることを暗黙の前提としてきた。租税制度に関する立法論を行う際の目的として，納税者間の「公平」もしくは課税の経済活動への「中立性」を重視するのであれば，納税者の観点から議論を進めることは理にかなったアプローチであるといえる。しかしながら，租税を徴収することの最大の目的の一つは，政府（国庫）の「税収」を確保することにある以上，政府（国庫）の視点を過度に捨象して議論を進めることには慎重でなければならない。

　そこで，本書では，租税法の議論において従来から重視されていた納税者の視点のみならず，政府（国庫）の視点も加味した上で，課税のタイミングに関する法理論ならびに法制度を再検討することが一つの目的となる。

　第2章以降で，本格的な検討に入る前に，政府と個々の納税者の立場が表裏一体の関係ではなく，もしも政府と納税者の割引率が異なる場合[46]，どのようなインパクトがあるのかを指摘しておく。ここでは，「政府の割引率」と「納税者の割引率」が異なる状況下において，政府にとって①即時全額控除と投資収益非課税，②課税繰延と投資収益非課税が等価ではなくなることを，簡単な数値例を用いて説明する[47]。

(1) 即時全額控除（expensing）の再考

　納税者が年度1末に投資元本 P を投資して，年度2末に投資リターンを得る状況を想定しよう。市場利子率を r_i，税率を t，政府の割引率を r_g とする。また，所得がマイナスになった場合は，完全な租税還付が認められるものとする。

　まず，納税者の観点から，この投資に伴う租税負担を考えてみる。年度1の投資額 P 全額を即時に控除できるため，同年における節税額（ないし還付税額）は tP となる。年度2において，納税者は投資のリターンとして $P(1+r_i)$ を受け取る。年度1において投資費用は既に全額控除されているため，年度2における所得は $P(1+r_i)$ となる。従って，年度2における納税額は $tP(1+r_i)$ である。納税者の割引率として市場利子率 r_i を用いれば，年度2の納税額 $tP(1+r_i)$ の割引現在価値（年度1基準）は tP となる。これは，年度1にお

---

46)　詳細は，第1編第3章以下を参照。

47)　神山・前掲注1) 268-269頁。本書では，この問題意識に基づいて，どのような条件下であれば，このような議論が成立するか（または成立しないか）を具体的に検討することが目的となる。

第1編　第1章　先行研究と本書の視座

表4　納税者の視点

	年度1末	年度2末
キャッシュ・フロー（①）	$-P$	$P(1+r_i)$
節税額（還付額）（②）	tP	
支払税額（③）		$-tP(1+r_i)$
③の割引現在価値（④）	$-\dfrac{tP(1+r_i)}{(1+r_i)} = -tP$	
純租税負担（＝②＋④）	$tP - tP = 0$	

ける節税額（還付税額）と等しいことから，当該投資における納税者の純租税負担はゼロになるという点を確認できる（**表4**）[48]。

　これに対して，政府の観点から考えてみると，即時全額控除は，年度1にtPだけ税収を減少させることになる。そして，政府は，年度2に$P(1+r_i)$の全額に対して課税ができるため$tP(1+r_i)$の税収を得ることができる。政府の割引率としてr_gを用いると，年度2における税収の割引現在価値（年度1基準）は，$tP(1+r_i)/(1+r_g)$となる。従って，政府の純税収は$tP(r_i-r_g)/(1+r_g)$と表現できる（**表5**）[49]。

　ここでは，政府の割引率r_gが市場利子率r_iと等しい場合に限って，政府の観点からも，即時全額控除が投資収益非課税と等価だと判断することができる。もし仮に，政府の割引率r_gが市場利子率r_iよりも小さい場合，純税収は正となる（逆に，政府の割引率が市場利子率よりも大きい場合，純税収は負となる）。この場合，即時全額控除と投資収益非課税は，政府にとって等価でなくなる[50]。

　この導入的考察から，政府の割引率が納税者の割引率よりも低い場合，投資収益非課税よりも，即時全額控除の方が国庫にとって有利という仮説を立てることができる[51]。ここでは，分析視座の定立が主眼であるところ，リスク等の

---

48)　神山・前掲注1) 269頁。

49)　神山・前掲注1) 269頁。

50)　神山・前掲注1) 269頁。

51)　公共経済学の観点からは，ある税制改正が「国庫」にとって望ましいか否かという視点ではなく，その背後に存在する国民ひいては「社会全体」にとって望ましいか否かという観点から，社会厚生（social welfare）の最大化という命題に沿って議論が行われる。本書では，特に断りのない限り，議論の単純化のために，各個人は同一（identical）な存在であると仮定し，国庫から各個

第2節　従来の基礎理論の問題点と本書の視座

表5　政府の視点

	年度1末	年度2末
キャッシュ・フロー（①）	$-P$	$P(1+r_i)$
税収の減少額（⑤）	$-tP$	
税収（⑥）		$tP(1+r_i)$
⑥の割引現在価値（⑦）	$\dfrac{tP(1+r_i)}{(1+r_g)}$	
純税収（＝⑤＋⑦）	$\dfrac{tP(r_i-r_g)}{(1+r_g)}$	

存在については捨象して議論を進めてきた。第3章以降では，リスクなどの要因も加味した上で，この点について検討を加えていく。

（2）課税繰延の再考

本章第1節第2款で確認したように，納税者の観点からすれば，課税繰延（後払消費課税：EETスキーム）と投資収益非課税（先払消費課税：TEEスキーム）は等価となりえる。しかし，先述の即時全額控除と同様に，政府の観点から考察すると，課税繰延と投資収益非課税の等価性が，常に成立するとは限らない。

次の数値例を考えてみよう[52]。年度1末において納税者が所得Pを得て，（税制優遇またはタックス・プランニング等により）同所得への課税が年度n末まで繰り延べられるとする。税率は一律tであり，市場利子率をr_i，政府の割引率をr_gと表記する。

課税繰延がなされる場合，納税者は課税前所得の全額Pを$n-1$年間運用できる。年度n末に本件投資は$P(1+r_i)^{n-1}$となる。そして，その全額が課税対象となるので，政府は年度n末に$tP(1+r_i)^{n-1}$の税収を得ることになる。この税収の年度1末における割引現在価値は，$tP(1+r_i)^{n-1}/(1+r_g)^{n-1}$と表記できる（**図3**）[53]。

人が受け取る便益と国庫に納める費用は等しいとすれば，社会厚生関数の最大化問題は，（功利主義的な発想の下では），国家収益の最大化は社会厚生と直接的に連関すると考えた上で，議論を進めることとする。

52）　神山・前掲注1）270頁。

53）　神山・前掲注1）270頁。

29

第1編　　第1章　先行研究と本書の視座

図3

〈課税繰延〉

年度 1 末　　　　　年度 n 末

$$P \longrightarrow P(1+r_i)^{n-1}$$
$$\downarrow 租税\ tP(1+r_i)^{n-1}$$
$$(1-t)P(1+r_i)^{n-1}$$

図4

〈投資収益非課税〉

年度 1 末　　　　　　　年度 n 末

$$P$$
$$\downarrow 租税\ tP$$
$$(1-t)P \longrightarrow (1-t)P(1+r_i)^{n-1}$$

これに対して，投資収益非課税の場合，年度1において課税繰延がないため，所得 P 全額が課税の対象となる。そのため，政府は年度1末に tP の税収を得るものの，その後の投資収益に課税しないため，それ以降の年度において税収はゼロである（**図4**）[54]。

ここで，課税繰延の下での税収の割引現在価値 $tP(1+r_i)^{n-1}/(1+r_g)^{n-1}$ と投資収益非課税の下での税収 tP が等価となるのは，政府の割引率 r_g と市場利子率 r_i が等しい場合に限られる。

政府の割引率 r_g が r_i よりも小さい場合，$tP(1+r_i)^{n-1}/(1+r_g)^{n-1} > tP$ となり，課税繰延（後払消費課税）のもとでの税収が，投資収益非課税（先払消費課税）のもとでの税収よりも大きくなりうる[55]。一方，何らかの事情により，政府の割引率が，納税者（私的主体）の割引率よりも高くなるような場合，政府にとっては，投資収益非課税の方が課税繰延よりも望ましい可能性が出てくる。

このように，政府の割引率が納税者の割引率と異なる場合，政府にとって「即時全額控除と投資収益非課税」，「課税繰延と投資収益非課税」，「先払消費課税と後払消費課税」は等価ではなくなる可能性がある。

(3)　政府の割引率

先行研究は，政府の割引率と納税者の割引率が，常に一致することを暗黙の前提としてきたといえる。

---

54)　神山・前掲注1) 270 頁。

55)　このような状況下では，米国における Roth IRA（投資収益非課税：TEE 型）と伝統的 IRA（課税繰延：EET 型）を比べると，後者の方が政府にとっては望ましいといえるかもしれない。

　　なお，伝統的 IRA に加えて，Roth IRA を導入した背景には，本来であれば将来得られる税収を前倒しにすることで，短期的な財政赤字の削減を目論むという財政操作（budget gimmick）の側面があったと指摘されている。この点については，神山弘行「財政赤字への対応——財政規律と時間枠組み（複数年度予算・発生主義予算）」ジュリスト 1397 号 14-15 頁（2010 年）およびそこでの引用文献を参照。

主に第3章以降において「割引率」の観点から，政府と納税者の視点を峻別することになるが，次の点には留意をしておく必要がある。それは，割引率について検討を加える際に，納税者および政府が現実にどのような割引率を用いて意思決定を行っているかという事実解明的（positive）な問いと，意思決定においてどのような割引率を用いるべきかという規範的（normative）な問いを区別して議論をする必要があるという点である[56]。

第3款　納税者の視点

本章第1節において紹介した課税のタイミングに関する伝統的な基礎理論は，主として納税者の視点から租税の公平性ならびに中立性を議論する場合に，納税者は「合理的な経済主体」であることが前提とされていた。しかしながら，様々な実証研究や実験を通じて，現実世界において多くの個人は，必ずしも合理的ではない意思決定をすることが明らかにされつつある。

近年，アメリカの租税法研究者を中心に，従来のミクロ経済学における合理的な個人を前提とするのではなく，行動経済学や心理学の分野からの知見を積極的に取り込んで，立法論の展開を試みる動きが見られる[57]。繰り返しになるが，このような知見を取り込んで，租税法における法理の検討ならびに立法論を試みることが，本書の第二の試みである。行動経済学の分野は，発展途上の段階であり，理論に未成熟な点があるものの，その研究成果は従来の経済学の視点を修正する可能性を秘めている。そのため，経済学の新たな潮流と租税法研究の付き合い方を模索することには，一定の意義があろう。

法学者にとって，法と経済学（法の経済分析）または経済学的な議論の前提が，非現実的な想定であると感じられることが少なからずあったかもしれな

---

56) 政府の割引率に関する「規範的な問い」の導入的検討として，神山弘行（中里実・監修）「環境と財政制度——経済的手法と世代間衡平」ジュリスト1363号18頁（2008年），神山弘行「財政法におけるリスクと時間——Contingent Liability としての公的債務保証」フィナンシャル・レビュー103号25，41-45頁（2011年）参照。なお，「事実解明的な問い」と「規範的な問い」の関係については，本編序章・注20）参照。

57) 租税法研究者による議論として本編序章・注16）に掲げた文献参照。*Also see*, ERICH KIRCHLER, THE ECONOMIC PSYCHOLOGY OF TAX BEHAVIOUR (Cambridge University Press 2007); WILLIAM J. CONGDON ET AL. EDS., POLICY AND CHOICE: PUBLIC FINANCE THROUGH THE LENS OF BEHAVIORAL ECONOMICS (Brookings Institution Press 2011).

い。これまで法学者が，実践的な経験知，ないし直感的な人間像の理解を手が
かりに，立法論や解釈論を展開してきた部分について，行動経済学の知見は，
より体系的な説明を付与してくれる可能性を秘めていると考えられる[58]。

そこで，本書では，政府と納税者の視点を峻別することに加えて，納税者の
視点についても従来の合理的な存在としての納税者像ではなく，限定合理的な
存在としての納税者像を想定した場合に，租税法理論の解釈・適用にどのよう
なインプリケーションがあるのかという視座からも可能な限り検討を加えるこ
ととしたい。「納税者の視点」からの新たな理解については，本書第2編にお
いて分析を加える。

第3節　小　　括

本章において検討したように，租税法における先行研究では，課税のタイミ
ングに関する基礎理論について，主として合理的な納税者の観点から検討がな
されてきた。また，租税支出論における議論や，リスクへの課税を巡る一連の
議論では，政府（国庫）の視点から分析が加えられることがあったものの，そ
こでは政府と納税者の利得は「表裏一体」の関係であることが暗黙の前提とさ
れていた。

序章において述べたように，本書第1編の目的は，「納税者の視点」と「政
府の視点」を明確に峻別することにより，既存の法制度が依拠する課税のタイ
ミングに関する理論的根拠の再検討を通じて，立法論的観点から法制度を再構
築することである。

しかしながら，このような新たな視点から伝統的な基礎理論の再解釈および
再構築を試みるためには，基礎理論を前提として発展してきた一連の「法理」
や「法制度」に対する正確な理解が存在して初めて可能となる。そのため，政

---

58)　租税法以外の法分野において，行動経済学の知見を活用する試みとして，たとえば序章・
注18) 参照。*Also see*, CASS R. SUNSTEIN ED., BEHAVIORAL LAW & ECONOMICS (Cam-
bridge University Press 2000); FRANCESCO PARISI & VERNON L. SMITH, THE LAW AND
ECONOMICS OF IRRATIONAL BEHAVIOR (Stanford University Press 2005); ERIC A. POSNER &
CASS R. SUNSTEIN, LAW AND HAPPINESS (Chicago University Press 2010).

第3節　小　　括

府の視点と納税者の視点から議論を進めるための前提として，課税のタイミングに関する判例法と制定法による対応を検討する必要がある。

　そこで，次の第2章では，主として比較法の観点から，アメリカにおいて判例法理および制定法が課税のタイミング（年度帰属）の問題について，いかなる理論的根拠に依拠して，どのような対応策を講じてきたかを分析する。

第2章　法理論・法制度の形成と到達点
── アメリカ法を題材に

第1節　は じ め に

第1款　本章の位置づけ

　金融取引や経済活動の多様化にともない，「所得税」改革の望ましい方向の一つとして発生主義課税及び時価主義課税が唱えられ，それが所得課税における世界的な潮流となっている。そして世界各国において，発生主義課税・時価主義課税を志向すべく様々な税制改正が行われてきた。

　これまでの我が国における先行研究において，特定の金融商品や経済的取引に対して発生主義課税・時価主義課税を志向する具体的な個別制度の紹介ならびに分析がなされてきた[1]。しかし，それら個別の制度は，課税のタイミングに関するより一般的な法理を補完する存在であることを忘れてはならない。発生主義課税・時価主義課税を論じる際に，忘れてはならないのは，課税のタイミングに関するより一般的な法理との補完・緊張関係である。その補完・緊張関係を念頭においてはじめて，各特別規定の意義と射程をより明確に認識することができよう。

　発生主義課税・時価主義課税とは，結局のところ，課税のタイミングの問題である。そこで，本章は，課税繰延の問題を分析する前提として，課税のタイミング（所得の認識と費用控除の時期）に関してアメリカ法を主たる対象として検討を加える。

　まず第2節において，課税繰延の問題に対処すべく，アメリカにおいて発生

---

1)　発生主義課税ならびに時価主義課税に関する我が国の主要な先行研究として，たとえば，金子宏「所得の年度帰属──権利確定主義は破綻したか」同『所得概念の研究』282 頁（有斐閣，1995年）；中里実『金融取引と課税──金融革命下の租税法』（有斐閣，1998 年）がある。

35

第1編　第2章　法理論・法制度の形成と到達点

主義課税を推し進めるべくどのような判例法理が発展してきたかを検討する。結論を先取りすれば，課税のタイミングに関する判例法理とその条文化は，主としてフローの観点に着目して，現実の所得税法を包括的所得概念に近接させようとするものと理解をすることができる。

　続く第3節において，発生主義課税以外の方法による課税繰延への対処策としてどのような法制度が導入されてきたのかを類型化して検討する。ここでは，第2節で検討した，「フロー」に着目をした所得の年度帰属に関する法的基準だけでは，課税繰延の利益を実効的に排除できない場合が存在することから，どのような法的仕組みによって，課税繰延の利益を減殺することを志向しているかという観点から分析を加えることになる。

　なお，会計基準と租税法における年度帰属（課税時期）の関係については，既に優れた先行研究があり，かつ本書の主たる検討対象ではないことから，両者の乖離および統合に関する議論には触れない[2]。

第2款　用　語　法

　本章における用語法として，収益や損失の計上時期に関して，現金の出入りの時点（現金主義）ではなく，債権・債務関係が発生または確定した時点で認識する課税方式を「発生主義課税」とよぶ。それに対して，資産の年度初めと年度末の価値変化に着目して（すなわち純資産の増減に着目して）課税を行う方式を「時価主義課税」とよぶ。

　どちらも，理念的な包括的所得概念に忠実な課税方式を志向するという点においては，共通している。しかし，発生主義課税は主に「フローの変化」に着目しているのに対して，時価主義課税は主に「ストックの変化」に着目して包括的所得概念に準拠した課税を志向しているものと考えられる。そこで，本書では，便宜上，フローの変化に着目して包括的所得概念に近接した課税を志向

---

2)　会計基準と法人所得税の関係については，中里実「企業課税における課税所得算定の法的構造(1)～(5・完)」法学協会雑誌100巻1号50頁，同3号1頁，同5号83頁，同7号89頁，同9号1頁（1983年）参照。*Also see*, Daniel Shaviro, *The Optimal Relationship Between Taxable Income and Financial Accounting Income*: *Analysis and a Proposal*, 97 GEORGETOWN LAW JOURNAL 423 (2009); David I. Walker & Victor Fleischer, *Book/Tax Conformity and Equity Compensation*, 62 TAX LAW REVIEW 399 (2009).

する場合を指して「発生主義課税」と呼び，ストックの変化に着目して課税を志向する場合を指して「時価主義課税」と呼ぶことにしたい。

課税のタイミングを論ずる際には，「実現」という概念が一つのキーワードになる。しかし，実現概念には，①課税のタイミングを決定する機能，②所得の範囲（所得概念の外延）を決定する機能，③課税の対象者（所得の人的帰属）を決定する機能が複合的に混在している[3]。本章では，特に断りのない限り，「実現」の用語をもっぱら①の課税のタイミングに関する概念として用いることとする。

また，内国歳入法典 63 条(a)において，課税所得（taxable income）が総所得（gross income）[4]から各種控除（deductions）を差し引いたものと定義されている。本章では，「所得」という用語について，総所得をグロスの概念で，課税所得を費用などを控除したネットの概念（純所得）として用いる[5]。

第2節　課税のタイミングと法的基準——フローの視点

第1款　現金主義と発生主義

内国歳入法典 446 条(a)は，原則として，納税者が帳簿をつける際に規則的に（regularly）所得計算の基準としている会計方法に基づいて課税所得を算定する旨を定めている。これを受ける形で，同条(c)は，納税者が①現金主義（cash

---

3)　渡辺徹也「実現主義の再考——その意義および今日的な役割を中心に」税研 147 号 63 頁（2009年），岡村忠生「所得の実現をめぐる概念の分別と連接」法学論叢 166 巻 6 号 94 頁（2010 年）参照。なお，岡村論文は，課税時期の問題と年度帰属の問題を区別するべきと説いている。仮に，岡村論文における定義に従えば，本書で主に問題としているのは課税時期ということになる。しかし，政府と納税者の視点を峻別するという観点からは，課税時期の問題だけでなく，年度帰属の問題も密接に関係する。そこで本書では，広い意味で課税のタイミングという概念を用いている。

4)　内国歳入法典 61 条(a)は，総所得を「あらゆる源泉から生じる全ての所得」と定義している。そして，アメリカ連邦所得税法は，帰属所得や未実現のキャピタル・ゲインには課税をしていないため，純粋な包括的所得概念よりは狭いものの，所得を包括的に構成していると一般に解されている。金子宏「租税法における所得概念の構成」同『所得概念の研究』42-46 頁（有斐閣，1995 年，初出 1966〜1975 年）参照。

5)　中里実「企業課税における課税所得算定の法的構造（2）」法学協会雑誌 100 巻 3 号 520-521 頁（1983 年）参照。

第1編　第2章　法理論・法制度の形成と到達点

receipts and disbursements method），②発生主義（accrual method），③内国
歳入法典によって認められているその他の方法，④財務省規則により認められ
るこれらの方法の組み合わせのいずれかを選択した上で，課税所得を算出する
ことを認めている[6]。ただし，納税者が会計方法を選択する権利には，一定の
制約が課されている[7]。

　1984 年の税制改正以前において，金銭の時間的価値の存在を十分に考慮し
ていない租税法規の欠点を利用して，納税者が租税負担を過度に減少させるこ
とが横行していた[8]。そのような事態に対応するため，米国議会は，1984 年の
税制改正において，大掛かりな税制改正を行ったのである。そこでの基本的な
方向性は，現金主義を採用している納税者であっても，課税所得を適切に算出
するために，特定の取引に関して発生主義に近い形で所得の認識をさせるとい
うものであった[9]。

　しかし，この改正において大きな例外が存在する。それは，早すぎる控除
（premature deduction）に関して，逆に，発生主義を採用する納税者を現金主
義での課税所得計算に近づけることを意図した一連の法改正である[10]。

　本書の主題の一つである納税者の視点と政府の視点の峻別という観点からす
ると，現金主義における法理よりも，発生主義における法理・法制度が，どの
ような意図によって構築され，また運用されているかが，より大きな関心事と
なる。そこでは，タイミングの問題とあわせて，現金の支出または受領が，数
十年間という長期に及ぶ場合に，発生主義によって総所得ないし費用を認識す
るとしても，どのような金額を課税の対象とするのか——将来キャッシュ・フ

---

6)　*See*, Ford Motor Co. v. Commissioner, 102 T.C. 87, 92 (1994); aff'd, 71 F.3d 209 (6th
　　Cir. 1995). 内国歳入法典 446 条(c)の歴史的沿革については，中里・前掲注5）524-527 頁参照。

7)　第一の制約は，同一項目について毎年度同一の方法の使用を求める継続性の要求である（内国歳
　　入法典 446 条(a)）。第二の制約は，「明確に所得を反映（clearly reflect income)」する会計方法
　　を採用しなければならないという要求（同法 446 条(b)）である。納税者の用いている会計方法が明
　　確に所得を反映していないと財務長官が判断する場合は，当該会計方法は否認されうる（同法 446
　　条(b)）。中里・前掲注5）526-529 頁。

8)　第 1 章で確認したように，納税者は，法的技術を用いることで，収益の計上時期を繰り延べたり
　　（課税繰延）や，費用や損失の計上時期を前倒して，租税負担を減少させることができる。

9)　Noel B. Cunningham, *A Theoretical Analysis of the Tax Treatment of Future
　　Costs*, 40 TAX LAW REVIEW 577, 578 (1985).

10)　Cunningham (1985), *supra* note 9, at 578.

38

ローの単純総和とするのか，それとも何らかの形で割引現在価値に算定し直す
のか——が一つの問題となる[11]。

　発生主義における制定法および判例法の状況をより客観的に把握するため
に，その対をなす現金主義における制定法および判例法の状況を確認しておく
ことは有益だと考えられる。そこで，まず第2款において，現金主義を採用し
て課税所得を計算する納税者に対する課税のタイミングの法理を概観する。そ
の上で，第3款において，発生主義を採用する納税者に対する法理を検討す
る。

　別の問題として，私的経済取引は，通常，二当事者間以上で行われるとこ
ろ，各当事者が異なる課税所得の算定手法を採用している可能性がある[12]。そ
のような場合に，当事者間で費用控除と総所得算入の時期を一致させるべきか
否かというマッチングの問題が生じる。この点については，第4款で検討す
る。

第2款　現金主義会計と課税所得の算出

第1項　現金主義と三つの法理

　現金主義会計に基づいて課税所得を計算する納税者の場合[13]，現金の受領お

---

11)　この点については，本節第3款第4項において検討を加えるフォード事件の一連の判決が，興
　味深い題材を提供している。
12)　なお，同一法人内の（国際的な）本支店間「取引」をどのように考えるべきかについては，渕
　圭吾「取引・法人格・管轄権(1)〜(5・完)」法学協会雑誌121巻2号1頁（2004年），127巻8号
　125頁，同9号70頁，同10号62頁，同11号136頁（2010年）参照。
13)　1986年税制改正により，原則として，C法人，およびC法人がパートナーであるパートナーシッ
　ップ，そしてタックス・シェルターは，現金主義会計の採用を禁じられることになった。内国歳入
　法典448条(a)参照。
　　ただし，例外として，農業（farming business），適格個人事業法人（Qualified personal
　service corporation），総受領高（Gross receipts）が年500万ドル以下の事業体（C法人なら
　びにパートナーシップ）は，この禁止規定の適用を免れる（内国歳入法典448条(b)）。適格個人事
　業法人とは，①医療・法律・エンジニアリング・建築・会計・保険数理・芸能・コンサルティング
　のいずれかの役務の提供を主たる事業とする法人で，かつ位置移動②同法人の主たる株主が現従業
　員・元従業員もしくはその相続人である法人を指す（同法448条(d)(2)）。なお，内国歳入法典448
　条(a)がS法人や（C法人を組合員としない）パートナーシップに適用されない点には，批判があ
　る。中里・前掲注1) 72頁参照。

第1編　第2章　法理論・法制度の形成と到達点

よび支払を基準として総所得と費用を認識することになる[14]。言い換えれば，実際のキャッシュ・フローに着目をして課税所得の計算を行うのである。そのため，課税所得の算定は，一見，簡単そうである。しかしながら，政府（国庫）の視点からすれば，納税者が現金支払・受領の時期を恣意的に操作できるのであれば，（包括的所得概念に基づいて）適切な所得の算定が妨げられることになりかねない。

　所得税は，各課税年度における消費と純資産増加をとらえて課税すること——期間税であること——に一つの特徴があるとすれば，納税者が恣意的に課税所得を異なる課税年度に移転させることは，その制度理念に反することになる。第1章で紹介したように，納税者の視点からすれば，現金受領の時期を遅らせる（または現金支払いの時期を早める）ことで課税繰延の恩恵（金銭の時間的価値の恩恵）を享受できる。さらに，累進的所得課税の下では，課税所得を各年度間にわたり平準化させることで，税負担の軽減を図ることができる。

　早期控除（premature deduction）に関して，発生主義に比べて現金主義のもとでは，問題は生じにくいと思われる。なぜなら，支払者としては，現実に支払義務（または支払額）が確定していない段階で，（相手方のクレジット・リスクに対する割引なしに）早期に取引相手に費用を支払うことを可能な限り避けたいからである。その意味では，早期控除の問題は，構造的に発生主義を採用する納税者の場合に問題となりえる。これに対して，現金主義を採用する納税者の場合，現金を受け取ることができるにもかかわらず，現金受領の時期を恣意的に遅らせること（課税繰延）の方が，早期控除よりも問題となりやすい。

　アメリカにおいて，現金受領の時期の操作（課税繰延）の問題に対して，次の三つの法理が発展してきた。第一は「みなし受領の法理（Constructive Receipts Doctrine）」，第二は「現金等価（現金等価物）の法理（Cash Equivalence Doctrine）」，第三は「経済的利益の法理（Economic Benefit Doctrine）」である[15]。

　第一の「みなし受領の法理」は，現金主義を採用する納税者が自由に支払時

---

14)　内国歳入法典451条(a)，財務省規則1.446-1(c)(1)ⅰ参照。

15)　Gordon T. Butler, *Economic Benefit: Formulating a Workable Theory of Income Recognition*, 27 SETON HALL LAW REVIEW 70, 71-72 (1996). 本款の分析は，この論文に依拠するところが大きい。

期をコントロールできるようになった時点（課税年度）に，現金を受領したものとみなし，所得（総所得）を認識させる法理である[16]。

　第二の「現金等価の法理」は，納税者が小切手（check）などの現金に換金できるような資産を受け取った時点で，所得を認識させる法理である[17]。

　第三の「経済的利益の法理」は，たとえ納税者が即時の現金受領をコントロールできるような状況になくとも，当該納税者が経済的な利益を享受していると判断されるような場合につき，（現金受領よりも前の段階で）所得の認識を求める法理である[18]。

　第三の「経済的利益の法理」の射程を広く捉えれば，現金主義会計を採用する納税者であっても，経済的利得を享受した時点で所得を認識しなければならない。これは，発生主義と現金主義の境目が融解することを意味する[19]。この法理の射程を過度に拡大すると，現金主義会計と発生主義会計の実質的な差異はなくなり，課税所得の計算において納税者が会計手法を選択できるという，内国歳入法典の大前提（とその基本理念）が崩れることになりかねない[20]。

　一方で，経済的利益の法理の射程を狭く捉えると，他の二つの法理に内包されることになり，みなし受領の法理と現金等価の法理では十分に対処できないような場合につき，納税者が租税負担を殊更に減少させるべく所得認識の時期を恣意的に操作することが可能となってしまう恐れがある[21]。

　そこで，これら三つの法理に関して，それぞれの法理の射程を確認するとともに，どのような相互作用をもたらしてきたかという点にも留意しながら，検討を加えることにする。

---

16)　*Id. Also see*, Moshe Shekel, The Timing of Income Recognition in Tax Law and the Time Value of Money, 53 (Routledge-Cavendish 2009).

17)　*Id. Also see*, Boris I. Bittker & Lawrence Lokken, Federal Taxation of Income, Estates and Gifts, vol.5, ¶105.3.2, at 105-58 to 105-59 (3rd ed.　Warren, Gorham & Lamont 2012)

18)　*Id.*

19)　*Id.* at 72.

20)　Reed v. Commissioner, 723 F.2d 138, 146-147 (1st Cir. 1983) は，この点を指摘した上で，経済的利益の法理の射程を限定している。*See*, Butler（1996），*supra* note 15, at 72.

21)　*Id.*

第1編　第2章　法理論・法制度の形成と到達点

第2項　みなし受領の法理（Constructive Receipts Doctrine）

I　財務省規則制定以前（1957年以前）

米国におけるみなし受領の法理は、判例法により展開・形成されてきた。

ホームズ連邦最高裁判所判事は、*Corliss v. Bowers* 事件[22] において、撤回可能信託（revocable trust）への譲与者（grantor）への課税の合憲性を判示する際に、次のように、みなし受領の法理の核心を述べている。「納税者自身の制限のない指示に服し、かつ自身の選択によって享受する自由を有するような所得は、納税者自身が当該所得を享受する用意ができていると捉えるか否かにかかわらず、同納税者の所得として課税して構わない」[23]。

また後の裁判例において多々引用されるものとして *Hamilton National Bank v. CIR* 事件[24] における判示が存在する。本判示は、みなし受領の法理は「納税者が、自身の所得に対して恣意的に背を向けてはならないのであり、どの課税年度に所得を申告するか選択してはならない」[25] ということを意味すると述べている[26]。

II　財務省規則の構造（1957年以降）と裁判例

みなし受領の法理に関する最初の通達（regulation）は、1957年に導入され、現行の財務省規則では、次のように規定されている。

まず財務省規則1.451-1は、現金主義を採用する納税者について、現実に利益等を受領した年度、または「みなし受領」した年度の総所得に当該利益等を算入することを求めている。

そして財務省規則1.451-2において、みなし受領の定義がなされている。そこでは、原則として、所得が現実に納税者の「占有（possession）」[27] するとこ

22）　Corliss v. Bowers, 281 U.S. 376 (1930).

23）　*Corliss*, 281 U.S. at 378.

24）　Hamilton National Bank v. CIR, 29 BTA 63 (1933).

25）　*Hamilton*, 29 BTA at 67.

26）　その他の裁判例として、繰延報酬に関する *Veit v. Commissioner* 事件 [8 T.C. 809 (1947)] が存在する。*Also see*, Butler (1996), *supra* note 15, at 79.

27）　英米法における possession の概念は「権原（title）」に近い側面もあるため、日本における占有概念とは異質のものである点には注意が必要である。

ろとなっていなくても，①納税者のために勘定が設定されて彼のために隔離されるか，または②納税者がいつでも引き出せる状態になっているか，または③事前に引出しの意図が通知されていれば，当該年度において引き出すことができるような場合，その課税年度において当該所得を受領したものとみなすと定められている[28]。

ただし，例外として，受領時期への納税者の支配が実質的な制限等（substantial limitations or restrictions）に服する場合には，所得をみなし受領したことにはならないと規定されている[29]。そのため，どのような状況が支配への「実質的制限」に該当するかが問題となる。この点に関して，本財務省規則は，次のような場合には「支配への実質的制限」には該当しないと規定している。第一は引出単位（例：100ドル単位の引出しなど）が設定されている場合，第二は早期引出しに対するペナルティが少ない場合，第三は引出しに事前通知を要求する場合である。

以上をまとめると，みなし受領の法理とは，納税者が実際に「占有（possession）」を有していなくとも，自分の意思により「占有」を確保できる「権限（power）」を有した時点で，所得を強制的に認識させる法理だといえる[30]。

Ⅲ　みなし受領の法理の適用を巡る裁判例

◆*Ross v. Commissioner* 事件[31]

みなし受領の法理についてリーディング・ケースとされる *Ross v. Commissioner* 事件において，連邦第一巡回控訴裁判所は，「疑いなく，みなし受領の法理は，納税者が単に所得対象を占有（possession）する時期を選択することによって申告年度を選択できるようにすることを防ぐべく，財務省によって考え出されたものである。したがって，占有（possession）を妨げる唯一の要因が納税者の意思である場合，財務省は当該所得に課税を行ってもよ

---

28)　財務省規則 1.451-2(a)。

29)　*Id.* 本財務省規則は，例として，法人が従業員に賞与として株式を付与すべくバランスシートの貸方に記載しても，同従業員が将来の一定期日まで同株式を利用することができなければ，みなし受領を構成しない旨を示している。

30)　*See*, MICHAEL J. GRAETZ & DEBORAH H. SCHENK, FEDERAL INCOME TAXATION, 684 (Revised 4th ed. 2002); Butler (1996), *supra* note 15, at 76.

31)　Ross v. Commissioner, 169 F.2d 482 (1st Cir. 1948).

第1編　第2章　法理論・法制度の形成と到達点

い」[32]と述べている。

このように通常は，意図的に所得の計上を遅らせようとする納税者の行為に対して，課税庁側が「みなし受領の法理」を主張・適用する場面が想定されている。それでは，逆に，納税者側が税負担の最小化を図るために，みなし受領の法理を援用することは可能なのであろうか。この点に関して，次の三つの重要な判決が存在する[33]。

◆*Hornung v. Commissioner* 事件[34]

この事案は，1961年12月31日の16時30分に，アメフト選手（原告）がスポーツ誌から賞として自動車を授与されることが発表され（なお，賞の授賞を発表した者は，自動車の権原〔title〕も鍵も持っていなかった），翌年1月3日に同自動車を受け取った事案である。原告は，1961年の所得への算入を主張した。

本件において，租税裁判所は「1961年12月31日は日曜日であり，仮に当該スポーツ誌の編集長がその場にいたとしても，月曜日よりも前に，原告に自動車が移転されたかは疑わしい。また，本件自動車が置かれていたニューヨークのディーラーは休みであった。本件自動車は原告の用に供されるべく分別管理されていなかったし，配達も原告の意思次第という状況ではなかった。したがって，みなし受領の法理は適用されず，所得税の観点からすれば原告は1962年に本件自動車を受領したと当裁判所は判示する」[35]として，みなし受領の法理の適用を認めなかった。

本判決においては，みなし受領の法理の適用は納税者側から一切主張できないという性質のものだとされたわけではなく，あくまで同法理の適用要件を満たしていないため適用されなかったという点には注意が必要である。

◆*Fetzer Refrigerator Co. v. United States* 事件[36]

この事件は，法人の支配株主兼役員である個人納税者（原告）が，同法人から受け取る賃料につき，同法人の銀行口座から小切手を振り出す権限を有していた事案であった。そして，連邦第六巡回控訴裁判所は，納税者の主張するみ

---

32) *Ross*, F.2d at 491.

33) ここでの分析は，Graetz & Schenk, *supra* note 30, at 684-686 に依拠するところが大きい。

34) Hornug v. Commissioner, 47 T.C. 428 (1967).

35) *Hornug*, 47 T.C. 428, 435 (1967).

36) Fetzer Refrigerator Co. v. United States, 437 F.2d 577 (6th Cir. 1971).

なし受領の法理の適用を認めた。なお，この事案において，法人側では本件賃料の支払義務が生じた時点で，帳簿上，支払勘定に計上されていた点には留意をする必要がある[37]。

◆*Carter v. Commissioner* 事件[38]

本件事案は次の通りである。原告であるカーター氏（現金主義会計を採用）は，1974 年 1 月から 9 月まで無職であったが，1974 年 10 月よりニューヨーク市の研究所に職を得ることができ，その数週間後に別の研究部門に異動となった。カーター氏の要求にもかかわらず，事務的な遅れから最初の研究部門での給与の支払いが 1974 年にはなされず，結局 1975 年 1 月 3 日に 1073.01 ドル（以下，「本件給与」とよぶ）を受け取ることができた。

カーター氏の 1974 年の総所得は 818.3 ドルであり，もし本件給与を 1974 年に受領できていれば，追加的な租税負担は存在しなかった。カーター氏は，1975 年度分の納税申告に際して，担当の内国歳入庁の職員から，本件給与は 1974 年に帰属するため 1975 年度分の所得から差し引いてよい旨の説示を受けたため，それに従って申告をした。しかしながら，その後に，内国歳入庁は，1975 年分の申告につき 195 ドル分の租税が不足しているとの更正処分を行ったのである。

そのため，カーター氏は，①役務の提供が 1974 年になされている，②ニューヨーク市の常勤の職にあり，本件給与（同市にとっての支払債務）はニューヨーク市の 1974 年度予算に計上されていること，そして③あとはニューヨーク市の会計から自身の会計への支払いがなされるだけであった点を主張して，みなし受領の法理の適用を主張し，本件給与は 1974 年に帰属させるべきとの要求をした。これに対して，内国歳入庁長官は，カーター氏が現金主義会計を採用している以上，実際に「現金」を受け取った 1975 年に課税されるべきだと主張した。

租税裁判所は，以下の理由から，カーター氏の主張を退け，みなし受領の法理の適用を認めず，本件給与につき 1975 年の所得に算入されるべきだと判示した[39]。租税裁判所は，カーター氏が 1974 年の 12 月に本件給与の支払

---

37) Graetz & Schenk, *supra* note 30, at 686.
38) Carter v. Commissioner, 40 T.C.M. 654 (1980).
39) 1980 Tax Ct. Memo Lexis 333, at 3-4.

いの催促を繰り返ししたにもかかわらず，実際に支払われなかった点を考慮すれば，同氏の本件給与の支配には実質的な制限（substantial limitations or restrictions）があり，みなし受領の法理の適用の前提となる「自由かつ無制限の支配（free and unrestricted control）」が存在していなかったと判断した[40]。そして，単にニューヨーク市の予算に本件給与が計上されているだけでは，みなし受領の法理の適用要件は満たさないと判示したのである。

　さらに，カーター氏は，内国歳入庁の職員による確定申告の際の助言に関して，衡平法（compelling equity）の観点からみなし受領の法理の例外的な適用を求めた。これに対して，租税裁判所は，現金主義という単純明快なルール（現金の受領時に所得に算入し，支払時に控除をするというルール）を採用することで，より洗練された会計手法の複雑さから標準的な納税者（average taxpayer）を解放しているとの理解を示した。そして，そのような標準的な納税者について，現金の受領時に所得に算入することを期待するものである旨を判示した[41]。租税裁判所は，本件において原告が課税庁の不手際の被害者になったことに同情の意を示しつつも，本件における課税ルールは明確であって，全ての納税者にとって利用しやすいものでなければならないとして，原告の主張を退けたのである[42]。

　これら三つの裁判例から導き出せる一つの結論は，みなし受領の法理の要件を満たしていれば，納税者の側から同法理の適用を主張することも可能だという点である[43]。

Ⅳ　みなし受領の法理の適用の判断が困難になる類型

　先述のように，判例ならびに通達の変遷によって，みなし受領の法理の適用は発展してきた。しかしながら，本法理は，全ての場合において所得認識時期の明確な基準たりうるわけではない。以下では，みなし受領の法理にはどのような限界があるのかについて，検討を加える。

---

40)　*Id.* at 4.

41)　*Id.* at 5.

42)　*See, id.* at 5-6.

43)　Bittker & Lokken, *supra* note 17, ¶105.3.3, at 105-62; Butler (1996), *supra* note 15, at 77. なお，第三の Fetzer 事件と第四の Carter 事件の比較で興味深いのは，法人側の経理がどの程度影響しているかであろう。

Bittker & Lokken は，みなし受領の法理の適用（換言すれば，包括的所得概念の理念に即して毎年度の純資産増加に課税を行うこと）が困難になる場合として，次の場合を指摘している[44]。それは，①支払期日が契約によって定められている場合，②支払期日後に支払延期の合意がなされる場合，③実質的な制限（substantial limitation）が存在する場合，④凍結銀行口座上の利子，⑤第三者預託（escrow）の場合，⑥年度末に受け取った小切手，⑦損失である。

(1) 支払期日が契約によって定められている場合

支払期日は，当事者間の合意のもと契約によって操作できる上に，契約外の当事者間で支払期日以前に（受領者の求めに応じて適宜）支払いがなされるような合意をすることで，ある程度恣意的に操作することが可能である。しかし，求めに応じて適宜支払いがなされうるというこのような事情だけでは，みなし受領の法理が，支払期限到来以前に適用されることはない[45]。これは，課税庁にとって，各契約・取引ごとに事前の当事者間の合意を精査することは実質的に不可能であることから，執行上の便宜として契約上の支払期日に着目するという基準になっていると解されている[46]。

(2) 支払期日後に支払延期の合意がなされる場合

債務者（金銭支払者）が支払準備を終え，支払可能な状況であれば，支払期日の到来後に，当事者間で支払を延期する旨の合意がなされたとしても，みなし受領の法理が適用され支払期日に当該支払を受け取ったものとされる[47]。

一方，支払期日の到来前に支払延期の合意がなされた場合，みなし受領の法理が適用されることはなく，元の支払期日に支払いを受けたものとは扱われずに，延期された期日が新たな基準となる[48]。

この取扱いの違いは，どのような観点から正当化することが可能であろうか。経済的な観点から考えると，次のような正当化理由を見出すことができよう。すなわち，債務者の支払能力が契約当初よりも悪化しているような状況下

---

44) Bittker & Lokken, *supra* note 17, ¶105.3.3, at 105-63 to 105-70. *Also see*, Butler (1996), *supra* note 15, at 78〜82.

45) Bittker & Lokken, *supra* note 17, ¶105.3.3, at 105-63 to 105-64.

46) *Id.*

47) *Id.*

48) *See*, *e.g.*, Commissioner v. Oates, 18 T.C. 570 (1952), aff'd, 207 F.2d 711 (7th Cir. 1953); Willits v. Commissioner, 50 T.C. 602 (1968).

第1編　第2章　法理論・法制度の形成と到達点

では（例えば支払者が経営難もしくは短期的な流動性不足に陥っている状況が想定でき
る），多くの場合，差し押さえ等の法的な措置を講じる前段階で，契約当事者
間での支払猶予の交渉がなされるものと考えられる。しかしながら，もしも，
みなし受領の法理が適用され，受領者が契約当初の支払期日に支払いを受けた
ものとして所得を認識しなければならないとすると，受領者は納税資金の不足
に直面する可能性がある。さらに，そのような流動性制約に直面している受領
者は，納税資金確保のために，支払猶予を求める支払者との交渉において，柔
軟性を欠く態度をとる（支払猶予を認めずに法的措置を講じる）可能性があろう。
もし仮に，支払者の事業継続価値（going concern value）が清算価値を上回る
ような状況であれば，社会的に（両当事者にとっても）当該支払いを猶予して，
事業を継続させて長期的に支払いを回収する方が望ましいといえる。しかし，
税制が契約当初の支払期日を基準に，所得の認識を迫るのであれば，社会的に
最適な支払猶予交渉の結果を歪めることになってしまう。換言すれば，租税の
経済活動に対する「中立性」を大きく損なうことになる。このように，支払期
日「到来前」と「到来後」で，みなし受領の法理の適用が分かれることを機能
的な観点から正当化できるのではないだろうか。

(3)　実質的な制限（substantial limitation）が存在する場合

　財務省規則1.451-2(a)は，支払いに関して受領者たる納税者の支配に実質的
制限（substantial limitations or restrictions）が存在する場合には，みなし受
領の法理の適用がない旨を定めている。どのような条件が，みなし受領の法理
の適用除外要件たる「実質的な制限」を満たすかは，同法理の適用範囲にとっ
て極めて重要な問題となりうるため，しばしば裁判において争われてきた[49]。
たとえば，停止条件付きの現金受領権は，当該条件が成就するまで，みなし受
領の法理の適用はないとする裁判例が存在する[50]。

　Bittker & Lokken によれば，次のような場合には，みなし受領の法
理の適用はないと解されている[51]。それは，保険の解約払戻金（surrender

---

49)　*See, e.g.*, Hales' Est v. CIR, 40 BTA 1245 (1939); Griffith v. CIR, 35 T.C. 882 (1961);
　　Miele v. Commissioner, 72 T.C. 284 (1979).

50)　*See*, Bittker & Lokken, *supra* note 17, ¶105.3.3, at 105-65 to 105-66, fn.42-43. n.32;
　　See, e.g., Rutland v. CIR 77, 008 P-H Memo T.C. (1977); Patterson v. CIR, 73, 039 P-H
　　Memo T.C. (1973).

51)　Bittker & Lokken, *supra* note 17, ¶105.3.3, at 105-65 to 105-66.

48

value)[52]や，退職を条件とする解雇手当（severance pay），即時支払いの条件を満たさないよう選択をした場合に，巨額の将来未確定支払額を放棄することによって一定額を受け取る場合などである[53]。換言すれば，早期に現金を受領しようとする場合に，相手方から一種の違約金が要求される結果，（将来キャッシュ・フローの束である）受給権の割引現在価値よりも少ない現金しか受け取れない状況が「実質的な制限」に該当すると解されている[54]。

財務省規則 1.451-2(a)は，銀行・建築資金貸付組合・貯蓄貸付組合ならびに類似の機関からの，配当や利子その他の支払いに関して，「実質的な制限」とならない場合——つまり，みなし受領の法理が適用される場合——を例示列挙している。具体的には，①引出単位（例えば1000ドル単位など）が定められている場合，②口座からの早期引出しによって，大幅なペナルティを受けない場合[55]，③口座残高の全部または一部の引出しのみが認められている場合[56]，④引出しに際して事前通告が必要な場合[57]は，「実質的な制限」を構成しないと定めている。

(4) 凍結口座上の利子

金融機関の破産・債務不履行によって，納税者が同金融機関の口座から預貯金等を引き出すことが制限されている場合，残高に対して利子が納税者の口座に付加されていても，同利子はその年度の総所得には算入されない[58]。

---

52) *See, e.g.*, Griffith v. CIR, 35 T.C. 882 (1961).

53) Bittker & Lokken, *supra* note 17, ¶105.3.3, at 105-66.

54) Butler (1996), *supra* note 15, at 80.

55) 例えば，満期まで1年未満の場合に，早期引出しによって放棄されるべき利子が3ヶ月分相当額の場合には，大幅なペナルティに該当すると解されている。この場合には，支払いに関する納税者の支配に「実質的な制限」が存在することになり，みなし受領の法理は適用されないことになる。財務省規則 1.451-2.(a)(2)参照。

56) 財務省規則 1.451-2.(a)(3)。

57) 財務省規則 1.451-2.(a)(4)。口座残高に対する収益率（rate of earnings）が，引出通知額の多寡によって変わる場合，最高の収益率（earnings at the maximum rate）に基づいて収益を受けたものとしてみなし受領の法理が適用される。

　　ただし，引出しの事前通知をしそこねたことにより，低い収益率しか享受できなかった納税者は，当該課税年度において，以前みなし受領したとして総所得に算入した額と，実際に受け取った額の差額を通常所得の損金に算入することができる。

58) Bittker & Lokken, *supra* note 17, ¶105.3.3, at 105-65 to 105-66.

第 1 編　　第 2 章　法理論・法制度の形成と到達点

(5)　第三者預託（倒産リスクからの隔離）

現金主義を採用する納税者が，税額を減らすために課税繰延を望むものの，債務者の資産状況（倒産リスク・信用リスク）に懸念を有している場合，第三者預託（escrow）などが用いられる[59]。この点，債務者の倒産リスクから隔離して，支払いを確実なものとすればするほど「みなし受領の法理」や「現金等価の法理」の適用を受ける可能性が高まる[60]。倒産リスクからの隔離と，徴税リスクはトレード・オフの関係にあるといえる。その結果，繰延報酬の例において顕著に現れるように，いかに支払者（雇用主）の倒産・信用リスクから隔離しつつ，将来まで課税を繰り延べるかという点に，租税専門家の多くが労力を割くこととなる[61]。

(6)　年度末の小切手

例えば年度末の 12 月 31 日に小切手を受け取り，1 月に銀行に引き受けられた小切手は，現金等価物を受取ったとして，小切手を受け取った年度の所得に算入される[62]。この点に関して，「みなし受領の法理」と「現金等価の法理」が，重畳的・補完的に適用されうると解されている[63]。

12 月 31 日に小切手を受け取ることができる納税者は，仮にその小切手の受領を自己の意思により翌年に延ばしたとしても，現金等価物の小切手を実質的な制限なく受領できる状態にあったため，その年度の課税所得に算入しなければならないという裁判例が多数存在する[64]。逆に，年度末が土日で銀行が閉ま

---

59)　*Id.* ¶105.3.3, at 105-67 to 105-68.

60)　*Id.* なお，支払者の倒産リスクから隔離するための方策として，第三者預託ではなく，第三者による保証を用いた場合でも，同保証が現金と等価物であるとみなされた場合，直ちに所得を認識しなければならなくなる可能性がある。*See, id.*

61)　この点については，本節第 4 款を参照。

62)　Bittker & Lokken, *supra* note 17, ¶105.3.3, at 105-68 to 105-69.

63)　*Id.* ¶105.3.3, at 105-68 to 105-69.

64)　*See e.g.*, Lavery v. Commissioner, 158 F.2d 859 (7th Cir. 1946). これは，12 月 30 日に小切手を受け取り，翌年 1 月に銀行に預け入れを行った納税者が，12 月の段階で預け入れが可能であったことから，その年度の所得に算入すべしとされた事案である。

　Bright v. United States, 926 F.2d 383 (5th Cir. 1991). これは，1985 年に納税者は銀行に小切手を預け入れていたものの，当該銀行が名宛銀行から支払いを受けるまで同預入を保留していた事案において，連邦第五巡回控訴裁判所は，名宛銀行に口座を開設していれば 1985 年の時点で現金化することができたということを理由に，1985 年の所得に算入すべしとの判示をした事案である。Bittker & Lokken, *supra* note 17, ¶105.3.3, at 105-69, n.60, 61.

50

第2節　課税のタイミングと法的基準

っている場合など，実質的に翌年1月まで口座に預け入れた小切手相当額が反映されない場合には，翌年度に認識するべきだとされる[65]。さらには，裁判例の中には，小切手について，納税者が小切手を現金化できるか否かは重要な要素ではなく，小切手を受け取った時点で課税するべきだと判断するものがある[66]。

(7) 損　　失

現金主義を採用する納税者が，延払いの下で財産を売却して「損失」を被ったとしても，（実際の対価受領が後年度になる場合でも）みなし受領の法理は，「損失」には適用されないと解されている[67]。納税者は，損失が発生した年度に損失を認識することになる。すなわち，みなし受領の法理は，延払いによる収益の認識時点と損失の認識時点のマッチングを行わないといえる。このことは，内国歳入法典165条(a)が，損失が生じた年度（すなわち実現した年度）に控除させると定めていることに起因する[68]。

原則として，現金主義を採用する納税者であっても，「損失」に関しては，「実現（realization）」と「認識（recognition）」の時期が一致することになる[69]。他方，「収益」に関しては，延払いによって支払いを受ける場合など，すでに「実現」はしていても，現金の受領まで「認識」を遅らせることができる。

納税者にとって，「収益」の計上は繰り延べ，「損失」は前倒しにして控除する方が，仮に限界税率が一定だとしても，金銭の時間的価値（time value of money）の存在を考えれば有利な結果を生むことになる。

---

65)　*See, e.g.*, Compare Baxter v. Commissioner, 816 F.2d 493（9th Cir. 1987）。これは，1979年12月30日に小切手を受け取ることができたものの，その日は土曜日であり，すぐに銀行に預け入れたとしても翌1980年1月まで実質的に自分の口座に反映されなかったという前提状況の下では，同小切手は1980年の所得に算入されると判示した事案である。Bittker & Lokken, *supra* note 17, ¶105.3.3, at 105-69, n.61.

66)　*See*, Kahler v. Commissioner, 18 T.C. 31 (1952). 本件では，12月31日の銀行営業終了後に，小切手を受け取った場合であっても，その年度の所得に算入すべしと判示された。Bittker & Lokken, *supra* note 17, ¶105.3.3, at 105-69, n.60.

67)　Bittker & Lokken, *supra* note 17, ¶105.3.3, at 105-70.

68)　*Id.*

69)　ただし，内国歳入法典1031条のlike-kind exchangeによる実現利益・損失の不認識（non-recognition）など特例は存在する。アメリカ法における実現概念と認識概念の関係については，たとえば渡辺・前掲注3）69-73頁参照。

第1編　第2章　法理論・法制度の形成と到達点

そして，みなし受領の法理は，現金主義を採用する納税者が「収益」の計上を遅らせようとする場合に，発生主義に近づける形で所得を認識させることで，適切な所得の年度帰属を図る制度であるといえる。このような基本理念からすれば，みなし受領の法理を「損失」の場面に適用することは，納税者の観点からは，本来あるべき状況よりも有利な結果をもたらすことになる。そのため，みなし受領の法理が前提とする問題意識の帰結として，損失については収益の時点まで遅らせるということになると考えるのが自然であろう。

しかしながら，現実には原則的なルールである内国歳入法典 165 条(a)に従って，損失は発生した時点で認識することになっている。その意味では，みなし受領の法理は，総所得（益金）と損失（損金）の差額である「純所得 (net income)」の年度帰属を発生主義に近づける法理ではなく，「総所得」の年度帰属にのみ射程が及ぶ片面的な法理であると理解することができる。

第3項　現金等価の法理（Cash Equivalence Doctrine）

上述のように，みなし受領の法理は，収益を受け取ったとみなす時期についての法理であった。では，総所得（gross income）に算入されるものに現金が含まれるとしても，それ以外のモノを受け取った場合，総所得（収益）に算入されるかどうかが問題となる。

現金等価の法理（Cash Equivalence Doctrine）は，現金主義会計を採用する納税者について，「所得認識の対象（所得の範囲）」に関する法理だといえる。そこで，次に現金等価の法理について検討を加える。

現金等価の法理は，元来，所得の認識を遅らせるべく納税者が繰延報酬（deferred compensation）を利用することに対抗するための法理として発展してきたところ，その後，同法理の射程が広がり他の事案にも適用されるようになってきたという経緯が存在する[70]。

---

70) *See*, Graetz & Schenk, *supra* note 30, at 692. 例えば，*Kuehner v. Commissioner* 事件 [214 F.2d 437 (1st Cir. 1954)] では，納税者が第三者預託（escrow）を利用して，所得の認識を繰り延べようとしたところ，納税者は当該第三者預託における財産の持分につき支配権を有していたため，連邦第一巡回控訴裁判所は「現金と等価」であるとして，所得の認識を要求したのである。*See, id.*
　これに対して，*Reed v. Commissioner* 事件においては，租税裁判所 [45 T.C.M. 398 (1982)] は第三者預託について経済的利益の法理の適用を認めたものの，控訴審である連邦第一巡回控訴裁

第2節 課税のタイミングと法的基準

　現金等価の法理について，財務省規則 1.446-1 (c)(1)(i)は，「通例，現金主義・支出主義の下での課税所得の計算は，（受領したものが現金であれ，財産であれ，サービスであれ）総所得を構成する全ての項目は，それを実際に受領もしくはみなし受領した課税年度に計上されなければならない」と定めている。これは，例えば，サービス提供の対価として現物株式や自動車を受け取った場合に，それらを現金に換金した時点ではなく，それらを受け取った年度にその対価の市場価格（fair market value）を総所得に算入しなければならないということを意味する[71]。

　現金，財産またはサービスを受け取った場合に所得を構成することは，分かりやすい。これに対して，「将来現金を受け取る権利」を受け取った場合に，「現金，財産やサービス」と同等・等価だといえるかどうかが問題となる。もしも，将来現金を受け取る権利を得た時点で所得を認識させるのであれば，（従来，現金主義会計と発生主義会計の差異の一つと考えられてきた）売掛金債権の扱いに関して，現金主義会計と発生主義会計の差異はなくなることになる[72]。

　何が現金等価物として扱われ，受領した時点で所得として認識すべきかに関して，「現金に換金することができる何かを受け取った場合」[73]と説明されることがある。しかし，このような演繹的な視点は，判例や実務の集積によって形成されてきた本法理の分析には，必ずしも有効な手段ではないと思われる。

　そこで，以下では，ドグマティックな分析ではなく，現金受領の法理がどのような場面に適用されるのか，個別具体的な場面を検討することを通して，「現金等価物」の構成要素を帰納的に分析してみる。このような帰納的なアプローチは，連邦最高裁の所得税法解釈に対する一連の解釈適用態度とも整合的だと考えられる。なぜならば，連邦最高裁自身が，租税法の解釈適用のスタン

判所 [723 F.2d 138] は，経済的利益の法理の適用を認めると「延べ払いの合意が購入者と売却者間の独立当事者間の合意（arms-length agreement）であれば，現金主義会計に基づく納税者にとって所得の認識を繰り延べる効果を有するという確立した原則と乖離をきたしうる」として，経済的利益の法理の適用を認めなかった。*See, id.*

71)　Bittker & Lokken, *supra* note 17, ¶105.3.2, at 105-58. さらに，対価で受け取ったものが（食事や宿泊など）譲渡不可能な便益であっても，所得に算入されるべきである。所得の範囲（何が所得を構成するか）というこの問題は，フリンジ・ベネフィットへの課税の問題に繋がる。*Id.* ¶105.3.2, at 105-58 to 105-59.

72)　Bittker & Lokken, *supra* note 17, ¶105.3.2, at 105-59.

73)　Butler (1996), *supra* note 15, at 82.

第1編　第2章　法理論・法制度の形成と到達点

スとして，租税法が扱うものは経済的な現実（economic realities）であり，法的な抽象概念（legal abstraction）ではなく，所得税法の外延は技術的な技巧や単なる形式主義によって画されるものではないという一貫した立場を繰り返し明言しているからである[74]。

(1)　小切手

まず，小切手（check）については，単なる支払約束ではなく，（社会的に確立した）支払手段であることから，現金と同等のものとして扱われる[75]。ただし，現金そのものでないことから，受領時と換金が可能時点とに相当のタイムラグが生じる場合に，若干の問題が生じうる。この点につき，年度末に受け取った小切手の場合，タイミングの問題が顕著に現れる（小切手については，本款第2項Ⅳ(6)およびその脚注の裁判例を参照）。

(2)　手形・譲渡可能な契約上の権利

これに対して，手形（notes）や，それ以外の譲渡可能な契約上の権利の場合，小切手とは異なる扱いを受ける傾向にある[76]。リーディング・ケースとして，次の *Cowden* 事件が存在する。

◆*Cowden v. Commissioner* 事件[77]

Cowden 氏は，自身の所有するテキサスの土地について，石油会社との間に締結された石油・鉱物リース契約に基づいて，3年間に渡りボーナスを受取る権利（以下，本件受給権とよぶ）を 1951 年 4 月に得た。なお，本件の受給権には，停止条件ならびに解除条件は付与されていなかった。同年 10 月に，Cowden 氏は 1952 年と 1953 年分の受給権を銀行に（割り引いた上で）譲渡したところ，同譲渡にかかる所得を長期譲渡所得（long-term capital gain）として申告をした。これに対して，内国歳入庁は，通常所得（ordinary income）である旨を主張して争った事案である。

原審である租税裁判所の多数意見は，本件ボーナスについて，支払準備ができていただけでなく，「即時に一括で支払可能」であった点に着目し，現金等

---

74)　*See, e.g.*, United States v. Joliet & Chicago Railroad Company, 315 U.S. 44, 49 (1942); Commissioner v. Southwest Exploration Company, 350 U.S. 308, 315 (1956).

75)　Graetz & Schenk, *supra* note 30, at 691-692.

76)　*See*, Bittker & Lokken, *supra* note 17, at 105-49; Butler (1996), *supra* note 15, at 82-83; Graetz & Schenk, *supra* note 30, ¶105.3.2, at 105-59 to 105-60.

77)　Cowden v. Commissioner, 289 F.2d 20 (5th Cir. 1961).

54

価物であると判断した。そして，契約上の名目額を割り引くことなしに1951年の通常所得として計上すべきだとの判決を下した[78]。

これに対して，連邦第五巡回控訴裁判所は，所得額の評価に誤りがあると判断して，破棄差戻しの判決を下した[79]。その際に，支払いの約束が現金等価となりうる場合の条件を示している[80]。第五巡回控訴裁判所は，将来支払いの約束が，①支払能力のある債務者によってなされ，②停止条件・解除条件が付されておらず，③譲渡可能であり，④相殺の対象となっておらず，かつ⑤一般的な流動性プレミアムから大幅に乖離しない割引率によって貸し手や投資家に頻繁に譲渡される種のものである場合には，現金と等価だと扱われ，現金と同様の課税ルールに服する旨を判示している[81]。そして，「流通性（negotiability）」は，現金等価性の観点からの課税適状の判断基準にはなりえないという原則は，納税者が自身の租税負担を最小化するべく事情を整えることが許されていることとも一致するとも述べている[82]。

なお，本件差戻審において租税裁判所は，納税者は本件リース契約の履行時点で，支払約束額の適正市場価値（fair market value）相当額の現金等価物を受け取ったものとして課税する旨を判示した[83]。

他の裁判例においては，手形の現金等価性の条件として，単なる債務存在の証明ではなく，支払いの意図を示すものであることが必要だとするものが存在する[84]。その一方で，手形の発行者がその裏付け資産なく振り出し，その受取人が売却しようとしてもできなかった事案においては，手形の現金等価性を否

---

78) Cowden v. Commissioner, 32 T.C. 853 (1959). 租税裁判所は，一般論として「将来の現金支払いを約する未履行の契約（executory contracts）には，適正市場価格（fair market value）は存在しない」と述べている。ただ，本件では，石油会社が即時に一括で支払いが可能であった点と，実際に少額の割引で銀行が当該権利を購入している点から，例外的に適正市場価格の算定が可能な事案であると判断している。

79) *Cowden*, 289 F.2d 20.

80) *Cowden*, 289 F.2d 20, 24; Butler (1996), *supra* note 15, at 83.

81) *Cowden*, 289 F.2d at 24. *See*, Butler (1996), *supra* note 15, at 83.

82) *Cowden*, 289 F.2d at 24.

83) Cowden v. Commissioner, 20 T.M.C. 1134 (1961).

84) *See*, Schlemmer v. United States, 94 F.2d 77 (2nd Cir. 1938). この判決は，当事者が手形を支払いとして意図していなかった点を強調している。*See*, Butler (1996), *supra* note 15, at 83.

第1編　第2章　法理論・法制度の形成と到達点

定する裁判例もある[85]。

第4項　経済的利益の法理 (Economic Benefit Doctrine)

I　起　源

経済的利益の法理は，判例法により発達してきた課税のタイミングに関する法理である。本法理は，主として繰延報酬への課税の文脈において発展してきた[86]。

遅くとも 1945 年頃には，本法理の萌芽を判決中に見出すことができる[87]。連邦最高裁は，*Commissioner v. Smith* 事件において，連邦所得税法は「どのような形式又は形態 (form or mode) であれ，報酬として被雇用者に授与されるいかなる経済的又は金銭的な利得を課税所得として算入するのに十分な幅が存在する」[88]と述べている。

そして初めて「経済的利益の法理」を明示的に採用したとされるのは，次の *Sproull v. Commissioner* 事件である。

◆*Sproull v. Commissioner* 事件[89]

事案の概要は次の通りである。納税者（原告）が代表取締役を務める株式会社の取締役会が，1945 年に報酬 10,500 ドルについて原告を受益者として，信託に預託した[90]。本件信託契約では，受託者は，投資・再投資を行う権限を与えられており，1946 年に元本の半分である 5,250 ドルを，1947 年に全残高を

---

85)　*See*, Williams v. Commissioner, 28 T.C. 1000 (1957).

86)　*See*, Patricia Ann Metzer, *Constructive Receipt, Economic Benefit and Assignment of Income*: *A Case Study in Deferred Compensation*, 29 TAX LAW REVIEW 525, 550 (1974); Butler (1996), *supra* note 15, at 86.

87)　*See*, Metzer, *supra* note 86, at 550. *Also see*, John F. Cooper, *The Economic Benefit Doctrine*: *How an Unconditional Right to a Future Benefit Can Cause a Current Tax Detriment*, 71 (2) MARQUETTE LAW REVIEW 217, 221 (1988).

88)　Commissioner v. Smith, 324 U.S. 177, 181 (1945)。

89)　Sproull v. Commissioner, 16 T.C. 244 (1951), aff'd per curiam 194 F.2d 541 (6th Cir. 1952). *Also see*, Butler (1996), *supra* note 15, at 92.

90)　このようなアレンジには次のような背景があった。1929 年の大恐慌以前，原告の報酬は年12,000 ドルであったものの，大恐慌以降，会社の窮状を救うために原告が自発的に報酬を削減していた。1945 年に会社の業績が回復したため，それまでの低報酬への埋め合わせと，今後の報酬の双方を含むものとして，会社が原告のために 10,500 ドルの信託契約を締結したのである。*Sproull*, 16 T.C. at 245.

56

原告に支払う旨が定められていた。これに対し課税庁（被告）は，本件 10,500 ドルは 1945 年の所得に算入されるべきとして課税処分を行った。

これに対し，納税者（原告）は，1945 年には現金を受領していないこと，1945 年の段階では信託から現金を引き出せないこと，そして取締役会による信託設立の決定には自身のコントロールが一切及んでいないことを理由に，課税処分の取消しを求めた[91]。課税庁（被告）は，主位的主張としてみなし受領の法理（Constructive Receipts Doctrine）の適用を，予備的主張として本件受益権が現金と等価（cash equivalence）である旨を主張した。

租税裁判所（Tax Court）は，本件 10,500 ドルは 1945 年の役務提供に対する対価であって，対価の額は 1945 年の時点で確定しており，かつ本件対価は原告を唯一の受益者とする信託に撤回不能（irrevocably）な形で受託されていると認定した[92]。さらに，この撤回不能という事実のみでは決定的ではないものの，将来的に不確実な対価（future contingency）や雇用主に返還される可能性がある対価と区別ができると判断した[93]。そして，租税裁判所は，本件信託の受益者が原告のみであり，かつ受益権の譲渡を妨げる条項もないことから，本件受益権に受託財産の額と同額の価値があるとして，本件 10,500 ドルを 1945 年の所得に算入すべき旨を判示したのである[94]。

Ⅱ　1969 年税制改正による適用範囲の拡大

1969 年の税制改正において，連邦議会は，判例法によって形成されてきた経済的利益の法理を条文化する（現在の内国歳入法典 83 条）とともに[95]，サービスの提供にともなう財産の移転にまで本法理の適用射程を広げた[96]。

内国歳入法典 83 条は，役務提供の対価に対する課税関係を規定しているところ，課税のタイミングに関しては，役務受領者から「財産（property）」が

---

91)　*Sproull*, 16 T.C. at 246.

92)　*Sproull*, 16 T.C. at 247.

93)　*Sproull*, 16 T.C. at 247.

94)　*Sproull*, 16 T.C. at 247-248. なお，本判決の分析として，Butler (1996), *supra* note 15, at 92-96 が詳しい。

95)　*See*, Pvt. Ltr. Rul. 93-36-001 (Sep. 10, 1996)。内国歳入法典 83 条が判例法における経済的利益の法理を条文化したものであるといっても，制定法と判例法の適用範囲が若干異なるとする見解がある。*See*, Butler (1996), *supra* note 15, at 88.

96)　Metzer, *supra* note 86, at 552. 立法経緯については，*id*. at 552. n.99 が詳しい。

第1編　第2章　法理論・法制度の形成と到達点

移転された時点で役務提供者に課税する旨を定めている[97]。

財務省規則 1.83-3 (e)において，非積立（unfunded）かつ無担保（unsecured）な支払約束（promise to pay）は，内国歳入法典 83 条の財産（property）にあたらないとされている。繰延報酬の約束が会社の一般債権者から隔離されているか否か，つまり倒産リスクから隔離されているか否かという点が，非積立かつ無担保な支払約束か否かの判断基準となる[98]。

現行法において，経済的利益の法理は，現金主義会計を採用する納税者（受取人）は，金銭を支払者がその者の倒産から隔離した時点で，所得の認識を要求するルールとして機能している。この点が明確に現れている裁判例として，次の事件がある。

◆*Pulsifer v. Commissioner* 事件[99]

本件は，1969 年に勝馬投票券を祖父が孫 3 人との共同名義で購入したところ，当選をした。祖父だけが 1969 年に当選金額の 1 ／ 4 を受領することとし，未成年の孫 3 人については（アイルランド法に従い）21 歳になるまでアイルランド銀行に強制的に当選金額が預託された事案であった。租税裁判所は，（現金主義会計を採用している）孫 3 人についても 1969 年の時点で撤回不能な形で（irrevocably）彼らの便益のために預託がなされていることから，本件当選金額が 1969 年の所得に算入される旨を判示した[100]。

このように，経済的利益の法理は，現金主義の受取人が未だ現金を受け取っていなくとも，支払いが支払者の倒産から隔離されることで，受取りの蓋然性が高まった事実をもって所得の認識とするのである。そのため，仮に支払者が支払いに備えて金銭を別所に移管しても，支払者の債権者から隔離されていない限り，（現金主義を採用する）受取人は所得を認識する必要はないということになる。

---

97)　なお，財産の移転対象に関しては，役務の直接の提供者のみに限られず，役務の受領者以外の者を広く包摂している。内国歳入法典 83 条(a)参照。

98)　Butler (1996), *supra* note 15, at 89-90.

99)　Pulsifer v. Commissioner, 64 T.C. at 245 (1975).

100)　*Pulsifer*, 64 T.C. 246-247.

58

第2節　課税のタイミングと法的基準

第5項　三法理の関係

　以上のように，三つの法理の内容とそれらが適用される場面を検討したところ，三法理の関係について，次のように整理することが可能であろう。

I　経済的利益の法理と現金等価の法理

　経済的利益（economic benefit）という概念は，同概念が存在する以前の概念である「現金等価物」（cash equivalence）を拡大したものであると解することができる[101]。そのため，「経済的利益の法理」と「現金等価の法理」の境界線は，自ずと曖昧にならざるを得ない。学説上も，複数の有力な論者によって，経済的利益の法理と現金等価の法理の境界線は，必ずしも明確ではないと指摘されている[102]。

　しかしながら，強いて両法理の差異を探すとすれば，次のようになろう。経済的利益の法理は，債務者から直接支払いを受けたり，第三者（信託など）への移転により間接的に支払いへの支配が及んでいなくとも，経済的利益として課税所得に算入する場合がありえる[103]。現金等価の法理の場合，譲渡可能（assignable）であることが重要な考慮要素である。これに対して，経済的利益の法理のもとでは，課税適状と判断されるためには，当該利益が譲渡可能である必要はなく，たとえ納税者が直ちに支配していなくとも，価値があり，かつ利益の拠出に条件が付されておらず（unconditional）かつ没収不可能（nonforfeitable）な状態であれば十分であるとされる[104]。この点については，経済的利益の法理の方が，現金等価の法理よりも射程が広いと整理することができよう。

---

101)　Metzer, *supra* note 86, at 551.

102)　*See, e.g.*, Graetz & Schenk, *supra* note 30, at 694; Butler (1996), *supra* note 15, at 87. なお，経済的利益の法理を独立した法理として解説せず，現金等価の法理およびみなし受領の法理の枠内で説明する有力な立場もある。*See*, Bittker & Lokken, *supra* note 17, ¶105.3; MARVIN A. CHIRELSTEIN, FEDERAL INCOME TAXATION, 276-284 (11th ed. Foundation Press 2009).

103)　*See*, United States v. Drescher, 179 F.2d 863 (2nd Cir. 1950); *Also see*, Butler (1996), *supra* note 15, at 88; Cooper, *supra* note 87, at 224-227.

104)　Butler (1996), *supra* note 15, at 88.

第 1 編　第 2 章　法理論・法制度の形成と到達点

Ⅱ　経済的利益の法理とみなし受領の法理

これに対して，経済的利益の概念とみなし受領の概念は，異質なものと理解できる[105]。端的に表現すれば，経済的利益の法理は「何が」即時課税に服するべき財産なのかという所得の範囲の問題であるのに対して，みなし受領の法理は財産が「いつ」納税者の総所得に算入されるべきかという課税のタイミングの問題だと整理できる[106]。本章第 1 節第 2 款で言及したように，「実現概念」は，所得の範囲（所得概念）を確定する機能と，課税のタイミングを決定する機能の双方を有している。このように，所得の範囲に関する法理と課税のタイミングに関する法理は，密接に連関しているのである。

経済的利益の法理は，実際に財産を受け取るか，将来財産を得る権利を受け取った時点で，その受領に市場価格（fair market value）に換算可能な現在の経済的価値（present economic benefit）が存在する場合に適用される[107]。

これに対して，みなし受領の法理は，納税者が財産占有の時期をコントロールする権限を有しており即時に当該財産を受領できるか否かに着目しており，当該財産の現在価値が課税の対象となる。その意味において，両法理の着眼点および法理発達の出発点は異なっている。

さらにこの二つの法理は，その射程においても差異を有する。みなし受領の法理は，現金主義会計を採用している納税者にのみ射程が及ぶ。一方，経済的利益の法理は，現金主義を採用している納税者だけでなく，発生主義を採用している納税者の所得計算にも射程が及びうると考えられる[108]。

Ⅲ　みなし受領の法理と現金等価の法理

みなし受領の法理と現金等価の法理の関係は，上記Ⅱの経済的利益の法理とみなし受領の法理の関係に近いといえる。すなわち，みなし受領の法理は「いつ」というタイミングに関する問題であり，現金等価の法理は課税の対象となる「もの」についての問題だといえる。

---

105)　*See*, Metzer, *supra* note 86, at 551.

106)　Metzer, *supra* note 86, at 551.

107)　Metzer, *supra* note 86, at 551.

108)　Metzer, *supra* note 86, at 551.

60

第2節　課税のタイミングと法的基準

第3款　発生主義会計と課税所得の算出

第1項　問題の所在と分類

発生主義会計を採用する納税者は，収入面に関しては，現金等を実際に受け取る時点ではなく，それらを獲得（earn）した時点で総所得に算入することになる。費用については，実際に支払う時点ではなく，費用が発生した時点で費用の控除をすることになる。

課税所得の計算と発生主義会計の関係については，次に紹介する二つの対立する発想が存在する。この二つの異なる観点のどちらに依拠するかによって，判例法の変遷や内国歳入法典の関連条文の見え方が大きく変わってくる。

一方の立場は，（一般に企業会計において採用されるところの）発生主義会計を納税者の合理的な期待収入および期待支出を反映するものと捉え，各収入に対応する費用の計上時期を一致させることができるため，課税所得を適切に算出するために必要な方法だと考える立場である[109]。

他方の立場は，ある課税年度内における実際の受領額と支払額の差額こそが——その受領・支出の原因がいかなる年度において発生したものであれ——当該課税年度における納税者の担税力（ability-to-pay）を適切に反映しているとする考え方である[110]。この考え方によると，課税所得算出のための発生主義会計は，帳簿を発生主義会計に基づいて記入している納税者への単なる計算の便宜と位置づけられることになる[111]。

発生主義会計が課税所得算出との関係で問題となる状況は，次の三つに分類することができる[112]。第一は，不確実性が存在する状況下での所得・費用の「発生」のタイミングの問題，第二は，所得が獲得されるよりも前に金銭を受領した場合（前受金）の取扱い，第三は，現実に支払いがなされる予定の時点よりも事前に支払総額が確定する場合の取扱いである。以下では，この順番で考察を進めることにする。

---

109)　*See*, Graetz & Schenk, *supra* note 30, at 703.
110)　Graetz & Schenk, *supra* note 30, at 703.
111)　Graetz & Schenk, *supra* note 30, at 703.
112)　Graetz & Schenk, *supra* note 30, at 703.

第1編　第2章　法理論・法制度の形成と到達点

第2項　不確実性と所得・費用の発生——全事情の基準

現行制度のもとでは，課税所得算出のために所得や費用が「発生」したかどうかを判断する基準として，「全事情の基準（All Events Test）」が採用されている[113]。「全事情の基準」の起源は判例法にあり，1926年の *United States v. Anderson* 事件に遡る[114]。そこで，まず「全事情の基準」を形成した判例法の変遷を概観する[115]。

I　判例法の変遷

◆*United States v. Anderson* 事件[116]——全事情の基準の導入（費用控除の場面）

納税者は1916年に軍需品（munitions）を生産していたところ，米連邦政府は同軍需品の生産から得られる利益に対して課税（munitions tax）をしており，納税者は1916年度分の租税の納税期限である1917年に納税を行った上で，1917年度の所得から同税額を控除した。これに対して課税庁は，1916年の所得から控除すべきとして更正処分を行ったところ，納税者がこれを争った事案である。本件原審である租税裁判所[117]は，納税者の主張を認めたため，課税庁が連邦最高裁に上告をした。

金銭の時間的価値の存在を考慮すると，通常は，納税者は早期の控除を，課税庁は遅めの控除を主張する傾向にある。しかし，本件においては1916年から1917年にかけて，所得税の税率が上げられたため，納税者は1917年に控除を主張した方が（金銭の時間的価値を考慮してもなお）控除による節税効果が大きくなるという背景が存在していた[118]。

連邦最高裁は，納税者が発生主義会計に基づいて，軍需品課税以外の収益・

---

113)　費用控除に関しては，内国歳入法典461条(h)(4)，財務省規則1.461-1(a)(2)参照。また，益金算入に関しては財務省規則1.451-1(a)参照。

114)　Graetz & Schenk, *supra* note 30, at 703.

115)　「全事情の基準」を分析している先行研究として，中里実「企業課税における課税所得算定の法的構造（3）」法学協会雑誌100巻5号936-976頁（1983年）がある。

116)　United States v. Anderson, 269 U.S. 422 (1926).

117)　*See*, Anderson v. United States, 60 Ct. Cl. 106 (1925).

118)　Bittker & Lokken, *supra* note 17, ¶105.4, at 105-78.

62

費用を認識していたことを指摘した上で、「法技術的には、租税負担は同税額が評価され納付期限が到来するまで発生していないと主張できるかもしれない。しかし、納税額の評価以前の段階で、納税額を確定しかつ納税者の納税義務を確定する全事情（all the events）が生じていることもまた事実である」[119]と指摘して、軍需品課税は他の費用と別に扱う特段の理由がないため、1917年ではなく1916年の所得から控除されるべきだと判示した。

この判決の背後には、課税所得の計算と発生主義会計の関係の理解として、先述の第一の考え方——発生主義は、課税所得を適切に算出するために必要な方法だとする考え方——に近いものが存在する。少なくとも本件において、連邦最高裁は、1916年に発生した費用を全て考慮しないと「真の課税所得」を把握できないと考えていると解される[120]。

◆*Spring City Foundry Co. v. Commissioner* 事件[121]——全事情の基準の益金算入への拡張

前記の *Anderson* 事件は、費用控除のタイミングに関して「全事情の基準」を導入した判決であった。これに対して、総所得への算入に関して「全事情の基準」を初めて明示的に導入したのが、*Spring City Foundry Co.* 事件である。本件の直接の争点は、回収不能な債権をいつ控除するべきかという問題であったものの、総所得の計上時期に関する先例として一般的に引用されている[122]。

原告である Spring City Foundry Co. は、1920年に訴外A社に39983.27ドルで商品を売掛で売却したところ（以下「本件債権」とよぶ）、同年に訴外Aが倒産し、同売掛金の回収が困難となった。訴外Aの破産管財人Bは、1922年に本件債権の15パーセント相当額を、さらに1923年には最終配当として

---

119)　*Anderson*, 269 U.S. at 441.

120)　例えば、本判決は "The appellee's true income for the year 1916 could not have been determined without deducting from its gross income for the year the total cost and expenses attributable to the production of that income during the year." [269 U.S. at 440] と述べたり、さらに本文引用箇所（邦語）の直後でも "[F]or purposes of accounting and of ascertaining true income for a given accounting period, the munitions tax here in question did not stand on any different footing than other accrued expenses appearing on appellee's books." [269 U.S. at 441] と述べている。

121)　Spring City Foundry Co. v. Commissioner, 292 U.S. 182 (1934).

122)　中里・前掲注115) 937-938, 945-946頁参照。

第1編　第2章　法理論・法制度の形成と到達点

本件債権の 12.5 パーセント相当額を原告に支払った。発生主義会計を採用していた原告は，1920 年の時点で本件債権の全額を控除（損金算入）した。そして，原告は，1922 年および 1923 年に破産管財人 B から受け取った金額について，各年度の所得に算入をした。これに対して，被告課税庁は 1920 年の本件債権の控除を否定し，最終配当の行われた 1923 年の時点で，回収不能となった 28715.76 ドル（当該債権額と配当総額との差額）を控除するべきとの主張をした。

なお，現行法においては，内国歳入法典 166 条(a)により，貸倒債権の全額または一部を控除することが認められているものの，同条文は後の税制改正により付加されたものであり，本件係争時点では同様の条文は存在していなかった。

租税裁判所の前身である The Board of Tax Appeals は，1920 年の時点で当該債権は完全に無価値にはなっていないと判断をし，1920 年の段階では，28715.76 ドルの部分だけ回収不可能になったとして同額だけ 1920 年時点での控除を認めた[123]。これに対して，原告・被告の双方が控訴をした。連邦第七巡回控訴裁判所は，「本件債権が無価値になった場合を除いて，原則，1920 年の時点で本件債権を控除することはできない」との判決を下している[124]。これを不服とする原告が連邦最高裁に上告をしたのが，本件事案の概要である。

原告は，そもそも本件債権の価値が減少した限りにおいて，その部分は 1920 年の所得に算入されない旨を主張した。これに対して，連邦最高裁は，発生主義会計を採用する効果として「現実の受領ではなく，受け取る権利こそが，総所得（gross income）に算入する金額を決定する」[125]ことになるとした上で，「ある金額を受け取る権利が確定した（fixed）時点で，権利は発生する」[126]との判断を下した。

連邦最高裁は，（当時の内国歳入法典のもとでは）債権を控除するためには，単に債権者が欠損金扱いをするだけではなく，債権が実際に無価値になる必要

---

123)　Spring City Foundry Co. v. Commissioner, 25 B.T.A. 822 (1932); 1932 BTA Lexis 1467.

124)　Spring City Foundry Co. v. Commissioner, 67 F.2d 385 (7th Cir. 1933).

125)　*Spring City Foundry Co.*, 292 U.S. at 184.

126)　*Spring City Foundry Co.*, 292 U.S. at 184-185.

があるとした上で，本件においては1920年の時点で同債権が破産手続を理由に不確実な状況（in suspense）にあるものの，その全てが失われたわけではなく，本件債権の一部が返済されることは合理的に期待できると述べている[127]。そして，1920年時点で全額を損金算入することは認められないとした上で，1920年の段階で部分的な控除が認められるかにつき，1918年法の下では部分的損金算入は認められない以上[128]，債務の回収不能額が最終的に確定した1923年の時点で，受取配当との差額の控除を認めるとして，原審判決を支持する判決を下した。

Ⅱ　判例法の解釈と射程

　判例により確立された「全事情の基準」の適用に際して，次の点に留意しなければならない。

　第一は，最高裁が発生主義会計について述べる際に，機械的に総所得（収入）と費用（支出）の一致を認めているわけではないという点である[129]。換言すれば，課税所得算出において用いられる発生主義会計には，かなりの程度，現金主義的な要素がもぐりこんでいるといえる[130]。そして，その傾向は，条文によりさらに拡大されていると考えられる[131]。また，財・サービス提供の契約の締結だけでは，「発生」とみなされていない。これは，履行（performance）が事情（event）の重要な一要素だからだと解されている[132]。

---

127)　*Spring City Foundry Co.*, 292 U.S. at 185-186.

128)　なお，1918年の内国歳入法典の下では，貸倒債権は完全に無価値になった時点で，全額控除が認められるという方針（部分的な損金算入は認めない All or Nothing）だったのに対し，1921年税制改正で部分的損金算入も認める余地を作り出した立法経緯を重視して，連邦最高裁は1918年法の解釈を行っている。*See*, *Spring City Foundry Co.*, 292 U.S. at 187.

129)　Bittker & Lokken, *supra* note 17, ¶105.4, at 105-79.

130)　*Id.*

131)　例えば，現実に支払いのなされた課税年度においてのみ控除が認められるものとして，寄付金（charitable gifts; 内国歳入法典170条(a)(1)），医療費（内国歳入法典213条(a)），年金ならびにプロフィット・シェアリング・プランへの拠出（内国歳入法典404条(a)）などが存在する。Bittker & Lokken, *supra* note 17, ¶105.4, at 105-79, n.10.

132)　Bittker & Lokken, *supra* note 17, ¶105.4, at 105-80. 例えば，賃貸借契約や継続的役務の提供（新聞購読契約）の場合，契約締結時に，将来の対価の割引現在価値を粗所得に算入することは求められない。*Also see*, Security Flour Mills Co. v. Commissioner, 321 U.S. 281 (1944).

第1編　第2章　法理論・法制度の形成と到達点

　第二は，*Spring City Foundry Co.* 事件のように，所得の金額もしくは
債務額が，合理的な正確さ（reasonable accuracy）をともなって確定した段階
で「発生」を決定することが，どの程度の不確実性までならば「発生」を妨げ
ないのかという点である。この点について，全事情の基準は，不明瞭な基準し
か提供してくれないとの批判がなされている[133]。

第3項　所得の計上時期──前受金

　発生主義会計を採用する納税者が，所得が獲得される（例えば契約の履行完
了）よりも前に，前受金として現金等の対価を受け取った場合，いつ所得を認
識すべきかという問題が生じる[134]。一般に公正妥当とされる会計慣行におい
ては，財やサービスの提供により当該所得が「獲得（earn）」された時点で所
得が発生するとされる[135]。これに対して，内国歳入庁は，金銭の受領時点で
所得を認識すべきとの立場をとっていた[136]。

　この点に関して，米国では当初，連邦最高裁によって確立された「請求権に
基づく現実受領の法理（claim of right doctrine）」に依拠する形で，前受金は
受取り時点で所得に算入されてきた[137]。この法理は，*North American Oil
Consolidated v. Burnet* 事件[138]によって確立されたものである。当該事
件において，連邦最高裁は，「もし，納税者が，ある請求権（a claim of right）
に基づいて譲渡制限なく利益（earnings）を受け取ったのであれば，仮に当該
納税者がその金銭を保持する権原をいまだ有しておらず，返還請求判決がなさ
れうるとしても，（所得申告においては）申告すべき所得を受け取ったことにな
る」[139]と述べている。

　本法理の下では，請求権に基づいて金銭を受領した場合，その受領年度の所
得に算入される。そして後日，当該請求権の不存在が判明した場合は，不当利
得等による返還時点で所得の調整を行うことになる。そのため，納税者が発生

---

133)　Graetz & Schenk, *supra* note 30, at 704.

134)　*Id*. at 709-710.

135)　*Id*. at 710.

136)　*Id*.

137)　*Id*.

138)　North American Oil Consolidated v. Burnet, 286 U.S. 417 (1932).

139)　*North American Oil Consolidated*, 286 U.S. at 424.

主義会計を採用していても，現金主義会計と同様のタイミングで所得を認識することになる。

これに対して，1954 年に内国歳入法典 452 条（同条文は，前受金に関して実際に獲得されるまで所得に算入しないでよい旨を定めていた）が廃止されて以降，所得算入を繰り延べたい納税者が勝訴する事案も下級審においては見受けられた[140]。

しかしながら，*Automobile Club of Michigan* 事件[141]，*American Automobile Association* 事件[142]，および *Schlude* 事件[143]における一連の連邦最高裁判決によって，前受金について，たとえ一般に公正妥当とされる会計慣行が所得計上の繰延を認めていても，税務上は前受金を受領した時点で所得に算入すべきとのルールが確立した[144]。

なお，例外的に所得算入が繰り延べられる場合として，定期刊行物の予約購読料（内国歳入法典 455 条）や，特定の NPO の会費（同法 456 条）などが存在する[145]。

第 4 項　費用の計上時期──全事情の基準と経済的履行の法理

I　金銭の時間的価値と発生主義会計

納税者が発生主義会計を採用する場合には，費用の控除を早期に求める傾向が強くなる。それは，費用の認識時点と実際の費用負担時点の間隔が数十年間に及ぶなど，両時点の乖離が大きくなるほど，納税者は金銭の時間的価値の分だけ，租税負担を減少させることが可能となるからである[146]。

---

140) *See*, Beacon Publishing Co. v. Commissioner, 218 F.2d 697 (10th Cir. 1955); Graetz & Schenk, *supra* note 30, at 710.

141) Automobile Club of Michigan v. Commissioner, 353 U.S. 180 (1957).

142) American Automobile Association v. United States, 367 U.S. 687 (1961).

143) Schlude v. Commissioner, 372 U.S. 128 (1963).

144) これらの一連の判決の詳細な紹介と分析として，中里・前掲注 115) 954-963 頁参照。

145) 詳細な検討については，中里・前掲注 115) 963-964 頁参照。

146) この考え方は，税率が将来に向かって上昇しないことを前提としている。

第1編　第2章　法理論・法制度の形成と到達点

Ⅱ　全事情の基準の法的構造とその限界

(1)　全事情の基準に内在する問題の顕在化事例

全事情の基準のもとでは，「支出の義務を確定し，債務額が合理的な正確さ（reasonable accuracy）をともなって確定される場合に全事情が生じた」[147]と考えて，当該支出の控除が可能となる。しかし，支出の控除について，全事情の基準が満たされていても「経済的履行（economic performance）」が生じるまで認められない場合がありうる。このことは，全事情の基準が課税のタイミングの法的基準として，上手く機能しない場面があることを示唆している。そこで，以下では，控除のタイミングが問題となった著名な判決を通して，全事情の基準に内在する問題を検討する。

全事情が生じていれば，通常，発生主義会計を採用する納税者は費用を控除することができる。しかし，特段の事情が存在する場合——納税者の採用する会計手法が所得を明確に反映（clearly reflect income）していない場合——には，内国歳入庁がこれを否認できるとした判決として次の *Mooney Aircraft Inc. v. U.S.* 事件が一般的に参照される。

◆*Mooney Aircraft Inc. v. U.S.* 事件[148]

原告である Mooney Aircraft 社は，小型飛行機の製造および地域卸業者への販売を事業としていた。Mooney Aircraft 社は，1961 年，1963 年，1964 年，1965 年の各年度に，飛行機を製造・販売するに際して，当該飛行機が完全退役した時点で 1000 ドルを償還するという債券（Mooney Bonds）（以下，本件債券とよぶ）を購入者たる卸業者に発行した。Mooney Aircraft 社は，本件債券の券面額を発行時点の各年度の総所得から控除していた。これに対して，内国歳入庁は，本件債券が対応している飛行機が完全に退役した年度に初めて控除が認められるとしたところ，これが争われた事案である。なお，飛行機の耐用年数は 20 年以上であり，債券発行と償還の間に 20 年以上かかるという点に関して，内国歳入庁と Mooney Aircraft 社の間で争いはなかった。

内国歳入庁は，本件債券の償還が，飛行機の退役という不確実な事象に依拠するものであり，全事象が生じたとはいえないと主張した。これに対して連邦

---

147)　内国歳入法典 461 条(h)(4)。*Also see*，財務省規則 1.461-1 (a)(2); United States v. Anderson, 269 U.S. 422, 440-441 (1926).

148)　Mooney Aircraft Inc. v. United States, 420 F.2d 400 (5th Cir. 1969).

68

第五巡回控訴裁判所は，支払義務自体については確定しており，唯一の不確実性は「いつ」債務を支払うかという問題であるとした。そして第五巡回控訴裁判所は，全事情の基準の目的が「将来決して生じ得ない支払いの控除を認めないことで，税収を守ること」[149]であると説示し，そのような疑念がある場合には，内国歳入庁による否認を認めるものの，本件においては飛行機の退役には疑いがないため，その点を理由として控除を否認することはできないとの判断を下している。その上で，第五巡回控訴裁判所は，大半の債券には15～30年間という長期間にわたり償還をしなくてよいという事実が存在し，その間，Mooney Aircraft 社はそれらを準備金として保有するのではなく事業活動の資金に使うことが強く推定され，さらに長期間であるがゆえに将来支払われない可能性が高くなるため，現時点での控除は認められない旨を判示した[150]。

　つまり，償還事由である飛行機の退役の存在は否定できないが，償却までの時間が長期に及ぶため，債券の発行主体である Mooney Aircraft 社の倒産等により，債券が償還されない可能性が高まるというのである[151]。本判決は，飛行機の退役は免れないことから「全事情の基準」を満たしてはいるものの，債券の発行時点で控除を認めると所得を正確に把握できないため，発行時点での控除を認めることができないという論理を採用していると整理できる。この判断構造は，金銭の時間的価値に起因する金銭の時間的価値の問題に重きを置いたというよりも，期間が長期に及ぶため，支出が実際になされない可能性（不確実性）が高まることから，支出が確定するまで控除は認められないということであろう。本判決からは，裁判所が早期控除の問題について，金銭の時間的価値の問題よりもリスクないし不確実性の存在に重きを置いて判断していると理解することができる。

　費用計上のタイミングに関して，「全事情の基準」に内在する問題が顕在化した事例として，次の *Burnham Corp.* 事件と *Ford Motor Co.* 事件が存在する[152]。両事件において，裁判所は異なる結論を導き出しているため，以

---

149)　*Mooney Aircraft Inc.*, 420 F.2d at 406. この点に関して，第五巡回控訴裁判所は，James T. Harrington, *Notes: Accrual Accounting and the Clear Reflection of Income*, 42 Notre Dame Lawyer 511, 520 (1967) を援用している。

150)　*Mooney Aircraft Inc.*, 420 F.2d at 409-410.

151)　*Mooney Aircraft Inc.*, 420 F.2d at 410.

152)　なお，いずれの事件も，本項Ⅲで検討する 1984 年の内国歳入法典 461 条(h)の導入による

第1編　第2章　法理論・法制度の形成と到達点

下では，詳細に検討をする。

◆*Burnham Corp. v. Commissioner* 事件[153]

　本件の概要は，次の通りである。製造業を営む Burnham 社は，課税所得の算出に関して発生主義会計を採用していた。1980 年に Burnham 社は，特許権侵害で訴外個人 A から訴えられたところ，和解において Burnham 社が 1980 年 12 月から A に終身で毎月 1,250 ドルを支払うことで合意した（以下，本件和解とよぶ）。さらに本件和解において，Burnham 社には，A の生死にかかわらず最低でも 45 ヶ月間（計 60,000 ドル）の支払義務が課されており，同期間終了以前に A が死亡した場合には A の相続人に支払総計が 60,000 ドルに達するまで支払う旨の条項が盛り込まれていた。支払開始から 45 ヶ月経過（60,000 ドル支払い）後の Burnham 社の支払義務は，A が生存している限りにおいて存続することとされていた。なお，1987 年 9 月の時点で A は存命中であった。

　Burnham 社は，当時の平均余命から A の期待余命は 16 年（192 ヶ月）であるとして，期待支払額である 240,000 ドル（＝ 1,250 ドル × 192 ヶ月）を 1980 年の課税所得から控除することを主張した。

　原審である租税裁判所は，Burnham 社の A に対する義務が「全事情の基準」を満たしているとして，1980 年の段階で 240,000 ドルの控除を認めた[154]。原審の Williams 判事は，和解が成立した 1980 年の段階で Burnham 社の支払義務が確定しており，A の死亡が既に確立した支払義務を終了させるものに過ぎないと理由を述べている[155]。これに対して内国歳入庁は，Burnham 社の義務が「全事情の基準」を満たしていないとして控訴したのが本件である。

　原審段階において興味深い点は，当初 Burnham 社が，単純総計の 240,000 ドルの控除ではなく，その「割引現在価値」であるところの 120,000 ドルを 1980 年に控除する主張をしていた点である[156]。期待支払額の割引現在価値を算定するに際して，Burnham 社は，割引率（discount rate）として 9.5 パー

　Economic Performance Doctrine の条文化以前の事例である。

153)　Burnham Corp. v. Commissioner, 878 F.2d 86 (2nd Cir. 1989).

154)　Burnham Corp. v. Commissioner, 90 T.C. 953, 959 (1988).

155)　*Burnham Corp.*, 90 T.C. at 958; *Also see*, *Burnham Corp.*, 878 F.2d at 87.

156)　*Burnham Corp.*, 90 T.C. at 954.

70

セントを採用していた[157]。しかし，後にBurnham社は，現在価値への割引は必要ないと主張を変更し，租税裁判所もこれを支持する形で判決を下している。なお，内国歳入庁が控訴段階でこの点を争わなかったため，本件控訴審では，この点に関する判断がなされていない。

連邦第二巡回控訴裁判所は，必要経費の控除を認める内国歳入法典162条(a)の下で，発生主義会計を採用する納税者は，「全事情の基準」を満たした場合にのみ控除が認められるとし[158]，「全事情の基準」の二要件として，①義務を確定させる全事情が生じていること，ならびに②義務の額を合理的な確からしさ（reasonable accuracy）でもって確定できることを満たす必要があるとした[159]。そして，第二巡回控訴裁判所は，控訴人たる内国歳入庁が②の要件（債務額の合理的確定）についての主張をしていないため，①の点についてのみ判断をすると述べている[160]。第二巡回控訴裁判所は，訴外Aの死期に関する不確実性が，Burnham社の支払うべき和解金の総額に不確実性をもたらす点を認めた。その上で，裁判所は，「全事情の基準」において債務額が完全に確定することは要求されておらず，②の要件は合理的な確からしさを求めているだけだと判示した。そして，裁判所は，本件で課税庁が②の要件について争っていない結果として，240,000ドルという額には合理的な確からしさがあるということを内国歳入庁が認めていることになると述べている。

なお，第二巡回控訴裁判所は，訴外Aの生存が「全事情の基準」における事情（event）を構成するか否かという点につき，事情とは「現状の変化を惹起するような何か」であるとした上で，訴外Aが生存していることは「現状

---

157) *Id.*

158) この点につき，本判決は United States v. General Dynamics Corp., 481 U.S. 239, 242 (1987) を引用している。

159) これは，1980年当時の財務省規則 1.461-1(a)(2)によるものだと思われる。さらに本判決は，同財務省規則を引用するとともに，この点に関する参照判例として United States v. Hughes Properties Inc., 476 U.S. 593, 600 (1986) を参照している。

160) *Burnham Corp.*, 878 F.2d at 87. 内国歳入庁は控訴に際して，「訴外Aが和解金の支払開始から45ヶ月後も存命である場合を除いて，Burnham社は訴外Aに和解金を支払い続ける義務を負わないのであるから，Burnham社の義務を確定するのに必要な全事由は1980年の段階では生じておらず」，「課税年度の終期までに生じ得ない『事情』（つまり訴外Aが今後16年間生き続けるということ）に依拠して，Burnham社は予測される支出の控除を主張している」と述べている。*See, Burnham Corp.*, 878 F.2d at 87-88.

第1編　第2章　法理論・法制度の形成と到達点

維持」に過ぎないため，事情たりえないと判断している[161]。

　以上の理由から，第二巡回控訴裁判所は，原審判決を支持し，Burnham社の本件和解における賠償金の支払義務が「全事情の基準」を満たしている旨の判示を下している。

◆*Ford Motor Co. v. Commissioner* 事件[162]

　本件の概要は，次の通りである。1980年およびその数年前から，フォード自動車株式会社（以下，フォード社とよぶ）が製造する自動車およびトラックが事故にまきこまれた際，人身傷害を被った者および事故による死亡者の遺族がフォード社に損害賠償を請求していた。これに対し，フォード社は，1980年に各請求者との間で和解を締結した（以下，本件和解とよぶ）。本件和解の推計総額は，24,477,699ドルであった[163]。本件和解のうち多くの和解の支払期間は，40年以上に及ぶものであった（最長の支払期間は58年であった）。本件和解は，大別すると次の三類型に分類することができる。

第1類型：一定期間だけ毎月（または毎年）一定額の支払いを約する和解
第2類型：請求者の終身にわたり毎月（または毎年）一定額の支払いを約する和解
第3類型：一定期間もしくは請求者の終身のどちらか長期に及ぶ期間，毎月

---

161)　*Burnham Corp.*, 878 F.2d at 88-89. 本判決は，同様の考え方を採用する判決として，Wien Consol. Airlines Inc. v. Commissioner, 60 T.C. 13 (1973), aff'd 528 F.2d 735 (9th Cir. 1976); Imperial Colliery Co. v. United States, 599 F. Supp. 653 (1984); Buckeye Int'l Inc. v. Commissioner, 49 T.C.M. (CCH) 376 (1984) を参照している。
　なお，上記の一連の判決と異なる判断を下した判決として，Bennett Paper Corp. v. Commissioner, 699 F.2d 450 (8th Cir. 1983) と Trinity Constr. Co. v. United States, 424 F.2d 302 (5th Cir. 1970) が存在する。前者の *Bennett Paper Corp.* 判決は，雇用主と被雇用者の間のプロフィット・シェアリング契約において，被雇用者の勤務継続が支払いの条件となっていた事案で，被雇用者が勤務を続けて確実に受け取れるようになるまで事情 (event) は生じないとした判決である。後者の *Trinity Constr. Co.* 判決は，雇用者が従業員の生命保険の掛金を支払う契約につき，従業員の生存が雇用主の義務の存続条件となっている場合，同契約は将来の債務を確定させないとした判決である。この二つの判決に対して，本判決は，従業員の勤務継続もしくは生存は，全事情の基準における事情 (event) を構成しない（あくまで現状の維持に過ぎない）として明示的に反対であるとの意見を付している。*See, Burnham Corp.* 878 F.2d at 88-89.

162)　Ford Motor Co. v. Commissioner, 71 F.3d 209 (6th Cir. 1995).

163)　本件和解のうち，後述する第2類型の和解については，請求者は平均寿命まで存命するとの仮定のもとでの推計値である。

72

第 2 節　課税のタイミングと法的基準

（または毎年）一定額の支払いを約する和解

　フォード社は，本件和解に基づく全ての定期支払いをカバーするべく，一本の年金契約を 4,424,587 ドルで購入した（以下，本件年金契約とよぶ）。本件年金契約は，保険数理的に公正なものであったと裁判過程で認定されている。なお，本件年金契約の購入によって，フォード社の和解金支払義務が免除されたわけではなく，年金基金が破産した場合には，フォード社は賠償金請求者に対する残額の支払義務を負っていた[164]。

　発生主義会計を採用していたフォード社は，1980 年の納税申告において，本件和解につき類型毎に次のような費用の算定を行い控除を主張した。この控除合計は 10,636,994 ドルとなった[165]。

第 1 類型：定期支払金の総額（= 定期支払額×支払期間）［現在価値への割引なし］
第 2 類型：1980 年の間に実際に支払われた金額
第 3 類型：定められた期間の定期支払金の総額（= 定期支払額×支払期間）［現在価値への割引なし］

　これに対して，内国歳入庁は，フォード社の会計方法が所得を明確に反映（clearly reflect income）していないとして，本件年金契約の掛金を超える部分（10,636,994 ドル − 4,424,587 ドル ＝ 6,212,407 ドル）について控除を否定した。つまり，内国歳入庁の立場は，1980 年の時点で年金契約の掛金（4,424,587 ドル）のみの控除を認め，将来の和解金支払部分について，一切の控除を認めないというものであった。そこでフォード社は，（さらに控除を広げる方向で主張を変更し）和解の推計総額である 24,477,699 ドルの全額控除を求めて，租税裁判所に提訴したのが本件事案の概要である。

---

164)　*Ford Motor Co.*, 71 F. 3d at 211.
165)　財務会計については，フォード社は，1980 年の段階で年金契約の掛金である 4,424,587 ドルを一括で損金算入している。また，年金契約でカバーされない和解（1980 年時点でこれに該当する和解数はゼロ）については，和解の時点で支払金額の割引現在価値を損金算入する会計方針を採用していた。

第1編　第2章　法理論・法制度の形成と到達点

　(a)　租税裁判所の判断基準——将来価値の比較　　第一審である租税裁判所は，将来価値（future value）の観点から，フォード社が採用する会計手法に従うと，不法行為がなかった場合よりも，フォード社が経済的に利益を享受できる結果になることを理由に，フォード社の課税所得計算が所得を明確に反映していないとして，内国歳入庁の主張を認めた[166]。

　租税裁判所は，フォード社の会計手法が所得を明確に反映していないと判断する過程において，控除を認めるか否かで場合を分けて，各シナリオのもとでの将来価値を比較している。

　フォード社が，ある請求者との間で 42 年間，毎年 12,000 ドルの賠償金を支払う旨の和解を締結しており，この和解に対応してフォード社が購入した本件年金契約の費用は 141,124 ドルであった。この年金契約は，内部収益率（internal rate of return）[167]が 8.19% であることを示唆している。

　この和解に対応する年金契約をもとに租税裁判所は，1980 年のフォード社の（問題となっている和解金の控除をする前の）課税所得が 504,000 ドル以上であると想定して，次の三つのシナリオの下でのフォード社のペイ・オフを比較している。なお，この租税裁判所によるシミュレーションは，フォード社の限界税率を 40% で，かつ不変であると想定している。

【シナリオ 1：不法行為なし】

　租税裁判所は，判断のベースラインとなるシナリオとして，不法行為が一切なかった場合を想定している。1980 年にフォード社は，課税所得として 504,000 ドルを多く計上することになり，税引後で 302,400 ドル（＝ 504,000 × 0.6）が手元に残る。この 302,400 ドルが 42 年間，先述の年 8.19% のリターンで運用された場合，2022 年には【8,249,751 ドル】[168]となる。

【シナリオ 2：年金契約による免責】

---

166)　Ford Motor Co. v. Commissioner. 102 T.C. 87 (1994).

167)　内部収益率（内部利益率，internal rate of return，IRR）は，一般的に「プロジェクトに投下された資本の利益率で，プロジェクトから期待される年々のキャッシュ・インフローの現在価値と，そのプロジェクトにかかるキャッシュ・アウトフローの現在価値の和（正味現在価値）をゼロにする割引率」と説明される。金森久雄他編『経済辞典〔第 5 版〕』959 頁（有斐閣，2013 年）。

168)　$302,400 \times (1 + 0.0819)^{42} \fallingdotseq 8,249,751$

シナリオ 2 は，年金契約の購入により，フォード社の賠償責任が免責される場合である。この場合，フォード社は 1980 年に 141,124 ドルで本件年金契約を購入し，同額を控除する。その結果，課税所得として差額の 362,876 ドル（＝ 504,000 − 141,124）を多く計上することになり，追加的に 145,150 ドル（＝ 362,876 × 0.4）の租税を支払うため，217,726 ドル（＝ 362,876 − 145,150）が手元に残ることになる。これを 42 年間，年 8.19％ のリターンで投資すると，2022 年には【5,939,756 ドル】[169]となる。

【シナリオ 3：フォード社の主張に従った場合】

シナリオ 3 は，フォード社が本件において主張するように，1980 年の時点で和解金の総計である 504,000 ドル全額を控除する場合である。この場合，フォード社の 1980 年の追加の課税所得はゼロとなり，追加の納税額もゼロとなる。しかし，実際に賠償金が支払われるのは，各年 12,000 ドルずつであり，支払いが 42 年間続くことになる。この 504,000 ドル全額を 1980 年から年 8.19％ で投資しつつ，毎年 12,000 ドルの賠償金を支払う場合，2022 年にはフォード社の手元に【9,898,901 ドル】も残ることになる。

租税裁判所は，【シナリオ 1】と【シナリオ 3】を比較して，不法行為がない【シナリオ 1：不法行為なし】よりも，フォード社の主張する【シナリオ 3：不法行為あり】の方が，フォード社の得る利益が大きくなってしまう点を重視したのである。シナリオ 3 のように全額控除を認めることは，賠償金が巨額であるほど，不法行為が一切ない場合と比べて，不法行為者が多大なる利益を享受できることを意味する。そして，租税裁判所は，このような不合理な結果をもたらす課税所得の計算方法は，「所得を明確に反映」しないものとして，内国歳入庁による否認を認めたのである。

このような租税裁判所の判断を機能的に分析すると，次の点を指摘できよう。和解契約にともなう費用の即時全額控除を認めてしまうと，不法行為者が結果として利益を享受することになるため，不法行為を助長しかねない。一般論として，税制が不法行為にともなう費用を控除すること自体は，不法行為を助長するものではなく，税制が経済活動や納税者行動に中立的であることを意

169）　この点，$217,726 \times (1 + 0.0819)^{42} \fallingdotseq 5,939,766$ となり，計算上，判決文と約 10 ドルの誤差が生じる。

第 1 編　第 2 章　法理論・法制度の形成と到達点

味する。しかし，他の費用等と比べて，不法行為の損害賠償費用の控除の時期
が早くなる場合，所得税制が中立的ではなく，（社会的に望ましくないと判断され
うる）不法行為を助長する方向で機能する恐れがある。その意味で，フォード
社が主張する形で不法行為の損害賠償費用の控除を認めることは，外部不経済
の内部化として環境税などが論じられる点に鑑みれば，最適な課税方法からも
かけ離れていると考えられよう。

　(b)　租税裁判所の判断枠組みの欠陥——控訴段階での当事者の主張　　もし
仮に，租税裁判所の計算が正しく，不法行為を起こさなかった場合より，不法
行為を起こした場合の方が，不法行為主体の税引後利益が増大することにな
れば，税制が不法行為を奨励することになりかねない。不法行為が負の外部性
（negative externality）をもたらすことを考えれば，税制が不法行為を助長す
ることは社会的に望ましくないという判断が租税裁判所の判断の背後に存在し
ているのかもしれない。しかしながら，租税裁判所の判決の是非を判断するに
際して，もう一度，判決の前提となっている利得（pay-off）の計算に問題がな
いかを検討する必要がある。

　租税裁判所は，将来価値を比較する際に，年 8.19％ の投資リターンを前提
に計算をしている。これに対してフォード社は，控訴段階において，税引前リ
ターン（pre-tax rate of return）ではなく，税引後リターン（after-tax rate of
return）を用いることを主張した。フォード社は，年金契約のリターンに対し
て連邦所得税を支払わなくてはならないので，税引後のリターンが年 4.91％
（正確には，4.914％ ＝ 8.19％ × 0.6）になるというのである。年 4.91％ のリタ
ーンのもとでは，2022 年における【シナリオ 1】でのペイ・オフが 2,267,705 ド
ルになり，【シナリオ 2】でのペイ・オフが 1,632,729 ドルに，【シナリオ 3】
でのペイ・オフが 2,192,446 ドルになる。フォード社は，自らが主張する【シ
ナリオ 3】による課税所得計算が，不法行為のない場合【シナリオ 1】と比べ
ても，不法行為がフォード社に利益をもたらすものではないと主張したのであ
る[170]。

　これに対して内国歳入庁は，租税裁判所の判断枠組み（税引前リターンに基
づく利得算定）の誤りを認めつつも，フォード社の 1980 年当時の限界税率は

---

170)　*Ford Motor Co.*, 71 F.3d at 215.

76

40% ではなく 46% であるとの主張をした[171]。そして内国歳入庁は，この条件のもとでは，税引後リターンを計算に利用しても引き続き不法行為のない場合【シナリオ 1】よりも，フォード社が主張する課税所得計算方法【シナリオ 3】の方が同社に有利になるとの反論をしている[172]。

　(c) 控訴審の判断枠組み　　これらの主張に対して，本件控訴審である第六巡回控訴裁判所は，将来価値の比較が決定的な要素ではないとしつつも，次のように判断して，結果として（フォード社の会計手法が明確に所得を反映していないとした）原審判決を支持する旨の判決を下した。第六巡回控訴裁判所によると，1980 年の段階で将来の支払われる和解金全額の控除を割引現在価値への換算なしに認めることは，控除時に享受できる節税総額が将来の支払義務をまかなうだけの資金を提供することになるというのである。そして，第六巡回控訴裁判所は，フォード社が不法行為によって利益を享受する結果になってしまうと判断したのである。

　本控訴審判決は，次の三つの論点により構成されている。第一の論点は，納税者の会計手法が所得を明確に反映しない場合，内国歳入庁による否認を認める内国歳入法典 446 条(b)の適用の可否である。第二の論点は，フォード社の会計手法が所得を明確に反映しないとした原審判断の是非である。そして第三の論点は，内国歳入庁が主張する課税所得計算手法の適切性である。

　第一の論点につき，第六巡回控訴裁判所は，課税所得計算における費用負担の発生時期に関する判断基準が，財務会計上の基準と同じではなく，「全事情の基準」に依拠するとの一般論を展開する。その上で，同裁判所は，本件和解が「全事情の基準」を満たしているものの，全事情の基準を満たしているということだけでは，内国歳入法典 446 条(b)における内国歳入庁の否認権限を制限するものではないとした[173]。

---

171)　*Id.* 1980 年当時の法人所得への最高税率は 46% であった。*See*, MYRON S. SCHOLES ET AL., TAXES AND BUSINESS STRATEGY: A PLANNING APPROACH, 28, table 1.1 (5th ed., Global ed. Prentice Hall, 2016).

172)　*Ford Motor Co.*, 71 F.3d at 215.

173)　なお，本判決は，内国歳入法典 446 条(b)の射程に関して，Louisville & Nashville R. R. v. Commissioner, 641 F.2d 435, 438 (6th Cir. 1981) を参照しつつ，納税者の会計方法が所得を明確に反映している場合，内国歳入庁がより良く所得を反映しうる会計手法が存在したとしても，446 条(b)による否認を行使できない確立した原則がある点を確認している。*See*, *Ford Motor Co.*, 71 F.3d at 212.

第1編　第2章　法理論・法制度の形成と到達点

　第二の論点について，第六巡回控訴裁判所は，原審が将来価値を算定する際に「税引前利益率」を採用しているものの，本来は「税引後利益率」を採用すべきだと判断している。原審は，税引前利益率での運用を基準に，限界税率40％でフォード社の利得を計算していたのに対して，控訴審は，税引後利益率での運用を基準に，限界税率46％で利得を計算すべきとの立場を採用したのである。

　そして，税引後利益率で再計算をすると，原審が想定していた①限界税率40％のもとでは，フォード社の利得を比較すると【シナリオ1】＞【シナリオ3】＞【シナリオ2】となり，シナリオ1での利得が最大となる。これに対して，②限界税率46％の想定のもとでは，フォード社の利得は，【シナリオ3】＞【シナリオ1】＞【シナリオ2】となり，結果としてシナリオ3での利得がシナリオ1を上回ることになる。そのため，第六巡回控訴裁判所も，（算定根拠は異なるものの）原審の租税裁判所の結論を維持したと解される。

　第三の論点につき，第六巡回控訴裁判所は，先述の *Mooney Aircraft* 事件および *Prabel* 事件[174]を引用しつつ，内国歳入庁には446条(b)に基づき，適切な会計手法により課税所得を算出する裁量があるとした。その上で，同裁判所は，本件年金契約のコストを1980年の段階で一括控除を認める方法について，「フォード社の将来支払うべき和解金の割引現在価値」（＝現実のコスト）が「年金の掛金」（＝控除できるコスト）を超えないという事実を前提にすれば，フォード社にとって現金主義を採用する場合（すなわち，毎年の支払時点で控除を認める場合）に比べて利益をもたらすことがあるかもしれないものの，不利益をもたらすものではないと判断した。

　このような理由から，第六巡回控訴裁判所は，結論において原審の判決を支持し，1980年に年金の掛金相当額である約442万ドルの控除のみを認めたのである。この判断は，将来支払債務の割引現在価値の控除を，債務確定時点で認めたのと同様の効果をもたらすといえよう。

　(d)　考　察　　第六巡回控訴裁判所の判決は，厳密には将来支出の割引現在価値の控除を認めたわけではないが，それと近似した結果を生んでいる。裁

　さらに，1984年に内国歳入法典461条(h)が立法された経緯は，同446条(b)による内国歳入庁の否認権限を制限するものではないとも述べている。*Id.*

174)　Prabel v. Commissioner, 882 F.2d 820 (3rd Cir. 1989).

判所は，投資リターンの計算において，本件年金契約の内部収益率（internal rate of return）を使用している。ただし，この判断基準を一般化して類似の事案に適用することには，問題があると思われる。それは，フォード事件において，租税裁判所も第六巡回控訴裁判所も，その判断過程において十分な検討を加えていない可能性があるからである。まず，将来42年間に及ぶ和解金の支払いを，和解成立時に一括で控除を認める場合，最も正確に所得を反映させるためには，同支払いの割引現在価値を算出する必要がある。そして，割引現在価値を求める際には，「税引後」リターンを割引率として用いる必要があると考えられる（なお，政府税収の中立性を確保するために，割引率として何が適切であるかという理論的な考察については，第3章以下において論じる）。

　将来価値を比較する際に問題となる要素は，運用されうる投資額の確定，投資リターンを税引前にするか税引後にするか，投資期間，そして限界税率などである[175]。

　本件において租税裁判所は，税引前の投資リターンを算出するに際して，フォード社が購入した本件年金契約から，内部収益率を算出する形で推計を行っている。しかし，この内部収益率8.19%が，税引前リターンを表しているのか，それとも税引後リターンを表しているのかについて，注意をしなければならない。もしも，本件年金契約において，保険会社が運用益への課税の存在を前提に，保険数理の計算をしているとすれば，本件年金契約から算出される内部収益率は，税引後ベースと考えるのが自然ではないだろうか。この点，判決の事実認定および証拠からは不分明であるが，もし仮に保険会社が運用益への課税を前提に保険数理上の算定をしていたならば，租税裁判所は，税引前リターンではなく税引後リターンを，控訴裁判所は，税引後リターンではなく二重課税後のリターンを前提に議論をしていたこととなろう。

　一般的なファイナンス理論の下では，割引率（ないし将来価値を求めるために用いるべき利子率）は「機会費用（opportunity cost）」を用いるべきだといわれ

---

175)　なお，第4章で検討するように，年単利の計算ではなく，連続複利計算を用いた方が，ファイナンス理論の観点からはより正確な計算となる。ただし，通常の裁判過程において，連続複利を用いて判断がなされることは，管見によれば存在していない。そのため，現行法の解釈・運用についての知見を整理することが目的である本章では，裁判所の思考過程と同じ「年単利」を基準に考察を進めることとする。

る。そのため，割引率は，割り引かれる対象であるキャッシュ・フローの「性質」に応じて調整されなければならない。例えば「割り引かれる対象と，同程度の期間の投資で，同程度のリスクを備えた代替的な投資対象のリターン」を割引率として用いる必要がある。さらには，割り引く対象であるキャッシュ・フローが名目（実質）貨幣価値の場合には，割引率は名目（実質）リターンである必要がある。ここで，考慮されるべき主な要素としては次の点が考えられる。

　第一点目は，「インフレ」の存在である。金銭的価値について論じる際には，実質価値（real value）と名目価値（nominal value）を区別する必要がある。そのため，各種の数値がインフレ部分を含む名目値か，インフレ部分を含まない実質値かという点に留意しなければならない。

　第二点目は，「期間の長さ」である。これは，金利の期間構造（term structure of interest rate）の存在を加味するか否かという問題につながる。

　第三点目は，「リスク」の存在である。割引率は，割り引かれる対象であるキャッシュ・フローが内包するリスクの度合いを勘案して，調整される必要がある。

　第四点目は，税引前リターンと税引後リターンの区別である。割り引かれる対象が，税引前キャッシュ・フローであれば税引前割引率を，税引後キャッシュ・フローであれば税引後割引率を用いなければならない。

　ここで問題となっているのは，第四の要素である。割り引かれる対象のキャッシュ・フローが税引前で表されている場合には，割引率は税引前リターンを使用すべきであり，逆に割り引かれる対象のキャッシュ・フローが税引後で表される場合には，税引後リターンを使用する必要がある。もし，税引後キャッシュ・フローを税引前利回りで割り引いてしまうと，ある年度に受け取った投資収益を再投資する際に，税引後利回りでなく，税引前利回りで非課税再投資している効果をもたらしてしまう。

(2)　二つの解決策——割引現在価値の控除と，現金主義への回帰

(a)　「全事情の基準」の問題点の整理　　*Burnham* 事件や *Ford Motor* 事件において顕在化した「全事情の基準」の問題点は，支払いが長期に及ぶ債務の単純合計額の一括控除を債務確定時に認めることは，金銭の時間的価値の存在を前提とすれば，納税者に多大な恩恵（場合によっては，債務の実質的な負担

第2節　課税のタイミングと法的基準

を節税分だけで賄える効果）をもたらすということである。

　以下では，この点について数値例を用いつつ検討してみたい[176]。なお，賠償金は所得税法上，控除可能であり，納税者は十分な課税所得を有するものと想定する[177]。

【事例1：課税なし，リスクなし，インフレなしの世界】

　X社はA氏から，年度1末に不法行為を理由に損害賠償を請求されたところ，両者は年度1末から毎年度末に1000万円の支払いを20年間続けることで和解に達した。今，市場利子率（実質金利かつ無リスク金利）を年10%とする。年度1における当該支払債務の割引現在価値は，【9365万円】となる[178]。

　したがって，X社は，年度1に9365万円を投資すれば（もしくは自益信託を設定すれば），その投資収益ならびに元本から毎期1000万円の支払いを20年間まかなうことができる。

【事例2：全事情の基準の帰結（*Burnham*判決）】

　事例1と同じ条件で，所得税を導入し税率を一律30%とする。全事情の基準の下では，支払義務の確定した年度1末において，X社は支払額の単純和である2億円（＝1000万円×20）を一括して控除できる。2億円の控除により，6000万円の節税効果が生まれる。

　毎年，1000万円の支払いをするためには，税引後投資リターンが年7%の下では，年度1末に1億1336万円の投資を行えば，毎期の和解金支払いをまかなうことができる[179]。結果として，年度1におけるX社の税引後の負担は，【5336万円】[180]となる。

---

176)　数値例では，表現の簡略化のために少数第一位以下を四捨五入している。

177)　十分な所得が存在しない場合には，税が還付されると想定してもよい。ただし，現実の法制度では，欠損金が生じている場合には，繰り延べることができるが，金銭の時間的価値の分だけ調整がなされないため，納税者にとっては不利となる。

178)　より正確には，$\sum_{k=1}^{20} \frac{1000}{(1+0.1)^{k-1}} \fallingdotseq 9364.920092$ となる。

179)　より正確には，$\sum_{k=1}^{20} \frac{1000}{(1+0.07)^{k-1}} \fallingdotseq 11335.59524$ となる。

180)　より正確には，$11335.59524 - 6000 = 5335.59524$ となる。

第1編　第2章　法理論・法制度の形成と到達点

【事例3：現金主義に基づく課税】

　現金主義に基づき課税所得を算出する場合，各年度にX社は1000万円を控除できるため，300万円の節税効果を享受することができ，各年度の実質的な賠償金負担は700万円となる。この税引後負担額の割引現在価値は，7935万円である[181]。ここでは，税引後のキャッシュ・フローを割り引いているので，割引率も税引後リターンである7%を採用しないといけない。もし割引率として税引前リターンである10%を採用すると，ファンドにおける再投資が非課税で行われることを暗黙のうちに想定してしまうことになる。

　この負担に備えるべくX社は，年度1に【7935万円】を税引後リターン7%で運用すれば，20年間の毎年の賠償金負担額である700万円を引き出すことができる。X社は，毎年この700万円をグロス・アップして，1000万円をA氏に支払えば，1000万円の控除により300万円の節税効果が得られるため，（税引後ベースで考えると）引き出した700万円で支払いをまかなうことができる。

【事例4：割引現在価値の損金算入——税引前割引率】

　事例2と同じ条件で，控除のタイミングを毎期ではなく，年度1に支払債務の割引現在価値である9365万円を一括で控除できるとする（割引率として税引前リターンである年10%を採用した場合）。この控除は，2809万円分[182]の節税効果をもたらしてくれる。

　将来，税引後投資収益と元本から毎年度1000万円の支払いをするためには，年度1末に1億1336万円の投資が必要なので，税引後の実質的な投資負担額は【8526万円】[183]となる。

【事例5：割引現在価値の損金算入——税引後割引率】

　事例4と同じ条件で，年度1に控除できる割引現在価値は，割引率とし

---

181)　より正確には，$\sum_{k=1}^{20} \dfrac{700}{(1+0.07)^{k-1}} \fallingdotseq 7934.91667$ となる。

182)　より正確には，2809.476028万円（＝ 9364.920092 × 0.3）となる。

183)　より正確には，8526.119215万円（＝ 11335.59524 − 2809.476028）となる。

第2節　課税のタイミングと法的基準

て税引後リターンである年7%を用いて計算した，1億1336万円[184]だとする。この場合の節税効果は，3401万円分[185]である。その結果，税引後の実質的な負担額は【7935万円】[186]となる。

　(b)　二つの解決策　　上記の事例の比較から明らかなように，「全事情の基準」には金銭の時間的価値の問題が内在している。これに対処する方法として，次の二つの対処法が考えられる[187]。

　第一の解決策は，【事例5】のように将来予定される支払額の割引現在価値を適切な割引率（＝税引後リターン）により算出して，同額の控除を債務確定時に認める所得算出方法である（この将来支出の割引現在価値を控除させる手法については，本章第3節第2款で論じる）。

　第二の解決策は，【事例3】のように現金主義に回帰することである。すなわち現実に支払いがなされるまで控除を認めないという課税所得の算出方法である。

　先述のフォード事件判決は前者の方法（将来支出の割引現在価値の控除）を志向しているといえる。ただし，フォード事件における租税裁判所の判断は，税引前リターンで年金契約を割り引くことが認められているので，その点は不正確である。

　一方，米国議会は，全事情の基準に内在するこの潜在的な問題への対処策として，執行が簡便な後者の立場（現金主義への回帰）を採用し，「経済的履行の法理（Economic Performance Doctrine）」を導入することとなる。そこで，次に，経済的履行の法理に関する内国歳入法典461条(h)の法的構造を考察する。

---

184)　より正確には，1億1335.59524万円となる。
185)　より正確には，3400.678573万円となる。
186)　より正確には，7934.91667万円となる。
187)　もちろん，発生主義の本質が，現実の支払いよりも前の段階で，費用の認識を認めることであれば，多少の乖離は発生主義に内在する事象だといえるかもしれない。しかし，正確な「所得の算出」のために発生主義を採用するのであれば，やはり控除額は，単純和ではなく，割引現在価値でなければならないと考えられる。

第1編　第2章　法理論・法制度の形成と到達点

Ⅲ　経済的履行の法理（Economic Performance Doctrine）の法的構造

(1)　立法者の意図

米国議会は，全事情の基準により生ずる不都合に対処すべく，1984年に内国歳入法典 461 条(h)によって経済的履行の法理（economic performance doctrine）を条文化した[188]。461 条(h)(1)は，経済的履行（economic performance）が生じるまでは，「全事情の基準」の要件が充足されないと定めることで同基準の適用に制限を加えている。これは，早すぎる控除（premature deduction）を防止する機能を果たしている[189]。

1984年改正の際に House Report（下院）は，改正の理由について「当委員会は，発生主義会計を採用する納税者の控除のタイミングに関する規定は，金銭の時間的価値を考慮に入れた上で，変更されるべきだと確信している。……（中略）……将来支払われる予定額の現時点での控除を認めることは，金銭の時間的価値が反映されていない分だけ同支出の真のコストを過大評価することになる。当該支出の額面と割引現在価値の差額分だけ，控除が過大評価されているのである」[190]と述べている。

そして，将来支出の割引現在価値の控除を認めるのではなく，発生主義会計を採用する納税者に現金主義会計を強制する方法を採用した理由として次のように述べている。

「当委員会は，非資本項目については理論上，納税者は債務が果たされた時

---

188)　内国歳入法典 461 条(h)(1)は，"[I]n determining whether an amount has been incurred with respect to any item during any taxable year, the all events test shall not be treated as met any earlier than when *economic performance* with respect to such item occurs."［強調筆者］と規定している。

　　内国歳入法典 461 条(h)に関する先行研究として，*e.g.*, Cunningham, *supra* note 9; Daniel I. Halperin, *Interest in Disguise: Taxing the "Time Value of Money"*, 95 YALE LAW JOURNAL 506, 525-527 (1986); C. Ellen MacNeil & Marc D. Levy & Paul D. Prescott, *Economic Performance-The Final Regulations under Section 461(h)*, 55 TAX NOTES 671 (1992); Gordon T. Butler, *I.R.C. section 461(h): Tax Fairness and the Deduction of Future Liabilities*, 26 UNIVERSITY of MEMPHIS LAW REVIEW 97 (1995); Christopher Ferro, *Accrual of Deductions in Connection with Structured Settlements: Ford Motor Company v. Commissioner*, 48 TAX LAWYER 523 (1995); 中里実『金融取引と課税』64-66 頁（有斐閣，1998 年）。

189)　*See*, Halperin, *supra* note 188, at 525-526.

190)　H.R. Rep. 98-432, 9th Cong., 2d Sess. 1254 (1984); Graetz & Schenk, *supra* note 30, at 734.

点で額面全額の控除を認められるか，もしくはそれよりも早い段階で割り引かれた額の控除を認められるべきであると認識している。しかしながら，当委員会は，あらゆる種類の将来支出に関して割引価値を算出することは極めて複雑で，かつ執行上も多大なる困難を伴うであろうことも認識している。たとえば，将来支出の割引価値を現時点で控除させる租税制度は，将来債務が再評価されるか，予想通りになるか，もしくは当初の予定から異なった額が支払われた場合に，当初の控除の過大評価ならびに過小評価を再計算するための複雑なルールを必要とする。すなわち，複雑な税収回復メカニズム（recapture mechanism）が要求されるのである。さらに，資本項目に関しても，適切な割引システムは同様に複雑なものになりうる。したがって当委員会は，割引評価にともなう複雑さを回避しつつ，将来支出の真のコストを超えて控除を認めないようにするためには，経済的履行（economic performance）が生じた時点でのみ支出の発生を認めるべきだと確信している」[191]。

　このように議会は，内国歳入法典 461 条(h)により，発生主義会計を採用する納税者に，債務の控除のタイミングについて，現金主義会計に準拠する形で課税所得を計算させることで，金銭の時間的価値に起因する便益を排除しようとしたのである[192]。しかしながら，結論を先取りすれば，461 条(h)の法的構造は，金銭の時間的価値に基因する問題に対処するための他の条文との間で，必ずしも整合性が保たれているわけではない[193]。

　(2)　内国歳入法典 461 条(h)の射程

　内国歳入法典 461 条(h)は，全ての「早すぎる控除（premature deduction）」に適用されるわけではない。461 条(h)自体の直接の射程は，条文中に定められている債務類型であるところの①役務・財の購入により生じた代金支払義務，②他人の所有する財の使用に対する代金支払義務，③財・役務を提供する義務，④不法行為により生じた賠償義務である。ただし，これ以外の義務に関し

---

191)　H.R. Rep. 98-432, 9th Cong., 2d Sess. 1254 (1984); Graetz & Schenk, *supra* note 30, at 735-736.

192)　ただし，経済的履行の基準は，現金主義会計と完全に一致するわけではない。すなわち，経済的履行は現金支払いの後に生じることもありうるため，場合によっては，発生主義会計を採用する納税者は現金主義会計を採用する納税者よりも不利になる場合がありえる。*See*, Graetz & Schenk, *supra* note 30, at 736.

193)　*See*, Butler (1995), *supra* note 188, at 99.

ては，財務省規則に委任される形で，経済的履行の法理の射程が拡大されている[194]。ただし，継続的供給契約においては，例外が認められている[195]。

　また，461条(h)の定める経済的履行の法理は，内国歳入法典165条のもとで控除可能な損失，寄付金控除[196]，その他条文で特に控除の時期が定められている項目[197]に関しては，条文の射程が及ばないと解されている[198]。これは条文構造として461条(h)が，発生主義会計を採用する納税者の控除に関する一般規定であり，特定の控除項目につき特別規程が存在する場合には，そちらが優先されるためである。

(3)　債務類型と経済的履行（Economic Performance）の発生時期

　いつ経済的履行（economic performance）が生じて，控除可能になるかについては，債務類型，すなわち支払債務の発生理由ごとに分類がなされている。そこで，以下では，債務類型ごとに，どの時点で経済的履行の発生を認めているかを概観する[199]。

　(a)　役務・財の購入により生じた代金支払義務（買主の場合）　　内国歳入法典761条(h)(2)(A)(ⅰ)及び(ⅱ)は，納税者が役務・財を購入した場合，当該役務・財の提供がなされた時点で経済的履行（economic performance）が生じたものと定める。もし仮に，納税者が役務・財の受領よりも前に支払いを行っていても，受領した課税年度でしか控除が認められない[200]。その意味では，現金主義よりも納税者にとって不利な結果にもなりえる。この点に関して，米国財務省は次のように述べている。

　「債務の先払いの事例において，461条(h)の政策目的は，支払人（債務者）と受取人（債権者）が等しい課税状態（tax position）にある場合にのみ達成される。債務を先払いすることで，支払人は，支払時点と経済的履行（economic performance）の時点の間に当該支払額を元本として生じる投資所得への租税

---

194)　内国歳入法典461条(h)(2)D，財務省規則1.461-4参照。

195)　内国歳入法典461条(h)(3)。

196)　内国歳入法典170条(a)(1)。寄付金は支払いがなされた時点で控除が可能となる（現金主義の強制採用）。

197)　例えば，内国歳入法典192条，194A条，404条，404A条，419条，468条，468A条参照。

198)　Bittker & Lokken, *supra* note 17, ¶105.6.4, at 105-141 to 105-142.

199)　ここでの叙述は，Bittker & Lokken, *supra* note 17, ¶105.6.4, at 105-140 to 105-155に依拠するところが大きい。

200)　Bittker & Lokken, *supra* note 17, ¶105.6.4, at 105-142 to 105-143.

負担を，受取人に転嫁しているのである。したがって，受取人が非課税主体であるか，もしくは支払人よりも低い税率に面している場合，課税の結果は，経済的履行が生じるまで控除を繰り延べる場合と同じではなくなり，461 条(h)の政策目的は阻害されてしまう」[201]。

　財や役務は，支払いの 3.5 ヶ月以内に提供されることが合理的に予測される場合には，支払いの時点で提供されたと扱うことができる[202]。なお，財の売買に関しては，①財の発送，②財の受け取り（acceptance）もしくは③権原の移転の時点で，経済的履行が発生したとみなしてよいとされるところ，①〜③でどの基準を選択するかにつき継続性が求められ，変更をする際には内国歳入庁の同意が必要とされる[203]。

　一つの契約で二つ以上の財・役務が購入された場合，原則として，それぞれの財・役務が提供された時点で，経済的履行（economic performance）がなされたものとされる[204]。ただし，付随的な財・サービスに関しては，対価をそれらに配分して控除を考える必要はないとされている[205]。

　(b)　他人の所有する財の使用に対する代金支払義務（賃貸借，ライセンス契約）　　内国歳入法典 461 条(h)(2)(A)(iii)は，他人の所有する財を使用する賃貸借契約（リース契約）の場合，当該財が現実に使用された時点で，経済的履行（economic performance）が生じる旨を規定している。複数の課税年度におよぶ賃貸借契約において，契約時点で各年度の賃料が確定していても，契約時点で将来の全賃料を控除することはできず，毎年度ごとに当該年度の該当賃料だ

---

201)　TD 8480, 57 FD 12411, 12413 (April 10, 1992). *Also see*, Bittker & Lokken, *supra* note 17, ¶105.6.4, at 105-143, n.78.

202)　財務省規則 1.461-4(d)(6)(ii)。この 3.5 ヶ月ルールにつき，米国財務省は，経済的履行が支払後の合理的な期間内に行われることが見込める場合に，いつ財・サービスが提供されるかを正確に決定しなければならない納税者の負担を軽減することが目的だとしている。TD 8480, *supra* note 201, at 12413. *Also see*, Bittker & Lokken, *supra* note 17, ¶105.6.4, at 105-143.

203)　財務省規則 1.461-4(d)(6)(iii)。*Also see*, Bittker & Lokken, *supra* note 17, ¶105.6.4, at 105-143.

204)　財務省規則 1.461-4(d)(6)(iv); *Also see*, Bittker & Lokken, *supra* note 17, ¶105.6.4, at 105-143 to 105-144.

205)　Bittker & Lokken, *supra* note 17, ¶105.6.4, at 105-144. 付随的な財・サービスとして認定されるための要件は，①納税者の帳簿上も付随物として本体と一体の会計処理がなされており，かつ②契約総額の 10% を超えないことである。

第1編　第2章　法理論・法制度の形成と到達点

け控除することができる[206]。

なお，コピー機のように，固定の基本使用料金（例：コピー機1台あたり年10万円）と従量制料金（例：コピー1枚あたり2円の課金）の双方が存在する契約においては，固定料金については使用年度に，従量制料金については支払った年度に経済的履行があったものとされる[207]。

(c)　財・役務を提供する義務（売主の場合，製品保証）　　内国歳入法典461条(h)(2)Bは，納税者が，財・役務を提供する義務を負っている場合，当該財・役務を提供した段階で経済的履行が生じたものと定めている。これを受けて財務省規則は，財・役務を提供するために費用を負担した段階で，経済的履行を認めている[208]。例えば，納税者が製品を4年間の保証付きで販売した場合，製品の販売時点で保証の債務が確定し，そのコストを合理的な確からしさ（reasonable accuracy）で予測できたとしても，保証債務に関する控除は，現実に（修理等をするために）コストが発生するまで認められないことになる[209]。

ただし，費用が発生した段階で必ずしも控除が可能となるわけではない。例えば，建築会社が年度1にある施設の建設を請け負った場合，年度2に材料費や人件費を負担していても，同施設の受け渡しが年度4になる事例を想定してみよう。この場合，年度2に費用を負担しており経済的履行が発生しているにもかかわらず，同費用は年度2に控除はできず，棚卸資産勘定か長期契約勘定に累積させなければならない[210]（なお，このルールの例外としての内国歳入法典468条および468A条については，本章第3節第2款参照）。

(d)　物々交換（売主かつ買主）　　財・役務の受領もしくは財の利用をする納税者の義務が，財・役務もしくは財の利用の提供であるような物々交換取引の場合，①財・役務を提供するために費用を負担した時点と，②納税者が財・役務を受け取った時点を比べて，双方のうちより遅い時点で経済的履行が認めら

---

206)　財務省規則 1.461-4 (d)(3)(i); *Also see*, Bittker & Lokken, *supra* note 17, ¶105.6.4, at 105-144.

207)　財務省規則 1.461-4 (d)(3)(ii), (d)(7) Ex 8, 9; *Also see*, Bittker & Lokken, *supra* note 17, ¶105.6.4, at 105-144.

208)　財務省規則 1.461-4 (d)(4)(i); *Also see*, Bittker & Lokken, *supra* note 17, ¶105.6.4, at 105-144 to 105-145.

209)　財務省規則 1.461-4 (d)(7) Ex.2; Bittker & Lokken, *supra* note 17, ¶105.6.4, at 105-145.

210)　財務省規則 1.461-4 (d)(7) Ex.3; Bittker & Lokken, *supra* note 17, ¶105.6.4, at 105-145.

88

れる[211]。すなわち，物々交換の場合には，買主と売主の双方の属性を有することになるため，先述の両者の基準を適用した上で，両基準とも満たされた段階で，経済的履行が認められるという構造である[212]。

(e)　債務の支払いが経済的履行とみなされる類型　　現実に支払いがなされるまで，経済的履行が認められない類型として，①不法行為・契約違反・法令違反による賠償金，②リベート・リファンド，③賞金・ジャックポット，④保険金等の支払い，⑤租税・公課・公物利用料，⑥特定の規程が存在しないその他全ての債務である。これらの類型に関しては，現金主義の採用を強制していることになる。

経済的履行の基準となる「支払い（payment）」とは，現金主義における控除の基準である「支払い」と同じ意味であり[213]，債権者に現実に支払われる必要があるとされる。

たとえば，債務者たる納税者が債権者への支払いに備えて，信託・預託勘定（escrow account）等に金銭や財産を拠出するだけでは「支払い」を構成せず，その時点では経済的履行はまだ生じていないものとされる[214]。ただし，内国歳入法典 468B 条に規程される適格和解基金（qualified settlement fund）への拠出に関しては，同規定が優先適用され，拠出の時点で経済的履行が発生したものとして扱われることになる[215]。

①　法行為・契約違反・法令違反による賠償金　　内国歳入法典 461 条(h)(2)(C)は，労災補償と不法行為から生じる賠償義務に関して，現実の支払い（payment）まで控除を認めない旨を定める。財務省規則では，本条文の適用を，契約違反または法令違反による賠償金にまで拡大している[216]。また，不

---

211)　財務省規則 1.461-4(d)(4)(ii); Bittker & Lokken, *supra* note 17, ¶105.6.4, at 105-147.

212)　*Id.*; *Also See*, Gary W. Carter, *Improved Treatment of Barter Transactions for Accrual-Method Taxpayers*, 66 TAX NOTES 1851 (1995).

213)　財務省規則 1.461-4(g)(1)(ii)(A); その意味では，現金もしくは現金等価物の支払いのみが「支払い」を構成し，債券等の発行は支払いを構成しない。Bittker & Lokken, *supra* note 17, ¶105.6.4, at 105-152.

214)　財務省規則 1.461-4(g)(1)(i); Bittker & Lokken, *supra* note 17, ¶105.6.4, at 105-151 to 105-152.

215)　*Id.*

216)　財務省規則 1.461-4(g)(2); Bittker & Lokken, *supra* note 17, ¶105.6.4, at 105-148. ただし，契約において当初から定められている対価は，ここでいう賠償金には含まれない。財務省規則

第1編　第2章　法理論・法制度の形成と到達点

法行為や契約違反など上記原因に起因する和解における支払いも，本条文の適用を受ける[217]。これにより，先述の*Burnham*事件や*Ford*事件のような事案においては，現実に和解金が支払われた年度に控除が認められることになる[218]。

以上の債務類型（役務・財の購入にともなう義務，他人物の利用につき生じる義務，役務・財の売却にともなう義務，物々交換にともなう義務，不法行為等にともなう義務）においては，内国歳入法典の条文上，経済的履行の時期に関する直接の規程がおかれ，それを財務省規則が補完する関係にある。上記以外の債務類型に関しては，461条(h)(2)で経済的履行の発生時期の決定が財務省規則に委ねられている。そこで，財務省規則により定められた経済的履行の発生時期を概観しておく。

②　リベート，リファンド　　財務省規則1.461-4(g)(3)は，リベートやリファンドを支払う義務を負っている場合，経済的履行は現実の支払いの時点で生じると定めている。このルールは，リベートやリファンドが総所得からの控除項目であれ，収入金額の調整項目であれ，費用への加算項目であれ，どのような場合にも該当するものとされる[219]。商品の値引きという形で，リベートまたはリファンドがなされる場合，当該商品を売却した時点で，リベートやリファンドの「支払い（payment）」があったものとみなされる[220]。ただし，継続的供給契約（例えば新聞の配達契約）におけるリベートまたはリファンドについては，一定の条件の下，合理的な確からしさでもって額が確定できる場合に，債務が確定した年度での控除が認められている[221]。

③　賞金・賞品・ジャックポッド　　賞金，賞品もしくはジャックポッド等の支払いをする義務に関しては，支払いがあった時点で経済的履行が生じたものと扱われる[222]。

　1.461-4(g)(2)(i)参照。

[217]　財務省規則1.461-4(g)(2)(ii); Bittker & Lokken, *supra* note 17, ¶105.6.4, at 105-148.

[218]　内国歳入法典468B条参照。

[219]　財務省規則1.461-4(g)(3); Bittker & Lokken, *supra* note 17, ¶105.6.4, at 105-148 to 105-149.

[220]　*Id.*

[221]　財務省規則1.461-5; Bittker & Lokken, *supra* note 17, ¶105.6.4, at 105-148 to 105-149.

[222]　財務省規則1.461-4(g)(4); Bittker & Lokken, *supra* note 17, ¶105.6.4, at 105-149.

④　保険料　　保険料（premium）の支払義務については，原則として，保険料の支払いの時点で経済的履行が発生したものと扱われる[223]。例えば，おもちゃを製造する A 社が 2008 年に，2009 年から 2010 年の間に生じた製造物責任に基づく損害賠償に関する保険契約を B 保険会社と締結し，A 社は 2011 年までに 1 万ドルの保険料を支払う旨の規程があったとする。この場合，A 社は 2011 年に現実に支払いがなされた時点で，当該保険料の控除が可能となる[224]。

⑤　租税・公課　　原則として，租税・公課の支払義務も，支払いの時点で経済的履行が発生したものと扱われる[225]。ただし，政府から納税者に土地の譲渡が行われた場合の対価は，この租税・公課に該当しない[226]。なお例外として，不動産に対する財産税（real property tax）に関して，納税者が内国歳入法典 461 条(c)所定の選択を行った場合，経済的履行の法理は適用されない[227]。また，内国歳入法典 901 条に定められている外国税額控除との関係では，経済的履行の法理は適用されず，「全事情の基準」によって控除可能な時期が決定される[228]。

⑥　その他の債務　　内国歳入法典ならびに財務省規則に定めのない債務に関しては，原則として，支払いの時点で経済的履行があったものと扱われる旨が定められている[229]。

先述のように，経済的履行の法理は，全事情の基準に内在する問題（早すぎる控除の問題）を解決する意図で導入されている。しかし，経済的履行の法理の構造は，発生主義会計を採用する納税者を現金主義会計に近づけるだけでなく，場合によっては，現金主義会計を採用する納税者よりも不利に扱うおそ

---

223)　財務省規則 1.461-4(g)(5); Bittker & Lokken, *supra* note 17, ¶105.6.4, at 105-149.

224)　財務省規則 1.461-4(g)(8) Ex.4 参照。*Also see*, Bittker & Lokken, *supra* note 17, ¶105.6.4, at 105-149 to 105-150.

225)　財務省規則 1.461-4(g)(6); Bittker & Lokken, *supra* note 17, ¶105.6.4, at 105-150 to 105-151.

226)　財務省規則 1.461-4(g)(6)(i). *Also see*, Bittker & Lokken, *supra* note 17, ¶105.6.4, at 105-151.

227)　財務省規則 1.461-4(g)(6)(iii)(A). *Also see*, Bittker & Lokken, *supra* note 17, ¶105.6.4, at 105-151.

228)　財務省規則 1.461-4(g)(6)(iii)(B). *Also see*, Bittker & Lokken, *supra* note 17, ¶105.6.4, at 105-151.

229)　内国歳入法典 461 条(h)(2) D; 財務省規則 1.461-4(g)(7)参照。*Also see*, Bittker & Lokken, *supra* note 17, ¶105.6.4, at 105-151.

第1編　第2章　法理論・法制度の形成と到達点

れを秘めている[230]。このことは，所得の構成要素の一部にすぎない「フロー」の側面にのみ着目をして，理念的な包括的所得概念に近い形での課税を志向することの限界を露呈しているものと解される。

第4款　取引当事者間の課税のタイミングの乖離と　　マッチング法理

　納税者が，発生主義会計と現金主義会計のどちらを課税所得計算の基礎として採用するか選択をできる場合，取引の両当事者が同じ会計手法を採用していれば，本節第2款および同第3款で論じた課税のタイミングに関する法理によって，幾つかの問題は解決可能である。しかしながら，取引の両当事者が異なる会計基準を採用している場合，所得（収益）の算入時期と費用（損金）の控除時期の間に乖離が生ずる可能性がある。もし仮に，発生主義会計を採用する一方の当事者だけが先に費用を認識し，現金主義会計を採用する他方の当事者が所得の認識を遅らせることができれば，一見，納税者にとって金銭の時間的価値の分だけ利得が生じているように思われる[231]。

　納税者の採用する所得算定のための会計基準の差異により，納税者に課税繰延の恩恵が生じることを防ぐべく，連邦議会は「所得の認識」と「費用の認識」の時期を一致させるマッチングの法理を導入している[232]。そこで，まず内国歳入法典における代表的なマッチング規程を概観した上で（第1項〜第3項），理論的な検討を加えることとする（第4項）。

第1項　内国歳入法典 83 条(h)

　内国歳入法典 83 条は，役務提供の対価として財を提供した場合の課税関係を定めている。例えば，従業員の役務提供の対価として会社が，従業員のために撤回不能信託に財や資金を拠出した場合，83 条は従業員に所得を認識す

---

230)　Graetz & Schenk, *supra* note 30, at 736.

231)　発生した課税繰延の恩恵がどの程度，両当事者間に配分されるかは，両者の交渉力に依拠することとなり，それは対価の価格調整を通じてなされる。

232)　マッチングに関する論考として，吉村政穂「所得計上時期の選択に関する覚書」ジュリスト 1268 号 214 頁（2004 年）参照。

るように要求している。これは，先述の経済的利益の法理（economic benefit doctrine）を補完するものだといえる。そして，83条(h)は，役務提供者（従業員）が所得を認識するまで，役務受領者（会社）は損金算入を繰り延べなければならない旨を定めている。

第2項　内国歳入法典267条(a)

　家族間や，支配株主と被支配法人などに代表される関連当事者間での課税のタイミングの乖離に対処すべく，1937年に内国歳入法典267条(a)が制定された際に，米国連邦議会上院財務委員会（Senate Finance Committee）は，次のように立法の趣旨を述べている。

　「現行法の下では，支払利子や事業費用の人為的な控除を得るべく，所得申告のための異なる会計基準の制度的差異の利用を試みる者が存在する。例えば，発生主義会計を採用するある者が，（家族であったり，自身の支配する法人などの）自身と特別な関係を持つ者に対して債務を負い，その債権者は現金主義会計に基づいて所得を申告するという現象が確認されている。当該債務に関して利払いの期日が到来すると，発生主義会計に依拠する債務者は所得算定において支払利子の控除の申請を行うものの，当該債務者は債権者に対して実際には何の利払いもしていないのである。現金主義会計を採用する債権者は，その時点では何の所得も申告しないため，もしも最終的に債権者が他の損失と相殺できる時期に現実の利子支払いを受けるのであれば，結局のところ両当事者を合わせてみると所得税を回避しているのである。通常の真正な債権者であればこのような仕組みを許すことはないので，この仕組みを現実に用いることができるのは，両当事者が特別な関係にある場合に限られる。」[233]

　このような考え方に基づいて当初は，関連当事者間の取引について，発生の年度かそれから2.5ヶ月以内に現実の支払いがなされない場合には，永久に控

---

233)　S. Rep. No. 1242, 75th Congress, 1st Sess. (1937); *Also see*, BORIS I. BITTKER & LAWRENCE LOKKEN, FEDERAL TAXATION OF INCOME, ESTATES AND GIFTS, vol.4, ¶78.2.1, at 78-11 (3rd ed. Warren, Gorham & Lamont, NY, 2003).

第 1 編　　第 2 章　法理論・法制度の形成と到達点

除を否定するという極めて厳しい内容のルールを採用していた[234]。しかしながら，1984 年の税制改正で議会は次のように述べて，通常のマッチング法理へと転換を図ったのである。

　「議会は，関連当事者間取引に関して，一方当事者による所得の認識なくして他方当事者による費用控除を防ぐために，当該関連当事者は同じ会計基準を採用するべきだと信じる。とりわけ支払いが長期間に及び，実際に決して支払われないような場合において，当該取引に関して同じ会計基準を用いないことは，不確かな租税利益を含むことになる。
　　さらに議会は，課税年度終了後 2.5 ヶ月以内になされる支払いについては繰延の利益を認めておきながら，課税年度終了後 2.5 ヶ月以降になされた支払いについては控除を認めないことは，過度に厳しい結果を導くものであると信じている。」[235]

　このように議会は，たとえ納税者には租税負担減少の意図がなくとも，2.5 ヶ月以内に支払いがなされなければ，永久に控除を否定されるというのは過度の規制であるとの判断から，1984 年の税制改正で収益の認識と損金算入の時期を一致させる通常のマッチング法理に転換をした[236]。そして，現行の 267 条(a)(2)は，関連当事者間[237]の取引に関して，一方の当事者（対価の受け取り手）

234)　財務省規則 1.267 (a)-1 (b)(2); Bittker & Lokken, *supra* note 233, ¶78.2.1, at 78-10.
235)　Staff of Joint Committee, on Tax 98th Congress, 2d Sess., General Explanation of the Revenue Provisions of the Deficit Reduction Act of 1984, at 542; *Also see*, Bittker & Lokken, *supra* note 233, ¶78.2.1, at 78-12.
236)　Bittker & Lokken, *supra* note 233, ¶78.2.1, at 78-12.
237)　現行法は，内国歳入法典 267 条(a)(2)の射程に関して，関連当事者の定義を 267 条(b)で定めている。すなわち(1)家族間，(2)（価値基準で）会社の過半数を直接的・間接的に有する支配株主と被支配会社間，(3)同じ支配グループ下に属する二つの会社間，(4)信託の設定者と受託者間，(5)同じ設定者により設立された別々の信託の受託者間，(6)信託の受託者と受益者間，(7)同じ設定者により設立された別々の信託の受益者間，(8)信託もしくは信託の設定者により（価値基準で）過半数を保有される被支配会社と，信託の受託者の間，(9)501 条の適用対象となる非課税主体（教育慈善団体）とそれを直接的・間接的に支配する個人との間，(10)同じ個人が 50% 以上の持分を有する会社とパートナーシップの間，(11)同じ個人が 50% 以上の価値を保有する S 法人間，(12)同じ個人が 50% 以上の価値を保有する S 法人と C 法人の間，(13)（一定の例外を除き）遺言執行者と受益者の間で取引があった場合は，関係当事者間の取引だとみなされ，267 条(a)(2)の適用を受けることになる。267 条(b)(1)〜(13)参照。

が収益の認識を行う時点まで，他方当事者（対価の支払者）の損金算入を認めない旨を定めている[238]。

ただし，関連当事者間の取引でも267条(a)(2)が適用されない場合として例外が存在する[239]。その一例として，内国歳入法典1272条のOIDルールがある。OIDルールの下では，両当事者は発生主義に基づいて所得と費用を認識することになる。

第3項　内国歳入法典404条(a)

内国歳入法典404条(a)(5)は，非適格繰延報酬（nonqualified deferred compensation）[240]に関して，受取人である被雇用者が当該繰延報酬を所得に算入

---

238)　なお，内国歳入法典267条(a)(2)は，控除の時期を早くとも受取人の所得算入以降にする旨を規定しているだけであり，そもそも控除できるかどうか，いつ控除適格になるかについては，別途他の条文の根拠が必要となる。Bittker & Lokken, *supra* note 233, ¶78.2.1, at 78-12.

239)　Bittker & Lokken, *supra* note 233, ¶78.2.1, at 78-13.

240)　米国において，繰延報酬への課税方式は，適格繰延報酬（Qualified deferred plan）と非適格繰延報酬（Nonqualified deferred compensation）に大別できる。

法定の要件を満たす適格繰延報酬には，老後に備えての貯蓄を促進するべく，幾つかの租税法上の恩恵が与えられている。概して，①雇用主は適格繰延報酬（たとえば退職年金）への拠出時に損金算入ができ，②ファンドの毎年度の投資収益は非課税とされ，③従業員は現金の受領時に課税される。

非適格繰延報酬は，①雇用主は従業員が繰延報酬を益金算入するまで損金算入を繰り延べる必要があり（内国歳入法典404条(a)(5)），②ファンド（会社）による投資収益は毎年度課税され，③従業員は現金の受領時に課税される。

適格要件として，高額給与者（highly paid employees）を一般従業員よりも有利に扱うことを禁止する非差別要件（内国歳入法典414条(q)）や，拠出金額の上限が存在する。会社が役員等に適格年金を与えようとする場合には，同様の企業年金を一般従業員にも給付する必要がある。これら非差別要件と拠出額の上限により，役員の適格退職年金の利用は制限されることになる。

しかし，適格要件を満たさない繰延報酬が，直ちに非適格繰延報酬として課税されるわけではない。役員が，受領時まで課税を繰り延べるためには，①経済的利益の法理（economic benefit doctrine）および②みなし受領の法理（constructive receipts doctrine）の二つの要件を満たす必要がある。繰延報酬との関係では，①は繰延報酬が雇用主の倒産リスクから隔離されているか否か（Revenue Ruling 60-31, 1960-1 C.B. 174），②は繰延報酬制度への役員のコントロールの度合いが問題となる。これらの基準をクリアできなければ，繰延報酬はその全額が付与時に課税されることとなる。この点，経済的利益の法理による付与時課税を避けるべく，「ラビ信託」（rabbi trust：撤回不能信託ではあるが，会社の一般債権者の請求権から隔離されていない信託）が利用されることがある。*See*, BRUCE J. MCNEIL, NONQUALIFIED DEFERRED COMPENSATION PLANS: 2007 EDITION. VOLUME 1, at 407-408（Thomson/West 2006）.

するまで[241]，支払者である雇用主の費用控除を認めない旨を定めている。そのため404条(a)(5)は，雇用主（多くの場合会社）が，発生主義会計を採用していても，被雇用者が現金主義会計を採用していれば，非適格繰延報酬の控除時期については，現金主義を強制する効果をもたらす。

　本規定の起源は，第二次世界大戦中に遡るとされる[242]。当時，戦争の資金需要を賄うために，所得税の税率は極端に高くなっていた。そのような状況下で，発生主義を採用する会社（雇用主）は，現時点では支払義務のみが発生し実際の現金支出の必要がない繰延報酬（なお被雇用者の多くは現金主義であり戦後のより低い税率の下で課税されることを期待できた）をアレンジすることで，限界税率が高い時期に控除を受け，節税効果を最大化しようとしたのである。そこで1942年にそのような会計基準のミスマッチを利用した租税負担軽減行為を防止すべく，内国歳入法典404条(a)が導入されたのである[243]。

第4項　考　　察[244]

I　Halperin論文──マッチング不要説

　このようにマッチングを要求する一連の法理は，会計基準の差異に起因する対価の支払側と受取側の認識時期のズレを防ごうとすることを意図していた。

　しかしながら，1986年にDaniel Halperin教授が発表した論文は，一定の条件が満たされる場合，課税繰延の恩恵を排除するためにマッチングが必要ではない点を指摘して，後の連邦議会の立法に多大な影響を及ぼすことにな

---

241)　2004年の税制改正で，内国歳入法典409A条が導入され，（受取時期を事後的に操作可能な）非適格繰延報酬について，権利付与の時点での課税が強化された。これは，（現金主義会計を採用する）会社役員が，先述の「ラビ信託」〔前掲注240〕参照）に代表されるように，会社の倒産リスクから可能な限り繰延報酬を隔離しつつ，課税繰延の恩恵を享受できるような法的技術を駆使していたことに対処することを目的としていたとされる。*See*, BORIS I. BITTKER & LAWRENCE LOKKEN, FEDERAL TAXATION OF INCOME, ESTATES AND GIFTS, vol.3, ¶60.2.1, at 60-3 to 60-5 (Revised 3rd ed. Warren, Gorham & Lamont, NY, 2005).

242)　Bittker & Lokken, *supra* note 241, ¶60.2.6, at 60-42.

243)　S. Rep. No 1631, 77th Congress, 2d Sess.（reprinted in 1942-2 CB 504, 609）; *Also see*, Bittker & Lokken, *supra* note 241, ¶60.2.6, at 60-42.

244)　本項は，本書の準備作業として執筆した，神山弘行「課税繰延の再考察」金子宏編『租税法の基本問題』251-252，259-262頁（有斐閣，2007年）での記述をもとに，加筆・修正を施したものである。

第 2 節　課税のタイミングと法的基準

る[245]。課税繰延の恩恵排除のためにマッチングが必ずしも必要ではないという点を，繰延報酬を題材に，次の数値例で確認してみたい[246]。

　年度 1 末に役員（または従業員）は，1000 万円相当の役務を会社（または雇用主）に提供したとする[247]。会社と役員は，同じ税率 40％（一律）に直面しており，投資リターンを 10％，税引後の投資リターンを 6％ と想定する。会社が役員に支払う報酬について，会社側の損金算入（費用控除）の時期と，役員側の所得算入の時期について，課税のタイミングに関する法ルールを，次の三つの類型に分類して，納税者の利得を比較してみる。

　【ルール 1】　会社（雇用主）は「年度 1」に損金算入（費用控除）をし，役員（従業員）も「年度 1」に所得に算入する。

　【ルール 2】　会社（雇用主）は「年度 3」に損金算入（費用控除）をし，役員（従業員）も「年度 3」に所得に算入する。

　【ルール 3】　会社（雇用主）は「年度 1」に損金算入（費用控除）をするものの，役員（従業員）は「年度 3」に初めて所得に算入する。

　ルール 1 のもとで，もし役員が年度 1 末に支払いを受ければ，役員は税引後の 600 万円を貯蓄し[248]，税引後利子率の 6％ で運用すると，年度 3 末に税引後ベースで 674.16 万円[249]を手にすることができる。この時，会社は，年度 1 に 1000 万円を控除することで，400 万円分の節税効果を享受できるため，実質的な賃金コストは 600 万円となる。

　ルール 2 のもとで，年度 1 末に会社は（実質的な賃金コストである）600 万円を投資し，税引後利子率の 6％ で運用した場合，年度 3 末に税引後ベースで

---

245)　Halperin, *supra* note 188; *Also see*, CHRISTOPHER H. HANNA, COMPARATIVE INCOME TAX DEFERRAL; THE UNITED STATES AND JAPAN, 25-28 (Kluwer Law International 2000). 中里・前掲注 1) 61 頁参照。

246)　本数値例は，神山・前掲注 244) 252 頁脚注 17 に加筆修正をしたものである。

247)　雇用主側は，支払賃金を控除する年度に（節税効果を享受できるだけの）十分な所得があるか，または所得がマイナスになった場合に完全還付を受けることができるものと想定する。

248)　ここでは，課税繰延の恩恵が存在するか否かを各ルールの間で比較することに主眼があることから，比較結果を明確にするために，従業員の限界貯蓄性向が 1 であると仮定している。現実の納税者の限界貯蓄性向が 1 であると主張するものではない。

249)　$600 \times 1.06^2 = 674.16$

674.16 万円を受領することができる。会社にとって年度 3 末における 674.16 万円の負担は，年度 1 における 600 万円の負担と等価値である[250]。年度 3 に会社は支払給与を損金算入できるため，グロス・アップをして 1123.6 万円[251]の報酬を支払う。この 1123.6 万円の支払報酬の節税効果を勘案した実質的なコストは，674.16 万円となる。役員は年度 3 に税引前で 1123.6 万円，税引後で 674.16 万円の報酬を受け取る。ルール 1 とルール 2 を比べると，両者は経済的には等価であるといえる。

ルール 3 は，年度 1 に控除のみ早期に行い，所得算入が年度 3 まで繰り延べられるケースであり，金銭の時間的価値の分だけ，納税者（会社および役員）に恩恵が及ぶかのように思われる。ルール 3 のもとで，会社は，年度 1 に 1000 万円を控除できるため，年度 1 末に 1000 万円の全額を投資に回すことができる。税引後利子率の 6% で運用すると，当該投資は年度 3 末に税引後で 1123.6 万円となる。この額が年度 3 末に役員に支払われ，役員は税引後で 674.16 万円を受領することができる。

ルール 1，ルール 2，ルール 3 のいずれにおいても，本件報酬の実質的コスト（税引後ベース）は年度 1 末において 600 万円であり，役員は年度 3 末に税引後で 674.16 万円の現金を手にしている。すなわち，控除を早めて，所得の算入を遅らせるルール 3 が納税者にとって一見有利なように思われるものの，実はそうではないことがわかる。なお，この議論は，①納税者の限界税率が不変，②法人税の限界税率が不変，③個人と法人の税引後投資収益率が等しいことを前提としている。

II Halperin 論文への留保

(1) 納税者の視点

このように前述の議論は，役員（従業員）の所得算入時期と，会社（雇用主）の損金算入時期が一致していなくても中間の投資所得が毎年度課税される（投資収益率が課税繰延のない場合と同じ）限りにおいて，課税繰延は納税者に恩恵をもたらさないことを示唆している。

---

250) ここでは，雇用主が（リスク調整後の）市場リターンを上回る超過収益（abnormal return）ないし経済的レントを享受できないことを前提としている。

251) $674.16/(1-0.4) = 1123.6$

しかし，そのような状況下でも，①役員の将来の限界税率が低い場合，②会社の将来の限界税率が高い場合，③会社が役員個人よりもより高い税引後の投資収益率を享受できる場合，租税負担の削減効果をもたらしうる[252]。この点について，米国における非適格繰延報酬に関する Sholes とそれに続く Chason の議論を援用する形で検討を加えてみる[253]。

比較対象となる通常の報酬として，年度 0 末に役員は現金で報酬 P 円をもらい，税引後の報酬を年度 N 末まで投資する状況を想定する。年度 0，年度 N の個人の税率をそれぞれ t_{I0}，t_{IN} と表記する。年度 N 末時点における，個人による投資の税引後将来価値を関数 $F_I(N)$ で表現する[254]。年度 N 時点における本投資の将来価値は，**式 1** のように表現できる[255]。

$$P(1-t_{I0})F_I(N) \quad \cdots\cdots\cdots\cdots\cdots\cdots\cdots（\text{式 1}）$$

次に，繰延報酬の将来価値を考える。年度 0，年度 N の法人税率をそれぞれ t_{C0}，t_{CN} とする。また，法人による投資の N 年後の税引後将来価値を関数 $F_C(N)$ で表す。年度 0 に現金を支払った場合，会社の税引後コストは，$P(1-t_{C0})$ である。なお，会社は繰延報酬の場合でも，通常の報酬以上のコストを負うことはしないと仮定する。そのため，繰延報酬の場合，会社は年度 0 末に将来の繰延報酬の支払いに備えて，$P(1-t_{C0})$ の額だけ年度 N 末まで投資をすると想定する。年度 N 末におけるこの投資の将来価値は，次のようになる[256]。

$$P(1-t_{C0})F_C(N) \quad \cdots\cdots\cdots\cdots\cdots\cdots（\text{式 2}）$$

---

252) *See, e.g.,* Halperin, *supra* note 188; Eric D. Chason, *Deferred Compensation Reform: Taxing the Fruit of the Tree in its Proper Season,* 67 (2) OHIO STATE LAW JOURNAL 347 (2006).

253) 本数値例は，神山・前掲注 244) 259-262 頁をもとに加筆修正をしたものである。*See,* MYRON S. SHOLES ET AL., TAXES AND BUSINESS STRATEGY: A PLANNING APPROACH, 212-215 (3rd ed. Prentice Hall 2004); Chason, *supra* note 252, at 16-23; 木村弘之亮「報酬繰延と影の投資所得」税法学 552 号 42-46 頁（2004 年）参照。

254) 年度 k における個人の税引前の投資収益率を r_{Ik}，限界税率を t_{Ik} とすると，投資の税引後将来価値は $F_I(N) = \Pi_{k=1}^{N}[1+(1-t_{Ik})r_{Ik}]$ となる。

255) Chason, *supra* note 252, at 18.

256) *Id.* at 19.

第1編　第2章　法理論・法制度の形成と到達点

年度 N において，**式2**は税引後の会社の負担額であり，税引前ベースで会社はグロス・アップにより**式3**の額を役員に支払うことになる[257]。

$$\frac{P(1-t_{C0})F_C(N)}{(1-t_{CN})} \quad \cdots\cdots\cdots\cdots\cdots\cdots\cdots\cdots(\text{式3})$$

そして年度 N 末に役員が，最終的に享受できる税引後の受領額は，**式4**のようになる[258]。

$$\frac{P(1-t_{C0})F_C(N)(1-t_{IN})}{(1-t_{CN})} \quad \cdots\cdots\cdots\cdots\cdots\cdots(\text{式4})$$

式1は通常報酬スキームにおける最終的な受領額を，**式4**は繰延報酬スキームにおける最終的な受領額を表している。**式4**の値が**式1**の値よりも大きくなる場合，（報酬受取の繰延に伴うリスクを無視すれば）繰延報酬が通常の報酬よりも役員（従業員）にとって有利ということになる。**式4**と**式1**の比を Q とすると，Q は次のようになる[259]。

$$Q = \frac{(\text{式4})}{(\text{式1})} = \frac{(1-t_{IN})}{(1-t_{I0})} \times \frac{(1-t_{C0})}{(1-t_{CN})} \times \frac{F_C(N)}{F_I(N)} \quad \cdots\cdots(\text{式5})$$

式5より，「$Q>1$」の場合は繰延報酬の方が有利となり，「$Q=1$」の場合は繰延報酬と通常の報酬は等価であり，「$Q<1$」の場合は通常報酬（繰延なし）の方が有利ということになる[260]。

式5の右辺第1項は将来の個人税率と現在の個人税率，第2項は現在の法人税率と将来の法人税率，第3項は会社と個人の税引後の投資収益率の比を表している。そして，①役員の将来の限界税率が低い場合（第1項），②会社の将来の限界税率が高い場合（第2項），③会社が役員個人よりもより高い税引後の投資収益を上げられる場合（第3項）に，繰延報酬の方が役員（従業員）の観点からは有利となる。

まず，①個人の限界税率について，累進税率を採用する所得課税のもとでは，幹部役員などの退職後の限界税率は，現役時代よりも低くなる可能性が高い。そのため，繰延報酬の手法により所得平準化（income averaging）を

---

257)　*Id.*
258)　*Id.*
259)　*Id.* at 20.
260)　*Id.*

100

第 2 節　課税のタイミングと法的基準

行うことで，租税負担の減少を図ることが可能となる[261]。従来，納税者の恣
意的な所得平準化は，包括的所得概念の下では望ましくないと考えられてき
た[262]ところ，その対応策として，次の三つの方式が考えられる[263]。

　第一の方式は，付与時課税を強化する方式である[264]。この方式の問題点と
して，現役時代に役員が課税されても，会社倒産や役員の死亡により，退職後
に繰延報酬を受け取ることができない可能性があることや[265]，繰延報酬が付
与された年度の所得が急激に高くなるという問題点がある[266]。第二の方式は，
現金給付時に最高税率を適用する方式である。この対応策は，納税者が現役時
代に高い限界税率に直面していない場合，結果的に本来よりも高い租税負担を
強いる恐れがある。第三の方式は，法人が運用している投資収益に対して代替
税（substitute tax）を課す方式である。

　また，③税引後の投資収益率に関しては，米国の 2019 年の法人税の最高税
率は 21%，個人所得税の最高税率は 37% である（なお，わが国の 2019 年度の法
人税率は 23.2% であるのに対し，個人所得税の最高税率は 45% である）。年度によっ
ては，個人の最高税率の方が法人の最高税率よりも高い場合があり，このよう
な税率構造の下で，毎年度の投資収益が，役員個人の限界税率ではなく，それ
よりも低い法人税率で課されるのであれば，税引後の投資収益率は法人の方が
高くなりうる。

　以上の議論から，①役員の将来の限界税率が低い場合，②会社の将来の限界
税率が高い場合，③会社が役員個人よりもより高い税引後の投資収益を上げら
れる場合には，課税繰延の恩恵が存在するため，その恩恵を排除するためには

---

261)　所得の平準化の問題については，増井良啓「個人所得課税の基本概念――累進所得税の平準
　　化」税研 144 号 68 頁（2009 年）および神山・前掲注 244）262-266 頁参照。
262)　*But see*, Daniel Halperin & Ethan Yale, *Deferred Compensation Revisited*, 114
　　Tax Notes 939（Mar. 5, 2007).
263)　*See, e.g.*, Halperin, *supra* note 188; Chason, *supra* note 252, at 34-47.
264)　2004 年に改正された内国歳入法典 409A 条は，「経済的利益の法理」と「みなし受領の法理」
　　の射程を広げる形で，付与時課税を志向している。*See, id*. 409A 条については，前掲注 241）参
　　照。
265)　仮に，会社が破産して繰延報酬を受け取ることができなくなった時点で，役員個人に損金算入
　　を認めたとしても，（益金に算入した額を基準に）控除額を金銭の時間的価値の分だけ増額させな
　　ければ，個人から政府への無利息融資と等しくなってしまう。*See*, Halperin, *supra* note 188,
　　at 541.
266)　Halperin, *supra* note 188, at 549.

第1編　第2章　法理論・法制度の形成と到達点

マッチングに代表される対応策が別途必要になるという点を確認することができる。

(2)　政府の視点

Halperin 論文は，課税のタイミングに関する従来の議論（第1章を参照）と同様に，主として納税者の視点から，課税繰延の問題とその対処策について議論を展開している。さらに，Halperin 論文は，政府のポジションについて「政府の借入利子率」が，課税繰延スキームにおいて納税者が享受する「私的投資のリターン」よりも低いのであれば，政府は結果的に利益を享受できる可能性があることを指摘している[267]。ただし，第3章で詳細に検討するように，Halperin 論文における考え方は，「政府にとっての機会費用」が「政府の借入コスト」だと考える立場とかなり近いといえ，理論的根拠の再検討が必要と考えられる[268]。

もしも，課税繰延を政府から納税者への一種の無利息融資と捉えるのであれば，政府から納税者への貸出金利は，借手である納税者の信用リスクを反映する形で決定される必要がある。政府が相対的に低い金利で借入ができる事実[269]と，政府が社会のために資金をどのように使うかという機会費用の考え方は別個の問題として考える必要がある。

なお，政府の借入コストを政府の割引率として用いることは，理論上，全く正当化できないわけではない。しかし，正当化するためには幾つかの前提条件を満たし，かつ政府の割引率について一定の規範的な立場を採用する必要がある。このような前提条件の妥当性や実現可能性を割愛して，安直に国債の利子

---

267)　Halperin, *supra* note 188, at 532. 例えば，Halperin 教授は "whether the government is better off as a borrower or lender depends on whether this rate of interest is more or less than *the rate of interest normally payable on government borrowing.*" と述べている［強調筆者］. *Id.*

268)　*Id.* なお，日本の財政投融資における「政策コスト分析」における割引率の決定においても，同様の発想が用いられている。そこにおける理論的根拠は，薄弱な側面があるため，再考をする必要があると考えられる。日本の割引率政策に関する導入的検討として，神山弘行「財政法におけるリスクと時間——Contingent Liability としての公的債務保証」フィナンシャル・レビュー 103 号 42-45 頁（2011 年）参照。

269)　ギリシャやアイルランドのように，国家財政破綻に直面した国の国債の利子率はリスクを反映して，経営の安定している私的主体よりも高くなっていた。本書では，差し当たり，日本や米国のように財政赤字には直面しつつも，一応は市場の信任を受けている政府を想定して議論を進めたい。

102

率を政府にとっての機会費用とすることには慎重を期す必要があろう。この点については，第3章で政府の割引率について理論的考察を加える際に，詳細に検討する。

Ⅲ　繰り返しゲームとしての雇用・委任関係という視点

代替課税がなされる場合であっても，①役員の将来の限界税率が低い場合，②会社の将来の限界税率が高い場合，③会社が役員個人よりもより高い税引後の投資収益を上げられる場合には，租税負担の削減効果をもたらしうる点を確認することができた。

それでは，現実の制度設計を考えた場合に，どのような当事者が行う課税繰延（繰延報酬）に関して，政府は措置を講じるべきなのであろうか。それは，ゲーム理論の知見を借用すれば，当事者間の協調可能性次第ということであろう。すなわち，関連当事者間の契約であれば，一種の繰り返しゲームの状況下ということになり，原則として協調するインセンティブが独立当事者間の契約よりも強くなりうる。もしくは，契約の一方当事者が他方当事者に対して何らかの形でコミットメントできる場合，両当事者間での協調可能性が高くなる。

このような観点から考えた場合，継続的な関係を前提とする雇用・委任関係や，関連当事者間の取引においては，両当事者間の税負担の総額を減少させるように報酬形態と報酬支払時期を操作する可能性が増大することを考えれば，マッチングを要求することにも一定の合理性があるのかもしれない。この点については，理論並びに実証的なさらなる検証が必要であろう[270]。

第5款　小　　括

本節において，明らかにされたのは次の点である。当初は，所得計算において現金主義会計と発生主義会計を納税者が選択できることにより，収益と費用

---

270)　例えば，報酬の問題をゲーム理論の観点から分析する萌芽的な分析として，ROBERT GIBBONS, GAME THEORY FOR APPLIED ECONOMISTS, 107-112 (Princeton University Press 1992) 参照。また，役員報酬が過大になる問題について，LUCIAN BEBCHUK & JESSE FRIED, PAY WITHOUT PERFORMANCE: THE UNFULFILLED PROMISE OF EXECUTIVE COMPENSATION (Harvard University Press 2004) 参照。

第1編　第2章　法理論・法制度の形成と到達点

表1　各法理の位置付け

	現金主義会計を採用する納税者	発生主義会計を採用する納税者
収入の認識	【発生主義への近接】 ・三法理（みなし受領の法理，現金等価の法理，経済的利益の法理）	【現金主義への回帰】 ・全事情の基準 ・三判例（*Schlude, AAA, Automobile Club of Mich.*）
費用の認識	支払いをみなす法理は存在せず	【現金主義への回帰】 ・全事情の基準 ・経済的履行の法理

の計上時期を操作することで，租税負担の減少を図ることが可能であった。それに対処すべく，現金主義を採用する納税者については発生主義に近接する形で，発生主義を採用する納税者については現金主義に回帰する形で，課税のタイミングに関する法理が判例法により形成され，その後に条文化されるという構造が確認できた。これをまとめると**表1**のようになる。

　本章の冒頭で述べたように，包括的所得概念には，フローに着目した場合の「発生主義課税」と，ストックに着目した場合の「時価主義課税」という二つの側面が存在する。そして，本節で考察してきた課税のタイミングに関する法理と法制度は，主としてフローとしての収益と費用の認識時点に関するものであったといえる。しかしながら，もしも包括的所得概念を理念型として，現実の所得税制度をそれに近接させようとするのであれば，フローの側面だけでなく，ストックの側面にも着目をして課税を考える必要がある。

　そこで，次の第3節においては，包括的所得概念を理念型としていると考えた場合，フローとストックの双方に着目する形でどのような法理や法制度が形成されてきたかについて，考察を行うことにする。

第3節　課税繰延・早期控除への制度的対応
——フローとストックの視点

　本章第2節で検討対象となったフローの側面とは，「いつ」実現（realized）したと扱うか，そしてその実現した収益や費用を「いつ」認識（recognize）す

第3節　課税繰延・早期控除への制度的対応

るかという問題であったと整理できる。それに対して，本節で考察の対象とするストックの側面とは，未実現（unrealized）の利益に対する課税繰延の存在を前提として，課税繰延の恩恵をどのように排除するかという点に力点が置かれることになる。

　仮に，包括的所得概念を所得課税の理念型とするのであれば，ストックの側面から所得課税を捉えた場合，毎年度資産を時価評価して純資産の増減を把握する「時価主義課税」がその理念型に忠実だと考えられる[271]。

　しかし，課税繰延の問題を排除すべく時価主義課税を徹底しようとすると次の二つの問題に直面する。第一は，資産の種類によっては，時価評価が困難なものが存在することであり，第二は納税資金が不足する恐れがあることである。第一の時価評価の問題は，非上場株式のように当該資産の流動性が低いものや，無形資産（企業内のノウハウや，企業のブランド価値）のように市場において客観的な価値を把握しづらい資産の場合に顕著となる。第二の納税資金の問題は，保有資産の価値が増加して含み益が発生したとしても，当該含み益が大きい場合，同資産を売却して現金を手に入れるまでは，納税資金を十分に確保できない可能性が高くなる。それを無視して，強引に時価主義課税を推し進めると，市場取引に過度の歪みをもたらしてしまうことになりかねない。

　時価評価の問題と納税資金の問題を回避しつつ，課税繰延の恩恵を排除する方法として，収益と費用の計上時期を規律するのではなく，直接もしくは間接的に利子税を賦課する方式が考えられる。実際，米国の連邦所得税法においても，直接的もしくは間接的に利子税を賦課する制度が採用されている。

　そこで，本節においては，課税繰延の問題に対処すべく，実際にどのような法的仕組みによって，利子税を直接的もしくは間接的に賦課しているかについて検討を加えることにする。具体的には，まず第1款において，包括的所得概念に最も忠実な課税であると考えられている時価主義課税の仕組みについて，PFIC規程を題材に概観する。第2款では将来支出の割引現在価値の控除について，第3款では利子税賦課の方式について，第4款では代替課税の方式について各種法制度の仕組みと，法制度の背後に存在する考え方を検討する。

　結論を先取りすれば，各種の課税繰延防止規定は，判例法およびその条文化

271）　時価主義課税と発生主義課税の視座の違いについては，本章第1節参照。

105

第1編　第2章　法理論・法制度の形成と到達点

により発展してきた所得の年度帰属の法的基準とは異なり，フローに着目をするだけでは不十分な結果になることを念頭に，同時にストックの変化にも着目をして制度が構築されていると理解できる。

第1款　時価主義課税とその限界——PFIC を題材に[272]

第1項　国際課税における課税繰延

課税繰延の恩恵を防止する方法として，包括的所得概念の立場から，原則的な取扱いは「時価主義課税」を推し進めることであろう。本章第2節において検討した課税のタイミングに関する一連の法理は，まさにフローの側面に着目をして，所得税法を包括的所得概念に近接させるための制度だったといえる。

時価主義課税とそれ以外の手法の関係につき，Passive Foreign Investment Company（PFIC）に関する一連の規定は，時価主義課税を原則としつつも，納税者の状況に応じて利子税の賦課や，事後的な課税の選択肢を用意しており，時価主義課税とそれ以外の課税繰延防止策の関係を考察するのに有益な視座を提供してくれる。そこで，本款では，PFIC 規程を題材として，時価主義課税について検討してみたい。

国際課税の文脈において，課税繰延は次のような形で問題となる。X 国の親会社 P が，低税率の Y 国に子会社 S を設立した場合に，S 社が獲得した利益については，配当等により P 社へ還元されない限り X 国は原則として課税を行うことができない。そのため，P 社は S 社の利益を配当として受け取り再投資をするよりも，S 社に利益を留保したまま（すなわち X 国の課税を繰り延べたまま）S 社が直接再投資を行う方が有利になりうる。このような状況下では，P 社が S 社から利益還元を受けるか又は S 社株を売却しない限り，X 国は半永久的に課税を行うことができない。

---

272)　本款は，本書の準備段階で執筆をした神山弘行「対外間接投資と課税繰延防止規定」フィナンシャル・レビュー 94 号 126-134 頁（2009 年）をもとに，加筆・修正を施したものである。なお，課税のタイミングの理論を再構築するに際して，国際課税における各種の課税繰延防止規定も検討すべきとの助言を，本書の構想段階においてハーバード・ロー・スクールの故 Oliver Oldman 教授より頂戴した。

以下では，「課税繰延」というときに，本国の課税を繰り延べるという意味で用いることにする。その意味では，テリトリアル方式（国外所得免税方式）を採用する場合や，全世界所得課税の下で特定の国外所得については特に非課税とされる場合には，原則として課税繰延は問題とならないことになる[273]。

第2項　国際課税における課税繰延防止規定とその変遷

本項では，PFIC における課税方式の理解を深める準備作業として，米国において，国際課税との関係で問題となってきた課税繰延防止規定の変遷を概観する。代表的な課税繰延防止規定（anti-tax deferral provision）として，次の6種類が存在する。

内部留保課税（Accumulated Earning Tax）
外国同族持株会社（Foreign Personal Holding Company）［2004 年廃止］
同族持株会社（Personal Holding Company）
CFC（Controlled Foreign Corporation）
外国投資会社（Foreign Investment Company）［2004 年廃止］
PFIC（Passive Foreign Investment Company）

現在も重要な機能を果たしているのは，CFC 規定と PFIC 規定[274]である。本書では，特に断りのない限り「サブパート F 規定」を「CFC 規定」と同義で用いる[275]。以下では，PFIC 以外の他の課税繰延防止規定について，概観

---

273)　従来，日本は全世界所得課税を原則として，国際課税に関する法的ルールを構築してきた。しかし，平成 21 年度税制改正において，間接外国税額控除を廃止して，外国子会社配当益金不算入制度を導入した（法人税法 23 条の 2）。この制度変更が，日本の国際課税の基本設計にどこまで影響を与えるものか，今後詳細な検討が必要であろう。

274)　個人所得税と法人税のインテグレーションの観点から PFIC について検討する先行研究として，岡村忠生「国際課税とインテグレーション」法学論叢 132 巻 1 = 2 = 3 号 182 頁（1992 年）が存在する。また，課税繰延の防止と所得区分変更防止の観点から，諸外国の外国投資ファンドへの課税を紹介する文献として，中村繁隆「課税繰延べ防止策の研究——FIF（Foreign Investment Fund）ルールを主題として」第 28 回日税研究賞入選論文集（2005 年）参照。

275)　なお米国の上記の制度（とりわけ CFC ルールと PFIC ルール）は，国際課税における課税権の域外適用の是非が問題となるところ，国際法や租税条約との関係で制度の妥当性を検討する必要があるものの，本書の問題関心から大きくそれるため，本書では特に立ち入らず，別の機会に検討を加えたい。この点については，中里実教授より有益な指摘を頂戴した。

107

第1編　第2章　法理論・法制度の形成と到達点

をする。

I　内部留保課税（Accumulated Earning Tax）[276]

　20世紀初頭から米国において，個人所得税の最高税率が，法人所得税の最高税率よりも高い時期が続いていた。そのため，法人の株主でありかつ高税率が適用される個人は，法人の活動から生じる利益を配当せずに，相対的に最高税率が低い法人内部に利益を留保することで，より高い「税引後収益率」を追求するインセンティブを有していた[277]。

　議会は，このような問題に対処すべく，1921年に内部留保課税（Accumulated Earning Tax）を導入した[278]。内部留保課税のもとでは，不合理に法人内に留保された利益（留保課税所得：accumulated taxable income）に対して，法人所得税の最高税率ではなく，個人所得税の最高税率で課税を行うものとされた[279]。2003年の税制改正で法人所得税率と個人所得税の最高税率が35％と同水準に設定されたことに伴い，留保課税所得に対して15％の追加課税を行う方式に変更された[280]。この15％の追加課税は，個人の最高税率と法人税率が近似している状況下では，法人が個人株主に配当を行っていればなされたであろう配当課税の代替と考えることもできる[281]。

　現行の内国歳入法典535条は，留保課税所得を，当該年度の法人課税所得から①当該年度に支払われた配当，および②25万ドルの内部留保控除額を差し引いた額として定義している。

　内国歳入法典882条のもと，原則として外国法人は，米国源泉もしくは米国

---

276)　内部留保課税の記述については，神山・前掲注272）127-128頁をもとにしている。

277)　*See*, REUVEN S. AVI-YONAH, INTERNATIONAL TAX AS INTERNATIONAL LAW: AN ANALYSIS OF THE INTERNATIONAL TAX REGIME, 125 (Cambridge University Press 2007).

278)　日本には同族会社に利益を留保することへの措置として，特定同族会社への留保金課税が存在する（法人税法67条）。平成19年度税制改正で，上記制度の適用対象から「資本金または出資金の額が1億円以下の特定同族会社」が除かれたため，現在では適用場面は限定されている。

279)　2011年時点では，個人所得税の最高税率は，法人所得税率と同じ35％であった。なお，トランプ政権の下で2017年末に成立したTax Cuts and Jobs Actにともない，2018年以降は個人の最高税率が37％，法人税率は21％になっている（内国歳入法典1条(c)，2条参照）。

280)　P.L. 108-37, Sec 302(e)(5).

281)　*See*, PAUL R. MCDANIEL & HUGH J. AULT & JAMES R. REPETTI, INTRODUCTION TO UNITED STATES INTERNATIONAL TAXATION, 20 (5th ed., Kluwer Law International 2005).

108

第3節　課税繰延・早期控除への制度的対応

内事業の遂行と実質的な関連を有する（effectively connected with the conduct of a trade or business within the United States）所得に対して課税を受けるため，内部留保課税もその範囲でのみ適用されることになると考えられる[282]。

実際のところ，この制度を適用するに際して課税当局側は利益が「当該事業にとって合理的に必要（the reasonable needs of the business）」なレベルを超えて留保されていることを立証せねばならず[283]，内国歳入庁はこの制度の適用に及び腰であったとされる[284]。

納税者は，重層的に外国法人を利用することで留保金課税の適用を確実に免れ，課税繰延の恩恵を享受しようとしていた。例えば，米国居住者が投資ファンド等を通じて株式を有する（タックス・ヘイブンの）外国会社 F_P が，その完全子会社として F_S を設立する。そして F_S が米国株式を売買しつつ，F_S は全利益を親会社である F_P に配当として支払うことで，留保金課税の適用を受けないと主張していた。そこで議会は，このスキームに対処すべく米国支配外国法人（U.S.-owned foreign corporation）[285]に関する次のような規定を導入した。

内国歳入法典 535 条(d)は，ある外国法人（F_S）の税法上の利益（earnings and profits）の 10% 以上が，米国源泉由来もしくは米国内事業の遂行と実質的な関連を有するものである場合には，当該利益から米国支配外国法人（F_P）が直接的又は間接的に受け取る配当等（受取利子も含まれる）について，当該法人（F_P）の受け取る米国源泉として扱うとしている。その結果，F_P の有する

---

282) CHARLES H. GUSTAFSON & ROBERT J. PERONI & RICHARD C. PUGH, TAXATION OF INTERNATIONAL TRANSACTIONS, 527 (2nd ed., 2001) [thereafter, Gustafson et al.] *But see*, Avi-Yonah, *supra* note 277, at 125. Avi-Yonah はこの制度は，国内法人への適用を主眼としていたものの，国外源泉所得を留保している外国法人にも適用される可能性は存在していると指摘する。

283) 内国歳入法典 533 条参照。なお条文構造上，内国歳入庁側が，当該事業にとって合理的に必要な範囲を超えて利益を留保しているという事実を立証すれば，納税者側から証拠の優越（preponderance of the evidence）によって反証されない限り，株主の所得税回避の意図を推定することができる（同法 533 条(a)）。また，単なる持株会社や投資会社という事実が存在する場合には，それだけで一応の証拠（prima facie evidence）として所得税回避の意図を推定することができる（同法 533 条(b)）。

284) *Id.*

285) 米国支配外国法人とは，米国居住者が合計で 50% 以上の議決権もしくは価値を（直接的又は間接的に）保有する外国法人のことである（内国歳入法典 535 条(d)(2), 904 条(g)(6)）。

第 1 編　　第 2 章　法理論・法制度の形成と到達点

利益は，米国源泉もしくは米国内事業の遂行と実質的な関連を有するものとされ，留保金課税の適用を受ける可能性が出てくることになる。

II　外国同族持株会社（Foreign Personal Holding Company）[286]

　先述の内部留保金課税は，主として国内法人への適用を意図していた。これに対して，1937 年に外国法人を利用した米国租税の繰延を阻止することを目的に導入された最初の規定が，外国同族持株会社（Foreign Personal Holding Company; FPHC）に関する規定である（内国歳入法典 旧 551 条〜旧 558 条：2004 年の税制改正で削除[287]）。これは，①同族支配を行っている外国法人（多くの場合はタックス・ヘイブンに所在する外国法人）を利用することで，受動的所得（passive income）等への米国の所得課税を繰り延べようとする行為を抑制することに加えて，②投資から生じる通常所得（ordinary income）を外国同族持株会社に留保した後に，同外国会社の株式を売却することで，所得の性質を（相対的に低税率が適用される）キャピタル・ゲインに変更させる行為の抑制を念頭に置いていたとされる[288]。

　この制度の下では，外国同族持株会社の株主である米国居住者は，（持分の多寡にかかわらず）当該外国会社の持分比率に応じて，未分配利益から「配当」を受け取ったものとみなされ，その額を総所得に算入することが要求されていた[289]。なお，外国同族持株会社とは，総所得基準（法人の総所得の 50% もしくは 60% 以上が，受動的所得等の所得により構成されているか否か）と，持分権基準（5 人以下の米国市民又は米国居住者によって，議決権ベース又は価値ベースで当該法人の 50% 以上の株式を有しているか否か）の双方を満たす外国法人として定義されていた[290]。上記定義規定は，個人株主のみを基準としており，米国の法人株主が含まれていなかったため回避が容易であり，FPHC 規定の実効性は限定的であったとされる[291]。この点を改善すべく，法人株主の持分も考慮に入れ

---

286)　外国同族持株会社の記述に関しては，神山・前掲注 272) 128 頁をもとにしている。

287)　The American Job Creation Act of 2004, Pub L. No. 108-357, §§413 (a)(1) & 413 (d)(1).

288)　*See*, Gustafson et al., *supra* note 282, at 400.

289)　内国歳入法典 旧 551 条(b)。

290)　内国歳入法典 旧 552 条(a)。

291)　ただし，内国歳入法典旧 552 条(a)の下で FPHC と認定されると，同法旧 551 条(a)は，FPHC の株主たる米国市民・米国居住者・国内法人・遺産（estates）・信託の総所得に FPHC の未分配

110

る形で 1962 年に CFC 税制が導入されることになる。

なおこの外国同族持株会社に関する規定は，2004 年の The American Jobs Creation Act of 2004 によって，課税繰延防止規定の簡素化を図るために削除された[292]。

Ⅲ　同族持株会社（Personal Holding Company）[293]

1937 年に議会は，上記の外国同族持株会社に関する規定とあわせて，同族持株会社（personal holding company）に関する規定（内国歳入法典 541 条～547 条）を導入した。これは，通常の法人所得課税に加えて，同族持株会社[294] とされる法人の未分配所得につき，個人所得課税の最高税率で，同法人に対して追加的に課税をすることを意図した制度であった。この規定は，追加的に課税を行うことで，同族持株会社内に留保されている利益に関して株主段階での課税を逃れようとする行為の抑止を目的としている[295]。2003 年に法人税率と個人所得課税の最高税率が 35% と同率になったところ，本規定も内部留保課税同様，個人の最高税率から，15% の追加課税に変更となった[296]。

Ⅳ　CFC ルール（Controlled Foreign Corporation）[297]

1962 年のケネディ政権の下で，国際的な租税回避に対処すべく，被支配外国法人（Controlled Foreign Corporation; CFC）に関する規定が設けられた[298]。これは，米国法人の外国子会社が有する利子・配当などの受動的所得（passive income）から構成される「サブパート F 所得」[299] に対して，繰延を

利益を参入すると定めていた。FPHC の射程自体は，国内法人にも及んでいた。

292)　The American Jobs Creation Act of 2004, P.L. 108-357, Sec. 413(a)(1) & 413(d)(1).

293)　同族持株会社の記述については，神山・前掲注 272) 128-129 頁をもとにしている。

294)　同族持株会社とは，①会社の調整後通常総所得の 60% 以上が利子・配当等の同族持株会社所得であり，かつ② 5 人以下の個人株主が発行済株式の 50% 超を保有している会社と定義される（内国歳入法典 542 条(a)）。

295)　See, Gustafson et al., *supra* note 282, at 525.

296)　P.L. 108-27, Sec 302(e)(6).

297)　CFC ルールの記述については，神山・前掲注 272) 129 頁をもとにしている。

298)　See e.g., BRIAN J. ARNOLD, THE TAXATION OF CONTROLLED FOREIGN CORPORATIONS: AN INTERNATIONAL COMPARISON (Canadian Tax Foundation 1986).

299)　サブパート F 所得は，①保険所得，②外国基地会社所得（foreign base company income），③国際ボイコットに関する所得，④政府職員への賄賂等，⑤同法 901 条(j)で定められた外国（未承

認めずに当該年度に課税を行おうとするものである。CFC ルールのもとでは，サブパート F 所得の範囲に限定して，支配下にある外国子会社の所得を米国親会社の所得に合算課税をする制度である[300]。

このサブパート F ルールの下では，「米国株主」とは外国法人の 10% 以上の持分（議決権ベースまたは価値ベース）を有する米国人（United States Person）として定義されている[301]。そして，被支配外国子法人とは，「米国株主」が 50% 超（議決権ベース or 価値ベース）を支配する外国法人であると定められている[302]。

V　外国投資会社（Foreign Investment Company）[303]

前記の外国同族持株会社（FPHC）や CFC ルールでは，受動的所得をタックス・ヘイブン法人に留保して運用することを完全に防ぐことはできない。例えば，外国公開会社（外国上場企業）は通常，どちらの定義にも該当しない。そして，当該法人の株主たる米国居住者は，配当受領ではなく株式を売却することで，通常所得よりも低税率のキャピタル・ゲインの税率で課税を受けることができた。

そこで，米国議会は 1962 年に，外国投資会社[304]に関する次の課税ルールを導入した。米国居住者が合計で（議決権ベースもしくは価値ベースで）過半数を支配する外国投資会社について，当該法人の株式を売却して得た利益に対して，キャピタル・ゲインとしてではなく，通常所得として課税を行うという課税

認国等）における所得から構成される（内国歳入法典 952 条(a)）。②外国基地会社所得の中に，外国同族持株会社所得（foreign personal holding company income）が含まれている（内国歳入法典 954 条(a)）。そして，この外国同族持株会社所得は，配当・利子・使用料・賃料・年金などの典型的な受動的所得から構成されている（同法 954 条(c)）。

300)　ただし，外国基地会社所得と保険所得が外国子会社の全所得に占める割合が 70% を超える場合には，例外的にサブパート F 所得だけでなく，事業所得などの能動的所得を含む全所得が CFC ルールの下で，発生主義的に課税されることになる（内国歳入法典 954 条(b)(3)(B)）。

301)　内国歳入法典 951 条(b)，957 条(c)，7701 条(a)(30)参照。

302)　内国歳入法典 957 条(a)。

303)　外国投資会社の記述については，神山・前掲注 272) 129 頁をもとにしている。

304)　この課税ルールの主たる対象は，ミューチュアル・ファンド（mutual fund）であった。例えば，投資会社法（Investment Company Act of 1940）に基づく単位型投資信託および管理型投資信託会社などである。

112

ルールである[305]。この規定の目的は，所得性質の転換に対処することであったためか，課税繰延の問題に対しては不十分であったとされる。税制の簡素化にともない2004年の税制改正で，外国投資会社に関する規定は廃止された。

第3項　PFICルール（Passive Foreign Investment Company）[306]

Ⅰ　立　法　経　緯

PFICルールは，外国会社を利用したポートフォリオ投資による租税回避に対処すべく1986年に創設された規定である。

1986年改正における議会の目的の一つは，資本のより効率的な活用を促すべく，資本輸出中立性（capital export neutrality）を達成することにあった[307]。1986年改正以前の税制下では，外国会社を通じて獲得されている移動可能な所得（movable income）の多くは，内国会社を通じて獲得可能であるにもかかわらず，納税者は①課税繰延および②所得性質の転換（税率が相対的に高い通常所得課税から，税率が相対的に低いキャピタル・ゲイン課税への転換）という便益を享受し，租税負担を減少させるべく外国会社を通じて投資（ポートフォリオ投資）を行うインセンティブを有していた[308]。1986年改正以前における課税繰延対策の主軸は，先述のCFCルールであったものの，次のような欠点が存在した。CFCルールの適用対象は，議決権ベースで米国株主が50%超の持分を有する外国子会社で[309]，かつその外国支配子会社の10%以上の持分を有する米国株主であったところ，議決権ベースで10%未満の持分しか有しない米国株主にはCFCルールは適用されなかったのである。また，CFCルール以外にも，上述した同族持株会社規定や外国同族持株会社に関する同種のルールが存在していたものの，これらのルールは5人以下の株主が（価値ベースで）会社の50%超の持分を有する場合にのみ適用されるため，適用を避けること

305）　内国歳入法典旧1246条。

306）　PFICルールの記述については，神山・前掲注272）130-134頁をもとに，加筆・修正を施している。

307）　1986年税制改正では，PFIC規定の創設と並行して，CFC規定の適用範囲の拡大（サブパートF所得の範囲拡大）が行われている。*See*, THE JOINT COMMITTEE ON TAXATION, GENERAL EXPLANATION OF THE TAX REFORM ACT OF 1986, at 962-998 (1987).

308）　*See*, Joint Committee on Taxation, *supra* note 307, at 964-965, 1023.

309）　1986年改正で，「議決権ベース」もしくは「株価ベース」で50%超の持分を米国居住者が保有している場合に外国支配会社とみなされることになった。

は比較的容易であった。例えば，5人以上で50%を保有するか，外国人株主の保有比率を50%超に高めるかすれば，同ルールの適用を免れることが可能であった。

そこで，議会は資本のより効率的な利用（資本輸出中立性）を促進すべく，国内投資と国外投資を対等な条件（even footing）にすることが必要だと考えたのである[310]。議会は，国内と国外において所得獲得のための地理的な差異が認めにくい受動的所得（passive income）に関して，外国会社を利用している理由は，純粋な事業活動の目的ではなく，（国内投資では得られない）租税便益を享受することだとして，その対策を強化することにしたのである。その結果，受動的所得をもたらす資産を主として保有する外国会社の米国少数株主に対する課税繰延と所得性質転換の租税便益を排除すべく，PFICルールが導入されることになった。

Ⅱ　適用対象

PFICルールは，CFCルール（サブパートF）と比べて，次の三点で適用範囲が広くなっていると指摘される[311]。

第一は，国内納税義務者の範囲については，CFCルールのように米国株主側に10%以上の持分要件は存在せず，10%未満の持分しか有しない株主であってもPFICルールが適用される点である[312]。

第二は，PFICの定義が広い点である。すなわち，外国会社がPFICに該当するか否かは，次に述べる所得基準と資産基準のどちらかを満たせば，PFICと分類されることになる。CFC規定の適用には，議決権ベース又は株価ベースで50%超の株式を米国株主によって保有されている必要がある。PFIC規定は，外国会社への支配要件を課さないことで，米国納税者が投資ファンドなど外国ベースの法人に投資することで，サブパートF規定の適用を免れ，課税繰延の利益を得ることを防止している[313]。

所得基準の下では，外国会社の75%以上の所得が受動的所得（passive

---

310)　*See*, Joint Committee on Taxation, *supra* note 307, at 965.

311)　岡村・前掲注274) 197-198頁参照。

312)　内国歳入法典1293条(a)参照。

313)　岡村・前掲注274) 198頁。

income）であれば，同外国会社は PFIC とされる（内国歳入法典 1297 条(a)(1)）。
ここでいう「受動的所得」とは，配当，利子，使用料，賃料，年金，特定の投
資資産の売却益，商品取引からの利益，外貨取引からの利益，利子同等の所
得，想定元本取引からの所得，配当に代わる支払いという「外国同族持株会社
所得（foreign personal holding company income；FPHC 所得）」[314] として定義
されている所得から構成される（内国歳入法典 1297 条(b)）[315]。

　資産基準の下では，（資産の時価もしくは調整後取得価格〔adjusted basis〕を尺
度として）外国会社の 50% 以上の資産が，受動的所得（FPHC 所得）を享受す
る目的で保有されているのであれば，同外国会社は PFIC とされる（内国歳入
法典 1297 条(a)(2)）。

　なお，所得基準と資産基準の判断の際に，当該外国会社が他の会社の持分を
25% 以上保有している場合，その別会社の所得や資産を，その持分の割合だ
け合算して判定するルック・スルー・ルール（look-through rule）を採用して
いる（内国歳入法典 1297 条(c)(1)，(2)）。

　第三に，CFC ルール（サブパート F）の下では，発生主義的な課税が行われ
るのはサブパート F 所得（保険所得や外国基地会社所得など）に限定されていた。
これに対して，PFIC ルールのもとでは，後述する適格選択ファンドを選択し
た場合に，PFIC の「全所得」がその適用対象となりうる[316]。

　国際課税の文脈における課税繰延防止規定の適用対象となる各種「所得概
念」について次のように整理をすることができる。まず，もっとも狭い所得概
念として，①外国同族持株会社所得（FPHC 所得）を位置づけることができる。
FPHC 所得は，主に配当・利子・使用料・賃料・年金といった受動的所得と，
特定資産の売却・商品取引・為替取引等からの所得から構成されている（内国
歳入法典 954 条(c)）。次に狭い概念として，②外国基地会社所得を位置づけるこ
とができる。これは，① FPHC 所得に加えて，外国基地会社にかかる売買・

314）　内国歳入法典 954 条(c)。
315）　なお例外として，能動的な銀行事業・保険事業から生じる所得や，関連当事者から受け取る配
　　当で当該関連当事者の能動的事業に起因する部分などは，ここでいう受動的所得には該当しない
　　（内国歳入法典 1297 条(b)(2)）。
316）　ただし，フローに着目した発生主義的な課税を行った場合だけであり，ストックに着目した課
　　税を行う場合には，（株価が PFIC の当期利益のみを基準に決定されるのでない限り）必ずしも一
　　致しなくなる。

役務等の関連所得から構成される（内国歳入法典 954 条(a)）。そして，CFC ルールの適用対象となる③サブパート F 所得は，②外国基地会社所得に，保険所得・国際ボイコット関連の所得・政府職員への賄賂等を加えたものとして構成されている（内国歳入法典 952 条(a)）。そして，PFIC ルールにおいて適格選択ファンドを選択した場合には，③サブパート F 所得に加えて，事業所得などの能動所得も課税の対象に含まれることとなる（内国歳入法典 1293 条(a)）。

なお，CFC ルールの適用との関係では，CFC ルールが PFIC ルールに優先適用されることになる。すなわち，CFC の（10% 以上の持分を有する）株主として CFC ルールの下で課税がなされる場合，PFIC に関する規定の適用はない（内国歳入法典 1297 条(e)）。この点から，内国歳入法典の構造として，PFIC 規定は，CFC 規定の補完的地位にあると理解することができる[317]。

Ⅲ 課 税 方 法

1986 年改正によって導入された PFIC に関する課税繰延防止措置は，大きく分けて二つ，細分化すると四つの制度をミックスさせている。

法定の要件を満たして外国会社が PFIC とされる場合，当該外国会社の株主である米国居住者（以下，単に納税者とよぶ）は，①適格選択ファンド（Qualified Electing Fund，以下 QEF とよぶ）を選択して，発生主義に基づき課税所得を認識し，納税額の算出をするか，または②非適格選択ファンド（Non Qualified Electing Fund，以下 NQEF とよぶ）のもとで，時価主義課税または（事後的な利益均等配分による）利子税賦課方式を選択することができる。これは，CFC や同族持株会社，外国同族持株会社の場合と異なり，PFIC の適用

---

317) 課税繰延防止規定の重複適用を避けるために，適用に関して，次の序列が存在している。第一に，内部留保課税は，同族持株会社（personal holding company）とされて同族持株会社税が課される法人には適用されない（内国歳入法典 532 条(b)(1)）。第二に，外国同族持株会社（foreign personal holding company）及び PFIC（passive foreign investment company）に関する規定が，内部留保課税の規定よりも優先的に適用される（同法 532 条(b)(2)，同条(b)(4)）。第三に，外国投資会社（foreign investment company）に関する規定及び CFC ルールとの適用関係については，明文の規定が存在しないが，現実には CFC ルールが適用される場合については内部留保課税の規定はほとんど適用されていないとされる（*See*, Gustafson et al., *supra* note 282, at 528)。第四に，外国法人が PFIC と外国同族持株会社の双方に該当する場合には，外国同族持株会社の規定が優先適用される（同法 1294 条(a)(2)(A)）。第五に，外国法人が PFIC と CFC の双方に該当する場合には，CFC 規定が優先適用される（同法 1294 条(a)(2)(B)）。

に関して支配要件がないため，米国株主は外国会社に対する支配権を有しておらず，配当政策についての決定権を有していない可能性が高いことに起因する。そのため，PFIC 規程においては「みなし配当」という法的構成は採用されていない。

　端的に表現すれば，① QEF は毎年度のフロー（ここでは税法上の利益である Earnings & Profits）に着目をして課税を仕組んでいるのに対して，② NQEF はストック（ここでは株式の売却益等）に着目をして，課税繰延の恩恵の排除を図っているといえる。

　このように，QEF と NQEF の二つの取扱いを認めた立法理由として，第一に納税者が PFIC の税法上の利益（E&P）に関する情報を有していない場合に発生主義に基づく申告・納税が困難であること，第二に配当の時期を操作するだけの十分な支配権を有していない場合があること[318]，第三に実際に配当を受け取るか株式を売却するまで十分な納税資金を有していない場合があることがあげられる[319]。なお，② NQEF を選択した場合，税額の計算は最高税率に基づいてなされるものの，議会は最高税率が低いことから，この点は大きな問題とならないと判断していたとされる[320]。

⑴　フローに着目した課税方式（発生主義課税）

　QEF を選択した場合，納税者（PFIC の米国株主）は，毎年度 PFIC の税法上の利益（E&P）を持分割合だけ自身の総所得に算入しなければならない（内国歳入法典 1293 条⒜）。この場合，通常所得かキャピタル・ゲインかという所得の性質は維持されたまま，株主の総所得に算入される。この点で，パートナーシップ課税におけるパス・スルー課税と似ている。

　QEF の原則的取扱いは，毎年度，発生主義会計のもと総所得に算入した額に基づいて課税を行う純粋な発生主義課税である。PFIC の留保利益について未分配であるにもかかわらず発生主義課税を行うのであれば，株式の取得価格を調整しなければ，株式を売却した場合に，留保利益への発生主義課税と株式

---

318)　株主が配当を行う時期の決定権限を有している（すなわち支配株主である）場合，課税を行うべきだという発想は，先述の「みなし受領の法理」や「経済的利益の法理」と同様の発想だと考えられる。

319)　Joint Committee on Taxation, *supra* note 307, at 1023.

320)　*Id*. at 1024.

第1編　第2章　法理論・法制度の形成と到達点

譲渡益課税の二重課税が生じてしまう。そこで、総所得に算入された額だけ、保有株式の取得価格（basis）を増加させる規定が設けられている（内国歳入法典 1293 条(d)(1)）。また、株主のレベルで既に課税された PFIC の利益からの配当は非課税扱いとされ、同配当額だけ株式の取得価格を減少させることになっている（内国歳入法典 1293 条(c)、(d)(2)）。

　ただし、QEF を選択していても、PFIC の持分に応じて総所得に算入した額のうち、実際に PFIC から配分を受け取っていない分の E&P（undistributed earnings）については、納税を繰り延べる（猶予する）ことを選択できる（内国歳入法典 1294 条）。その場合には、滞納税額に対する利子率をもとに、利子が賦課されることになる[321]。

(2)　ストックに着目した課税方式（実現主義課税と時価主義課税）

　PFIC の E&P が分からないなどの理由で、NQEF を選択した場合、PFIC の株主は、毎年度 PFIC の E&P を毎年度報告しなくともよくなる。その場合に、納税者は、次の 2 種類の課税方法を選択することができる。

　NQEF における第一の課税方法は、Look-Back Recomputation Method（以下 LBRM とよぶ。本節第 3 款第 3 項参照）とよばれるものである[322]。これは、PFIC から超過分配（excess distribution）が現実になされるか、米国株主が PFIC の株式を処分した段階で、事後（ex post）の視点から、超過分配額もしくは株式売却益を株式保有期間の各年度に遡及的に均等に配分して、各年度の最高税率を適用して各年度の税額を計算した上で、利子税（滞納税額への利子率[323]）を賦した納税額を決定する方式である（内国歳入法典 1291 条(a)）。ここで

---

321)　内国歳入法典 1294 条(g)、6601 条、6621 条参照。

　　内国歳入法典 6621 条(a)(2)は、滞納税額（過少納税）に対する利子税の率（underpayment rate）を定めているところ、同率は「連邦短期レート」に 3% を付加したものと定められている。過大納税の場合同様、連邦短期レートに関しては、同条(b)において 1274 条(d)を参照している。

　　内国歳入法典 1274 条(d)(1)(C)は、「連邦短期レート（Federal short-term rate）」に関して定めているところ、連邦短期レートとは、満期まで 3 年以下の市場で流通している国債の市場平均イールドを基に、財務省長官が定めるものとされている。同レートは毎月更新される（同条(d)(1)(B)）。

　　連邦短期レートは、短期国債の平均利回りをもとに算出されるため、「税引前利回り」（pre-tax rate of return）になる。*See*, Halperin, *supra* note 188, at 531. 税引前利回りを基準に、利子税を課す場合の問題については、後述（本節第 3 款第 2 項）参照。

322)　正確には、NQEF の仕組みは LBRM の簡略版である。

323)　内国歳入法典 1291 条(c)(3)。

118

いう超過分配額とは，過去 3 年間に PFIC から受け取った平均配当額の 125%
を超える部分の配当額と定められている[324]。配当形式の超過分配額だけでな
く，株式の処分[325]の場合にも，その処分に起因する利益を超過分配額と扱う
ことで同様の課税を行っており，PFIC 内の留保利益をキャピタル・ゲインに
性質転換させることを防いでいる（内国歳入法典 1291 条(a)(2)）。

先述の QEF における納税猶予と，NQEF における LBRM の違いは，前者
は毎年度，発生主義に基づいて課税所得と税額を決定するのに対して，後者は
PFIC からの超過分配もしくは PFIC 株式を処分した際に事後的に利益を保有
期間に割り振るという点である。前者は発生主義的な課税であり，あくまで納
税者が納税資金を十分に確保していない場合を想定して，納税の猶予を与える
ものである。これに対して，後者は発生主義による評価を放棄し，事後的な観
点から，毎年度同額の利益が発生したものとみなして，課税を行う次善の策だ
といえる。

例えば，年度 1 初めに 100 ドルで米国居住者が PFIC の株式を購入し，年
度 5 末に 900 ドルで売却したとしよう。議論の簡略化のために，保有期間中の
配当は行われず，利益の全額が PFIC 内に留保されていたものとする。この場
合，LBRM の下では，差額の 800 ドルを各年度（年度 1〜5）に均等に配分す
るので，各年度 160 ドルずつの利益を計上することになる。各年度の課税所得
配分は，（年度 1，年度 2，年度 3，年度 4，年度 5）の順に（160，160，160，
160，160）となる。税率を一律 30% とすると，利子税賦課前の各年度の税額
は（48，48，48，48，48）となる。利子率を年 3% とすると，各年度の利子
税賦課後の納税額は（54.65，53.65，52.65，51.65，50.65）となる。

このように利益を均等配分（pro rata allocation）することの問題点として，
次の点が考えられる。第一は，保有期間中，一定の利回りで利益が生じていた

324）内国歳入法典 1291 条(b)。

325）株式の処分（disposition）の概念は，通常の売却概念よりも広いとされる。岡村・前掲注
274）は，「たとえば株式を担保とした場合にも処分があったものとされるし（1297 条 b 項 6），ノ
ン・レコグニション規定の多くはその適用が規則で排除され（1291 条 f 項），通常は基準価格が
引き継がれる贈与や遺贈の場合にも利益が認識される。さらに，PFIC 株式を間接保有する納税
者が間接保有しなくなる場合も，処分があったものとされる（1297 条 b 項 5）。このようにして，
PFIC 規定は可能な限り株式譲渡益を認識し，特に NF 株式［筆者注：Non Qualified Election
Fund 株式の意味］の場合には通常所得として，課税の対象としようとしている」と述べている。
岡村・前掲注 274）200 頁。

第1編 第2章 法理論・法制度の形成と到達点

と想定する場合よりも，均等配分する方が初期の期間に多くの利益を配分することになり，多くの利子を賦課する結果，過大な租税負担を課す可能性が増すことになるという点である[326]。第二は，適用される利子率や税率が年度ごとに異なる場合に，計算が煩雑になり，執行コストや遵守コストの観点からは望ましくないという欠点が存在する[327]ことである。

　NQEF に対する第二の課税方法は，（実際の E&P ではなく）株価を基礎とした時価主義課税（mark to market）である（内国歳入法典 1296 条）。これは対象となる PFIC の株式が上場されているなど流動性がある場合に選択が可能な手法である。この方法の下では，年初の取得価格と年末の時価の差額をその年度の所得として認識することになる。なお，所得性質の転換の問題に対処すべく，キャピタル・ゲインではなく通常所得の税率が適用される[328]。ただし，評価損が発生する場合には，以前所得が認識された範囲でのみ控除することが許される[329]。そして，年末の時価は，翌年度の年初の取得価格となる（step up basis）[330]。

　この手法の欠点は，架空の所得（phantom income）について所得を認識しなければならない点にあると指摘される[331]。例えば，年度 0 末に PFIC の株を 100 ドルで取得し，年度 1 末の市場価格が 200 ドルに，年度 2 末の株価が 100 ドルになったとする。税率を一律 30% とすると，年度 1 末に 100 ドルの所得を認識し，30 ドルの租税を支払う。そして，年度 2 末に 100 ドルの損失を認識し，30 ドルの税還付を受けることになる。この点をもって，Avi-Yonah（2007）は，納税者は年度 1 末から年度 2 末の期間の金銭の時間的

---

326) *See*, Stephen B. Land, *Defeating Deferral: A Proposal for Retrospective Taxation*, 52 TAX LAW REVIEW 45, 71 (1996). もし仮に，一定の利回りで利益が発生していたとみなして利益を各年度に配分したとしても，実際に利益の多くが発生していた場合には，逆に過少な課税となってしまう。

327) Avi-Yonah, *supra* note 277, at 129.

328) 内国歳入法典 1296 条(c)(1)。税率は通常所得のものが適用されるものの，ソース・ルールの決定に関しては，当該損益が PFIC の株の売却から生じたものとして決定されることになる（同条(c)(2)）。ソース・ルールに関しては，租税条約との関係から，このような取扱いになっているものと理解できる。

329) 内国歳入法典 1296 条(a)(2)&(d)。

330) 内国歳入法典 1296 条(b)。

331) Avi-Yonah, *supra* note 277, at 130.

120

価値の分だけ損をしていると指摘する[332]。

　金銭の時間的価値の存在を前提とすれば，上記例において，納税者の所有する株は年度 0 末の取得価格と年度 2 末の時価に差がないことは，得られたはずの金銭の時間的価値相当額の損失を被っていると考えることも可能かもしれない。例えば，税引後の無リスク金利を一律年 7% とすると[333]，年度 0 末の 100 ドルは，年度 2 末の 114.49 ドルと等価になる。上記数値例においては，納税者は 2 年間株式を保有し，年度 2 末に売却した場合，本来であれば得られたはずの税引後の無リスク金利相当額である 14.49 ドルを得られなかったことを意味する。

　包括的所得概念の下では，金銭の時間的価値（ここでは無リスク金利相当額）について課税ベースに含める。そのため，上記数値例においても，金銭の時間的価値に関して取得価格の調整はなされない。その結果，資産を保有する納税者が金銭の時間的価値相当額の実質的な損失を被っていたとしても，所得の計算上，当該額が損失として認識されることはない。金銭の時間的価値相当額を超える損失が発生して初めて，その超過部分について損失が認識されることになる[334]。

第 2 款　将来支出の割引現在価値の控除
——内国歳入法典 468 条と 468A 条

　本章第 2 節第 3 款で述べたとおり，1984 年の税制改正は，早すぎる控除に対応すべく内国歳入法典 461 条(h)を通じて発生主義会計を採用する納税者に対して，経済的履行の法理を適用することで，現金主義会計に近似する形で金銭の時間的価値に起因する問題を排除しようとしていた。

　その一方で 1984 年の税制改正，原子力発電所の廃炉・炭鉱閉鎖や特定の廃棄物処理に関して，461 条(h)の経済的履行の法理とは異なる手法により，金銭

---

332)　Avi-Yonah, *supra* note 277, at 130.

333)　税率を一律 30% と想定すると，税引前の無リスク金利は 10% だといえる。

334)　例えば，上記数値例において，年度 0 末 100 ドルで購入した株を，年度 1 末に 90 ドルで売却した場合には，①金銭の時間的価値相当額である 10 ドルの実質的な損失と，②売却価格と取得価格の差額である 10 ドルの損失が存在しているとも考えることができるかもしれない。しかし，現行法の下では，あくまで②の損失だけが認識されることになる。

の時間的価値の問題に対処すべく内国歳入法典 468 条ならびに 468A 条を導入した。これらの規程は，控除の時期を遅らせるのではなく，早い段階で控除を認めるものの，控除可能額を「将来期待支出」の「割引現在価値相当額」に限って認めるという手法を採用していると理解できる。そこで，468A 条と 468 条がどのように割引現在価値相当額の控除を納税者に認める法的構造になっているかを概観する[335]。

I 内国歳入法典 468A 条の立法背景と法的構造

経済的履行の法理のもとでは，原子力発電所の廃炉を命じられた電力会社は，廃炉作業が履行されるまで廃炉にかかる費用を控除できない[336]。これに対して電力業界から，原子力発電所の多大なる廃棄コストは，発電所が稼動して産み出す利益から毎年度控除されるべきとの主張がなされた[337]。これに答える形で，議会は，1984 年税制改正で経済的履行の法理を条文化するに際し，原子力発電所の廃炉にともなう費用控除のタイミングに関して 468A 条を制定し，納税者に選択の余地を与えたとされる[338]。

468A 条は，電力会社が将来の廃炉費用をまかなうために設立するところの適格原子力廃炉基金（qualified nuclear decommissioning reserve fund）に資金拠出をした段階で，控除を認めている。

拠出時に控除をするためには，資金が納税者から完全に分離されており，ファンドからの支出はもっぱら廃炉の費用とファンドの管理運営に関する費用，租税の支払いにのみ利用されなければならない。適格基金は，拠出者（電力会社）とは別の課税主体（taxable entity）として扱われ，（非課税規定の適用がない限り）最高の法人税率で課税がなされる。なお，当該適格基金への拠出自体は課税の対象とはならない。もし仮に，廃炉費用や基金の運営にともなう費用以外の目的で適格基金から資金の引出しが行われた場合には，原子力発電所（電力会社）の所得に算入されることになる。廃炉作業の終了の時点で，適格基金

---

335) より詳細な議論については，*See*, Halperin, *supra* note 188, at 528-531.

336) *See*, Halperin, *supra* note 188, at 531.

337) *See*, Letter from William McCollam, Jr., President, Edison Electric Inst., to John E. Chapoton, Treas. Ass't Sec. for Tax Policy（August 16, 1983）, reprinted in 20 TAX NOTES 818（1983）. *Also see*, Halperin, *supra* note 188, at 528.

338) *See*, Halperin, *supra* note 188, at 528.

に残額がある場合には，同残額は発電所（電力会社）の課税所得に算入される。

II 内国歳入法典 468 条の法的構造

内国歳入法典 468 条は，納税者の選択のもと，炭鉱ならびに特定廃棄物処理場の閉鎖にともなう総費用（full cost）を，現実に費用を支払うよりも前の時点で割引なしで控除することを認める。納税者は当該控除額を引当金として積み立てることになるところ，その引当金勘定（reserve account）に対して，毎年利子が賦課される。その利子は，内国歳入法典 1274 条において定められるところの連邦短期レート（Federal short-term rate）をもとに半年複利で計算される[339]。連邦短期レートは，短期国債の平均利回りをもとに算出されるため，税引前利回り（pre-tax rate）となる[340]。

当該引当金勘定から閉鎖にともなう費用を拠出した時点では，（既に控除を認めているので）控除はもはや認められない。現実の閉鎖費用が引当金勘定よりも少なかった場合，同引当金勘定の残額は，その時点で課税所得に算入されることになる。

このような取扱いは，将来支出のために引当金勘定が保有している残高につき，法律上定められた利率で投資を行い，その相当額の課税所得を実現・認識させるメカニズムだといえる[341]。すなわち，控除を早める代わりに，納税者が金銭の時間的価値の分だけ得をしないよう，控除額に対して利子を賦課しているのである。

しかしながら，利子率は国債の税引前利回りを基礎に算出されるため，納税者の税引後利回りが国債の税引前利回りを上回らない限り，内国歳入法典 461 条(h)による控除の繰延（現金主義会計への回帰）よりも不利な扱いを受けることになってしまう[342]。

III 分析——Ex ante と Ex post の乖離という問題

将来支出の割引現在価値の控除を債務の確定時に認める場合に問題となるの

339）　内国歳入法典 468 条(a)(2)(B)(i)(1)。
340）　内国歳入法典 1274 条(d)(1)(C)(i)；*See*, Halperin, *supra* note 188, at 530-531.
341）　*See*, Graetz & Schenk, *supra* note 30, at 736.
342）　*See*, Halperin, *supra* note 188, at 531.

第1編　第2章　法理論・法制度の形成と到達点

は，将来支出を現在価値に割り引くための「適切な割引率」の設定である。割
引率の設定は，将来の支出がなされるよりも事前（ex ante）の時点でなされな
ければならないが，包括的所得概念——もし現行所得税の理念として消費型所
得概念ではなく，包括的所得概念を採用するとすればの話ではあるが[343]——
は，原則として事後（ex post）の視点から課税を行っている[344]。その結果，
ex ante の視点に基づく課税と ex post の視点に基づく課税に乖離が生じう
るところ，その乖離をどのように修正するか——リキャプチャー（recapture）
の仕組み方——が問題となる。この問題を考える際に，特に留意すべき点とし
て，①課税の経済活動への中立性，②課税の公平性，③税収の中立性という三
つの視点をあげることができる。

　Ex ante と ex post の乖離への対処に関して，（従来，あまり注目はされてこ
なかったものの）内国歳入法典 468A 条は，実は興味深い制度だといえる。先
述のように，468A 条のもとでは，電力会社は将来支出すべき原発廃炉のため
の費用をまかなうために，事前に適格ファンドに資金拠出をした時点で拠出
額の控除を認めている。そして，適格ファンドは，電力会社とは別の課税主
体として扱われ，毎年度の投資収益に課税される。これは，一種の代替課税
（substitution tax）（本節第 4 款参照）であるともいえるが，このような制度を
通じて，事前の視点から割引率を設定することを巧妙に回避していると理解す
ることができよう。また，同時に（納税者の行動を歪めないという意味での）課税
の中立性を維持する機能も有していると評価できる[345]。

　肝心のリキャプチャーに関しては，468A 条のもとでは，①ファンド資金の
目的外使用は電力会社の所得に毎期算入され，②廃炉作業完了後，当該ファン
ドに残高がある場合には，その廃炉事業の最終（完成）年度に，電力会社の所

---

343)　包括的所得概念と消費型所得概念の論争のエッセンスをまとめたものとして，藤谷武史「所得
　税の理論的根拠の再検討」金子宏編『租税法の基本問題』272 頁（有斐閣，2007 年）参照。

344)　ここでは，不確実性・リスクの観点から，その結果が判明する前と判明した後という意味で，
　事前（ex ante）・事後（ex post）の視点を分類している。例えば，連邦所得税法において，事前
　（ex ante）の観点から課税を行うものとして，割引債に対する OID ルールがその代表例である。

345)　しかし，社会全体の費用便益の観点からは，原子力発電所の事故の可能性およびそこから被る
　社会的損害が電力会社が見込む原発廃炉費用に含まれていない場合には，外部負経済が上手く内部
　化されていないことになる。そのため，内国歳入法典 468A 条の仕組みは，社会全体にとって最適
　な原子力発電所の数を超過する方向に電力会社にインセンティブを与える非中立的な税制という評
　価を下すことができるかもしれない。*See*, Halperin, *supra* note 188, at 529-530.

124

得として算入されることになっている。これは，最終年度に残高をリキャプチャーするだけでは，ファンドを目的外の事業（電力会社の本業や副業）に流用することに対抗できないものの，①のように各課税年度ごとに目的外使用に対して，リキャプチャーを仕組むことで，ファンドを通じた目的外使用のうまみを相殺していると評価できよう。

第3款　直接的又は間接的な利子税の賦課

時価主義課税以外の方法で，課税繰延の恩恵を防止もしくは相殺する法制度として，利子税を直接的に賦課する方法が考えられる。そこで，本款ではアメリカにおける利子税賦課の法的構造を紹介した上で，検討を加える。

第1項　参照利率の条文構造

現行の内国歳入法典における利子税に関して，その参照対象となるレート（利子率）は大きく分けて五つ存在する。第一は短期国債の利率，第二は過大納税に対する還付加算金を算定する場合の利率，第三は過少納税へのペナルティとして課される利子税の率，第四は 6% という固定利率，第五は無利息国債の強制購入（長期国債の利率相当額）である。

Ⅰ　連邦短期レート

内国歳入法典 1274 条(d)(1)(C)は，「連邦短期レート（federal short-term rate）」について定めている。本規定によると，連邦短期レートは，満期まで 3 年以下の市場で流通している国債の市場平均イールド（利回り）をもとに，財務省長官が定めるものと規定されており，毎月更新される[346]。

利子率に国債の表面利率を用いる制度として，本節第2款で述べた炭鉱・産業廃棄物処理場の閉鎖費用の早期控除（引当金）に関する内国歳入法典 468 条が存在する。先述のように，内国歳入法典 468 条は，炭鉱・特定廃棄物処理場の閉鎖にともなう総費用を，現実の支出以前の段階で割引なしで控除することを認める。納税者は当該控除額を引当金として積むことになるところ，その引

---

346)　内国歳入法典 1274 条(d)(1)(B)。

第1編　第2章　法理論・法制度の形成と到達点

当金勘定（reserve account）に対して，毎年利子が賦課される。その利子は，内国歳入法典 1274 条において定められている連邦短期レートをもとに半年複利で計算される[347]。連邦短期レートは，短期国債の平均イールドをもとに算出されることから，税引前イールドとなる[348]。

Ⅱ　過大納税への還付加算金

内国歳入法典 6621 条(a)(1)は，過大納税への還付加算金率（overpayment rate）について，上記の連邦短期レートに 3% を付加した率（法人の場合は連邦短期レートに 2% の付加）と定めている。そして同条(b)は，連邦短期レートの定義に関して，先述の内国歳入法典 1274 条(d)を参照している。ただし，法人納税者の場合で，単一課税年度の過大納税額が 10,000 ドルを超える場合，「連邦短期レート＋2%」ではなく「連邦短期レート＋0.5%」に減額される[349]。

このレートは，他に内国歳入法典 460 条の定める完成比率方式（percentage completion method）の修正の際，賦課利子を計算する基準としても用いられている。

Ⅲ　過少納税への利子税

内国歳入法典 6621 条(a)(2)が，過少納税の際の利子税の率（underpayment rate）を定めており，同率は連邦短期レートに 3% を付加したものと定められている。過大納税の場合同様，連邦短期レートに関して，内国歳入法典 6621 条(b)において同 1274 条(d)を参照する構造になっている。

典型的な過少納税以外において，本レートが適用される場合として，一定規模以上の割賦販売をあげることができる[350]。すなわち，15 万ドル以上の高額資産の売却で当期の割賦未収入金額が 500 万ドルを超える納税者に関しては，割賦販売基準による課税繰延を認めつつ，課税繰延の利益を排除するために，

---

347)　内国歳入法典 468 条(a)(2)(B)(i)(1)。

348)　内国歳入法典 1274 条(d)(1)(C)(i); *See*, Halperin, *supra* note 188, at 531.

349)　内国歳入法典 6621 条(a)(1)。

350)　米国は 1987 年の税制改正において，棚卸資産の売却，有価証券の売却，そして関連当事者間での減価償却資産の売却などの類型について割賦販売基準による課税繰延を制限している。内国歳入法典 453 条(b)(2)，同条(k)(2)，同条(g)，および 453A 条(b)(2)参照。

126

内国歳入法典 6621 条(a)(1)に基づく本利子率で利子税が賦課される[351]。他には，本利子率は，本節第 1 款で論じた PFIC の留保利益への繰延利子税を賦課する際にも適用される[352]。

Ⅳ　1 年物国債の利率

連邦議会は，国内輸出企業 (Domestic International Sales Corporation: DISC) の振興のために，課税繰延の恩恵を与えていた。その後，GATT の輸出補助金規制との関係で，課税繰延の恩恵付与が問題となり，1984 年の税制改正で DISC の株主が繰り延べている税額に対して 1 年物国債の利子率を基準に利子税を課すことになった[353]。

Ⅴ　連邦レートの 110%

内国歳入法典 467 条は，複数年度におよぶリース契約の支払いが一度になされる場合に，発生主義に基づく所得の認識を要求している。そして，名目支払額を割引現在価値に換算した上で，現実の支払いまでの間，当事者間で金銭貸借があったものとみなし，みなし利子も所得に算入する[354]。その際に適用される割引率および利子率として連邦短期レート (1274 条(d)) の 110% (1 割増)が採用されている。

Ⅵ　6% の固定利率

先述の連邦短期レート及び同レートを基礎とする過大納税・過少納税における利子賦課の場合には，利子率は市場金利の変動に応じて調整される性質を有していた。これに対して，内国歳入法典 668 条は，(受益者がアメリカの非居住者であるなどの理由で) 外国信託が創設された場合，アメリカ居住者である受益者に対して，収益の分配につき課税される際に留保利益について，留保期間中，一律 6% の利子税を賦課する旨を定めている[355]。なおこの利率は，過大納税

---

351)　内国歳入法典 453A 条(c)(2)(B)。

352)　内国歳入法典 1291 条(c)(3)。

353)　内国歳入法典 995 条(f)(4)。

354)　内国歳入法典 467 条(b)(1)(A). *Also see*, Bittker & Lokken, *supra* note 17, ¶105.7.2.

355)　アメリカにおける外国信託への課税方法につき，佐藤英明『信託と課税』179-197 頁（弘文堂，2000 年）参照。

第1編　第2章　法理論・法制度の形成と到達点

の場合の利率が固定だった時代の名残だと考えられる。

Ⅶ　無利息国債の購入

　現在，長期国債の利率を基準に直接的に利子税を賦課する制度は存在していない。しかし，内国歳入法典832条(e)は，抵当保証保険（mortgage guarantee insurance）を引き受けている保険会社に対して，同保険に関する引当金の即時損金算入（expensing）[356]を認める際に，無利息国債の購入を条件としている。これは，実質的に中期国債または長期国債の利子率相当を基準に納税者に利子税を賦課しているのに等しいと考えられる。

第2項　適切な利子率に関する導入的考察[357]

Ⅰ　適切な利子率の基準

　本款第1項では，アメリカにおける現行法制度が利子税を賦課する際に，どのような利子率を適用しているかを整理した。そこで次に，現行法制度の立法背景や立法趣旨も参考にしながら，理論上そして実際上どのような利子率が制度上望ましいのかについて，第3章で政府の割引率について本格的な検討を加えるための準備作業として，導入的な考察を加えることにする。

　利子税の賦課において，まず問題となるのは「適切な利子率」の決定である。例えば，納税者の運用利回りよりも低率の利子税しか賦課しないとなると，課税繰延の恩恵の一部が特定の納税者に残ったままになってしまう。一方で，過度に高率の利子税を賦課すると，課税の中立性を損なうだけでなく，経済活動を過度に抑制してしまう恐れがある。

　そのため利子税の制度設計を行う際には，その「主目的」を明確にする必要がある。そこでは，「納税者間の公平性ならびに課税の中立性を維持すること」が主目的なのか，それとも「課税繰延による国庫の被る損害を補填すること」が主目的なのかが問題になると考えられる。

　もしも利子税賦課の主目的が，納税者間の公平および課税の中立性を達成す

---

356)　Expensing については，本編第1章第1節第1款第2項における説明を参照（神山弘行「租税法における年度帰属の理論と法的構造(1)」法学協会雑誌128巻10号15-16頁〔2011年〕）。

357)　本項は，本書の準備段階で執筆をした神山・前掲注272) をもとに，加筆・修正を施したものである。

ることであれば，納税者の観点から利子率を設定する必要がある。すなわち，ファイナンス理論におけるリスク・リターンの関係を前提に，リスク調整後の税引後収益率（after-tax rate of return）を基礎としつつ適切な利子率を選定する必要があると考えられる[358]。

これに対して，税収の確保（税収中立性）が主目的であれば，国庫の視点から損失の補塡を行う必要がある。では，税収中立的な課税繰延に対する利子率とは何なのであろうか。詳細は第3章以降で論じることになるが，ここで導入的検討を加えておく。

租税支出予算の観点から，課税繰延は，政府から納税者への「無利息融資」（interest free loan）に等しいと論じられてきた[359]。そして，政府は，課税繰延によって失われる税収相当額を，追加の国債発行により調達することができることから，国債の利子分が政府にとってのコストを表しており，国債の利子率が利子税の適切な利率であると唱えられることがある。しかしながら，国家（中央政府）が他の私的経済主体（株式会社など）の発行する債券と比べて，比較的低利率で国債により資金を調達できる理由は，国家の信用力が他の経済主体に比べて高いからである[360]。換言すれば，国家の相対的な信用力の高さは，自国の経済活動全体に対して「課税権」を有していることに起因しているといえる。このような政府自身の信用力の高さと，政府の「融資先」である個々の納税者の信用力とは，切り離して考えなければならない[361]。

---

358) 厳密には，リスク以外の要素として，金利の期間構造やインフレーションの存在も加味する必要があろう。

359) *See*, Stanley S. Surrey & Paul R. McDaniel, Tax Expenditures, 228-230 (Harvard University Press 1985).

360) もちろん，ギリシャやアルゼンチンの例などをみれば分かるように，財政破綻に直面した国家に対しては，資本市場はより高いリスク・プレミアムを要求することになる。

361) 例えば，財務が比較的健全なトヨタ社の信用リスクと，トヨタが融資している融資先の信用リスクは直接的には関係ない。もちろん，トヨタが融資先の経営に対して過度にコミットしている場合や，暗黙の債務保証を行っている場合などは，トヨタの融資自体が融資先の信用力を高めることになる。しかし，政府による課税繰延を通じた「無利息融資」の場合，（直接補助金とは異なり）税制上の要件を満たす限りにおいてどのような経済主体でも課税繰延という無利息融資を受けることができる。言い換えれば，課税繰延の場合，政府は「融資」対象を自ら選ぶことはできない。そのため，課税繰延については，銀行が融資先を選別するようなフィルタリング機能が働きにくいと考えられる。

第1編　第2章　法理論・法制度の形成と到達点

II　利子率の代表的候補

ここでは，課税繰延対策として利子税を賦課する場合，利子率の代表的な候補として，どのようなものが論じられてきたかを整理するとともに，各候補の利害得失について検討を加える。

(1)　納税者の投資リターン[362]

第一の利子率の候補は，納税者が繰り延べた租税を投資に回すことで実際に得た投資リターン（投資収益率）に着目をして，それと同率の利子税を賦課するという手法である[363]。

David Bradford 教授は，キャピタル・ゲインへの実現主義課税に起因する課税繰延への対処策の中で，納税者の投資リターンと同等の利子税を賦課すれば，租税の中立性（課税の繰延と非繰延の場合の中立性）を維持できるとしつつも，現実的に納税者の限界的収益率（marginal rate of return）を算出することは，課税庁にとって困難であり，何らかの前提をおいて，単一のみなし利率を賦課せざるを得ない旨を指摘している[364]。

全ての納税者に単一の利子率を適用する場合に，①全納税者の平均収益率を適用することが考えられる[365]。ただし，全納税者の平均収益率を市場ポートフォリオのリターンを基準に算出できたとしても，その平均リターンよりも低いリターンしか享受できない納税者[366]にとっては，高すぎる利子率となり，逆により高いリターンを享受している者には低い利子率となり，両者の間

---

362)　ここでの記述は，神山・前掲注 272) 137-138 頁をもとに加筆・修正をしたものである。

363)　*See, e.g.*, INSTITUTE FOR FISÇAL STUDIES, THE STRUCTURE AND REFORM OF DIRECT TAXATION, 132-135, 148-149 (1978)［以下，Meade Commission Report と呼ぶ］; DAVID BRADFORD & THE U.S. TREASURY TAX POLICY STAFF, BLUEPRINTS FOR BASIC TAX REFORM, 74 (2nd ed., Revised. 1984); Cynthia Blum, *New Role for the Treasury : Charging Interest on Tax Deferral Loans*, 25 HARVARD JOURNAL ON LEGISLATION 1, 13 (1988).

364)　*See*, Bradford, *supra* note 363, at 74.

365)　*See*, Blum, *supra* note 363, at 16.

366)　市場リターンを享受できない者はいないという考え方も可能であろうが，現実には，多くの納税者にとって市場において直接的に市場ポートフォリオ（market portfolio）を編成して投資を行うことは，資金的・時間的・能力的制約から困難であると考えられる。その意味で，（一部の資産家や機関投資家を除き）大多数の個人は，銀行や投資信託等の手法により間接的に市場に参加せざるをえないのが現状だと思われる。その結果，中間手数料（銀行のスプレッドや信託報酬）を考えると，直接資本市場に参入している機関投資家などと比べれば，（市場ポートフォリオと相関関係の高いポジションを得ることができたとしても）市場リターンよりも相対的に低いリターンしか享受できなくなろう。

130

第3節　課税繰延・早期控除への制度的対応

で「不公平な」所得移転がなされることになってしまう。そこで，②全納税者の平均収益率よりも比較的低い利率を利用することが考えられる[367]。そして究極の低利率は利子率ゼロ，すなわち課税繰延に対して利子税を賦課しないことになる。しかし，利子率ゼロに代表されるように，適用される利子率を下げれば下げるほど，（政府歳出の総額を所与とすれば）暗黙のうちに，全納税者から課税繰延によって恩恵を受けている一部の納税者への利益移転が生じるとすれば，低い利子率の正当化が困難となろう。

　利子率の決定とあわせて問題となるのは，未実現の利益がどの年度にどれだけ生じたかという「利益の発生パターン」の問題である。例えば，Bradford は，利益が繰延期間を通じて均等に発生したものとみなさないと，租税法規の簡素さならびに執行可能性の観点から実現可能性が乏しい旨を指摘する[368]。しかし，利益を各年度に均等配分し単一利率を適用する利子税の賦課には，次の問題が存在する。①もしも利益が繰延期間の前半に多く発生していれば，時価主義課税の場合と比較して過少課税（undertax）の状況にならざるをえず，逆に②利益が繰延期間の後半に多く発生していれば，過大課税（overtax）の状況にならざるをえない[369]。

　Blum は，次のような数値例によって，納税者の租税負担が資産の譲渡によって得られるキャピタル・ゲインの額を上回る可能性を指摘している。年度0末に1万円で，ある資産を購入したとしよう。年度1末に本資産の価値が101万円になり，その後24年間（年度25末まで）は不変で，年度25末に101万円で売却したとする。税率を一律30%とすると，年度1末に繰延対象となる租税負担は，30万円（＝（101－1）×0.3）となる。ベンチマークとなる利子率を年5%（税引後リターン）とすると，利子税の額は122.171万円であり，年度25末の支払税額は152.171万円となる。この約152万円の租税負担は，売却益の100万円を上回り，納税者は52.171万円の損失を被ることになってしまう[370]。

　しかし，この数値例の結果は酷なのであろうか。納税者が年度25末に租税を支払う結果，ネットで損失を被るように見えたのは，年度2から年度25ま

---

367)　*See*, Blum, *supra* note 363, at 16.

368)　*See*, Bradford, *supra* note 363, at 74.

369)　*See*, Blum, *supra* note 363, at 16.

370)　*See*, Blum, *supra* note 363, at 16-17.

第1編　第2章　法理論・法制度の形成と到達点

での間，市場リターン未満の収益（ここではゼロ）しかあげられなかったことに起因している。課税のない世界でも，市場リターン未満の収益しかあげられない投資家は，（機会費用の観点からすれば）損失を被っているといえる。これは，課税の存在する世界でも同じで，上記の例で納税者が結果的に損失を被っているように見える原因は，「利子税」を賦課したことだけではなく，当該納税者が市場リターン（ここでは税引後の市場リターンを5%と想定している）以下のパフォーマンスしかあげられなかったことにも大きく依拠していることに留意しなければならない。

　課税繰延と非繰延の間の中立性を維持するためには，理論上，当該納税者の平均収益率（average rate of return）ではなく，限界収益率（marginal rate of return）に着目する必要があろう。しかし，現実に繰延期間中に納税者が享受した利益を測定できたとしても，その当該利益が平均収益率なのかそれとも限界収益率なのかを，課税庁が逐一区別をすることは困難であろう[371]。

　また，納税者の投資リターンに課税するとした場合，「税引前リターン」と「税引後リターン」のどちらを基準とすべきかが問題となる。この点，イギリスの税制改革の基礎となった Meade Commission Report は，「税引後リターン」に基づく利子税の賦課を主張している[372]。

　この考え方に従えば，税引後リターンではなく，税引前リターンを基準として利子税を賦課するのであれば，支払利子税の控除を認める必要がある。毎期利子税を賦課徴収するのであれば，毎期の控除を認めるべきであろう。なお，利子税を繰延期間の最後にまとめて賦課する場合，毎期蓄積する利子税の控除を毎期認めずに，賦課の時点まで遅らせることは，中立的な課税取扱いを飛び越し，納税者にとって不利な状況を作出してしまう恐れがある[373]。なぜならば，控除の先延ばしは，金銭の時間的価値の分だけ控除額の価値を目減りさせるからである[374]。

---

371)　See, Blum, *supra* note 363, at 15.

372)　See, Meade Commission Report, *supra* note 363, at 132. Meade Commission Report
　　は，税引後リターンの適用を主張しているものの，その参照となる税引前レートは「五年物国債」
　　などを例にあげ，インフレ・インデックス用のテーブル同様，係数一覧表等を作成すれば，簡素さ
　　は維持されると主張している。

373)　See, Blum, *supra* note 363, at 17.

374)　この他に，繰延期間中の納税者の限界税率が一定ではなく，最終年度（利子税の賦課年度）よ

132

第3節　課税繰延・早期控除への制度的対応

(2)　納税者の借入利率[375]

　第二の利子率の候補は，市場における納税者の借入利率である。この考え方の背後には，納税者が繰延なしに即時に納税を行うため借り入れをする場合の借入利率を利子税として賦課すれば，納税者にとって課税繰延と租税の即時支払いが無差別となり，課税繰延の恩恵を排除できるという考え方が存在している[376]。なお，納税者の借入利率は，借主たる納税者の信用リスク（デフォルト・リスク）の分だけ，リスク・プレミアムが上乗せされる結果，無リスク金利に近いとされてきた国債の利率よりも高くなりうる。

　納税者が追加的な租税負担を負う場合に，手元に十分な納税資金がないという流動性不足に直面していれば，租税を支払うために借り入れを行わざるをえない。しかし，納税者の手元に十分な納税資金（もしくは流動性資産）が存在するような場合に，この考え方の説得性は薄れることになる。

　また，次のように考えることも可能かもしれない。本来であれば，納税者は，借り入れを行って納税資金を調達しなければならなかったところ，課税繰延によって納税時期を繰り延べることができれば，納税分相当額を借り入れることによって生じた余剰キャッシュ・フローを投資にまわし，市場リターンを得ることができるという考え方である。このような観点からすれば，(1)で述べた納税者の投資リターンの方がより適切な利子率ということになろう。

　もし仮に，納税者に課税繰延と即時納税の選択を与える（現にキャピタル・ゲイン課税においては，納税者は売却の時期を左右することができる）のであれば，比較的高い利子率を設定することが一つの解決策たりうる。利子税において，比較的高率の利子率を設定した場合，その利率よりも低い金利で資金を調達できる納税者は利子税の賦課を避けて，直接，金融機関から借り入れを行い，即時の納税を選択することになろう。利子率として税引後のレートを採用する（もしくは税引前のレートで賦課するのであれば控除を認める）こととの中立性を重視するのであれば，納税者が金融機関に対して支払う借入金利子も，控除を認める

りも，繰延期間中の限界税率の方が高いような場合には，控除の先延ばしは納税者にとって不利な扱いになる。逆に，利子税が賦課される年度の限界税率が高い場合には，控除の先延ばしは納税者に有利に作用する。

375)　ここでの記述は，神山・前掲注272) 138頁をもとに加筆・修正をしたものである。

376)　*See*, Blum, *supra* note 363, at 19-20.

133

第1編　第2章　法理論・法制度の形成と到達点

ことが首尾一貫した取扱いということになろう。

(3)　国債の利子率（政府の借入利率）[377]

　第三の利子率の候補は，国債の利子率，すなわち政府の借入利率である。国債の利子率を採用することの利点は，課税庁にとって利率を決定しやすく，かつ事前に何パーセントと固定してしまうのではなく，（期待）インフレ率や実質金利（無リスク金利）の変化に伴って，自動的に市場で調整されるので，マクロ的な環境変化にともなう利子率の修正が比較的容易という点である。また，国債の償還期間は，短期から長期まで複数存在しており，繰延期間に近い償還期間を有する国債の利子率を採用することで，完全ではないにせよ，比較的簡便に金利の期間構造（term structure of money）を反映することができる（matching maturity）[378]。

　しかしながら，国債の利子率は（無リスク金利に近く），市場リターンよりも低いといわれる。そのため，もしも国債の利子率を基準に利子税を賦課するのであれば，既に(1)で述べたように，全納税者から課税繰延をしている納税者に対して利益が移転することにつながる。

　さらに，政府が無リスク金利に近い利率で借入ができるのは，政府が課税権を有しており将来の歳入が見込めるからである。課税繰延は，政府から納税者への無利息融資だといわれることがあるものの，政府の「見かけ上の」借入コストが国債の利率だから，課税繰延への利子率も国債の利率でよいということにはならない。先述のように，政府の借入コストと貸出コストを区別して考える必要がある。各納税者のプロジェクトにはリスクが存在しているため，市場で借入を行おうとすると貸手（銀行や債権者）は，相応のリスク・プレミアムを要求するはずである。政府が貸手であっても，税収中立を目標とするのであれば，同様に融資先である各納税者の信用リスクに応じて，リスク・プレミアムを要求しなければならないと考えるのが自然であろう。

　もし仮に，政府と納税者（正確には納税者の繰延プロジェクト）の信用力が同じ

---

377)　ここでの記述は，神山・前掲注272) 138-139頁をもとに加筆・修正をしたものである。

378)　Blumは，契約等によって繰延期間が分かる課税繰延ではなく，事前（ex ante）の視点では繰延期間が不明の課税繰延の場合には，短期レートを採用すべきだと主張する。理由は，いつでも資産を売却できるタイプの繰延であれば，毎期，短期債への投資を選択しているのと同じ状況になるからである。*See*, Blum, *supra* note 363, at 17.

134

であって，追加的なリスク・プレミアムが必要ないというかなり強い仮定を置いたとしても，政府が課税繰延の結果，追加的な借入をする際には，事務コストなど取引費用が発生するため，政府にとっての取引費用を上乗せせずに，単に国債の利率と同率の利子税を賦課徴収するだけでは税収中立な制度とはならない[379]。

なお，財政活動を通じたリスクの共有または分散によって，リスク・テイキングに対する政府のポジションが，私的主体のポジションよりも優位になる可能性がある。この点については，第3章第3節で政府の割引率を考察する際に検討を加える。

(4) 損失の繰延の場合

利益ではなく，損失の控除が繰り延べられてしまう場合に，理論的に利子税の賦課と整合性をとるのであれば，政府は納税者に対して逆に利子を支払うことになる。その場合，納税者が受け取った利子は，課税所得に算入されるべきということになる。

Ⅲ　租税回避および脱税が行われる蓋然性の上昇

もしも，納税者の投資リスクとそのリスクに見合った「適切な利子率」を算出して，利子税を賦課することができれば，課税繰延による金銭の時間的価値の恩恵を相殺することは可能かもしれない。しかし，個別の投資プロジェクトごとに，別々の利子率を設定することは，執行コストの観点から困難となる可能性が高い。なお，政府の観点から税収中立的な利子率を決定する場合には，個別プロジェクトごとの評価ではなく，市場において課税繰延のなされる投資ポートフォリオ全体のリスクを考慮すればすむかもしれない。

もし仮にそのような技術的な困難を克服し，金銭の時間的価値の恩恵を無効化しても，租税回避または脱税の可能性が上昇する可能性がある[380]。なぜな

---

379)　*See*, Blum, *supra* note 363, at 24.

380)　米国財務省やホワイト・ハウス（政府）が，原則として課税繰延に対して利子税の賦課ではなく，可能な限り即時の課税を志向していたことは，この点に大きく関連しているものと考えられる。

　　もし仮に，米国財務省と政府（政権与党）の構成メンバーが利己的かつ近視眼的に行動すると想定した場合，政府が課税繰延を嫌っている理由として，次のような理解が可能かもしれない。米国の連邦議会において予算編成ならびに歳入・歳出の額に影響を与えうる法改正を行う際には，当該

第1編　第2章　法理論・法制度の形成と到達点

らば，課税繰延が認められることで，納税者に「所得の性質の転換」や「所得の空間的移転」を行う機会が多く生じるからである。

　例えば，課税繰延がなければ給与所得として課税されるべき所得が，課税繰延を絡めることで所得の性質をキャピタル・ゲイン（譲渡所得）に転換される可能性が考えられる。この顕著な例が，ストック・オプションなど各種インセンティブ報酬への課税方法であろう[381]。包括的所得概念を理念型とするので

　法改正がない場合を基準とした今後5年間（または10年間）の歳入・歳出予測と，法改正が存在する場合の歳入・歳出予測の双方を比較する手法が用いられる（以下，Budget Window System とよぶ）。そのため，米国財務省の長官など上層部（アメリカでは重要なポストに関して猟官制が採用されており，ホワイト・ハウス，すなわち政権与党と密接な利益構造にならざるを得ない）は，補助金プログラムや減税プログラムを「自己の属する集団」（政党など）に有利に編成できるよう，可能な限り財政黒字を大きくしておく必要がある。仮に，このように財務官僚・内国歳入庁官僚の行動原理を理解するとすれば，課税繰延を認めることは，それが利子税を賦課することで国庫にとってはプラス・マイナスがゼロだとしても，5年（または10年）という Budget Window System の存在により，彼らの任期期間中の予測財政黒字が減る（財政赤字が増大する）ことになる。これは，政策のオプションを狭めることになり，（次期選挙に向けて）有権者の支持を得るために，十分な財政政策を行えなくなる恐れが生じてしまうのである。

　このように，政府内のプレイヤーの行動原理として，利他的か利己的か，長期的か短期的かのどちらを選択するかによって，政府が課税繰延に反対する「本音」が異なりうるのではないだろうか。この点については，政治経済学など政治学や行政学の知見を導入するとより詳細な検討ができると思われるものの，本書の目的を大きく逸脱してしまうため，より詳細な検討は別の機会に譲りたい。

381)　ストック・オプションへの課税で問題となるのは，①ストック・オプション自体の価値への課税問題，②行使利益（行使価格と時価の差額）への課税問題，③現物株取得後の譲渡利益への課税問題である。

　日本においては，一定の要件を満たす適格ストック・オプションについては，②行使利益（行使価格と株式の時価の差額）については，譲渡時まで課税繰延を認めた上で，「譲渡所得」として課税を行っている（租税特別措置法29条の2）。それ以外の非適格ストック・オプションについては，行使利益の繰延は認められず，行使時に給与所得・事業所得・一時所得として課税がなされる（役員・従業員の場合には給与所得課税）。このように，適格であれば，そもそも譲渡所得となってしまうし，給与所得の性質を引き継いで課税される非適格であってもストック・オプションの価値自体は課税ベースに含まれていない。

　仮に，包括的所得概念を理念型として維持し，それに可能な限り近接する租税体系ならびに租税法制度を希求するのであれば，特段の事情のない限り，原則として①オプション自体の価値については，当該オプションの時価を算出して付与時に課税すべきだという結論に至るのが包括的所得概念とは最も整合的と考えられる。しかしながら，付与時にオプションの価格を算出することは（特に非上場株式の場合）困難であること，ならびに納税者は実際に現物株を取得して換金するまでは納税資金が不足する可能性があること等の理由によって，付与時課税は見送られている。その結果，本来は，給与所得同様に労働の対価として扱われるべきストック・オプション自体の価値は，課税ベースに算入されていない。

136

あれば，ストック・オプション価値は付与時に労働の対価として課税されるべきとも考えられる。現実には，評価の難しさや納税資金の不足のため，そのような課税はなされていないものの，市場における報酬システムに所得税法が上手く適合できなかった典型例であろう。ストック・オプションに限らず，報酬形態の多様化を志向する納税者側は，インセンティブ付与だけでなく，（インセンティブ付与の機能を損なわない形で）課税繰延と所得性質の転換により租税負担を軽減することで，課税後の観点で，役員・従業員の取り分を最大化するように報酬形態を仕組むことが考えられる[382]。

「所得の空間移転」とは，海外子会社が事業を行いそこから得た利益は，——CFC 税制や過少資本税制などの適用のない限り——本国の親会社に配当や支払利子などの形で戻されるまで，課税されない。その結果，長年にわたり海外子会社に留保された利益を，何らかの形で別の海外子会社等に利益を付け替えられてしまう恐れが出てくる[383]。その利益の付け替え先である別の海外子会社についても，本国の課税庁が把握をしていれば問題は少ないのであろうが，複雑に何重もの取引を介在させることで，把握がより一層困難になる恐れがあろう。

これらの要素は，政府が繰延税額を回収できなくなるリスクを高める方向で作用しうる。そうであれば，当該リスクの分だけ，政府の割引率ないし利子税の利子率を上昇させることになろう。

第3項　利子税の賦課方式

I　課税繰延を認める理由と賦課方式

第2項で論じたように，課税繰延によって納税者が得る恩恵を相殺するために適切な利子率は，ファイナンス的な発想に依拠すれば，一定の条件下では，「納税者の税引後の投資収益率」ということがいえそうである。そこで本項で

---

382)　*See, e.g.*, Bebchuk & Fried, *supra* note 270, at 102-107.

383)　なお，日本では，平成 21 年度税制改正により外国子会社配当益金不算入制度が導入された。そのため，純粋な課税繰延を目的として，海外子会社に利益を留保することの必要性がかなり弱まったと考えられる。現在の日本の法体系の下では，海外子会社に利益を留保し続けることの一つのメリットは，租税回避にあると理解することが可能なのかもしれない。そうであれば，平成 21 年度以降の，日本のタックス・ヘイブン対策税制の位置づけは，変容しつつあると解される。中里実他編『租税法概説〔第 3 版〕』334-335 頁（有斐閣，2018 年）参照。

第1編　第2章　法理論・法制度の形成と到達点

は，もし仮に「適切な利子率」が何らかの基準によって設定ができるとした場合に，利子税を賦課する方法としてどのような方式が考えられるのかについて，現行制度も参照しつつ，検討を加えることにしたい。

租税の賦課徴収の時期を遅らせるという意味での課税繰延[384]を認める政策的な理由として，次の二つが考えられる。第一の理由は，課税繰延を認めずに時価主義課税を行うと納税者の納税資金が不足してしまうからという理由である。第二の理由は，課税対象となる資産や権利の「時価評価」が困難であるため，資産の譲渡など実現時まで課税を待つという理由である。利子税の賦課方式は，どのような理由により課税繰延（納税猶予）を認めるのかによって，異なってくる。

以下では，まず第一の点（納税資金不足）が主たる理由である場合の利子税の賦課方式を検討し，その次に，第二の点（時価評価が困難なこと）が主たる理由である場合の利子税の賦課方式につき考察を加えることにする。

II　納税資金不足による課税繰延

例えば，繰延報酬や年金契約，保険契約の解約返戻金，割賦販売など課税対象となる（現金など）モノを受け取る時期や，その額が事前に決まっている fixed income の場合，毎期の課税所得を発生主義に基づき算出することは（時価評価が困難な資産に比べれば）難しくはない。このような類型で，課税繰延が認められる（または実際に認められてきた）主たる理由は，納税者の納税資金不足ということになる[385]。

本類型の場合，繰延の対象となっている税額自体と賦課されるべき利子税の額は，毎年度算出することが可能である。本類型における利子税の計算手法は，大別すると Current Comparison Method（以下，CCM とよぶ）と Tracing Method（以下，TM とよぶ）の 2 種類の方法に分類することができる[386]。

---

384)　ここでは，金銭の時間的価値等に起因する課税繰延の恩恵を認める理由という意味ではない。

385)　*See*, Blum, *supra* note 363, at 27. 例えば，PFIC において時価主義課税に代えて，「課税繰延と利子税賦課」の方式を選択できる理由も，納税者の納税資金不足に留意してのことだと指摘される。

386)　*See*, Blum, *supra* note 363, at 27-47.

(1) Current Comparison Method（CCM）

CCM は，毎年度ごとに繰延税額を算出し，毎年度利子税を支払わせる方式である。課税繰延を政府から納税者への一種の融資だと理解する立場からすると，この手法は，元本の返済は待つものの，利息の支払いを毎期求める方式だといえる。CCM の下での毎年度の利子税額は，概ね次の手順で算出されることになる[387]。

① 【実際の納税額の算出】納税者は，所得もしくは損失の繰延を認める課税所得算定ルールの下で，年度 n の税額 X_n を年度 n 末に計算する。

② 【発生主義に基づく納税額の算出】①の対象となる取引について，もし仮に発生主義に基づいて課税所得の算出がなされる場合，年度 n に支払われるべき税額 Y_n を計算する。

③ 【繰延税額の累積残高の算出】年度 n における①と②の差額である $(Y_n - X_n)$ は，年度 n に新たに発生した繰延税額[388]（政府から納税者への無利息融資額）を表している。それを前年まで（年度 1 から年度 $n-1$）の繰延税額の累積残高に加えると年度 n 末の累積繰延税額となる。

$$累積繰延税額 = (Y_n - X_n) + \sum_{i=1}^{n-1}(Y_i - X_i) = \sum_{i=1}^{n}(Y_i - X_i)$$

④ 【利子税額の算出】③の繰延税額の累積残高に，年度 $n+1$ の利子税率 r_{n+1} をかけて，年度 $n+1$ に支払う利子税の総額を算出する。

$$年度 n + 1 の利子税額 = r_{n+1}\sum_{i=1}^{n}(Y_i - X_i)$$

CCM は，毎期，納税者に利払いだけを求める方式であるところ，その支払利子はその年度に控除を認めることになる[389]。なお，適用される利子税率 r_n が，税引後利子率である場合には，控除を認める必要がなくなる。

---

387) *See*, Blum, *supra* note 363, at 28-40.

388) $(Y_i - X_i) < 0$ の場合は，逆に納税者が税額をあるべき水準よりも過大に支払っていて還付が必要な状況であることを意味する。（課税繰延との対称性から）納税者への還付も繰り延べられると想定するならば，これは納税者から政府への無利息融資ということになる。

389) 賦課された利子税について，控除を認めるべきという点については，本章第 2 節第 4 項参照。

第1編　第2章　法理論・法制度の形成と到達点

　次のような数値例を考えてみよう。年度1の年初に納税者は，取得価格ゼロの土地を100万円で売却し，その代金を年度4の年初に受け取る契約をしたとする。なお，納税者の年度1の限界税率を30％，年度4の限界税率を20％，利子税率を10％とする。

　本契約が割賦販売（installment sale）に該当し，仮に年度4まで所得を認識しなくてすむとすれば，$(X_1, X_2, X_3, X_4) = (0, 0, 0, 20万)$ となる。これに対して，発生主義の下では，年度1に100万円の所得を認識するため，同年に30万円の租税を支払うべきことになる。すなわち，$(Y_1, Y_2, Y_3, Y_4) =$ $(30万, 0, 0, 0)$ ということになる。年度2〜3における繰延税額の残高は30万円なので，年度2〜3に支払うべき利子税額は毎年3万円になる。年度4末において，納税者は（年度4の年初から30万円の課税繰延を享受していたので）まず3万円の利子を支払い，それを控除する。さらに，年度4末に20万円（X_4）の租税を支払うので，繰延税額の累積残高は30万円から20万円を差し引いた，10万円となる。なお，この残高は，年度4末に清算することが望ましいと考えられる。

　この数値例からも明らかなように，あくまで流動性不足（納税資金の不足）を理由に課税の繰延を認めているのであれば，年度1に課税所得と税額を算出することは可能であるので，本来支払われる税額は，「年度1の限界税率」で算出されることになる。そして，年度4の限界税率は，あくまでその年度の最低限の支払税額を左右するにとどまり，繰延税額自体を決定する要因ではなくなる。これは，他の利子税の賦課方法と比較して，発生主義の下での課税と近接した結果を生むことができる。

　CCM方式の欠点として，その計算方法の煩雑さをあげることができる。特に，上記②発生主義に基づく税額の算出の段階において，当該年度の各種控除限度額の変化や租税特別措置の有無を考慮に入れて計算をすることは，納税者にとって負担になる[390]。繰延税額の残高の算出も，四半期ごとに行うことも考えられるが，納税者と課税庁の負担を考慮すれば，年度毎の算出が適切と思われる[391]。

　CCMの利点は，複数の繰延対象取引が存在する場合に，複数の取引を個別

---

390)　*See*, Blum, *supra* note 363, at 30.
391)　*See*, Blum, *supra* note 363, at 36.

第3節 課税繰延・早期控除への制度的対応

にトレースする必要はなく，あくまで当該納税者の「口座」上の残高（繰延税額の累積額）の変化に着目すればすむという点である[392]。ただし，複数の取引が存在する場合に，繰延対象となる全ての取引が手仕舞いされるまで，過大納税または過少納税による残高は残らざるをえない[393]。なお，個人の場合には，死亡時点で相続税課税の前に，清算的な課税をすることが考えられる[394]。

　また，流動性資産に関するキャピタル・ロスに政府が利子を賦課して還付をするか否かという点については，現行制度においてキャピタル・ロスが生じても還付を行わないこととの公平を重視するのであれば，政府から納税者への利子支払いもしないという選択肢を選ぶことも考えられる。

(2)　Tracing Method（TM）

　TM は，納税額を発生主義に基づいて計算するものの，その納税額のうち未実現の所得に起因する部分については，納税の延期（課税繰延）を認める手法である。この方式は，PFIC において発生主義課税の適用される適格選択ファンド（QEF）を選択し，かつ納税者が課税の繰延を選択した場合に，適用される利子税賦課の方式である（本節第 1 款第 3 項参照）。

Ⅲ　時価評価が困難なことによる課税繰延

(1)　Look-Back Recomputation Method（LBRM）

　非上場会社の株式や，業績連動型の繰延報酬などの場合，毎年度の課税所得の算出が困難であるため，先述の CCM や TM の手法を適用することが容易ではない。資産または権利の時価評価が困難な場合には，対象取引が完了するなどして資産・権利の評価額が確定した段階で，事後的に所得を一定の方式に従って各年度に配分し，遡って利子を計算する手法を採用することが考えられる。このような方式は，Look-Back Recomputation Method とよばれる

---

392)　*See*, Blum, *supra* note 363, at 32-33.

393)　累進税率の下で，限界税率の変化の幅が大きいほど，過大納税・過少納税の額も大きくなる。逆に，全期間を通じて税率構造がフラットに近ければ，過大納税・過少納税の額は相対的に小さくなる。

394)　相続人に繰延税額の残高を引き継がせることは，現実的ではない。なぜならば，複数の相続人がいる場合に計算が困難となるのに加え，（毎年度ネッティングしている結果）被相続人の各資産にどの程度残高があるのか不明だからである。*See*, Blum, *supra* note 363, at 40-141.

141

第1編　第2章　法理論・法制度の形成と到達点

（以下，LBRM とよぶ）[395]。

この方式のもとでは，概ね次の順序で課税所得，繰延税額，および繰延税額に対する利子税を計算することになる。

① 課税繰延が認められている期間，納税者は（法律によって定められるところの）繰延に関する所得算出のルールに基づき，年度 i の納税額 X_i を毎年算出した上で，納税をする。

② 繰延が認められる状況が終了した年度 n（例えば，不確定要素がなくなり課税物件の評価が可能な年度）に，納税者は過去の年度 i において支払うべきであった納税額 Y_i を再計算する。

$$[1 \leqq i \leqq n]$$

③ 各年度 i につき，実際に支払った納税額 X_i と，支払うべきであった納税額 Y_i の差額を計算する。

④ ［a］ $(Y_i - X_i) < 0$ となる年度については，納税者が，本来支払うべき税額よりも過大な納税をしていたことになる。過大な納税は，「納税者から政府への」無利息融資と等しいと考えられることから，年度 i から年度 n までの間の利子を計算し，政府が，その利子相当額を納税者に還付することになる。

［b］ $(Y_i - X_i) > 0$ となる年度においては，納税者が本来支払うべき税額よりも過少な納税をしていたことになる。過少な納税は，「政府から納税者への」無利息融資と等しいと考えられることから，年度 i から年度 n までの間の利子を計算し，納税者が，その利子相当額を政府に支払うことになる。

⑤ ④における［a］の額と［b］の額を相殺し，年度 n における最終的な納税額（もしくは還付額）を算出する。年度 i における利子率（年率）を r_i とすると[396]，年度 n における相殺後の純納税額 T_n は次の式によって表現で

395）　*See*, Blum, *supra* note 363, at 47-71.

396）　なお，$(Y_i - X_i) < 0$ の場合には r_i は過大申告（tax overpayment）の場合の利率で，$(Y_i - X_i) > 0$ の場合には過少申告（tax underpayment）の場合の利率を用いることも考えられる。

142

きる（マイナスの場合は年度 n における純還付額となる）。

$$T_n = \sum_{i=1}^{n} \left[(Y_i - X_i) \prod_{k=i+1}^{n} (1 + r_k) \right]$$

LBRM は，事後的に再計算を行うため，資産等の時価評価の問題を回避できるという利点がある。しかし，累進税率の下では，毎年度の限界税率が異なりうることなどから，実際の制度として導入するには計算が複雑になる恐れがある。その結果，課税庁側の執行コストならびに納税者の法令遵守コストが増大し，それらのコストが，所得を正確に反映することによりもたらされる便益を上回る可能性が否定できない。そこで，より現実的な法制度として，次の「簡易版 LBRM」を採用することが考えられる。

(2)　簡易版 LBRM

上記の LBRM における利子税計算の煩雑さを回避すべく，米国の内国歳入法典では，各取引類型の特性に合わせて簡易版 LBRM が導入されている。

先述の PFIC ルールにおいてはストックに着目をして課税が行われる非適格選択ファンド（NQEF）を選択した場合，一種の簡易版 LBRM が採用されていた（本節第 1 款第 3 項参照）[397]。これは，繰延期間中，納税者に異なりうる限界税率を算出し適用するのではなく，（累進課税のもとであっても）限界税率として単一の税率を適用することで，計算の簡便化を図るものである。具体的には，利益分配が行われた年度もしくは株式売却年度の税率表における「最高税率」が利子税を計算するための税率として用いられている[398]。また，利子率についても滞納税額に対する利子率を適用している[399]。

第 4 款　代替課税（Substitute taxation）

代替課税とは，納税者本人に直接課税を行うのではなく，支払者である取引の相手方に控除を認めない等の手法により，間接的に利子相当額を負担させる

---

397)　利益配分もしくは株式売却益を各年度に均等に配分した上で，「連邦短期レート（短期国債の利子率）＋3％」という利率を基礎にして，利子賦課額を決定している。

398)　内国歳入法典 1291 条(c)(2)。

399)　内国歳入法典 1291 条(c)(3)および同 6621 条参照。

第1編　第2章　法理論・法制度の形成と到達点

方式である。本節第2款で論じた割引現在価値の控除は，納税者本人ではなく，その関連するファンドや取引相手に課税をすることで，納税者本人に発生主義的に課税を行うことと同様の効果を狙った，一種の代替課税だと捉えることも可能である。

I　経済的履行の法理（内国歳入法典 461 条(h)）

先述のように，早すぎる控除（premature deduction）を防ぐべく 1984 年の税制改正によって導入された内国歳入法典 461 条(h)が定める「経済的履行の法理（economic performance doctrine）」は，フローの側面に着目すれば，発生主義会計を採用する納税者に現金主義会計を強制する機能を有していた（本章第 2 節第 3 款第 4 項参照）。この経済的履行の法理は，フローとストックの両面から観察してみると，一種の代替課税としての機能を果たしているとも理解することが可能である。次の数値例を考えてみよう[400]。

例えば，年度 1 末に 1000 万円の不法行為に基づく損害賠償金支払債務を負った A 社（発生主義会計を採用）は，支払いの延期を要求し，年度 4 末（3 年後）に 1331 万円を支払うことで被害者と和解をしたとする。なお，利子率は 10% であると想定する。経済的履行の法理が導入されるまでは，A 社は年度 1 に 1331 万円の控除をすることが可能であった。そのような取扱いのもとでは，A 社に（支払予定）利子について過大な控除を認めることになってしまう。もしも包括的所得概念に忠実な課税を行おうとするのであれば，年度 1 の控除は 1000 万円だけであり，年度 2 に 100 万円，年度 3 に 110 万円，年度 4 に 121 万円の支払利子の控除を認めることになろう[401]。

これに対して，内国歳入法典 461 条(h)の定める経済的履行の法理の下では，現実の支払いがなされるまで，当該支出の控除が認められなくなった。その結果，A 社は年度 4 に 1331 万円の控除をすることができる。これは，利子率 10% という「金銭の時間的価値」の存在を念頭におけば，年度 1 に 1000 万円の控除を認めるのと同じ効果を有するといえる[402]。このように経済的履行の法理は，「実質的」に各年度の利払いの控除を否定するのと同じ機能を有する

400）　以下の説明は，Halperin, *supra* note 188, at 526 に依拠している。
401）　*Id.*
402）　*Id.*

144

と評される[403]。

そもそも，被害者が年度1末に不法行為の損害賠償金を受け取っていれば，年度2〜4において投資所得を認識したはずである。しかし，現実には年度4まで支払いは延期されており，そのような状況下で，A社に利子（投資収益）の控除を認めてしまうと，政府税収は減少することになる。そこで，経済的履行の法理は，実質的にA社の利払いの控除を否定することで，被害者の投資所得をA社の投資所得として課税する機能を果たしていることになる。

このような視点から捉えてみると，経済的履行の法理は，単に支払者であるA社の「早すぎる控除」の問題に対応するだけではなく，受け取り手である被害者側の所得に対してA社に代わりに税を賦課するという代替課税の機能も果たしていると評価することができる[404]。

II　原子力発電所の廃炉費用（内国歳入法典468A条）

先述した原子力発電所の廃炉費用に関する内国歳入法典468A条も，同様に代替課税の一つだといえる（本節第2款参照）。内国歳入法典468A条は，原子力発電所の廃炉費用に関して，将来予測される支出の割引現在価値相当額の控除を発電所の稼動時点で認める旨を規定していた。その上で，控除相当額は，納税主体である電力会社本体とは別のファンドに計上され，そのファンドの運用益に対して当該ファンドを納税義務者として課税がなされる。既に指摘したように，内国歳入法典468A条の下では，納税者に将来支出の割引現在価値を控除させる仕組みにおいて，事前（ex ante）に適切な割引率を設定することは困難であることから，ファンドとして別の納税主体を創出することで，事前の割引率決定の問題を回避しつつ，金銭の時間的価値に起因する課税繰延（この場合は早すぎる控除）の問題に対処していた。

また，原子力発電所の廃炉費用と同様に，鉱山の廃止費用に関する内国歳入法典468条も，代替課税の一種だといえるかもしれない（本節第2款参照）。ただし，内国歳入法典468A条とは異なり，同468条は，納税者たる鉱山事業主

---

403)　*Id.*

404)　しかしながら，不法行為の加害者側が事前に損害保険に加入している場合，損害保険の掛金を支払時に控除することが可能であり，保険会社は引当金を利用することで，結果として全当事者の税負担が減少することになる。*See*, Halperin, *supra* note 188, at 527.

145

が，廃止費用の引当金を即時に控除することを認めつつ，当該引当金は毎年度，内国歳入法典 1274 条によって定められる連邦短期レートによって運用がなされたものとみなして，連邦短期レート分の利子税を賦課する方式を採用している。そのため，内国歳入法典 468A 条の下では，「実際の運用益」に対して代替課税がなされるのに対して，同法典 468 条の下では，あくまで「みなし収益」に対して代替課税がなされるにとどまる。

Ⅲ　関連当事者間の取引とマッチング

　本章第 2 節第 4 款でふれた内国歳入法典 267 条(a)(2)は，関連当事者間の取引に関して，一方の当事者（対価の受け取り手）が収益の認識を行う時点まで，他方当事者（対価の支払者）の損金算入を認めない旨を定めていた。これは，収益の認識と損金算入の時期を一致させる手法である（以下，「マッチング」とよぶ）[405]。

　例えば，発生主義を採用する支払者（例：法人）は，現金主義を採用する受け取り手（オーナー株主）から，財・サービスの提供を受けつつも，支払いが翌年度以降となる場合を想定しよう[406]。原則的には，支払者（法人）は財・サービスの提供を受けた時点で費用を認識して全額を損金に算入するのに対して，受け取り手（株主）は対価の受領時に所得を認識すれば足りる。両者の費用と所得の認識の時期にズレが生じる結果，金銭の時間的価値の分だけ課税繰延の恩恵が生じることになる[407]。その他に，マッチングを要求するものとして，雇用主と被雇用者の間の非適格繰延報酬（non-qualified deferred compensation）に関する内国歳入法典 404 条が存在する。これらのマッチングの制度も，制度ごとに細かい仕組みは異なるものの，代替課税の一種として捉えることが可能であろう。

---

405)　マッチングに関する論考として，吉村政穂「所得計上時期の選択に関する覚書」ジュリスト 1268 号 214 頁（2004 年）参照。

406)　なお，議論の簡略化のため，法人への出資とはみなされないものとする。

407)　発生した課税繰延の恩恵がどの程度，両当事者間に配分されるかは，両者の交渉力に依拠することとなり，それは対価の価格調整を通じてなされると解される。

第5款 分 析

第1項 三つの手法

先述のように，1984年の一連の改正で米国議会は，金銭の時間的価値に起因する「早すぎる控除」の問題に対処するために，①内国歳入法典461条(h)による経済的履行の法理の条文化，②内国歳入法典468A条による将来価値の割引現在価値の控除，③内国歳入法典468条による早期控除と利子の賦課という手法を用いていた。既に検討したように，これらの三つの手法は，（一定の条件の下において）課税繰延の恩恵の防止という観点から，類似の機能を果たしうる。

そして，アメリカ連邦議会は，1984年改正における経済的履行の法理の導入により，これら三つの手法の中から，原則的な手法として①控除の時期を遅らせる手法を選択したのである。その理由の一つとして，課税当局が，現実の支払時期・支払額・適切な割引率を「事前に」知っている必要がないという執行上の便宜性が考えられる[408]。

第2項 各手法の問題点

Ⅰ 経済的履行の発生時点と現実の支払いの乖離

アメリカ連邦議会は，内国歳入法典461条(h)による経済的履行の法理が，割引現在価値の控除と等価になることを念頭に立法を行っていた。しかしながら，この発想の背後には，「経済的履行の発生と現実の支払いがほぼ同時期に発生すること」という暗黙の前提が存在していると考えられる[409]。

先述のように，多くの債務類型において，経済的履行の発生時点が現実の支払時点とされている。しかし，主として売買契約・リース契約・役務提供契約については，経済的履行の発生時期と支払時期に乖離が生じる可能性がある。そのような場合において，経済的履行の法理により控除のタイミングを遅ら

---

408) *See*, Halperin, *supra* note 188, at 531. *Also see*, Hearings on S. 237 and S. 1006 Before the Subcomm. On Energy and Agricultural Taxation of the Senate Comm. On Finance, 98th Cong., 1st Sess.

409) *See*, Graetz & Schenk, *supra* note 30, at 740.

第1編　第2章　法理論・法制度の形成と到達点

せるという手法は，将来支出の割引現在価値の控除と等価ではなくなる。これは，早期控除による課税繰延の恩恵を相殺しきれないということを意味する。

Ⅱ　費用の割引現在価値の控除と現金主義
——事前（ex ante）と事後（ex post）の視点

　執行可能性の観点から考えた場合に，将来費用の割引現在価値の控除を認める手法には，幾つか解決すべき問題が存在する。それは，(a)割引率決定の問題と，(b)予想との乖離を修正するためのリキャプチャー（recapture）の問題である。

　現実に将来の費用支出がなされる前に，その割引現在価値の控除を認める場合，（仮にその将来費用の額が既に確定していても）現実の支払いがなされるよりも事前（ex ante）に適切な割引率を決める必要がある。しかし，割引率算定の基礎となるインフレ率[410]や実質金利の完全な予想は困難である。また，制度の目的として納税者の視点から「課税の中立性」ならびに「課税の公平性」を確保することが目的なのか，それとも政府（国庫）の視点から「税収中立性」を図ることが目的なのかによって，同じ前提の下でも適切な割引率は異なる可能性が出てくる（この点については，第3章参照）。

　仮に適切な割引率を完全に算出できたとしても，それはあくまで事前（ex ante）の観点による課税でしかない。すなわち，リスクへの課税を考えた際には「期待値」をもとに計算がされるのであり，リスクが顕在化する（もしくは賭けの結果が判明する）ことで実現する課税所得と乖離が生じうる。

　そもそも包括的所得概念は，事後（ex post）の観点から所得を把握することを念頭に置いていると考えられる[411]。そのため，事前（ex ante）に決めた割

---

410)　なお，市場における名目金利（nominal interest rate）は，実質金利（real interest rate），期待インフレ率（expected inflation rate），（期待インフレ率と実際のインフレ率の乖離の可能性に対する）インフレ・プレミアムが含まれている。所得課税を論じる際には，厳密には，これらの要素を区別して論じる必要がある。詳しくは，神山弘行「物価変動と租税に関する一考察——インフレ・インデックスの観点から」金子宏編『租税法の基本問題』296，318～323頁（有斐閣，2007年）参照。

411)　もし仮に，事前（ex ante）の観点から，所得や消費を把握してよいと考えるのであれば，人的資本も含めた全資産（full endowment）への生涯一度限りの課税は，期待値の観点から見れば，「生涯消費」への課税に等しいということになる。しかし，このような課税手法は，包括的所得概念を支持する多くの者にとって不公平な課税として排撃される可能性がある。

148

引率と，事後（ex post）に実現した所得との間に乖離が生じうる。この両者の乖離を埋めるべく，リキャプチャーの制度が必要となる。

このような観点から米国の内国歳入法典 468A 条を再度眺めてみると，実質的に（予測）割引現在価値の控除を認めつつ，事前（ex ante）に割引率を設定することの問題と，複雑なリキャプチャーの問題の双方を上手く解決している制度だと評価できよう。すなわち，控除相当額を別の課税主体となる適格基金に拠出させ——これにより合理的な納税者は予測費用を拠出することになる——，同適格基金の投資収益に対して課税を行う方式を採用することで，実質的に事前（ex ante）に割引率を設定することの問題を回避している。さらに，適格基金から資金の目的外使用があった場合には，目的外使用額をその年度の電力会社の課税所得に算入し，かつ原子力発電所の廃炉後に適格基金に残高がある場合には，残額全てを電力会社の課税所得に算入させることで，内国歳入庁の執行及び納税者が遵守可能な形でリキャプチャーの制度を仕組んでいる。

このように，内国歳入法典 468A 条の手法は，課税繰延への対処の処方箋として興味深い制度設計のあり方を提供してくれているといえよう。

Ⅲ　割引なしの即時控除と利子賦課

これに対して，内国歳入法典 468 条の採用する，③割引なしの即時控除とみなし利子率による利子税の賦課は，①や②の手法とは異なり現実の納税者の投資利回りを考慮に入れることができないため，不正確な課税繰延防止策とならざるをえないと考えられる。

第 4 節　小　　括

本章では，アメリカ法を題材として，課税のタイミングに関する判例法理お

　このような考え方の背後には，所得とは「実現した所得」であり，所得を ex post の観点から捉えるべきであるという暗黙の大前提が存在していると考えられる。実現主義課税とは，つまるところ，租税の中立性と密接に関連する事前（ex ante）の観点ではなく，租税の公平性と密接に関連する事後（ex post）の観点から所得を把握せよという要請であると理解することも可能であろう。

第1編　第2章　法理論・法制度の形成と到達点

よび法制度の発展とその到達点を検討したところ，次の点を確認することができた。

　まず，第2節で検討したように，判例法理によって形成・発展してきた課税のタイミングに関する法理は，主としてフローの観点から所得および費用の認識を操作するものであったという点である。

　その上で，連邦議会は，判例法理を条文化するとともに，フローの観点からの統制だけでは，十分に対処できない問題が存在することから，フローとストックの双方を視野にいれて，課税繰延や早すぎる控除の問題に対処するべく各種の法制度を導入してきた。連邦議会が，課税のタイミングに関する一連の法制度を導入する際に，1984年以前の立法においてあまり重要視されてこなかった「金銭の時間的価値」の問題が，1984年以降の改正においては重要な位置を占めるようになった。

　これは，日本の租税法制度が従来，金銭の時間的価値の問題についてそれほど真剣に対処をしてこなかったことと対照的である。近年，日本においてもデリバティブなど先端の金融商品への課税において，金銭の時間的価値に起因する課税繰延の問題に対処すべく，時価主義課税が導入されつつあるものの[412]，租税法規の全体的な構造を眺めた場合，（アメリカと比べて）課税繰延の問題に，まだ十分に取り組んでいないと評価できよう。すなわち，日本においては，主として所得・費用の年度帰属の問題としてのみ課税のタイミングの問題を扱ってきた感が否めない[413]。

　しかしながら，アメリカ法の検討を通じて明らかになったことは，所得および費用の認識時期の統制という「年度帰属の統制」が，あくまでも理論上多数存在する課税繰延への対処策の一つに過ぎないということである。例えば，「早すぎる控除」への対処策としても，全事情の基準，経済的履行の法理などの「年度帰属」を操作するだけでなく，利子税の賦課，将来支出の割引現在価値の控除，代替課税など様々な政策的オプションが存在している。

---

412)　例えば，中里・前掲注1）50頁以下，同「法人税における時価主義」金子宏編『租税法の基本問題』454頁以下（有斐閣，2007年），駒宮史博「デリバティブと所得課税」金子宏編『所得税の理論と課題〔2訂版〕』（税務経理協会，2001年），岡村忠生『法人税法講義〔第3版〕』259-288頁（成文堂，2007年）参照。

413)　従来の日本における議論の蓄積をレビューしているものとして，渕圭吾「所得課税における年度帰属の問題」金子宏編『租税法の基本問題』200頁以下（有斐閣，2007年）参照。

第 4 節　小　　括

　我が国においても，単にフローに着目した所得の年度帰属の問題として課税繰延の問題への処方箋を模索するのではなく，フローとストックの両側面に着目した上で，幾つかの選択肢の中から，利害得失を検討した上で，各取引類型に応じて最も適切な手法を選択すべきであろう。

　そこで，本章において検討したアメリカの法制度を土台にして，各類型ごとにどのような課税繰延の対応策が望ましいかについて，検討を行う必要がある。しかしながら，第1章で述べたように，アメリカの法制度が理論的根拠としている課税繰延に関する従来の基礎理論にはそもそも大きな問題が内在している。第一の問題は，政府と納税者の視点を暗黙のうちに混同している点である。第二の問題は，基礎理論が前提とする納税者は合理的な経済人であるところ，現実の納税者（特に個人）は，様々なバイアスの影響を受けながら限定合理的な意思決定を行っていると考えられる点である。

　そのため，課税繰延に対する具体的な対処策を検討する前提として，上記の二点から基礎理論の再考察をする必要が生じてくる。次の第3章においては，望ましい課税繰延対策を検討する準備として，政府と納税者の視点を峻別した上で，従来の基礎理論に再考察を加えることにする。そして，第4章において，第2章ならびに第3章での検討から得られる知見を活用して，日本および諸外国において普遍的に適用可能な課税繰延への対処策を検討することとしたい。

〔付記〕　第1編では，原則として，論文の初出時点（2010年〜2011年）の法令を基準に執筆がなされている。なお，トランプ政権の下で2017年末に成立したTax Cuts and Jobs Actにともない，①税率構造の大幅な変化，②国際課税分野での税制改正が行われた。前者の①税率については，必要に応じて，本書執筆段階で反映をさせた。後者②国際課税分野の税制については，論文の初出時点での米国法の構造を分析対象にしている点に留意されたい。

　②国際課税分野における新たな税制については，神山弘行「米国税制改正の国際的側面——Tax Cuts and Jobs Actの光と影」ジュリスト1516号26頁（2018年）参照。

第3章　基礎理論の再検討
——政府の視点と納税者の視点

第1節　本章の視点

第1款　本章の対象

　本章では，課税のタイミングに関する基礎理論の再検討を行う。具体的には，第1章で紹介した課税繰延と投資収益非課税，即時損金算入（即時全額控除）と投資収益非課税，先払消費課税と後払消費課税の関係につき考察を進める。

　本章第2節では，まず先払消費課税（投資収益非課税）と後払消費課税（課税繰延）の等価性について定式化をする。その上で，主に納税者の観点から，この等価性が崩れる場合について検討を加える。続く第3節では，第1章及び第2章で指摘したように，政府（国庫）の視点と納税者の視点を峻別するという観点から，「政府の割引率」について考察を行う。

第2款　用　語　法

　次節以降で検討に入る前に，用語法を整理しておく。課税を行うポイントとして，①労働所得獲得時，②投資収益獲得時，③消費時（もしくは消費可能性獲得時）の3段階に分けた上で，課税方法を類型化することができる。

　労働所得税（wage tax）のように①労働所得の獲得時にのみ課税をし，その後の②投資収益ならびに③消費時には課税をしない課税方式を，先払消費課税方式（TEE スキーム）と呼ぶ[1]。この先払消費課税方式には，労働所得税，フ

---

1)　TEE とは，Tax-Exempt-Exempt という意味である。すなわち，労働所得税においては，①労働所得獲得時に課税を行い（Tax），②投資収益獲得時に課税は行われず（Exempt），③消費を

153

第1編　第3章　基礎理論の再検討

表1　TEE と EET の代表例

TEE スキーム（先払消費課税方式）	EET スキーム（後払消費課税方式）
投資収益非課税 労働所得税 フラット・タックス，X タックス	課税繰延，即時損金算入 付加価値税，小売売上税 支出税

ラット・タックス，X タックス，（通常所得税の下での）投資収益非課税などが
該当する。

　これに対して，支出税（expenditure tax）は，①労働所得獲得時に課税を行
わず，②投資収益獲得時にも課税をせず，③消費時に課税をする方式である。
本書では，これを後払消費課税方式（EET スキーム）と呼ぶ。具体的には，直
接税型の支出税の他に，間接税型の小売売上税（sales tax）や，（消費型）付加
価値税[2]が存在する。さらに③消費時の概念を「消費可能性獲得時」にまで広
げれば，所得課税における課税繰延（所得計上の繰延）や即時損金算入（控除の
前倒し）も EET スキームの一類型と捉えることが可能である。これらをまと
めたのが**表1**である。

第2節　等価性と非等価性

第1款　先払消費課税と後払消費課税の等価性

　第1章および第2章で述べてきたように，米国において後払消費課税方式

　行う時点でも課税は行われない（Exempt）。

2)　本書では，特に断りのない限り，「消費型付加価値」の意味で「付加価値」の用語を用いること
　とする。
　　付加価値を算定する方法として，加算法と控除法があり，控除法は付加価値を「売上 － 仕入」
　で算定する方式である。付加価値を控除法で算定する場合，控除範囲の大小の違いから，①消費型
　付加価値，②所得型付加価値，③売上型付加価値の3類型に区別することが可能である。①消費型
　付加価値は，仕入として「原材料費」及び「資本財購入費」を控除する立場であり，資本財の即時
　償却（expensing）を認める立場である。②所得型付加価値は，仕入として「原材料費」及び資
　本財の「減価償却費」を控除する立場である。③売上型付加価値は，仕入として「原材料費」のみ
　控除を認める立場である。①消費型付加価値への課税については，消費型所得概念と課税ベースが
　一致すると考えられる。中里実他編『租税法概説〔第3版〕』214頁（有斐閣，2018年）。

（EET スキーム）と，先払消費課税方式（TEE スキーム）の等価性は広く認識されている。ここでは，以後の議論のために，両者の等価性を簡単な数式で整理しておきたい。

先払消費課税（例：労働所得税）と後払消費課税（例：支出税）の等価性は，一般に次のように説明される[3]。代表的家計は，二期間のみ生存するものと想定する（二期モデル）。家計は，第 1 期（若年期）に労働を提供して消費と貯蓄を行い，第 2 期（老齢期）に引退をして若年期の貯蓄を取り崩して消費を行うものとする。第 1 期と第 2 期の消費をそれぞれ C_1 と C_2，消費課税の税率を t_C，市場利子率（名目利子率）を i，第 1 期の貯蓄額を S_1，賃金を w，初期保有時間に対する余暇の割合を L と表現する。なお，議論の簡略化のために，アブノーマル・リターン（純レント）ならびに遺産・贈与の存在は捨象する。また，税率は二期間を通じて不変とする。

まず，後払消費課税（付加価値税）のみが課される状況を考えると，第 1 期と第 2 期の予算制約式はそれぞれ，次の**式 1** と**式 2** のようになる。

$$(1 + t_C)C_1 = w(1 - L) - S_1 \quad \cdots\cdots\cdots\cdots\cdots（\textbf{式 1}）$$

$$(1 + t_C)C_2 = S_1(1 + i) \quad \cdots\cdots\cdots\cdots\cdots\cdots（\textbf{式 2}）$$

この**式 1** と**式 2** から，代表的家計の生涯の予算制約式（life time budget constraint）は，次の**式 3** のように表現できる。

$$\left(C_1 + \frac{C_2}{1 + i}\right)(1 + t_C) = w(1 - L) \quad \cdots\cdots\cdots\cdots（\textbf{式 3}）$$

---

[3] *See, e.g.,* Joel Slemrod, *Optimal Taxation and Optimal Tax Systems*, 4 (1) JOURNAL OF ECONOMIC PERSPECTIVES 157, 160 fn.5 (1990); DAVID F. BRADFORD, UNTANGLING THE INCOME TAX (Harvard University Press 1986); Shounak Sarkar & George R. Zodrow, *Transitional Issues in Moving to a Direct Consumption Tax*, 46 (3) NATIONAL TAX JOURNAL 359, 361 (1993); Syed M. Ahsan & Panagiotis Tsigaris, *Choice of tax base revisited: Cash flow vs. Prepayment approaches to consumption taxation*, 8, CESifo Working Paper Series No. 983 (2003), *available at* SSRN: http://ssrn.com/abstract=429944; Louis Kaplow, *On the undesirability of commodity taxation even when income taxation is not optimal*, 90 JOURNAL OF PUBLIC ECONOMICS 1235 (2006); LOUIS KAPLOW, THE THEORY OF TAXATION AND PUBLIC ECONOMICS, 230–231 (Princeton University Press 2008).

第1編　第3章　基礎理論の再検討

この**式3**は，**式4**のように書き換えることができる。

$$C_1 + \frac{C_2}{1+i} = w(1-L)\left(1 - \frac{t_C}{1+t_C}\right) \quad \cdots\cdots\cdots\cdots\text{(式4)}$$

次に，労働所得税の税率を t_E とすると，労働所得税のみが課される場合の納税者の予算制約式は，次の**式5**のようになる。

$$C_1 + \frac{C_2}{1+i} = w(1-L)(1-t_E) \quad \cdots\cdots\cdots\cdots\text{(式5)}$$

ここで，$t_E = t_C/(1+t_C)$ という条件が成立する場合に，**式4**と**式5**の予算制約式は同じになり，代表的家計が「期待効用の最大化」を図ると仮定した場合[4]，どちらの課税方式の下でも同じ行動（消費と貯蓄の選択）を選択することになる[5]。このように，付加価値税と労働所得税の課税ベースは同じだといえる（なお ex ante の視点と ex post の視点による差異は生じる）。

これを政府（国庫）の観点から整理してみる。付加価値税および労働所得税の下での租税歳入の割引現在価値を，それぞれ R_C および R_E と表現すると，次のように整理できる。

$$R_C = \frac{t_C}{1+t_C} w(1-L) \quad \cdots\cdots\cdots\cdots\cdots\text{(式6)}$$

$$R_E = t_E w(1-L) \quad \cdots\cdots\cdots\cdots\cdots\cdots\text{(式7)}$$

もし仮に，$t_E = t_C/(1+t_C)$ であれば，**式6**と**式7**の右辺は等しくなることから，先払消費課税と後払消費課税の等価性が成立することになる。

第2款　非等価性をもたらす要因——従来の視点

先払消費課税と後払消費課税が等価でなくなる要因として，従来から，アブノーマル・リターン（超過収益）の存在や，累進課税及び税率の上昇が認識さ

---

4)　期待効用の最大化を図るという期待効用仮説は，新古典派経済学の依拠する人間行動に関する仮説の一つである。

5)　*See*, Syed M. Ahsan & Peter Tsigaris, *The Design of a Consumption Tax under Capital Risk*, 68 JOURNAL OF ECONOMICS / ZEITSCHRIFT FÜR NATIONALÖKONOMIE 53-78 (1998); Ahsan & Tsigaris (2003), *supra* note 3, at 8.

れてきた。そこで，本款では，両者の非等価性をもたらすこれらの要因について検討をする。

第1項　アブノーマル・リターン

非等価性をもたらす第一の要因は，（市場リターンを上回り，かつ複製不可能な）アブノーマル・リターンや棚ぼた的利益（windfall）の存在である。先払消費課税は，投資収益を（文字通り）非課税とするため，投資家がアブノーマル・リターンを享受した場合に，アブノーマル・リターンを課税ベースに含めることができない。一方，後払消費課税は，投資終了後に課税を行うことから，アブノーマル・リターンも課税ベースに含めることができる。次の数値例を考えてみよう。

まず，比較対象として二期モデル（超過収益の存在しない場合）を想定する。市場リターンが年10％，税率が30％で，納税者は，年度1に100万円の労働所得を得るものとする。先払消費課税（労働所得税）の下では，納税者は年度1に30万円の租税を支払い，70万円を投資にまわすことができるため，年度2には77万円を手にすることができる。この場合，政府は，年度1に30万円の税収を得ることができる。一方，後払消費課税（付加価値税）の下では，納税者は，年度1に100万円全額を投資にまわすことが可能なため，年度2に110万円を受け取ることができる。そして年度2に33万円の租税を支払うので，税引後の受領額は77万円となる。

次に，市場リターンを上回る超過収益[6]としてプラス10％のリターン（計20％のリターン）が得られる場合を想定する。先払消費課税が導入されている場合，納税者が年度1末に投資できる税引後所得70万円は，年度2に84万円となる。この場合，政府の税収は，年度1の30万円のままで，超過収益が存在しない場合と変わらない。一方，後払消費課税が導入されている場合，年度1に投資可能な100万円は，年度2に120万円となる。納税者は，年度2に36万円の租税を支払うので，税引後の受領額が84万円となる。

納税者の視点からは，超過収益が存在する場合でも，先払消費課税と後払消

---

6)　複製不可能な超過収益（いわゆる「経済的レント」）の源泉の例としては，起業家個人の才覚に起因する成功時のリターン（これは，金融市場で複製することは不可能である）などが考えられる。

第1編 第3章 基礎理論の再検討

費課税の下での税引後受取額は 84 万円で変わらない。そのため，納税者の視点からは，両者の等価性が維持されていることになる。

しかし，政府の視点から考えてみると，両者の等価性は必ずしも自明ではなくなる。先払消費課税の下では，年度 1 に 30 万円の税収が得られるのに対して，後払消費課税の下では，年度 2 に 36 万円の税収を得ることができる。そして，上記投資収益率の 20% のうち 10% は，市場において複製不可能な超過収益（ないし棚ぼた的利益）であるとすれば，政府および市場にとっての割引率が「機会費用（opportunity cost）」に依拠して決定されるべきとのファイナンス理論的な考え方を採用すれば，将来税収を割り引く際に用いられるべき割引率は，通常の市場リターンである 10% と考えるのが自然かもしれない[7]。そうであるとすれば，後払消費課税の下での政府税収の割引現在価値は，約 32.7 万円[8]になる。この額は，先払消費課税における年度 1 の政府税収 30 万円よりも大きくなる。

政府にとっての「租税収入の割引現在価値」をまとめると**表2**のようになる。市場で複製不可能な超過収益を特定の納税者が享受できる場合，先払消費課税と後払消費課税の割引現在価値が乖離しうる。この非等価性は，後払消費課税方式（EET）において政府は超過収益を課税ベースに含めることができるのに対して，先払消費課税方式（TEE）において政府は超過収益を課税ベースに含めることができないことに起因している。

---

7) 投資の期待リターンは，当該投資のリスクに応じて「事前」に市場を通じて決定される。そのため，通常の（期待）市場リターンが 10% であれば，同程度のリスクを有する投資の期待リターンも 10% で考えるべきである。もしも，予想外の windfall により，「事後的に」市場リターンを上回る超過収益を上げたとしても，（投資家はそのような超過収益の存在を事前には察知していなかった以上）事前の視点からの割引率は依然として通常の市場リターンである 10% を用いるべきであろう。もし仮に，投資家が事前に当該超過収益を予測しえたのであれば，そのような超過収益をもたらす投資に資金が集中し，需要が増大する結果，（市場の価格調整メカニズムによって需要が多ければ価格が上昇するため）投資リターンが減少することになる。

なお，ここでは，消費課税を念頭においており，市場リターンが非課税であるため，「税引前リターン」を割引率として用いることにする。包括的所得概念の下では，割引率として税引後リターンを用いる点については，第3章第3節において検討する。

8) $36/1.1 \fallingdotseq 32.727272$

158

表2　二期モデルにおける政府税収の割引現在価値

	市場リターン（10%）の場合	超過収益（20%）がある場合
先払消費課税（TEE）	30万円	30万円
後払消費課税（EET）	30万円	32.7万円

第2項　累 進 課 税

　非等価性をもたらす第二の要因は，税率構造の累進性である。先払消費課税と後払消費課税の等価性が成立するためには，税率がフラット（累進的・逆進的でない）で，かつ全期間を通じて一定であることが前提となっている。累進性の判断基準として，限界税率（marginal tax rate）ではなく平均税率（average tax rate）の方が適切であるとされるところ[9]，平均税率がフラットではなく累進的な場合には先払消費課税と後払消費課税の等価性は崩れるとされてきた[10]。

　所得税に対する例外（所得税の消費税化）として設定されている伝統的IRAやRoth IRAの場合，両者の差異を考える際に，この累進性の存在は重要な要素となる。また，消費課税を主軸に税制を設計する場合，税制による再分配の要請にこたえるために，何らかの累進構造を取り入れることも考えられる[11]。次の数値例を考えてみよう。

　一律30%の税率の下で100万円の基礎控除を認めるとする[12]。年度1に500万円の労働所得を得て，全額年度2に消費する状況を想定する[13]。なお，

---

9)　*See*, Kaplow, *supra* note 3, at 17, n.7.

10)　*See*, Edward McCaffery, *A New Understanding of Tax*, 103 MICHIGAN LAW REVIEW 807, 812-817, 824-826 (2005).

11)　もちろん再分配政策を論じる際には，租税負担だけでなく，政府支出（生活保護など）もセットで再分配を考えるべきであろう。しかし，現実の有権者は税制と支出の全政策を総合的に勘案して，再分配の度合いを判断するよりも，むしろより範囲の狭い特定の税制群または特定の支出プログラム群をセットにして判断を下す（世論を形成する）可能性の方が強いと思われる。

12)　これは，2段階の累進税率（gradual tax rate）と同じ構造になる。すなわち，100万円以下の課税標準への限界税率は0%であり100万円より大きい課税標準への限界税率は30%という超過累進税率である。

13)　ここでは，所得の貯蓄性向（saving elasticity of income）が「1」という強い仮定をおいている。すなわち，年度1の追加的な収入は，年度1の消費にまわされず，全て年度2の消費にまわされるという仮定である。このような仮定は，追加的な収入に対する先払消費課税と後払消費課税

第1編　第3章　基礎理論の再検討

利子率を 10% とする（インフレは捨象）。

　先払消費課税（労働所得税）の下では，年度 1 に 120 万円[14]の租税を支払い，受取額の 380 万円全額貯蓄にまわすと，年度 2 に 418 万円を消費にまわすことができる。

　一方，後払消費課税（支出税）の下では，年度 1 に 500 万円全額を貯蓄に回すことができるため，年度 2 に課税前の貯蓄残高は 550 万円となる。年度 2 に 135 万円を支払うため，415 万円を消費にまわすことができる。

　このような点を捉えて，累進的な後払消費課税の下では，一定程度，投資収益に対して課税が及ぶと説明されることがある[15]。では，累進的消費課税の下では，投資収益に対してどの程度の課税が行われることになるのであろうか。以下では，単純な数値例を用いて，累進的な後払消費課税が投資収益のどの部分に課税をしているかを検討してみたい。まず投資にリスクが存在しない場合（Ⅰ，Ⅱ）を想定し，次にリスクが存在する場合（Ⅲ）を考えてみる。

Ⅰ　二段階累進（フラット税率と非課税枠）・二期モデル・リスクなし

　税率は一律でも非課税枠または定額還付をセットにすることで，累進的な消費課税を導入することが可能である。例えば，労働所得税において，税率を一律にしつつ基礎控除をセットにすることや，付加価値税（VAT）や小売上税（sales tax）を賦課しつつ，全納税者に対して定額還付を行うことで，（平均税率ベースで）累進的な税率構造を実現することが可能である。

　次のような二期モデルを想定してみる。実質的な非課税枠（または基礎控除）の額を a，税率を t，利子率を r，年度 1 の課税前の収入を P とする。年度 1 の収入全額を貯蓄（投資）にまわし，貯蓄残高全額を年度 2 に消費するものとする[16]。なお，貯蓄に伴う不確実性またはリスクは存在しないものとする。

　先払消費課税の場合，納税者は年度 1 に $t(P-a)$ の租税を支払うので，税引後の $P-t(P-a)$ を貯蓄にまわすことができる。この納税者は，年度 2 に貯蓄残高である $[P-t(P-a)](1+r)$ を消費にまわすことができる。これを

　の差異を考察する限りにおいては，許容できる仮定であろう。

14)　$(500-100)\times0.3=120$

15)　*See*, McCaffery, *supra* note 10, at 812-817.

16)　ここでも，所得の貯蓄性向を 1 と仮定している（年度 1 における所得の消費性向はゼロ）。

160

表3　二段階累進・リスクなし

	先払消費課税	後払消費課税
年度2の消費可能額	$[P-t(P-a)](1+r)$ $=P(1-t)(1+r)+at(1+r)\cdots$（式8）	$P(1+r)-t[P(1+r)-a]$ $=P(1-t)(1+r)+at\cdots$（式9）

整理すると,

$$P(1-t)(1+r)+at(1+r) \quad\cdots\cdots\cdots\cdots\cdots\cdots（式8）$$

となる。

　一方，後払消費課税の場合，納税者は年度1にPを貯蓄にまわすことができる。そのため，年度2の貯蓄残高は $P(1+r)$ となる。この納税者は，年度2に $t[P(1+r)-a]$ の租税を支払うため，最終的には $P(1+r)-t[P(1+r)-a]$ を消費できる。これを整理すると,

$$P(1-t)(1+r)+at \quad\cdots\cdots\cdots\cdots\cdots\cdots（式9）$$

となる（表3）。

　ここで，式8と式9を比較してみると，式8では非課税枠（基礎控除額）に利子率分だけ補正が加えられ $at(1+r)$ となっているのに対して，式9では非課税枠（基礎控除額）に何ら補正が加えられておらず at のままである。式8と式9の消費可能額の差額は，atr である。これは非課税枠（基礎控除額）への金銭の時間的価値の補正だといえる。

　このことは，式9において非課税枠（基礎控除額）の価値が r だけ下落することによって，租税負担が増加することを示唆している。このことが，累進的な後払消費課税において，投資収益に課税しているように見える原因だといえる。非課税枠（基礎控除額）が固定されていることは，インフレが存在する下でインフレ連動していない基礎控除の実質価値が減少するのと同様の効果をもたらすことになる[17]。これは，非課税枠（基礎控除額）を金銭の時間的価値の分だけ補正をすれば，納税者の観点からは，累進的な先払消費課税と累進的な後払消費課税が等価になることを意味する。インフレ補正の場合と同じで，累

---

17)　インフレ連動措置に関しては，神山弘行「物価変動と租税に関する一考察——インフレ・インデックスの観点から」金子宏編『租税法の基本問題』296頁（有斐閣，2007年）参照。

第1編　第3章　基礎理論の再検討

表4　タックス・ブラケット

課税標準	税　率
$0 \sim a$	t_1
$a + 1 \sim b$	t_2
$b + 1 \sim$	t_3

進的な後払消費課税の性質として，非課税枠を金銭の時間的価値だけ毎年度補正をしなければ，基礎控除の価値の目減り分だけ，投資収益に課税を及ぼすことができる。

Ⅱ　多段階累進・二期モデル・リスクなし

次にタックス・ブラケットが三つ以上存在するような多段階累進，とりわけ超過累進課税を採用した場合を検討してみる。**表4**のようなタックス・ブラケットを想定する。（なお $a < b$ かつ $t_1 < t_2 < t_3$ とする[18]）利子率を r，年度1の課税前の収入を P として，年度1の収入全額を貯蓄（投資）にまわし，貯蓄残高全額を年度2に消費するものとする。

先払消費課税の場合，納税者は，年度1に $at_1 + (b-a)t_2 + (P-b)t_3$ の租税を支払い，$P - [at_1 + (b-a)t_2 + (P-b)t_3]$ だけ投資にまわすことができる。年度2の投資残高は $\{P - [at_1 + (b-a)t_2 + (P-b)t_3]\}(1+r)$ となる。これを書き換えると，

$$P(1+r) - [at_1 + (b-a)t_2 + (P-b)t_3](1+r) \quad \cdots\cdots (\text{式 10})$$

となる。

後払消費課税の場合，年度1に P を投資にまわせるため，年度2に投資残高は $P(1+r)$ となる。年度2に $at_1 + (b-a)t_2 + [P(1+r)-b]t_3$ の租税を支払うので，

$$P(1+r) - \{at_1 + (b-a)t_2 + [P(1+r)-b]t_3\} \quad \cdots\cdots (\text{式 11})$$

を消費にまわすことができる（**表5**）。

---

18)　たとえば $t_1 = 0$ とすれば a の分だけ非課税枠（基礎控除）を設けるのと等しくなる。また，$t_1 < 0$ とすれば，給付つき税額控除や生活保護などの補助金を表現できる。

162

第 2 節　等価性と非等価性

表 5　多段階累進・リスクなし

	先払消費課税	後払消費課税
年度 2 の消費可能額	$P(1+r) - [at_1 + (b-a)t_2 + (P-b)t_3](1+r)\cdots$（**式 10**）	$P(1+r) - \{at_1 + (b-a)t_2 + [P(1+r)-b]t_3\}\cdots$（**式 11**）

式 10 と式 11 を比較すると，累進的な後払消費課税の下では，タックス・ブラケットが利子率の分だけ補正が加えられておらず，その結果，各タックス・ブラケットの価値が利子率分だけ減少することにより，平均税率が上昇するという点を確認することができる。式 10 と式 11 の差をとると次のようになる。

式 10 － 式 11

$$= P(1+r) - [at_1 + (b-a)t_2 + (P-b)t_3](1+r) - \langle P(1+r)$$
$$\quad - \{at_1 + (b-a)t_2 + [P(1+r)-b]t_3\}\rangle$$
$$= -at_1 r - (b-a)t_2 r + bt_3 r$$
$$= r[a(t_2 - t_1) + b(t_3 - t_2)] \cdots\cdots\cdots\cdots\cdots\cdots（式 12）$$

式 12 は，後払消費課税の下での追加的な租税負担を表している。式 12 より，追加的な租税負担は，利子率 r だけブラケット・クリーピングが生じていることに起因していることが確認できる。

Ⅲ　二段階累進・二期モデル・リスクあり

以上の議論では，投資に不確実性・リスクが存在しないことを前提に議論を進めてきた。では，市場における投資にリスクが存在する場合には，累進的な消費課税の課税ベースは，先払方式と後払方式でどのように異なりうるのであろうか[19]。なお，本章第 3 節以降で，「政府とリスク」の関係をどのように捉えるかが大きなポイントとなることから，本節でもリスクが存在する場合について，若干の検討を加えておく。

---

19)　なお，一定の条件下では，包括的所得税および消費課税の双方とも，リスクへのリターン部分に課税が及ばないという点については，本編第 1 章第 2 節第 2 款第 3 項（神山弘行「租税法における年度帰属の理論と法的構造 (1)」法学協会雑誌 128 巻 10 号 27-29 頁〔2011 年〕）において既に述べた通りである。

第1編　第3章　基礎理論の再検討

表6　二段階累進・リスクあり・危険資産のみ

	先払消費課税	後払消費課税
年度2の期待消費可能額	$qx[P-t(P-a)]+(1-q)y[P-t(P-a)]$…（式13）	$q[Px-t(Px-a)]+(1-q)[Py-t(Py-a)]$…（式14）

(1)　危険資産への投資

今，元本「1」を年度1末に投資すると，年度2末に，q の確率で x に，$(1-q)$ の確率で y になる状況を想定する（なお $0 \leq q \leq 1$, $y < 1+r < x$ とする。r は無リスク金利）。また，税率を t，非課税枠を a とする。

先払消費課税の場合，納税者は年度1に $t(P-a)$ の租税を支払うので，課税後の $P-t(P-a)$ を投資にまわすことができる。年度2にこの投資は，q の確率で $x[P-t(P-a)]$ に，$(1-q)$ の確率で $y[P-t(P-a)]$ になる。そのため，年度2における消費可能額の期待値は，$qx[P-t(P-a)]+(1-q)y[P-t(P-a)]$（式13）となる。

後払消費課税の場合，年度1に租税を支払わないので P 全額を投資にまわすと，年度2の期待残高は $qPx+(1-q)Py$ であり，課税後の期待消費可能額は，$q[Px-t(Px-a)]+(1-q)[Py-t(Py-a)]$（式14）となる（表6）。

式13と式14の差をとると，次のように整理できる。

$$\text{式13}-\text{式14}=q(atx-at)+(1-q)(aty-at)$$
$$=at[q(x-1)+(1-q)(y-1)] \quad \cdots\cdots（式15）$$

式15は，非課税枠 a と税率 t と投資の期待収益率（expected rate of return）[20]である $q(x-1)+(1-q)(y-1)$ の積であることを確認できる。

もし仮に，代表的投資家（representative investor）がリスク中立的（risk neutral）であると想定すれば，上記期待収益率と無リスク金利 r は同値になろう[21]。しかし，代表的投資家がリスク回避的（risk averse）な場合には，リスク・プレミアムの分だけ期待収益率は無リスク金利よりも高い値をとると考

---

20)　別の表現をすれば，期待キャピタル・ゲイン（ロス）ともいえる。

21)　すなわち $r=q(x-1)+(1-q)(y-1)$

164

第 2 節　等価性と非等価性

えられる[22]。このような場合，無リスク金利相当額だけ非課税枠を調整したとしても，納税者の観点からは，先払消費課税と後払消費課税の等価性が維持されない可能性が出てくる。

　なお，納税者がリスク回避的であっても，一定の条件下で，政府（国庫）がリスク中立的な立場をとることができるのであれば[23]，（情報の非対称性などの問題がなければ）リスク・シェアリング（risk sharing）によって政府が全ての投資リスクを負担することがパレート効率的ということになろう[24]。このような場合，非課税枠を無リスク金利分だけ補正したとしても，政府がリスク中立的な存在であれば，政府（国庫）の視点からは，先払消費課税と後払消費課税の等価性が維持されることになろう。

(2)　安全資産と危険資産のポートフォリオ

　最後に，危険資産と安全資産のポートフォリオを組んだ場合を簡単な数値例で確認しておく[25]。危険資産の期待収益率を z，安全資産の収益率（無リスク金利）を r とする。危険資産への投資の配分比率を β，安全資産への投資の配分比率を $(1-\beta)$ とする[26]。

　先払消費課税の場合，納税者は年度 1 に $t(P-a)$ の租税を支払うので，$P-t(P-a)$ を投資にまわすことができる。年度 2 における，投資の期待値は，$[P-t(P-a)][\beta(1+z)+(1-\beta)(1+r)]$ となる。これを整理すると，

$$[P-t(P-a)][1+r+\beta(z-r)] \quad \cdots\cdots\cdots\cdots\text{（式 16）}$$

---

22)　すなわち $r < q(x-1)+(1-q)(y-1)$

23)　例えば，政府（国庫）は，所得課税または消費課税を通じて，自国全体の経済活動に共同出資・投資をしていると捉えることができる。そして政府は，通常の納税者よりもリスクを「分散」する能力が高いと理解することが可能かもしれない。*See*, Dale W. Jorgenson & William Vickrey & Tjalling C. Koopmans & Paul A. Samuelson, *Discussion*, 54 AMERICAN ECONOMIC REVIEW 86, 88-90, 93-96 (1964). なお，政府とリスクの関係については，本章第 3 節第 3 款においてより詳細に検討を加える。

24)　リスク・シェアリングの市場における典型例は保険契約である。奥野正寛編著『ミクロ経済学』270-272 頁（東京大学出版会，2008 年）参照。

25)　以下では，一つの危険資産と一つの安全資産を前提に検討を進めるものの，危険資産が複数存在する場合にも本議論の拡張は可能である。直観的には，複数の危険資産が存在する場合には，最適ポートフォリオ（optimal risky portfolio）の存在を観念して，同最適ポートフォリオと無リスク資産の最適な配分比率（capital allocation line 上の点）を観念することができよう。

26)　なお，β が 1 を超える場合は，借り入れをして危険資産に投資をしていることを意味する。

第1編　第3章　基礎理論の再検討

表7　二段階累進・リスクあり・ポートフォリオ

	先払消費課税	後払消費課税
年度2の 消費可能額	$[P-t(P-a)][1+r+\beta(z-r)]$ 　　　　　　　　　　…（式16）	$P[1+r+\beta(z-r)]$ $-t\{P[1+r+\beta(z-r)-a]\}$…（式17）

となる。

　後払消費課税の場合，納税者は年度1に P 全額を投資にまわすことができるので，年度2の投資残高は $P[1+r+\beta(z-r)]$ となる。年度2に納税者は，租税として $t\{P[1+r+\beta(z-r)-a]\}$ を支払うため，税引後の消費可能額は，

$$P[1+r+\beta(z-r)]-t\{P[1+r+\beta(z-r)-a]\} \quad \cdots\cdots（式17）$$

となる（**表7**）。

　式16 と **式17** の差を計算すると，次のようになる。

$$式16 - 式17 = at[1+r+\beta(z-r)]-at$$
$$= at[r+\beta(z-r)] \quad \cdots\cdots\cdots\cdots\cdots\cdots（式18）$$

　先払消費課税と後払消費課税の差額（**式18**）は，非課税枠 a と税率 t と危険資産および安全資産のポートフォリオの期待収益の積として表現されている点を確認することができる。先述のように，もし仮に納税者がリスク回避的で，かつ政府がリスク中立的な存在であるならば[27]，非課税枠を無リスク金利分だけ補正する場合，政府の観点からは，先払消費課税と後払消費課税が等価になったとしても，納税者にとっては等価にならない可能性がある。

第3項　将来における税率の上昇

　将来的に適用税率が上昇する場合にも，累進課税と同様のことがいえる。すなわち，先払消費課税の場合，相対的に税率が低い段階で税額が決定されることになる。それに対して，後払消費課税の場合，先払消費課税よりも課税時点が後になるため——日本のような巨額の赤字財政を抱える場合，課税の時点が

27）　この前提条件の妥当性については，前掲注23）および本章第3節での議論を参照。

将来になればなるほど，その時点での税率が上昇している可能性が高まるとすれば——相対的に高い税率の下で税額が決定され，その結果，租税負担が先払消費課税の場合よりも大きくなる可能性が高いと考えられる。

第4項　相続・贈与の存在

Ⅰ　二つの消費（所得）概念

ここまでは，議論を簡略化するために，相続および贈与の存在を捨象して検討を進めてきた。しかし，相続・贈与[28]の存在は，富の配分状況に大きな影響を与えることから，（相続税および贈与税を含む広義の）所得税ならびに消費課税を論じる際には，考察の対象に含める意義が極めて大きい。

米国の 1978 年ならびに 1981 年の抜本的な所得税改正の基礎となった，米国財務省の Blueprints for Basic Tax Reform (1977) は，相続・贈与との関係で，2 種類の消費（所得）概念が存在しうることを示唆している。一つは，担税力（ability-to-pay）[29]をある行為が消費か否かの判断基準（以下，ability-to-pay 基準と呼ぶ）とする消費概念であり，もう一つは，生活水準（standard-of-living）を判断基準（以下，standard-of-living 基準）とする消費概念である[30]。この ability-to-pay ならびに standard-of-living という用語が適切かという疑問は残るものの，ここでは便宜上，これらの用語を用いることとしたい[31]。

両概念の差異は，相続（贈与）行為自体が被相続人（贈与者）の消費課税の対象となる「消費」——もしくは所得の構成要素としての「消費」——として構成されるか否かという点である。なお，どちらの基準の下でも，相続財産（贈

---

28)　以下では，特に断りのない限り遺贈も含めて「相続」と呼ぶことにする。

29)　Ability-to-pay という概念自体から，それが何を構成するかは演繹的には導かれず，あくまでお題目的なものにとどまる点には，注意を要する。*See*, *e.g.*, Bradford & U.S. Treasury Tax Policy Staff (1984), *infra* note 30, at 30.

30)　*See*, U.S. Department of Treasury, Blueprints for Basic Tax Reform, 31-33 (1977); David Bradford & U.S. Treasury Tax Policy Staff, Blueprints for Basic Tax Reform, 29-48 (2nd ed. Revised, Tax Analysts 1984).

31)　本書では，演繹的な議論を目的とはしておらず，あくまでどのような消費概念を採用したら，どのような影響・効果が生じるか——いわば，概念のもたらす機能（function）——に着目して議論をするので，あくまでラベルの問題でしかないと割り切って，差し当たりの議論を進める。*But see*, David F. Bradford, Untangling the Income Tax, 30 (Harvard University Press 1986) では，"ability-to-pay" を "bestowal-inclusive tax base" と，"standard-of-living" を "bestowal-exclusive tax base" と表現し直している。

第1編　第3章　基礎理論の再検討

与財産）が相続人（受贈者）の課税ベースに含まれるという点においては一致する[32]。

Ability-to-pay（bestowal-inclusion）基準の下では，相続行為ならびに贈与行為は消費行為と捉えられることで，被相続人ならびに贈与者の課税ベース（消費課税の下での消費，もしくは所得課税の下での所得の構成要素としての消費）に算入されることになる。この考え方の背後には，個人は財・サービスを消費するか，相続・贈与を行うかを選択できるところ，財・サービスの消費ではなく相続・贈与を選択する場合には，同行為に通常の消費と同等（もしくはそれ以上）の価値を見出しているという価値判断が存在する[33]。

一方で，standard-of-living（bestowal-exclusion）基準の下では，相続行為ならびに贈与行為は，被相続人の消費とは捉えられず，相続財産・贈与財産は被相続人（贈与者）の課税ベースに算入されない。相続・贈与は消費可能性（将来の消費）の移転（transfer）に過ぎず，消費を構成しないという考え方は，

---

32)　包括的所得概念の下で，何が所得を構成するかと考える際には，二つのアプローチが考えられる。一つは，「所得＝消費＋純資産増加」とされるところ，左辺（すなわち使用側）に着目し，何が消費ならびに純資産増加を構成するかを個別取引ごとに判断するアプローチである。もう一つは，所得の源泉（例：労働提供の対価としての賃金）に着目して，所得を把握するアプローチである。Bradford は，前者を the uses view of income と，後者を the factor payment view of income と呼び，両者の定義が一致するのは，購買力（purchasing power）の唯一の源泉が factor payment であり，かつ購買力の唯一の使途が消費と貯蓄に限られる場合であるとする。その上で，前者の the uses view の方が，租税負担を納税者の間でどのように配分するかを決定する際には優れていると論じる。See, Bradford (1986), *supra* note 31, at 16-19.

　　そして，Bradford は，factor payment view の下では，——相続・贈与は相続人（受贈者）の被相続人（贈与者）へのサービスの対価であり factor payment であると考えることもできるものの——通常は，相続・贈与を factor payment とすることは概念の拡張であり，相続・贈与は factor payment を構成しないと考える傾向が強くなると指摘する。See, *id.* at 21.

　　ただ，遺産動機説との関係では，利己的遺産（介護をしてもらうため）の部分に関しては，介護サービスへの対価であり，消費を構成すると考える余地もある。しかし，この場合でも，予備的遺産（precautionary savings）の部分で予想より早死にした場合の遺産部分については，消費と構成できるのかという疑問は残ることになる。この議論は，予備的遺産が（将来の自分に対する）長生きへの保険だとすれば保険への支出を消費と構成するか否かという論点と密接に関連してくるとも考えられる。観念上は，保険数理上，公正（actuarial fair）な部分と保険サービス提供の対価部分（スプレッド）について区別することになろう。おそらく，保険サービスの部分については消費であり，保険数理学上，公正な部分については，移転と考えることも可能であろう。保険料と課税の関係については，中里実『金融取引と課税』269-271 頁（有斐閣，1998 年）参照。

33)　*See*, Bradford (1986), *supra* note 31, at 21.

168

第 2 節　等価性と非等価性

表 8　消費概念・所得概念と課税ベース

		相続（贈与）が被相続人（贈与者）の消費を構成し，相続（贈与）財産が課税対象となるか？	
		課税対象	課税対象外
純資産増加	課税対象	Ability-to-pay income [Stanley S. Surrey]	Standard-of-living income [現行所得税：但し控除否定方式]
	課税対象外	Ability-to-pay consumption [Aaron & Galper][35]	Standard-of-living consumption [現行消費税，Irving Fisher][36]

(*Source*: DAVID BRADFORD & U.S. TREASURY TAX POLICY STAFF, BLUEPRINTS FOR BASIC TAX REFORM, 31 (2nd ed., Revised, 1984) を基に修正)

表 9　相続（贈与）財産の課税関係

	Ability-to-pay 基準	Standard-of-living 基準	現行所得税
被相続人（贈与者）	課税対象（控除を認めない）	課税対象外	課税対象（控除を認めない）
相続人（受贈者）	課税対象	課税対象	課税対象外（所得に算入しない）

この standard-of-living 基準と親和的だといえる[34]。

　消費課税と所得課税の差異は，一般的には，純資産増加部分への課税の有無だとされるところ，上記の二基準と消費課税・所得課税の関係を整理すると**表8および表9**のようになる。

　ここで，注意を要する点は，「消費の構成要素」の問題（何が消費を構成するかという問題）[37]と，「所得課税・消費課税の分類基準」の問題（投資収益への課税の有無の問題）は異なるという点である。一般的には「ability-to-pay 基準＝所得課税」であり，「standard-of-living 基準＝消費課税」とセットで考

---

34)　相続・贈与を移転と捉える立場として，例えば，中里実「所得控除の経済学的意義」日税研論集 52 号 101-102 頁（2003 年）参照。

35)　*See*, HENRY J. AARON & HARVEY GALPER, ASSESSING TAX REFORM (Brookings Institution Press 1985).

36)　*See*, *e.g.*, Irving Fisher, *Income in Theory and Income Taxation in Practice*, 5 (1) ECONOMETRICA 1 (1937).

37)　包括的所得概念の構成要素としての消費に関して，いわゆる ability-to-pay に着目するサリー教授と，standard-of-living に着目するアンドリュース教授の差異を指摘する論文として，中里・前掲注 34) 94-97 頁。中里教授は，standard-of-living 基準による消費概念を支持し，その帰結として相続・贈与は移転であり（理念上の包括的所得概念の下で）消費を構成しないとする。

169

第1編　第3章　基礎理論の再検討

えられる傾向がある。しかし，これは唯一絶対的な組み合わせではない。

　もちろん，この一般的な組み合わせには，一定の説得力があるものの，消費の構成要素の問題と，所得課税・消費課税の分類基準の問題を混同することは，議論の混乱を招く恐れがある。すなわち，所得課税が消費課税を批判する際に，ability-to-pay 基準の消費概念の立場から，standard-of-living 基準の消費概念を批判しているのか，それとも投資収益への非課税を批判しているのかが明確にされないまま，両者が混在することになる（その逆もまた然りであろう）。

　Ability-to-pay 基準の下では，被相続人（贈与人）と相続人（受贈者）の双方が課税を受けることになるため，脱税ならびに租税回避への誘引が大きくなる[38]。

　Stanley S. Surrey 教授の理解するところのヘイグ＝サイモンズの包括的所得概念は，被相続人（贈与者）ならびに相続人（受贈者）の双方に課税をするというものである[39]。すなわち，Surrey 教授は，相続人（受贈者）にとって相続（贈与）財産の受領は純資産増加である以上，所得を構成し，また，被相続人（贈与者）にとって相続（贈与）という行為は所得獲得のための費用ではない（making a gift or bequest is not a cost of producing income）ため，被相続人（贈与者）による相続（贈与）財産の控除を認めないのが純粋な包括的所得概念の帰結だと捉えている[40]。

II　米国・連邦所得税の構造

　米国の連邦所得税法は，上記のどの基準にもマッチしていないが，強いて言うならば，standard-of-living income に近いといえる[41]。

---

38)　*See, e.g.*, Bradford (1986), *supra* note 31.

39)　*See*, STANLEY S. SURREY & PAUL R. MCDANIEL, TAX EXPENDITURES, 200 (Harvard University Press, 1985). ただし，Surrey 教授は "The nontaxation of these receipts is not treated as a tax expenditure even though such items would constitute income under the S＝H＝S definition." と述べており，同文献 201 頁でも，このような立場があるということを解説しているだけで，彼自身がこの立場（bestowal inclusive）を支持しているわけではないと理解する余地もあろう。

40)　*Id.* at 201.

41)　*See*, Bradford & U.S. Treasury, *supra* note 30, at 31-35. 但し，Standard-of-living consumption の側面も多い。

170

> 〈理念上の standard-of-living income の課税ベース〉
>
> **被相続人（贈与人）**：所得 ＝「狭義の消費」＋「純資産増加」
>
> **相続人（受贈者）**：所得 ＝「狭義の消費」＋「純資産増加」＋**「相続（受贈）財産」**
>
> 〈現行の連邦所得税の課税ベース〉
>
> **被相続人（贈与人）**：所得 ＝「狭義の消費」＋「純資産増加」＋**「相続（贈与）財産」**
>
> **相続人（受贈者）**：所得 ＝「狭義の消費」＋「純資産増加」

現行所得税は，standard-of-living income に基づいているものの，その通常の方式とは逆の方式で課税を行っている[42]。すなわち，理念上の standard-of-living income の下では，相続（贈与）財産は，被相続人（贈与人）の所得から控除され，相続人（受贈者）の所得に算入される。しかし，現行の所得税制度の下では，相続・贈与財産は，被相続人（贈与人）の課税所得から控除することができないのに対し，相続・贈与財産は，相続人（譲受人）の課税所得に算入されない[43]——観念上は控除されているともいえる——。その結果，被相続人（贈与人）の課税ベースは，相続・贈与を含まない意味での「狭義の消費」と純資産増加の総和に遺贈・贈与財産を加えたものであるのに対し，相続人（譲受人）の課税ベースは，狭義の消費と純資産増加の総和となる。

通常の standard-of-living income と，現行の連邦所得税（逆方向の standard-of-living）は，相続人と被相続人の限界税率が等しければ，税収に差異をもたらさない。しかし，累進所得税の下で，贈与人（親）の限界税率が受贈者（子供）の限界税率よりも高い場合，通常の standard-of-living income の課税方式の下では相続により税収が減少してしまうものの，現行の連邦所得税の下では相続により税収は減少しない[44]（但し，贈与人の限界税率が，受贈人

---

42) *See*, Bradford & U.S. Treasury, *supra* note 30, at 34.

43) *See*，内国歳入法典 102 条(a)；"Gross income does not include the value of property acquired by gift, bequest, devise or inheritance." この点は，日本においても同様である。所得税法 9 条 1 項 16 号参照。

44) 例えば，贈与人（親）の限界税率を 30％，受贈人（子供）の限界税率を 10％ とする。通常の standard-of-living income の課税方式では，親が 100 万円を子供に贈与した場合，親は 100 万円控除することで，30 万円の節税（もしくは税還付）を享受することができ，実質的な（＝課税

第1編　第3章　基礎理論の再検討

の限界税率よりも低い場合は，上記の結果は逆になるが，現実的にはこちらの場合は少ないように思われる)。

さらに，執行の観点からも，現行の連邦所得税の方式の方が，実際に贈与がなされたか否かを確認しにくい贈与財産の控除を認める——制度上，虚偽の相続・贈与による控除を認める余地を残す——よりも望ましいと考えられる[45]。現行方式の下で，相続・贈与の申告漏れがあっても，（申告があった場合と比べて）両当事者の一方で課税されているという状態に変わりはないので，現物や小額の贈与の場合にも，執行上の問題が軽減される[46]。

連邦所得税だけを考えれば，上記のような構造になっている。もし仮に，税制を全て一体として把握することが適切であるならば，相続税・贈与税の存在は，ability-to-pay income の要素を税制に付加することになろう[47] [48] [49]。

考慮後の)贈与の負担は 70 万円となる。そして，子供は受け取った 100 万円を所得に算入し，15 万円の租税を支払うので，実質的に 85 万円を消費することができる。政府（国庫）の観点からは，30 万円のマイナスと 15 万円のプラスとなり，ネットでマイナス 15 万円となってしまう。

現行の連邦所得税制度の下では，親が子供に 70 万円（＝ 親が実質的に負担してもよいと考える額）を贈与した場合，親は贈与財産を所得から控除できないので，実質的負担は 70 万円となり，子供は 70 万円を所得に算入しなくてよいので，70 万円全額を消費にまわせる。政府（国庫）の観点からは，ネットで税収はゼロとなる。これは，相続・贈与行為は消費を構成せず課税ベースに含まれないとする，standard-of-living の考えにむしろ即した結果となる。

45)　*See*, Bradford & U.S. Treasury, *supra* note 30, at 45.

46)　*Id*.

47)　*See*, Bradford & U.S. Treasury, *supra* note 30, at 35.

48)　しかしながら，相続税・贈与税と所得税を一体として考える際には，H. Simons の以下の指摘を考慮に入れなければならない。

"The income tax is *not a tax upon income but a tax upon persons according to their respective incomes*; and, subject to the requirement of adherence to simple, general rules, the objective of policy must be *fairness among persons, not fairness among kinds of receipts*." "Death duties and gift taxes, in the main, are levies upon things or upon acts of transfer; they are essentially *ad rem charges which take no account of the total circumstances of the recipients*." [強調筆者] HENRY C. SIMONS, PERSONAL INCOME TAXATION: THE DEFINITION OF INCOME AS A PROBLEM OF FISCAL POLICY, 128 (The University of Chicago Press, 1938).

すなわち，（少なくとも Simons の唱えるところの）包括的所得税とは，各個人の状況を踏まえた上での課税であるべきであり，特定の行為・取引そのものに着目した課税ではない。仮に，相続税・贈与税が，そのような個人間の差異を十分に考慮せず，ただ物税的に・機械的に課税を行うのであれば（例：累進課税なし），包括的所得税の基本枠組みとは乖離する存在として理解される必要があることを示唆する。Simons の立場からすれば，単に（物税的な）相続・贈与税が存在するというだけでは，相続・贈与に対して包括的所得概念に沿った形で課税がなされている（課税

172

一方，付加価値税（わが国の消費税）では，通常，相続・贈与自体は課税対象とならない。このことから，現実の付加価値税は，standard-of-living（bestowal-exclusive）に依拠していると整理できる[50]。

Ⅲ　消費概念と等価性・非等価性

では，相続・贈与に関する消費概念の差異は，先払消費課税と後払消費課税の等価性にどのような影響を及ぼすのであろうか。結論から先に述べれば，ability-to-pay 基準の消費概念を採用した場合は，先払消費課税（例：「労働所得税」＋「一生に 1 回だけの資産課税」）と後払消費課税（例：支出税または付加価値税）の等価性が確保される。一方で，standard-of-living 基準の消費概念を採用した場合には，この等価性が崩れることになる[51]。

以下では，このことを簡単な二期間モデルを用いて説明する[52]。今，代表的家計は年度 1 にのみ働き，労働 W を得て，年度 2 は引退して余生を過ごすものとする。また，年度 1 初めに 1 世代前から遺産・贈与として I を受け取ると想定する。年度 2 において代表的家計は，年度 1 に行った貯蓄（＋投資収益）を取り崩して自らの消費活動と，次世代へ相続（贈与）B を行うことになる。年度 1 および年度 2 の狭義の消費（bestowal-exclusion consumption）をそれぞれ C_1，C_2 とし，年度 1 における貯蓄額を S，市場利子率を i と表記する。代表的家計の各年度の（課税がない状況での）予算制約式は，次のように表すことができる。

$$C_1 = W + I - S \quad \cdots\cdots\cdots\cdots\cdots\cdots\cdots（\text{式 } 19）$$

ベースにとりこまれている）と判断するわけにはいかない。

49)　相続税・贈与税には，非課税枠や各種優遇措置が存在する。とりわけ相続税に関しては，米国民の大多数が，自分の保有財産が相続された場合，遺産税（相続税）の対象となると思い込んでいるものの，実質的には全人口の数 % の富裕層しか遺産税（相続税）の対象とはなっていない。*See*, MICHAEL J. GRAETZ & IAN SHAPIRO, DEATH BY A THOUSAND CUTS (Princeton University Press 2005). なお，米国における遺産税を巡る近年の立法および議論状況については，神山弘行「アメリカにおける遺産税・贈与税改革の変遷と課題」海外住宅・不動産税制研究会編著『相続・贈与税制再編の新たな潮流』32 頁（日本住宅総合センター，2010 年）参照。

50)　*See*, Bradford (1986), *supra* note 31, at 71.

51)　*See*, Ahsan & Tsigaris (2003), *supra* note 3, at 9.

52)　*Id*.

第1編　第3章　基礎理論の再検討

$$C_2 + B = (1 + i)S \quad \cdots\cdots\cdots\cdots\cdots\cdots\cdots(\text{式 20})$$

両式を整理すると，（課税がない状況での）生涯予算制約式は次のようになる。

$$C_1 + \frac{C_2 + B}{1 + i} = W + I \quad \cdots\cdots\cdots\cdots\cdots\cdots(\text{式 21})$$

⑴　Full endowment tax（労働所得税 ＋ 一度限りの資産課税）

「労働所得税」および「物的資産に対する一生に一度きりの資産課税」の組み合わせである Full endowment tax は，次のように表すことができる。Full endowment tax は，実質的に人的資産も含めた全ての譲り受けた資産に生涯一度限りの課税を行うことを意味するので，人的資本（＝ 労働所得の割引現在価値[53]）と相続財産の和に第 1 期に課税を行うことになる。Full endowment tax の税率を t_E とすると，生涯予算制約式は，次のようになる。

$$C_1 + \frac{C_2 + B}{1 + i} = (1 - t_E)(W + I) \quad \cdots\cdots\cdots\cdots(\text{式 22})$$

⑵　Ability-to-pay 基準の消費課税

Ability-to-pay 基準の下では，相続（贈与）財産は，被相続人（贈与者）及び相続人（受贈者）双方の課税ベースに含まれる。そのため，後払消費課税（例：支出税，付加価値税など）の税率を t_C とすると，生涯予算制約式は次のようになる。

$$(1 + t_C)\left(C_1 + \frac{C_2 + B}{1 + I}\right) = W + I \quad \cdots\cdots\cdots\cdots(\text{式 23})$$

式 22 と**式 23** を比較すると，先払消費課税（ここでは full endowment tax）と後払消費課税の課税ベースは同じであることが分かる[54]（もちろん ex ante と ex post に起因する差異は存在する）。換言すれば，もしも相続（贈与）を消費支出と捉えるのであれば，両消費課税の課税ベースは，人的資産（human capital）も含めた全遺産（full endowment）ということで一致する。

$t_E = t_C/(1 + t_C)$ という条件が成立する限り，**式 22** と**式 23** は同じ予算制約式となる。そして，政府の割引率として市場利子率 i を用いる場合にのみ，両

---

53)　本書のモデルでは，第 1 期にのみ労働を提供するので，労働所得と人的資本の価値は同じとみなし，教育など人的資本への投資の効果は捨象する。

54)　*See*, Ahsan & Tsigaris (2003), *supra* note 3, at 10.

174

消費課税のもたらす税収の割引現在価値は等価となる。

(3) Standard-of-living 基準の消費課税

純粋な sandard-of-living 基準の下では，相続（贈与）財産は，被相続人（贈与者）の課税ベースに含まれない（もしくは，控除が観念できる）。ただし，相続人（受贈者）の側で受け取った相続財産には課税がなされる。

後払消費課税（支出税もしくは付加価値税）の税率を t_C とすると各年度の予算制約式は，次のようになる。

$$(1 + t_C)C_1 + S = W + I \quad \cdots\cdots\cdots\cdots\cdots\text{（式 24）}$$

$$(1 + t_C)C_2 + B = (1 + i)S \quad \cdots\cdots\cdots\cdots\text{（式 25）}$$

同式より，後払消費課税の下での生涯予算制約式は，以下のように整理できる。

$$(1 + t_C)\left(C_1 + \frac{C_2}{1+i}\right) + \frac{B}{1+i} = W + I \quad \cdots\cdots\cdots\text{（式 26）}$$

Standard-of-living 基準の消費課税の下では，課税ベースは生涯消費（lifetime-consumption）となる。これは，広く一般的に流布しているところの消費課税（特に付加価値税）の観点だといえる。

一方で，full endowment tax の下での生涯予算制約式（式 22）を見れば分かるように，課税ベースは生涯消費ではない。すなわち，standard-of-living基準を採用した場合の後払消費課税下での生涯予算制約式（式 26）は，先払消費課税下（full endowment）での生涯予算制約式（式 22）と等価ではなくなる[55]。

このことから，次の点を指摘できよう。一般的に流布している standard-of-living 基準の消費概念の下では，政府税収の割引現在価値の観点からは——仮に政府の割引率として税引前利子率 i を用いたとしても——，先払消費課税と後払消費課税は等価ではなくなる。そして，政府の歳入（税収）の割引現在価値が先払消費課税と後払消費課税で等価となるのは，消費概念として

---

55) *See, e.g.*, Ahsan & Tsigaris (2003), *supra* note 3, at 10. *Also see*, Michael J. Graetz, *Expenditure Tax Design*, 172, *in* Joseph A. Pechman ed., What Should be Taxed: Income or Expenditure? (1980).

第1編　第3章　基礎理論の再検討

（一般的な概念から乖離するところの）ability-to-pay 基準を採用した場合のみだといえる。

Ⅳ　議論からの示唆

　包括的所得税を支持する立場から，消費課税（特に消費型所得概念）を批判する際に，消費課税は full endowment tax（労働所得税＋一生に一度の物的資産課税）に等しく，投資収益に課税しないのは不公平感が否めないと論じられることがある（以下，「本批判」とよぶ）。この種の議論において，想定されている消費課税が standard-of-living（bestowal-exclusion）基準に依拠するものであるならば，的外れな批判ということになりかねない。すなわち，消費概念として standard-of-living（bestowal-exclusion）基準を採用した場合，先払消費課税と後払消費課税の等値性は崩れるため，本批判は不正確なものとなる。

　包括的所得税を支持する立場から，「消費課税は full endowment tax に等しく，投資収益に課税しないのは不公平感が否めない」という主張をする際に，本批判の直接の対象たりうるのは，ability-to-pay（bestowal-inclusive）基準を採用する場合だけとなる。

　先述のように，消費課税を支持する論者の大半ならびに現行の消費税法（付加価値税）は，standard-of-living の消費概念を前提としているように思われるため，批判の直接の射程からは外れることになると考えられる。

　包括的所得概念が，仮に ability-to-pay 基準を消費の判断として採用するのであれば，その枠組み中では本批判は妥当なものとなるが，現行所得税ならびに現行消費税が採用するところの standard-of-living を採用するのであれば，本批判は直接的には妥当しない。すなわち，本批判の直接の射程は，「ability-to-pay 基準の下で，消費を構成し（貯蓄部分に課税を及ぼさず）消費にのみ課税を行うのであれば，それは人的資本と相続財産の総和である full endowment に課税をすることに等しくなる」という主張にのみ及ぶことになると考えられる。

第3款　小　　括

　本節では，先払消費課税（TEE スキーム：投資収益非課税）と後払消費課税

（EET スキーム：課税繰延）の等価性を確認したうえで，どのような状況下で両者の等価性が崩れるかにつき，簡単な数値例を交えつつ検討を加えた。

等価性が崩れる場合として，これまで主に次の三点が指摘されてきた。第一点目は，超過収益（アブノーマル・リターン）の存在である。後払消費課税の下では，超過収益を課税ベースに含めることができるのに対して，先払消費課税の下では，課税ベースからもれてしまう。

第二点目は，累進税率の存在である。本節第2款第2項において，後払消費課税の下では，累進税率のタックス・ブラケットが金銭の時間的価値の分だけ補正がされない結果，ブラケット・クリーピングが生じてしまい，先払消費課税の場合と比べて，税負担が重くなる点を確認した。

第三点目は，相続・贈与の存在である。本節第2款第4項において検討したように，相続行為及び贈与行為自体を「消費」に含める ability-to-pay 型消費概念の下では，先払消費課税と後払消費課税の等価性が維持できた。一方，相続行為・贈与行為を消費に含めない，消費概念としてより一般的な standard-of-living 型消費概念の下では，先払消費課税と後払消費課税の等価性が成立しないことを示した。

ここまでの検討では，政府と納税者の視点を峻別することなく議論を進めてきた。そこで，続く第3節においては，どのような状況下で，政府と納税者の立場は表裏一体の関係ではなくなるのかにつき，「政府の割引率」と「納税者の割引率」を峻別する観点から考察を加えることにする。

第3節　政府（国庫）の視点と納税者の視点の峻別

第2章で述べたように，課税のタイミングに関する従来の基礎理論は，納税者の視点と政府（国庫）の視点を峻別せずに，納税者の視点からのみ議論を構築してきたか，もしくは暗黙のうちに納税者と政府のペイ・オフを対称なもの（すなわち，課税繰延による「納税者の利得」＝課税繰延による「政府の損失」）と仮定して，議論を進めてきたといえる。しかしながら，本節において検討するように，一定の条件下において，「政府の割引率」が「納税者の割引率」と異なりうるのであれば，課税のタイミングに関する基礎理論の再考察を行う必要が出

第1編　第3章　基礎理論の再検討

てくる。

　本節の構成は，次の通りである[56]。まず第1款では，割引率に関する基本的な視座を提供する。続く第2款では，アメリカを題材に実際の予算・決算過程及び政策決定過程において，現実に政府がどのような割引率をどのような理由に基づいて用いているのかにつき分析を加える。第3款では，主に政府とリスクの関係から，どのような場合に，政府の割引率が納税者の割引率よりも低くなりうるかについて検討する。そして，第4款では，政府の割引率の具体的候補について理論的に検討を加える。

　なお，本節において「世代」という用語を，同時代に生存している人々という意味で，比較的広い概念として用いることとする。つまり，「現在世代」を若年世代と老齢世代の双方を含む意味で用い，「将来世代」を未だ存在していない遠い世代という意味で用いる。

第1款　割引率に対する基本的視座

　政府の割引率を考える際に，次の二つのアプローチに分けることが可能である。一つは，歳入・歳出の統制という「国庫」の観点から割引率を考えるフィナンシャル・アプローチである。もう一つは，社会厚生（social welfare）の観点から割引率を考えるソーシャル・アプローチである。

　この二つのアプローチの視点の違いは，政府の割引率を考える際にも大きな影響を及ぼしうる[57]。そこで，まず第1款および第2款において，主として租税支出予算との関係で重要なフィナンシャル・アプローチの観点から考察を行う[58]。その上で，本節第3款および第4款においてフィナンシャル・アプロー

---

56)　本節は，本書の準備段階において研究ノートとして執筆したHiroyuki Kohyama, *Selecting Discount Rates for Budgetary Purposes*, HARVARD LAW SCHOOL FEDERAL BUDGET POLICY SEMINAR BRIEFING PAPER No.29, at 1-37 (2006)［*thereafter*, Kohyama（2006）］，および神山弘行「環境と財政制度——経済的手法と世代間衡平」ジュリスト1363号18，22-25頁（2008年）〔以下，神山（2008）〕における導入的考察をもとに，大幅に加筆・修正を施したものである。

57)　換言すれば，政府の割引率といったときの「政府」を歳入歳出の総体である「国庫」として観念するのか，それとも「社会厚生」を体現する存在として観念するのかという問題である。本書では，主として，前者の観点からまずフィナンシャル・アプローチによる分析を加えた上で，後者の視点からも検討を加えることとする。

58)　ただし，第2款で紹介する費用便益分析においては，ソーシャル・アプローチ的な考え方に基

178

チとともに政府の割引率について検討を加えることとする。

　本款では，まず「割引率ゼロ」という規範的主張について概観をし，（少な
くとも）本書の分析対象との関係ではこの立場を正当化できない点を確認する
（第1項）。その上で，第2款以降で具体的な割引率について考察を加える際に
鳥瞰図を与える目的で，フィナンシャル・アプローチ（第2項）と，ソーシャ
ル・アプローチ（第3項）について両者の視点の違いを概観しておく。

第1項　割引率ゼロという規範的主張

　政府の割引率に関する，極端な規範的（normative）主張は，「割引率ゼロ」
を採用する（もしくは将来価値に対して割引をしない）というものである。例え
ば，最適課税論のラムゼイ・ルールで有名な Frank P. Ramsey は，将来の
効用を割り引く行為が非倫理的でかつ想像力に欠けるものであるとして割引率
ゼロを主張している[59]。この立場は，将来世代を含む全ての個人は等しく評価
されるべきであるという規範的な考え方を前提としていると解される[60]。これ
は，ソーシャル・アプローチにおける一つの規範的（normative）な立場とし
て分類することができる。

　また，現在世代は将来世代に対して信認義務（fiduciary duty）を負ってい
ると考える論者も存在する[61]。もし仮に，このような信認義務が存在し，将来
世代の厚生（welfare）が現在世代の厚生と同様に扱われるべきと判断するので
あれば，規範的立場として割引率ゼロを採用することも可能かもしれない[62]。

づく部分も存在している点には注意が必要である。

59)　Frank P. Ramsey, *A Mathematical Theory of Saving*, 38 ECONOMIC JOURNAL 543-559
　　(1928).

60)　*See*, Kenneth J. Arrow, *Intergenerational Equity and the Rate of Discount in
　　Long-term Social Investment*, 2-3, IEA World Congress (December 1995); Kenneth
　　J. Arrow et al., *Intertemporal Equity, Discounting, and Economic Efficiency*, *in*
　　CLIMATE CHANGE 1995: ECONOMIC AND SOCIAL DIMENSIONS OF CLIMATE CHANGE, 125, 136
　　(Cambridge University Press, 1996).

61)　*See*, *e.g.*, Daniel A. Farber & Paul A. Hemmersbaugh, *The Shadow of the Fu-
　　ture: Discount Rates, Later Generations, and the Environment*, 46 VANDERBILT LAW
　　REVIEW 267, 298-299 (1993); Mank C. Bradford, *Protecting the Environment for Future
　　Generations: A Proposal for a "Republican" Superagency*, 5 NEW YORK UNIVERSITY
　　ENVIRONMENTAL LAW JOURNAL 444, 448 (1996).

62)　*See*, Farber & Hemmersbaugh (1993), *supra* note 61, at 298-299; Edward R. Morri-

第1編 第3章 基礎理論の再検討

割引率ゼロを主張する一連の規範的主張において注意すべき点は，それらの主張が「金銭の時間的価値（time value of money）」の存在自体は否定していないという点である[63]。現在世代が将来世代に一定の基金を残すとすれば，当該基金を市場において運用することで，将来世代は投資収益と基金元本の双方の便益を享受できる。そのため，割引率ゼロを主張する論者も，将来世代に移転すべき「金銭的価値」を割り引くことには同意すると考えられる[64]。むしろ，割引率ゼロの論者の多くが主張しているのは，将来世代が享受すべき価値で金銭換算ができない「非金銭的価値」（例えば人権，人命，環境など[65]）を政府が割り引くべきではないという点に主眼があると考えられる。このような考え方の背後には，もしも現在世代が，将来便益をもたらす資源等について不可逆的な破壊をもたらした場合，将来世代はそれを現在世代から購入することができない（そもそも将来世代が被害を防ぐために交渉ができない）という問題意識があるものと解される[66]。

表10 は，割引率（利子率）の選択が異時点間における価値比較において，重要な影響をもたらすことを示している[67]。もし仮に割引率として3% を用いた場合，比較対象が人命であれば，500 年後の世代の約 250 万人の人命と，現在の1人の人命が等価という前提のもとに政策判断を行うことになる。割引率ゼロを主張する論者は，このような帰結に対して異を唱えているのである[68]。

しかし，この「割引率ゼロ」という規範的主張は，非倫理的な帰結をもたらす恐れがある。なぜならば，「割引率ゼロ」または「極端に低い割引率」を政策決定過程において政府が採用することは，将来世代の便益確保のために，現

---

son, *Judicial Review of Discount Rates Used in Regulatory Cost-Benefit Analysis*, 65 University of Chicago Law Review 1333, 1339 (1998).

63) *See*, Morrison, *supra* note 62, at 1336.

64) *Id.*

65) どのような価値を金銭換算するべきかまたはするべきでないかについては，論者によって見解の分かれるところであろう。

66) *See*, Morrison, *supra* note 62, at 1336.

67) 神山（2008）・前掲注 56）22 頁。なお，割引率 3% および 7% は，米国の行政管理予算局（OMB）が実際に用いている割引率である。

68) *See*, Cass R. Sunstein & Arden Rowell, *On Discounting Regulatory Benefits*: *Risk, Money, and Intergenerational Equity*, 74 Chicago Law Review 171, 175 (2007). *Also see*, Frank Ackerman & Lisa Heinzerling, Priceless: On Knowing the Price of Everything and the Value of Nothing, 186-187 (New Press 2004).

180

表10　異時点間の価値比較と割引率の影響

年度	割引率（利子率）			
	0.1%	1%	3%	7%
年度1	1	1	1	1
年度10	1.01	1.09	1.30	1.84
年度50	1.05	1.63	4.26	27.53
年度100	1.1	2.68	18.66	810.95
年度500	1.65	143.34	2,545,512	4.6×10^{14}

在世代に過大な犠牲を強いる結果となる可能性があるからである[69]。

　そのため，Louis Kaplow 教授や Cass R. Sunstein 教授が主張するように，生命（あるいは環境）等それ自体の価値を比較するのではなく，ある時点において人命（環境）一単位を保護するために必要な「費用」を比較するとすれば，正の割引率の採用を肯定することが可能であろう[70]。本書の目的は，課税のタイミングに関する基礎理論及び法理論を再解釈・再構築することであり，そこでは金銭的価値の比較が問題となるため，原則として割引率ゼロという規範的立場には立たないものとする。

第2項　租税支出とフィナンシャル・アプローチ

　割引率の差異を論ずる前提問題として，（課税繰延など課税のタイミングに関する）税制優遇の政府にとってのコストをどのように観念すればよいのかが問題となる。この点については，諸外国における租税支出論（tax expenditures）の議論が参考になる。この租税支出論の発想に依拠して，アメリカ，カナダ，ドイツなどの先進国においては，中央政府の予算ならびに決算過程において，租

---

69)　Morrison, *supra* note 62, at 1349 (1998). 別の論者は，将来価値を割り引くこと自体を否定すると，便益の大半が半永久的に将来に向かって移転されるべきという結論になり，全世代が最低限の生活水準しか享受してはならないことを意味すると指摘している。*See*, DAVID W. PEARCE & R. KERRY TURNER, ECONOMICS OF NATURAL RESOURCES AND THE ENVIRONMENT, 223-224 (Johns Hopkins Univ. Press 1990).

70)　*See*, Louis Kaplow, *Discounting Dollars, Discounting Lives*: *Intergenerational Distributive Justice and Efficiency*, 74 CHICAGO LAW REVIEW 79, 81 (2007); Sunstein & Rowell, *supra* note 68, at 177. 神山（2008）・前掲注56）22頁。

第1編 第3章 基礎理論の再検討

税支出予算と決算が財政過程に組み込まれている。

フィナンシャル・アプローチとソーシャル・アプローチの違いを課税繰延や取得費即時全額控除に代表される租税支出のコスト算出の文脈に当てはめると次のようになろう。フィナンシャル・アプローチのもとでは，租税支出に起因する税収の減少額を，当該租税支出のコストと考えることになる。一方，ソーシャル・アプローチの下では，租税支出による社会厚生（social welfare）への影響を考慮することになる。

フィナンシャル・アプローチの場合，国庫（歳入）の観点のみから租税支出を捉えることになる。このアプローチの下で租税支出のコストを算出する手法として，政府の税収減を直接計算するタックス・コスト方式（tax cost method: TCM）と，納税者の便益を計算するベネフィット方式（benefit method: BM）に大別することができる[71]。

I　タックス・コスト方式（tax cost method）

タックス・コスト方式は，租税支出の政府にとってのコストを政府の税収減少額として把握する方法である[72]。たとえば，米国の個人退職口座（Individual Retirement Account）を例にとれば，同租税支出の現在価値は，①課税繰延がなければ投資開始時に得られたであろう税収と②毎年度の投資収益への課税で得られたであろう税収の和から，③投資回収時点で得られる税収を差し引いた額として観念できる。租税支出の現在価値を PV，投資元本を P，市場の投資収益率を r_i，政府の割引率を r_g，年度 k の税率を t_k とする。年度 M に繰延適格な投資を開始し，年度 N に投資を終えたとすると，租税支出の現在価値は，次の数式で表すことができる[73]。

---

71) *See*, Department of Finance Canada, *Tax Expenditures and Evaluations*, *Appendix*: *Alternative Approach to estimating the present-value tax expenditure*, 42-45 (2001) [*thereafter*, Canada (2001)]; *Also see*, Kwang-Yeol Yoo & Alain de Serres, *Tax Treatment of Private Pension Savings in OECD countries*, 82, OECD Economic Studies No.39, 2004/2 (2004).

72) *Id.*

73) 本項の数式は Canada (2001), *supra* note 71, at 43, 59-61 での議論をもとに若干の修正を施したものである。

182

$$PV_{TCM} = Pt_M + P[1-t_M] \sum_{j=M+1}^{N} \frac{\left\{ \prod_{k=M+1}^{j-1} [1 + r_i(1-t_k)] \right\} r_i t_j}{(1+r_g)^{j-M}}$$

$$- \frac{P(1+r_i)^{N-M} t_N}{(1+r_g)^{N-M}} \dots\dots\dots\dots\dots\dots\dots\dots\dots(式①)$$

　この式から確認できることは，政府の割引率が市場収益率と同値で，かつ年度 M と年度 N の税率が同じであれば，①右辺の第1項と⑩第3項が同値となり，相殺しあう。そのため租税支出の現在価値は，毎年度の投資収益の非課税分と等価となるという点である。

　一方，政府の割引率が市場収益率よりも低い場合，⑩第3項の方が①第1項よりも大きくなるので，その分だけ租税支出の現在価値は小さくなる。

Ⅱ　ベネフィット方式 (benefit method)

　ベネフィット方式は，「租税支出による納税者への純便益」が「租税支出による政府へのコスト」と等価であることを前提とした上で，納税者への純便益を計算することで租税支出の現在価値を算出しようとする方法である。このアプローチは，納税者の割引率と政府の割引率が等しいということを前提としている。

　納税者が（年度 M に開始した）繰延適格な投資により年度 N に得られる金額は，$(1-t_N)P(1+r_i)^{N-M}$ である。繰延非適格投資の場合，納税者が年度 N に得られる金額は $(1-t_M)P \prod_{j=M+1}^{N}[1 + r_i(1-t_j)]$ となる。納税者への課税繰延による純便益（＝租税支出の額）は，この両者の差として計算される。この差額を市場収益率で割り引くことで，下記のように納税者の純便益の現在価値を求めることができる。

$$PV_{BM} = \frac{P(1+r_i)^{N-M}(1-t_N) - P(1-t_M) \prod_{j=M+1}^{N} [1 + r_i(1-t_j)]}{(1+r_i)^{N-M}}$$

$$\dots\dots(式②)$$

　そして，政府の割引率が市場収益率と等しい場合にのみ，タックス・コスト・メソッド（**式①**）とベネフィット・メソッド（**式②**）は，同じ値をとるこ

第1編　第3章　基礎理論の再検討

とになる[74]。

第3項　租税支出とソーシャル・アプローチ

ソーシャル・アプローチは，課税繰延などの租税支出が社会厚生（social welfare）に与える影響を考慮しようとする試みである[75]。ソーシャル・アプローチにおける割引率の議論は，公共経済学，環境経済学などの分野においてしばしば社会的割引率（social discount rate）という名称のもと議論が蓄積されてきた[76]。また，租税支出を政府支出の一形態と考えるのであれば，政府支出の費用便益分析（cost-benefit analysis）に用いられる割引率に関する議論が参考になる。

---

74)　詳細な証明に関しては，Canada (2001), *supra* note 71, at 61 を参照。

75)　Canada (2001), *supra* note 71, at 59.

76)　*See, e.g.*, William J. Baumol, *On the Social Rate of Discount*, 58 (4) AMERICAN ECONOMIC REVIEW 788-802 (1968); Arnold C. Harberger, *On Measuring the Social Opportunity Cost of Public Funds*, in THE DISCOUNT RATE IN PUBLIC INVESTMENT EVALUATION 1-24 (Conference Proceedings of the Committee on the Economics of Water Resources Development, Western Agricultural Economics Research Council, Report No. 17, 1968); Kenneth J. Arrow & Robert C. Lind, *Uncertainty and the Evaluation of Public Investment Decisions*, 60 (3) AMERICAN ECONOMIC REVIEW 364 (1970); ARNOLD C. HARBERGER, PROJECT EVALUATION: COLLECTED PAPERS (1974); David F. Bradford, *Constraints on Government Investment Opportunities and the Choice of Discount Rate*, 65 (5) AMERICAN ECONOMIC REVIEW 887 (1975); Alan J. Auerbach, *Tax Neutrality and the Social Discount Rate*, 17 JOURNAL OF PUBLIC ECONOMICS 355 (1982); Robert C. Lind, *A Primer on the Major Issues Relating to the Discount Rate for Evaluating National Energy Options*, in DISCOUNTING FOR TIME AND RISK IN ENERGY POLICY, 21-94 (LIND ed., 1982); Joseph E. Stiglitz, *Discount Rates: The Rate of Discount for Benefit-cost Analysis and Theory of the Second Best*, in COST-BENEFIT ANALYSIS, 116 (Richard Layard & Stephen Glaister eds. 2nd ed., 1994); K.J. Arrow, W.R. Cline, K-G.Mäler, M. Munasinghe, R. Squitieri, & J.E. Stiglitz, *Intertemporal Equity, Discounting, and Economic Efficiency*, in CLIMATE CHANGE 1995: ECONOMIC AND SOCIAL DIMENSIONS OF CLIMATE CHANGE, 127, 136 (Cambridge University Press, 1996) [*thereafter*, Arrow et al. (1996)]; DIANA FUGUITT & SHANTON J. WILCOX, COST-BENEFIT ANALYSIS FOR PUBLIC SECTOR DECISION MAKERS 95-117 (1999); PAUL R. PORTNEY & JOHN P. WEYANT EDS., DISCOUNTING AND INTERGENERATIONAL EQUITY (1999); RICHARD W. TRESCH, PUBLIC FINANCE: A NORMATIVE THEORY, 731-757 (2nd ed. 2002); DAVID F. BURGESS & GLENN P. JENKINS EDS., DISCOUNT RATES FOR THE EVALUATION OF PUBLIC PRIVATE PARTNERSHIPS (McGill-Queen's University Press 2010); ANTHONY E. BOARDMAN ET AL. EDS., COST-BENEFIT ANALYSIS: CONCEPTS AND PRACTICE, 238-273 (4th ed. Pearson 2010).

第3節　政府（国庫）の視点と納税者の視点の峻別

　ソーシャル・アプローチにおける社会的割引率の探求は，規範的（norma-
tive）なアプローチと事実解明的（positive）なアプローチに大別することが可
能だと考えられる。規範的アプローチは，主として将来世代への影響をどのよ
うに評価するべきかという観点から割引率を検討することになる[77]。一方，事
実解明的アプローチは，追加的な公的投資が（公的投資がなければなされていたで
あろう）私的投資にどの程度取って代わるかという観点から，割引率を検討す
ることになる[78]。社会的割引率に関する議論を参照する場合には，両者の観点
の違いに留意をする必要がある。例えば，先述の割引率ゼロという Ramsey
の主張は，規範的アプローチに属する。

　社会的割引率については，（とりわけ規範的アプローチにおいて）論者の間で見
解が異なる。このような議論の不一致が発生する一つの要因は，所得税（およ
び租税が引き起こす経済的歪み〔distortion〕）の存在である。

　ファースト・ベストの世界（租税なし，リスクなし，distortion なしの世界）で
は，理論的には割引率はただ一つに決まる。すなわち，完全市場が存在する場
合，私的限界投資収益率（marginal rate of return on private investment）と，
個人の限界時間選好率（marginal rate of time preference）と，市場金利が一
致する[79]。そのため社会的割引率は，個人及び企業が利用する割引率（市場金
利）と一致させればよい[80]。この場合，追加的な公共投資の資金調達（増税ま
たは国債の追加発行）が，私的消費と私的投資のどちらをどの程度減少させるか
という問題は，割引率の決定と無関係になる。

　しかし，個人所得税や法人所得税が存在する場合，企業が求める私的投資の
限界収益率（税引前収益率）と，個人の時間選好率（税引後収益率）が乖離する
ことになる[81]。例えば，個人所得税を一律 30％，法人所得税を一律 50％，個
人の時間選好率が 7％ であれば，企業が求める税引前限界収益率は 20％ にな

---

77)　*See*, Arrow et al. (1996), *supra* note 76, at 130-133.

78)　*Id.*

79)　*See*, *e.g.*, Lind (1982), *supra* note 76, at 25; Boardman et al., *supra* note 76, at
　　242-246.

80)　*See*, *e.g.*, Martin S. Feldstein, *Financing in the Evaluation of Public Expenditure*,
　　in PUBLIC FINANCE AND STABILIZATION POLICY: ESSAYS IN HONOR OF RICHARD A. MUSGRAVE,
　　14 (Warren L. Smith & John M. Culbertson ed. 1974).

81)　*See*, *e.g.*, Lind (1982), *supra* note 76, at 29; Boardman et al., *supra* note 76, at 246.

第1編　第3章　基礎理論の再検討

ってしまう。このように所得税の存在するセカンド・ベストの世界では，一つ
の割引率で，資本の機会費用と時間選好率の双方を同時に表象することが不可
能となってしまうのである。

　Lind（1982）は，適切な社会的割引率（social discount rate）を検討する際
には，次の五つの要素が重要であると指摘をしている[82]。それは，①社会的
時間選好率（social rate of time preference），②個人の時間選好率（individual
rate of time preference），③限界変形率（marginal rate of transformation），
④公共投資の機会費用，⑤公共事業の結果に付随するリスクの五要素である。
社会的割引率の選択に関する議論の多くは，上記の各要素の重み付けを巡る争
いと整理することが可能であろう[83]。

　そこで，第3款および第4款で政府の割引率について理論的観点から分析を
加える準備作業として，次の第2款において米国政府が予算・決算・政策決定
過程においてどのような割引率を採用しているかを検討する。

第2款　アメリカにおける政府の割引率政策の解明と分析

　本款では，政府が現実の予算過程・決算過程・政策決定過程において，どの
ような割引率を採用しているかについて検討を加える[84]。アメリカ内国歳入
法典が，どのような割引率もしくは利子率を用いているかについては，第2章
第3節第3款において既に検討を加えたので，ここでは，歳出の局面である予
算・決算過程に絞って考察を行う。なお，ここでは特に断りのない限り，租税
制度同様，アメリカ連邦政府における割引率の選択について検討を加える。ま
ず，第1項において，予算過程における割引率を検討する。続く第2項では，決
算過程における割引率について検討を加える。また，米国においては，公的支出
を行う際に，当該政策の費用便益分析を行うことが要請されている。そこで，
これらの政策決定過程も財政過程と密接な関連を有することから，第3項にお
いては，政府支出に関する費用便益分析についても検討を加えることにする。

82）　Lind (1982), *supra* note 76, at 21-22.

83）　*Also see*, Tresch (2002), *supra* note 76, at 732-733.

84）　本款は，Kohyama (2006), *supra* note 56 での考察をもとに，大幅に加筆・修正を行ったも
　　のである。

186

第1項　予算過程における割引率

I　割引率ゼロと割引率無限大

　アメリカは，原則として現金主義予算を採用している[85]。連邦議会は，歳入・歳出の変化をもたらす法改正（たとえば減税や政府支出増大）を行うとき，連邦政府の予算編成において，①現行制度の下での今後5年間（または10年間）の歳入・歳出を見積もり，さらに②法改正の下での今後5年間（または10年間）の歳入・歳出を見積もった上で，両者を比較して予算編成ならびに法改正を行うものとされている。この5年間ないし10年間という時間枠組は，Budget Window とよばれ，予算編成ならびに法改正時の基本的な時間枠組となる。この Budget Window 内の歳入・歳出の変化については，全て現金主義に基づいて額を算出するものの，何らの現在価値への割引が行われない慣行になっている[86]。

　一方，Budget Window の枠外の歳入・歳出の変化については，法改正および予算編成において直接的には考慮されない。これは，Budget Window 内の5年間（または10年間の）キャッシュ・フローに対して適用される割引率が「ゼロ」であるのに対して，一度 Budget Window という時間枠組から外れると適用される割引率が急に「無限大」にまで上昇していると解することも可能である[87]。

　なお，TEE 型の Roth IRA の導入に代表されるように，この「割引率の非一貫性」を利用することで見かけ上の財政赤字の縮減を図る財政操作（budget

---

85)　より正確には，現金主義予算ではなく，債務確定主義予算（obligation based budgeting）を採用しているものの，多くの局面において確定債務額は現金ベースおよび現金等価物ベースで算出されるため，（発生主義予算と比較した場合）純粋な現金主義予算と大差がないと考えられている。*See*, Government Accountability Office, *Experiences of Other Nations and Implications for the United States*, GAO/AIMD-00-57, at 9 (2000) [*thereafter*, GAO (2000)].

86)　*See*, ALLEN SCHICK, THE FEDERAL BUDGET: POLITICS, POLICY, PROCESS, 67 (3rd ed. Brookings Institution Press 2007); *Also see*, The President's Advisory Panel on Federal Tax Reform, *Simple, Fair, and Pro-Growth*: *Proposals to Fix America's Tax System*, 46, Box 4.1 (2005).

87)　*See*, Coleman Bazelon & Kent Smetters, *Discounting Inside the Washington D.C. Beltway*, 13 (4) JOURNAL OF ECONOMIC PERSPECTIVES, 213, 219-220 (1999).

第1編　第3章　基礎理論の再検討

gimmick）が行われている[88]。

Ⅱ　政府の借入利率（国債の利率）

(1)　課税繰延に関する租税支出予算

Congressional Budget Act of 1974（以下「1974 年予算法」とよぶ）によっ
て，連邦政府の予算に租税支出（tax expenditures）の一覧とその額を掲げる
ことが義務付けられた[89]。1974 年予算法は，租税支出の定義として「特別に
非課税，免税もしくは総所得からの控除を認めるか，特別な税額控除，低税率
もしくは課税繰延を認める連邦租税法に起因する税収損失」と定めている[90]。

　先述のように，アメリカ連邦政府の予算は，原則として現金主義会計に依拠
しており，租税支出予算についても同様の原則が当てはまる。しかしながら，
課税繰延に分類される租税支出——例えば，EET 型の私的年金である 401(K)
プラン[91]や伝統的 IRA（Individual Retirement Account）[92]——の額を算出す

---

88)　歳入・歳出にかかわる法改正における財政操作の問題と対処策について，神山弘行「財政赤字
　　への対応——財政規律と時間枠組み（複数年度予算・発生主義予算）」ジュリスト 1397 号 12 頁
　　（2010 年）参照。

89)　Office of Management and Budget, *Analytical Perspectives*: *Fiscal Year* 2006, at
　　315 (2005) [*thereafter*, OMB(2005)].

90)　*Id.*

91)　内国歳入法典 401 条(k)は，個人納税者（従業員）に，雇用主の提供する 401(K) プランに拠出
　　をする場合に，税制優遇を与える制度である。この制度の下では，従業員は賃金 15,000 ドルを上
　　限に調整後総所得（adjusted gross income）から，401(K) プランへの拠出金を控除することが
　　できる。そして，401(K) プランによって得られた投資収益は，引出しの時点まで課税を繰り延べ
　　られる。これは，本編第 2 章の冒頭で説明した EET スキームに該当する。また，従業員は（上記
　　の課税前所得ではなく）課税後所得を 401(K) プランに拠出することも認められている。この場合
　　には，運用中の投資所得ならびに引出し時に課税は行われない。これは，TEE スキームに該当す
　　る。

92)　内国歳入法典 219 条参照。
　　　個人退職勘定は次のような制度的な変遷を経て現在に至っている。1974 年以前は，雇用主が適
　　格年金に関して内国歳入法典の恩恵を受けていなくても，被雇用者は個人の退職勘定を設定するこ
　　とで何らの租税上の恩恵も享受することはできなかった。1974 年の税制改正で，内国歳入法典 401
　　条による適格年金の加入者（active participants）でない個人に関して，IRA への拠出額の一定
　　限度の控除が認められた。さらに 1981 年の税制改正では，全ての給与所得者は，IRA への拠出の
　　うち，毎年 2000 ドルを上限として控除を認められるようになった。さらに，給与所得のない配偶
　　者のために個人退職勘定に拠出をした場合，本人の場合と同様に毎年 2000 ドルを上限に拠出者本
　　人の総所得からの控除も認められていた。この 1981 年の改正により，多くの納税者は，通常の貯
　　蓄口座から，税制優遇を受ける IRA へと貯蓄をシフトしたといわれる。なお立法当時に予測され

第 3 節　政府（国庫）の視点と納税者の視点の峻別

る場合に，現金主義会計の下では正確な課税繰延のコストを算出することがで
きない[93]。例えば，行政管理予算局（Office of Management and Budget，以下
OMB とよぶ）は，予算関連資料（Analytical Perspectives：The Budget of the
United States）において，課税繰延に関する租税支出予算の指標が，現金主義
に基づいて算出された「今年度に繰り延べられる税額と前の年度において繰り
延べられていた租税によってもたらされる税額の差」[94]であり，正確なコスト
を表す指標ではない旨を指摘している[95]。

　た税収減の 6 倍相当の税収が現実に失われたといわれるが，その大半は高額所得者の節税行為に
よるものとの指摘がある。*See*, MICHAEL J. GRAETZ & DEBORAH H. SCHENK, FEDERAL INCOME
TAXATION: PRINCIPLES AND POLICIES, 773 (Revised 4th ed. 2001).
　1986 年の税制改正において，議会は IRA について税制優遇を受けられる者の対象を，雇用主の
提供する適格年金でカバーされていない個人に制限した（1974 年法への回帰傾向）。1986 年法にお
いては，所得が一定水準以上の納税者で，かつ雇用者の提供する年金によってカバーされる者は，
IRA への拠出金の控除を認められなくなった。ただし，IRA に拠出できない者であっても，1986
年以前に IRA に拠出した金額と 1986 年以降の年 2000 ドルを超えない拠出金については，投資収
益非課税の恩恵を引き続き享受することができる（内国歳入法典 219 条及び 408 条参照）。*Id.*
　2019 年時点で，IRA への拠出額の控除上限は年 6000 ドルであり，50 歳以上の個人の控除上限
は年 7000 ドルである（なお，2011 年以降はインフレ・インデックスが導入されている）。もしも，
個人が適格年金の加入者であった場合，控除枠は所得の増加とともに段階的に縮減（phase-out）
していく仕組みになっている。*Id.*
　IRA の制度は，老後資金の貯蓄へのインセンティブを付与することを目的としているため，個
人退職勘定からの早期の引出しには一定のペナルティが課されている。原則として，59.5 歳未満
の個人が IRA から資金を引き出した場合には，引出額に対して 10% のペナルティが課される。た
だし，例外的に，早期引出しの目的が，医療費の支払い・健康保険の掛金の支払い・教育費の支払
いの場合にはペナルティは課されない。*Id.* at 774.
　この伝統的 IRA（EET 型）を補完する形で，1997 年に Roth IRA とよばれる税制優遇措置が
導入されている。Roth IRA への拠出は控除不可能（すなわち税引後受取額の投資）であるもの
の，投資運用益は非課税であり，一定の資金の引出しは非課税である。これは，先払消費課税もし
くは賃金税（wage tax）と同じ構造（TEE 型）を採用している。納税者は伝統的 IRA と Roth
IRA の双方に拠出をすることはできるものの，双方への拠出合計額には上限が設けられている
（当初は，年 5000 ドルが上限であった）。課税所得が一定水準以下の納税者は，従前の伝統的 IRA
から Roth IRA への転換が認められている。*Id.*

93)　*See*, OMB (2005), *supra* note 89, at 316.
94)　*Id.*
95)　*Id.* なお，このような OMB の理解は，ブッシュ Jr. 政権からオバマ政権，そしてトランプ政
　権へと政権交代がなされても変化せず，不変のままである。*See*, OMB, *Analytical Perspec-*
　tives: The Budget of the United States Fiscal Year 2012, at 240 (2011) [*thereafter*,
　OMB (2011)]; OMB, *Analytical Perspectives: The Budget of the United States Fiscal*
　Year 2018, at 128 (2017) [*thereafter*, OMB (2017)].

189

第1編　第3章　基礎理論の再検討

　現金主義予算の下では，当該年度において政府に入ってくる現金の額を測定することは可能である。しかしながら，次のような問題が生じる。例えば，課税繰延の対象となる取引の総量が変化しうる場合であって，過去の課税繰延に起因する現在の税収が，現在の課税繰延に起因する税収を上回る場合に，現金主義に基づく租税支出の試算は――割引現在価値の観点からは政府にとって何らのコスト増大を意味しないのに――マイナスの値をとることになってしまう[96]。さらに，課税繰延を認める条文が新たに導入されると，繰り延べられている税額は，将来的には政府税収として計上されるにもかかわらず，現時点では一切カウントされない。そのため，現金主義に基づく課税繰延のコスト試算は，現実のコストを大きく上回る過大評価になってしまう[97]。

　そこで OMB は，現金主義に基づく租税支出予算を補完すべく，1995 年以降，より正確な租税支出の額を把握するために，課税繰延や加速度償却に関する内国歳入法典上の規定に関して，税収への影響を割引現在価値に換算して提供している。具体的には，「繰延による当初の税収減少額」と「当該繰延税額上の投資収益から得られたはずの税収の割引現在価値」の和から，「最終的に繰延元本と投資収益が課税される時点での税収の割引現在価値」を差し引いたものとして，租税支出の現在価値を算出している[98]（具体的な額については，脚注 99）参照[99]）。そして，租税支出額の割引現在価値を算出するにあたり，米国

---

96)　OMB (2005), *supra* note 89, at 316.

97)　*Id.*

98)　*Id.*

99)　2018 年度予算における租税支出の割引現在価値（2016 年 7 月 1 日時点での法令に基づく租税歳入の減少見込額の割引現在価値）は，次の通りである。OMB (2017), *supra* note 95, at 149, table 13-4.　①CFC に起因する課税繰延：60,600,000,000 ドル，②研究・実験費用の即時償却（expensing）：3,090,000,000 ドル，③再生可能エネルギー債保有に伴う税額控除：0 ドル，④化石燃料の調査・発掘費の即時控除（expensing）：150,000,000 ドル，⑤非化石燃料の調査・発掘費用の即時控除：10,000,000 ドル，⑥複数年度に及ぶ材木育成費用の即時控除：120,000,000 ドル，⑦複数年度に及ぶ農業関連費用の即時控除：－140,000,000 ドル，⑧農業関連資産購入に関する即時控除：－100,000,000 ドル，⑨森林再生費用に関する即時控除：30,000,000 ドル，⑩生命保険契約・年金契約に伴う課税繰延：12,720,000,000 ドル，⑪賃貸用家屋の加速度償却：17,470,000,000 ドル，⑫賃貸物件以外の建築物の加速度償却：－3,430,000,000 ドル，⑬機械設備の加速度償却：20,250,000,000 ドル，⑭小規模投資の即時控除：940,000,000 ドル，⑮ Zone Academy 債保有者への税額控除：16,000,000 ドル，⑯低所得者向け持家貯蓄への税額控除：6,190,000,000 ドル，⑰州立学校の授業料前払いに関する課税繰延：3,790,000,000 ドル，⑱企業型確定給付年金（DB）の拠出金控除：30,510,000,000 ドル，⑲確定拠出年金（DC）の拠出金

政府は「政府の借入利率（国債の利子率）」を割引率として用いている[100]。

(2)　政府からの直接融資と債務保証

米国連邦政府は，不況時に資金調達が困難となった企業等を支援するために，2種類の融資制度を併用している。一つは，政府が資金需要者に「直接融資」を行う制度である。もう一つは，他の貸手（銀行など）から資金需要者への融資について，政府が「債務保証」を行う制度である[101]。

1990年以前は，現金主義に基づく予算制度が採用されており，直接融資に際しては現金が政府から借手に支払われるため，融資全額が歳出として予算に反映された。しかしながら，直接融資の全てが回収不能になるのではなく，景気回復後にその多くが返済されると考えるのが自然である。このような将来の返済可能性を無視して，現金主義的に融資全額をコストとして計上することは，コストの過大評価に繋がる[102]。

一方，政府が債務保証を提供する場合，債務保証の時点で何ら現金支出を伴わない。そのため，現金主義的な予算制度において，フローの財政指標上，政府が何もコストを負担しないかのごとく扱われる。しかし，債務保証は借手が支払不能に陥れば，債務を肩代わりしなければならないため，債務保証時点で

の控除：72,100,000,000ドル，⑳IRAへの課税繰延：1,390,000,000ドル，㉑Roth IRAへの投資収益および受領時非課税：4,540,000,000ドル，㉒non-deductible IRAの投資収益非課税：450,000,000ドル，㉓Keoghプランへの課税繰延：5,120,000,000ドル，㉔公的目的債の利子非課税：14,900,000,000ドル，㉕非公的目的債の利子非課税：3,880,000,000ドル，㉖U.S. savings bondsの利子への課税繰延：260,000,000ドル。

100)　Emil Sunley, *Tax Expenditures in the United States*: *Experience and Practice, in* Tax Expenditures: Shedding Light on Government Spending Through the Tax System, 155, 164 (Hana Polackova Brixi, Christian M.A. Valenduc & Zhicheng Li Swift eds., 2004).

101)　現金主義的単年度予算を採用する日本の財政法も，この直接融資と政府の債務保証の選択に関して非中立的であり，改善が必要であるという点については，神山弘行「財政法におけるリスクと時間——Contingent Liabilityとしての公的債務保証」フィナンシャル・レビュー103号25頁（2011年）参照。*Also see*, Congressional Budget Office, *Estimating the Costs of One-Sided Bets*: *How CBO Analyzes Proposals with Asymmetric Uncertainties* (1999) [*thereafter*, CBO (1999)], *available at*, CBO website; Congressional Budget Office, *Estimating the Value of Subsidies for Federal Loans and Loan Guarantees* (2004) [*thereafter*, CBO (2004)], *available at*, CBO website; Schick, *supra* note 86, at 45-46.

102)　*See*, Neill Perry & Puja Seam, *Accrual Accounting for Federal Credit Program*: *The Federal Credit Reform Act of 1990*, Harvard Law School Federal Budget Policy Seminar Briefing Paper No.6, at 2 (2005).

第1編　第3章　基礎理論の再検討

一定のコストが確実に発生しているはずである。この点は，民間の債務保証機関であれば，リスクに応じて保証料を要求することからも明らかであろう。そのため，予算において何のコストも認識しないのであれば，債務保証のコストを過小評価することにつながる。

このように，現金主義に基づく予算制度の下では，直接融資のコストは過大評価され，債務保証のコストは過小評価されることになってしまう。したがって，現金主義に基づく予算制度には，債務保証が使いやすくなるバイアスがかかることになる。その結果フローの予算において，コストが認識されない債務保証が過度に提供される危険性がある[103]。

この問題を改善すべく，連邦議会は，1990 年に Federal Credit Reform Act（以下，FCRA）を制定した[104]。この FCRA は，予算編成過程において連邦政府に直接融資と債務保証のコストを現金主義ではなく，発生主義に基づいて認識することを要求している。連邦政府は，直接融資ならびに債務保証から生じると予測される損失（期待損失）を，融資もしくは債務保証の提供時点で発生主義的に認識することになる[105]。具体的には，FCRA は，「執行コストを除外した正味現在価値（net present value）ベースで計算される直接融資と債務保証の政府にとっての長期的なコスト」を補助金費用（subsidiary cost）として政府に認識することを要求している[106]。そして，FCRA は，予測将来キャッシュ・フローを「当該キャッシュ・フローと同程度の満期を有する市場で流通している国債の平均利子率」で割り引く旨を規定している[107]。

このように，アメリカ連邦政府の予算過程においては，原則として「割引率ゼロ」が採用されているものの，現金主義的予算の弊害を緩和するために，発生主義的予算が部分的に導入されている。発生主義に基づいて予算編成を行う際に用いられている割引率は，主として「国債の利率」を参照していると整理することができる。

---

103)　*See*, Center on Federal Financial Institutions, *Budgeting for Credit Programs*: *A Primer*, 1, 3 (2004).

104)　The Federal Credit Reform Act of 1990, 2 U.S.C. 661, 104 Stat 1388-1610. *Also see*, CBO (1999), *supra* note 101; CBO (2004), *supra* note 101.

105)　*See*, Schick, *supra* note 86, at 45-46.

106)　2 U.S.C. 661a (5)(A).

107)　2 U.S.C. 661a (5)(E).

第2項　決算過程における割引率

I　FASAB と連邦政府の決算報告

Federal Accounting Standard Advisory Board（以下 FASAB）は，連邦政府が決算報告書を作成するに際して準拠すべき会計基準と関連指針を定めている[108]。そして，この基準の下で，米国連邦政府は，決算報告書（Financial Report of the U.S. Government）作成の際に，発生主義に基づいて各種費用を認識し開示することになる。

例えば，FASAB により制定された SFFAS-No.5 は，連邦職員への年金及びその他の退職給付（例：退職者用医療保険）にかかる費用を発生主義に基づき，職員によって役務が提供された時点で（毎年度）認識することを要求している[109]。

連邦職員にとって重要な退職給付は，確定給付型年金[110]と医療保険（health care）である。SFFAS-No.5 は，年金債務の現在価値を算出するに際して「年金基金が保有する資産の長期期待リターン」を割引率として利用するように要求している[111]。

健康保険等のその他の退職給付に関して，SFFAS-No.5 は積立型プラン（funded plan）と非積立型プラン（unfunded plan）において異なる扱いを定めている。前者の積立型プランについては，「基金の保有する資産の長期期待リターン」を割引率に用いて，退職給付債務の現在価値を算出することが要求されている。一方，後者の非積立型プランに関して，SFFAS-No.5 は「政府の長期借入利率（長期国債の利率）」を割引率として用いるべき旨を規定している。

---

108)　*See*, The Federal Accounting Standards Advisory Board, *Statements of Federal Financial Accounting Standards*, Volume II, Current Text, iii（June 2004）.

109)　SFFAS-No.5 ¶57.

110)　連邦職員向けの年金の詳細は，Kohyama（2006），*supra* note 56, at 8 n.24 および，Hiroyuki Kohyama & Allison Quick, *Accrual Accounting in Federal Budgeting*: *Retirement Benefits for Government Workers*, HARVARD LAW SCHOOL FEDERAL BUDGET POLICY SEMINAR BRIEFING PAPER No.25（2006）参照。

111)　*See*, FASAB, *supra* note 108, at 436. また SFFAS-No.5 ¶66 も，"[t]he rate used to discount the pension obligation should be equal to the long-term expected return on plan assets" と述べている。

第1編　第3章　基礎理論の再検討

表11　連邦政府の決算報告における割引率

		割引率	アプローチ
①（確定給付型）年金債務		基金保有資産の長期期待リターン	機会費用（could view）
②その他退職給付	(a)積立型	基金保有資産の長期期待リターン	機会費用（could view）
（例：健康保険）	(b)非積立型	長期国債の利率	借入コスト

　年金や積立型医療保険については，割引率として「機会費用」[112]を採用しているのに対して，非積立型医療保険においては，「政府の借入利率」を採用していると整理することができる（表11）。

Ⅱ　ソーシャル・セキュリティ（年金）

　ソーシャル・セキュリティ法は，連邦年金信託基金である OASIDI（正式名称は Federal Old-Age and Survivors Insurance and Disability Insurance Trust Funds）の理事会に，各信託基金の収支報告書と貸借対照表を議会に提出する義務を課している[113]。この収支報告書において，各信託基金の保険数理収支（actuarial balance）[114]が報告されるところ，同保険数理収支は現在価値ベースで算出されることになっている。そして，現在価値を算出する際に，収支報告書は「信託財産の実効利回り（the effective yields on trust fund assets）」を用いている[115]。信託財産の実効利回りは，「信託財産ポートフォリオ上の平均利率」を基に算出されている。

Ⅲ　ソーシャル・セキュリティ（健康保険）

　ソーシャル・セキュリティ法は，Hospital Insurance（HI）と Supplementary Medical Insurance（SMI）の理事会にも，毎年度，財務及び保険数理収支について議会に報告書を提出する義務を課している。年金基金と同様に，現在価値基準で保険数理収支報告書が作成されるところ，割引率として

---

112)　これは，本節第4款第2項で後述するように "could view" に基づく機会費用概念である。

113)　THE BOARD OF TRUSTEES, THE 2005 ANNUAL REPORT OF THE BOARD OF TRUSTEES OF THE FEDERAL OLD-AGE AND SURVIVORS INSURANCE AND DISABILITY INSURANCE TRUST FUNDS (2005).

114)　この保険数理収支は，当該期間の収入（payroll tax）の現在価値と，当該期間の支出の現在価値の差額として求められる。See, The Board of Trustees, supra note 113, at 137.

115)　See, The Board of Trustees, supra note 113, at 201.

第3節　政府（国庫）の視点と納税者の視点の峻別

「信託財産へのみなし貸付利子率（the assumed rates of interest credited to the HI trust fund）」が用いられている[116]。ただ，割引率の選択によって現在価値が大きく影響を受けるため，（前提となる実質金利の値を変化させて）他の割引率を用いた場合の感応度分析（sensitivity analysis）もなされている[117]。

第3項　政策決定過程における割引率

米国において，費用と効果が長期間に及ぶような規模の大きな政策を導入する場合に，所轄官庁は，費用便益分析（cost benefit analysis）を実施することが要求される。ここでは，第一次的に費用便益分析を行う行政機関（federal agency）の視点（Ⅰ），決算・会計・政策の適正さを監視する政府監査院（Government Accountability Office, GAO）の視点（Ⅱ），そして予算・決算を統制する議会予算局（Congressional Budget Office, CBO）の視点（Ⅲ）に分けてどのような割引率を採用しているのか検討する。その上で，各割引率政策の問題点につき検討を加える（Ⅳ）。

Ⅰ　行政機関の視点――OMB の指針

米国の連邦行政機関は，新たな公的投資や各種規制を導入する際に，正味割引現在価値方式による費用便益分析を行うことが要求されている。米国行政管理予算局（Office of Management and Budget, OMB）は，各行政機関が費用便益分析を行うに際して従うべき各種指針を定めている。割引率の選定については，Circular A-94 および Circular A-4 が指針を定めている[118]。各行政機関は特段の事情のない限り，この Circular A-94 および Circular A-4 に従う形で，費用便益分析を行うことになる。以下では，採用されている割引率を分類した上で検討を行う。

---

116) The Medicare Board of Trustees, The 2005 Annual Report of the Boards of Trustees of the Federal Hospital Insurance and Federal Supplementary Medical Insurance Trust Funds, 57 (2005).

117) 2019 年度の報告書においては，実質金利が① 2% の場合，② 2.5% の場合，③ 3% の場合に分けて計算をしている。

118) Circular A-94 は，1972 年に制定されたところ，1992 年に改訂されている。また，Circular A-4 は，Circular A-94 を補完するために，2003 年に導入された指針である。

第1編　第3章　基礎理論の再検討

(1)　私的投資の税引前限界収益率（7%）

現在 Circular A-94 は，各行政機関が費用便益分析を行う際に，原則として，「7% の割引率」を採用するように定めている[119]。OMB は，この 7% という率が「近年の私的部門における平均的な投資の税引前限界収益率（the marginal pretax rate of return）の近似値」[120]であると説明している。そして，OMB は，国債の利率ではなく平均的な私的投資の「税引前限界収益率」を割引率として用いることの理由として，（国債の利率とは異なり）同収益率が資本の機会費用を反映している点をあげている[121]。なお，本指針は 1972 年から 1992 年の間，10% を本割引率として指定していたが，1992 年の指針改定時に本割引率を 7% へと変更した[122]。

また，Circular A-94 は，原則的な割引率として 7% を採用しつつも，次の例外を認めている。第一に，市場規制など私的投資を減少させる可能性の高い政策については，当該政策の正味現在価値は，7% よりも高い割引率を用いて感応度分析（sensitivity analysis）を実施することを勧めている。第二に，適切な割引率が不確かな場合や予算制約が存在する場合には，政策決定を円滑にするために，内部収益率（internal rate of return）を併記することを認めている[123]。

(2)　政府の借入利率（国債の利子率）

Circular A-94 は，次の場合には上記の 7% ではなく，政府の借入利率（国債の利子率）を割引率として用いることを要求している。それは，①費用対効果分析（cost *effectiveness* analysis），②リースか購入かの意思決定，③政府の内部投資に関する意思決定，④国有資産の売却判断の局面である。

さらにこれらの場合に加えて，Water Resources Develpoment Act of 1974 も，⑤水資源プロジェクト（ダム建設など）に関する費用便益分析にも，政府の借入利率を割引率として用いる旨を定めている。以下では，これらにつ

---

119)　なお，イギリスにおいては，社会的時間選好率として推計されている 3.5% が費用便益分析の原則的割引率として採用されている（本節第 4 款第 1 項参照）。*See*, HM TREASURY, THE GREEN BOOK, 97 (2003).

120)　OMB, *Circular A-94*, at 8 (revised 1992).

121)　*Id.*

122)　*See*, OMB, *Circular A-94* (first version 1972).

123)　*See*, OMB (1992), *supra* note 120, at 8.

196

いて，順に概観をする。

①　費用対効果分析　　政府の借入利率が割引率として用いられる第一の類
型である費用対効果分析とは，既に与えられた政策目標を達成するための「最
も安価な方法（the least expensive way）」を決定するために用いられる分析で
ある[124]。したがって，この費用対効果分析は，複数存在する政策手段からも
たらされる便益が同程度である場合や，ある数値目標を達成するために政策が
決定されている場合（たとえば地球温暖化ガスの6％削減という数値目標が先に設定
されている場合）などに有効な分析手段となる[125]。

②　リースか購入かの決定　　現行の現金主義に基づく連邦政府の予算過程
では，長期資産（たとえば建物）が政策遂行に必要な場合に，購入よりもリー
スの方が費用を少なく「見せかける」ことが可能なため，リースが好まれるバ
イアスを生んでしまう[126]。なぜならば，通常の予算過程はBudget Window
内のキャッシュ・フローにのみ着目するため，長期リースを用いれば，当該政
策の費用の大半をBudget Windowの枠外に追いやることができるからであ
る[127]。もし，短期的な財政均衡を望む政治家が多くなれば，資産の購入より
もリースの方が総コストが高くても，短期的な費用は少なく「見せかける」こ
とが可能なリースが選択されてしまい，社会にとって望ましい選択が歪められ
る恐れがある。

このようなリースを好むバイアスを是正すべく，OMBは，Circular A-94
において行政機関に「リース」と「購入」の双方につき正味現在価値の分
析をさせて，よりコストの少ないほうを選択するよう求めている。そして，
Circular A-94は，この正味現在価値分析を行う際の割引率として，「当該プ
ロジェクトと同程度の満期を有する市場で流通している国債の利率」を使用す
ることを求めている[128]。

③　政府の内部投資　　政府の借入利率を割引率として用いる第三の類型

---

124)　*See*, Bazelon & Smetters, *supra* note 87, at 220.

125)　*See*, OMB (1992), *supra* note 120, at 4.

126)　*See*, Bazelon & Smetters, *supra* note 87, at 220.

127)　Budget Windowについては，本款第1項を参照。

128)　*See*, OMB (1992), *supra* note 120, at 8. なお，OMBが1986年に公表した旧Circular
　　A-104は，同様の判断に際して「同程度の満期を有する国債の年利回り+0.125％」を利用してい
　　た。*See*, GAO, *Discount Rate Policy*, 6 (revised ed. 1991).

第1編　第3章　基礎理論の再検討

は，投資の便益が社会一般にはもたらされずに，主として政府自身にもたらされるような「政府の内部投資」の場合である。政府の内部投資の例としては，政府運営の間接経費たる光熱費を削減するようなエネルギー効率的な建物への改築などがある。Circular A-94 は，このような政府の内部投資に関する正味現在価値分析を行う際の割引率として，当該投資と同程度の満期を有する国債の利子率を用いるよう求めている[129]。

　これに対して，便益が政府内だけでなく社会全体にも及ぶようなプロジェクトの場合には，プロジェクトの費用を政府の内部便益と社会的便益の間で割り振れる場合を除いて，OMB は，先述した 7% の割引率を正味現在価値分析において用いるよう要求している[130]。プロジェクト費用を政府内部便益と社会的便益の間で割り振れる例として，政府の IT 化によって，政府内部の情報管理コストを節減することと，国民の申請や要望が IT を利用することで迅速に処理されるようになること（たとえば電子申告・納税制度）が考えられる。そして，両者を分割できるような場合，OMB は，前者の政府内便益にかかる費用に関しては政府の借入利率（国債の利子率）で，後者の社会的便益に帰属する費用に関しては 7% で割り引くことを認めている[131]。

　④　国有資産の売却　　国有資産の売却判断について，Circular A-94 は，正味現在価値を計算する際に，政府の借入利率（国債の利子率）を割引率として用いることを各行政機関に要求している。

　一方で，OMB は「国有資産が私的部門において利用されるのであれば，より効率的に利用されるような場合でも，私的部門における潜在的な買主は，リスクを考慮に入れて国債の利子率よりも高い当該資産の収益率で割り引くことになる」[132]と述べている。これは，もし各行政機関が国有資産の売却の是非を判断する際に，国債の利子率のみを用いると次のような問題が生じることを示唆している。私的主体が国有資産の購入を判断する場合には，将来リスクを加味して（国債の利子率よりも）より高い割引率を設定することになる。そのため，行政機関が資産の将来便益を（相対的に低い）国債の割引率で割り引くと，

---

129)　*Id*. at 9.

130)　*Id*.

131)　*Id*.

132)　*Id*.

将来キャッシュ・フローを生み出しうる全ての資産を政府が保有することが望ましいという結論に達してしまう恐れがある[133]。そして，リスクの高い資産ほど，政府と私的主体の割引率の乖離幅が大きくなり，政府はリスクの高い資産ほど優先して保有することになってしまう[134]。

　このような問題を回避するために，国有資産が私的部門において，より効率的に活用されうるような場合には，同程度のリスクを有する資産がもたらす収益率で当該国有資産のもたらすキャッシュ・フローを割り引く感応度分析（sensitivity analysis）を行うことが要求されている[135]。

　⑤　水資源開発プロジェクト　　水資源開発に関する 1974 年法の下で，連邦政府は，費用・便益が長期に及ぶ資本集約的な水資源開発プロジェクト（例：ダム，運河）については，私的部門における投資の市場リターンよりも低い割引率を採用するようになった[136]。そして，毎年度，米国水資源委員会が，水資源関連プロジェクトの分析において連邦政府機関が用いる割引率を，連邦政府の長期国債の平均利子率を基礎に定めることとされている[137]。

　ダムなどの長期間におよぶプロジェクトの場合，割引率が急激に変化してしまうと，政策判断が年度によって正反対となり一貫性に欠ける恐れがある。そこで，長期国債の平均利子率を基礎としつつも，前年度比で割引率の変化は 0.25% 以内に収めるように一定の制限が課されている[138]。

　(3)　社会的時間選好率（3%）

　平均的な私的投資の限界収益率を原則的な割引率とする Circular A-94 に対する批判として，私的投資にクラウディング・アウトを生じさせない場合

---

133)　*See*, Robert Hartman, *One Thousand Points of Light Seeking a Number*: *A Case Study of CBO's Search for a Discount Rate Policy*, 18 JOURNAL OF ENVIRONMENTAL ECONOMICS AND MANAGEMENT, S3, S5-S6 (1990).

134)　*Id.*

135)　OMB (1992), *supra* note 120, at 9-10.

136)　Water Resources Development Act of 1974, Pub. L. No.93-251, 83 Stat 12 (1974). *Also see*, DIANA FUGUITT & SHANTON J. WILCOX, COST-BENEFIT ANALYSIS FOR PUBLIC SECTOR DECISION MAKERS, 116 (1999); Clark Row, H. Fred Kaiser & John Sessions, *Discount Rate for Long-Term Forest Service Investments*, 79 (6) JOURNAL OF FORESTRY 367, 367-369 (1981).

137)　*See*, Fuguitt & Wilcox, *supra* note 136, at 116.

138)　General Accounting Office, *Discount Rate Policy*, 25 (revised ed. 1991).

第1編　第3章　基礎理論の再検討

に，割引率が高くなりすぎるという点が指摘されてきた（本項・Ⅳ参照）[139]。そこで，OMB は，Circular A-94 を補完する指針として，2003 年に Circular A-4 を公表した。

Circular A-4 は，新規の公的投資や規制の導入が，（私的投資に対するクラウディング・アウトを生じさせず）主として私的消費を減少させる場合には，割引率として「社会的時間選好率（social rate of time preference）」を併用すべき旨を定めている[140]。このような考えのもと，Circular A-4 は，長期国債の実質利回りが社会的時間選好率の代替変数として概ね適切であるとの判断から，1973 年以降の同利回りの平均値である 3% を割引率として用いることを推奨している[141]。なお，Circular A-4 は，この割引率 3% と Circular A-94 の採用する割引率 7% という双方の（両極端な）割引率を用いて費用便益分析を遂行することを要求している。

Ⅱ　政府監査院の視点——GAO の指針

予算編成過程は，OMB と議会によって統括されている。これに対して，予算編成・予算執行・政策の適切性をレビューする機関として，政府監査院（Government Accountability Office，以前の General Accounting Office；以下 GAO）が独立機関として設置されている。そのため，GAO は OMB の提示する割引率の指針に拘束されることなく，「政府の監査」という独自の知見から割引率を設定して，政策の適切性をレビューすることになる。

GAO は，1983 年に割引率に関する最初の指針（以下，旧指針とよぶ）を公表し，1991 年に新たな指針に改定した（以下，新指針とよぶ）[142]。GAO は，予算および政策のレビューにおいて用いる適切な割引率を決定する際に，「基本的な経済原理との一貫性」と「執行可能性」の二要素を重要な考慮要素としている。以下では，1983 年の旧指針と，1991 年の新指針の差異に着目しながら，

139）　OMB, *Circular A-4*, at 33-34 (2003).

140）　*Id.*

141）　*Id.*

142）　General Accounting Office, *Discount Rate Policy* (first version 1983); General Accounting Office, *Discount Rate Policy* (revised ed. 1991). 同指針の改定に際して，政府監査局は「改訂版の指針は従来の指針の多くを引き継いでいるものの，センシティビティ・アナリシス及び手続的な側面に改善を加えたものである」と述べている。

200

GAO が割引率の採用に関してどのような判断枠組みを採用しているかを検討する。

(1) 国債の名目利子率と実質利子率

基準となる原則的な割引率として，GAO は対象プロジェクトの期間と同程度の満期を有する「国債の利子率」を用いている。

旧指針において，GAO は全ての金銭的価値ならびに数値を「（インフレ率を含む）名目値（nominal term）」であるとみなしていた。これに対して，新指針において，GAO は「名目値」と「（インフレ率を含まない）実質値（real term）」を区別するようになった。そして，名目値で表現されたキャッシュ・フローを割り引く際には，名目値で表現された割引率を使用し，実質値で表現されたキャッシュ・フローを割り引く際には，実質値で表現された割引率を使用している。

なお，名目値から実質値を求めるための前提となる（予測）インフレ率に関して，GAO は，OMB や CBO とは別個独立のインフレ率を独自に算出して用いている。この点から，GAO は，OMB や CBO からの政治的独立性だけでなく，両政府機関よりもより柔軟かつ長期的な視点から分析を行うことを志向している点が窺える[143]。

(2) 金利の期間構造

旧指針と新指針の間で，双方とも国債の利子率を割引率の基準としているものの，金利の期間構造への配慮の仕方で違いが見受けられる。旧指針において，GAO は，1 年以上かつ対象プロジェクトの期間以下の満期をもつ全ての国債の「平均利回り」を基準に採用していた[144]。なお，この旧指針において，実際には Wall Street Journal に掲載される利回りを単純平均して用いており，対象プロジェクトの長短に応じた調整がなされていなかったとされる[145]。

そこで，新指針においては，金利の期間構造（term structure of interests）を割引率に反映させるべく，対象プロジェクトの期間と同程度の満期を有する国債の利子率を割引率として用いるように変更された[146]。

---

143) *See*, GAO (1991), *supra* note 142, at 19.

144) *See*, GAO (1983), *supra* note 142, at 14-17.

145) *See*, GAO (1991), *supra* note 142, at 19.

146) *Id*.

第1編　第3章　基礎理論の再検討

(3)　感応度分析

　新指針において，GAO は，インフレ率，利子率，私的部門の収益率（機会費用），人命にかかわる政策の世代を超えた影響について幾つかのシナリオを想定し，前提を変えた場合の感応度分析（sensitivity analysis）をするように要求している。

　例えば，国有資産の売却に関して検討を加える際には，原則的な割引率である「国債の利子率」の他に，「私的部門における割引率」を用いて試算を行うことが要求されている[147]。

　国債の利子率は，政府の信用リスクが通常の私的主体よりも低いことから，私的主体の借入利率よりも低くなる[148]。国債の利子率を用いた場合には，相対的に高率の私的部門における割引率を採用するよりも，将来便益を過大に評価することとなる。その結果，国債の利子率を用いることで，現実には資産を国が保有し続けることが効率的でない場合でも，私的所有より国有の方が望ましいという検証結果を生む恐れがある。そのため，GAO は新指針において，私的部門における割引率（この場合は，同程度のリスクを有する資産の収益率）を用いて正味現在価値分析を行うことを定めているのである。

　公的投資や市場規制に関して，新指針は，私的部門における機会費用と時間選好率の双方から試算を行うことを要求している[149]。一方で，人命にかかわるような世代を超えた影響をもたらす政策（例えば原子力発電所の建設など）に関しては，GAO は新指針の下で，「極端に低い割引率」（実効割引率はゼロに近い）を採用することを推奨している[150]。原子力発電所を例にとれば，建設費

---

147)　国有資産の売却については，OMB は国債の利子率を割引率に用いている（本項 I (2)④参照）。

148)　（アルゼンチンなどの財政破綻国家の場合は例外として）多くの政府の場合は，将来の市場収益から税収を得ることができる「課税権」という歳入確保手段が担保となって，他の私的主体よりも信用リスクは低く，より低利で借入をすることが可能だと説明できる。

149)　*See*, GAO (1991), *supra* note 142, at 8-9.

150)　イギリスにおいては，環境問題など影響が長期に及ぶ政策判断においてこの種の議論が主流を占めており，イギリス政府も（割引率を低くする方向で）割引率の見直しを行っている。なお，イギリス政府は，予算過程・政策決定過程において長期的な影響を勘案する場合には，全期間を通じて一定の割引率ではなく，時間の経過とともに逓減する形で割引率を設定している。*See*, *e.g.*, UK HM Treasury, *supra* note 119, at 26, 97-99 (2003); NICHOLAS STERN, THE ECONOMICS OF CLIMATE CHANGE: THE STERN REVIEW, 57-60, 662-663 (Cambridge University Press 2007); UK HM Treasury, *Intergenerational wealth transfers and social discounting: Supplementary Green Book Guidance*, 3-5 (2008).

202

用は当初数年間のみ発生し，その後中期的に電力供給という便益がもたらされるものの，その後超長期にわたって放射性廃棄物の影響が後の世代に残されることになる。そして，「原子力発電所の収益率」もしくは「国債の利子率」を割引率として採用してしまうと，（便益は受けずに負担のみ被る）後の将来世代の負担が過小評価されることになってしまう。その結果，現在世代による原子力発電所の供給水準が，全世代を見渡した場合に最適な供給水準よりも，大きく上回ってしまうことになる。そこで，GAO はこのようなバイアスを是正するために，割引率をゼロに近づけ，将来世代の負担の過小評価を抑制することを意図しているのである[151]。

Ⅲ 連邦議会予算局の視点——CBO の指針

連邦議会予算局（Congressional Budget Office; 以下 CBO）は，政府予算局（OMB）とは別個独立の機関として連邦議会によって設置されている議会直属の機関である。

CBO が費用便益分析等において用いる基本的な割引率は，国債の実質金利として推計された 2% である[152]。感応度分析においては，（基準値 ±2% の）0% から 4% の値を割引率として用いている[153]。

理論上，CBO は，政策の社会厚生分析において，「社会的時間選好率（social rate of time preference）」と「確実性等価物（certainty equivalence）」を併用する手法を採用していると考えられている[154]。この手法の下では，①まず，全費用と全便益は消費単位に換算され，②それらを確実性等価物に変換することで不確実性を除去し，③その確実性等価物を社会的時間選好率を用いて現在価値に割り引くことになる。そして CBO は，社会的時間選好率の代替的指標として，国債の実質金利を用いているのである。これに対して，CBO は実務上は費用と便益の期待価値（expected value）を用いていると批判されることがある[155]。

151）　このような世代間の利益調整の観点から，ゼロの割引率の採用を強く主張した初期の論者として既に紹介した Frank Ramsey が存在する。*See*, Ramsey, *supra* note 59.
152）　*See*, Hartman, *supra* note 133, at S-4; *Also see*, GAO (1991), *supra* note 142, at 26.
153）　*Id.*
154）　*See*, Bazelon & Smetters, *supra* note 87, at 222.
155）　*See*, *id.* Bazelon & Smetters は「CBO は，内部的時間選好と外部的時間選好の区別をして

第1編　第3章　基礎理論の再検討

Ⅳ 考　察

OMB は，Circular A-94 において，原則的な割引率として，平均的な私的投資における税引前限界収益率である 7% を採用していた。このような Circular A-94 の問題点として，次の点を指摘することができる。

本節第 4 款で論じるように，資本の機会費用 (opportunity cost of capital) という概念は could view と would view の 2 種類に区別することができる[156]。私的部門の投資理論であるファイナンス理論において，通常 could view に基づく機会費用概念が利用されているところ，OMB の上記の考え方も，could view に基づく機会費用概念を採用していると評価することができる[157]。

政府が追加的な公的投資を行うために，市場から（追加的な課税または国債発行の形で）資金調達をする場合，クラウディング・アウトが生じるとすれば，私的部門における「投資」または「消費」を減少させることになる。Could view に基づく機会費用を政府の割引率として用いることは，私的投資にのみクラウディング・アウトが発生し，私的消費にはクラウディング・アウトが生じないことを暗黙の前提とすることを意味する。しかしながら，現実世界において，全ての追加的資金が私的投資からのみもたらされるという状況は観念することが「可能」ではあっても，現実的な想定ではなかろう。政府による追加的資金調達は，私的投資（将来の消費）と私的消費（現在の消費）の双方からもたらされると想定する方がより現実的であろう。そうであるとすれば，could view アプローチは，個人または社会から実際に求められる公的投資のリターンを過大評価する恐れがある[158]。

おらず，社会的時間選好率は消費に関する時間選好率として算出されてしまっている」と述べている。

156)　See, Feldstein, *supra* note 80, at 14.

157)　Could view の考え方は，投資主体がプライス・テイカーであることを前提としている場合には妥当しよう。しかし，政府のように規模が大きく，純粋なプライス・テイカーでない可能性が高い場合には，機会費用概念自体についても十分に検討をしなければならない。換言すれば，納税者の視点から課税繰延に関する割引率を考える場合には，ファイナンス理論的発想で対処ができるとしても，政府の進展から割引率を考察する場合には，公共経済学的発想が求められることになろう。

158)　See, Randolph M. Lyon, *Federal Discount Rate Policy, the Shadow Price of Capital, and Challenges for Reforms*, 18 JOURNAL OF ENVIRONMENTAL ECONOMICS AND

OMB は，2003 年に公表した Circular A-4 において，社会的時間選好率である 3% を同時に費用便益分析において利用することを要求している[159]。この社会的時間選好率を割引率として用いることは，逆に追加的公共投資または規制の導入が，私的投資のクラウディング・アウトをもたらさず，もっぱら私的消費のみを減少させることを前提とすることを意味する。そのため，割引率としては過度に低くなる可能性がある。しかし，評価の保守性または慎重性の確保という観点からすれば，低めの割引率を併用することには一定の意義があると考えられる。

OMB は，国有資産売却の判断に際して，私的投資の限界的収益率の代わりに，国債の利子率を割引率として用いている。既に指摘したように，私的主体よりも相対的に低い割引率を用いることは，将来キャッシュ・フローを生み出す資産について国有資産を売却せずに保有し続けるという結論が出やすいという問題を内包している。

これに対して，行政部門の監査役である GAO は，基本的に国債の利子率を政策評価等における割引率として採用している。GAO がこのような割引率の選択を行っている理由として，次の点が考えられる。第一の理由は，執行が容易という点である[160]。様々な政治的・経済的状況を反映する形で，市場において国債の適正な価格付けがなされているとすれば，国債の市場金利を参照することで他の要素も同時に加味することが可能という考えである。第二の理由は，多くの政策決定者や非専門家にとって，金銭の時間的価値の観点から直観的に受け入れ易い指標であるというものである[161]。第三の理由は，国債の利子率が恣意的に改変しづらいという点である[162]。第四の理由は，政府の追加的投資が市場金利を引き上げたり国内投資を減少させたりしない場合に，割引率の設定に際して，資本の機会費用を勘案する根拠が弱まるという

MANAGEMENT S18, S32 (1990).

159) 先述のように，この 3% という値は過去 30 年間の長期国債の平均的な実質利回りを参考にして導出されている。通常，時間選好率は「税引後リターン」を基礎とするところ，上記 3% が税引後概念なのか税引前概念なのかについては不分明である。

160) *See*, GAO (1991), *supra* note 142, at 16.

161) *See*, *id*.

162) *See*, *id*.

第1編　第3章　基礎理論の再検討

点である[163]。第五の理由は，一定の条件の下で，国債の利子率が，割引率の有力な選択肢である「資本コストの加重平均（WACC）」や「資本の影の価格（shadow price of capital）」に近似するという点である[164]。

　しかし，GAO は国債の利子率を政府の割引率として用いることに，次のような問題が存在することも認識している[165]。第一に，国債の利子率が「私的投資の税引前収益率」とも，「貸主の時間選好率である税引後収益率」とも異なるため，私的主体によって享受される費用及び便益に対する割引率としての正確さを欠くという問題がある。第二に，通常，国債の利子率は，有力な選択肢である影の資本価格と大きく乖離する可能性があるという理論的問題を内包している。第三に，国債の利子率は，計測する年度によって大きく変動しうるという非一貫性の問題がある。第四に，OMB の割引率政策同様に，政府が資産を保有すべきか売却すべきかを判断する際に，国債の利子率を用いると当該資産のもたらす将来キャッシュ・フローのリスクを適切に反映しないため，政府が資産保有する方向でバイアスがかかりやすいという問題がある。第五に，個々の政策プロジェクト固有の事情（リスクの程度など）を上手く反映できないという問題がある。第六に，国債の利子率は画一的であるがゆえに，政策の方針の転換や政策上の重み付けを反映しづらいという問題がある。

　GAO は，資本の加重平均費用または影の資本価格が理論上望ましいと考えつつも，これらの指標は非専門家には理解しづらくかつ恣意的な運用がなされる可能性が高いという点に鑑みて，「執行容易性」を重視する形で，国債の利子率を基本的な政府の割引率として用いていると解される。ただし，GAO は，上記の問題を緩和するため，補完的な方式として，感応度分析を導入している。

　これに対して CBO は，割引率の設定においてリスクを加味するのではなく，将来キャッシュ・フローを確実性等価物に換算することでリスク要因を排除し，社会的時間選好率 2% を原則的な割引率として採用している。なお，以前 CBO に勤務していた Robert Hartman 氏は，実質年 2% という政府の割引率の決定において，過去の記録が十分な割引率の可能性を提示してくれる場

---

163)　*See, id.*
164)　*See, id.*
165)　*See, id.* at 16-17.

合，学術文献はほとんど役にたっていないとの指摘をしている[166]。この指摘は，理論的に適切な割引率決定の枠組みが提示されたとしても，それが執行可能性の観点も加味しているものでなければ，「絵に描いた餅」になってしまい実効的な制度として機能しないことを示唆していると考えられる。

第4項　小　括

本款では，アメリカを題材に予算・決算・政策決定において実際に採用されている割引率を検討した。OMB，GAO および CBO の割引率選択において共通していたのは，執行可能性の観点から「国債の利子率」を利用している点である。ただし，必ずしも「政府の借入コスト」で将来キャッシュ・フローを割り引くという考え方を基礎に，国債の利子率を割引率として採用しているわけではないという点には注意が必要である。また，国債の利子率以外を用いる場合には，毎年度何らかの指標に応じて割引率を調整するのではなく，割引率を一定の値に固定した上で，実態と乖離した場合に適宜変更をするという方式が採用されていた。これは，可能な限り評価の恣意性を排除するとともに，評価の一貫性を確保するという観点から評価できる。

国債の利子率を政府の割引率として用いる理由として「政府の借り入れコスト」という根拠は，個別の公的プロジェクトのリスクを十分に考慮に入れていない可能性が高い。そこで，リスクに対して政府と私的主体のポジションがどのように異なりうるのかについて考察をする必要がある。そこで，次の第3款では，「政府とリスク」の関係という観点から，政府の割引率について理論的検討を加える。

なお，OMB が Circular A-94 において，公的投資の機会費用として私的投資の限界収益率を採用していた。これは，ファイナンス理論における "could view" に基づく機会費用概念であるといえる。しかし，政府の割引率としてこの機会費用概念が常に適切とは限らない。この点については，第4款で検討を加える。

---

166)　Hartman, *supra* note 133, at S-4.

第1編　第3章　基礎理論の再検討

第3款　政府の割引率に関する考察——リスクの観点から

　本款では，政府の視点から適切な割引率について考察を加える。私的主体（市場）と政府（国庫）のリスクに対するポジションは，政府の割引率を考える上で重要な要素となる。そこで，本款第1項では，リスクと割引率の関係について，基本的なファイナンスの視点を確認しておく。続く第2項では，税引前割引率と税引後割引率に関する一般的な考え方を整理する。それらを踏まえて，第3項で，政府とリスクの関係から政府にとっての適切な割引率について考察を加える。

第1項　リスクと割引率の関係

I　割引率に影響を与える要因

　割引率を決定する際に重要な要因として，次の三点をあげることができる。第一はリスクの程度であり，第二は所得課税（利子やキャピタル・ゲインなど投資収益への課税）の有無であり，第三は個人の時間選好率（time preference rate)[167]が一定であるか否かという点である。

　第一点目に関しては，将来キャッシュ・フローの源泉である投資にリスクが存在する場合，割引率は無リスク金利ではなく同程度のリスクを考慮に入れたリターンを前提に設定をしなければならない。第二点目に関しては，所得課税によって，投資の税引前リターンと税引後リターンの乖離が生じることになるところ，この点を割引率の設定の際に考慮する必要がある。この点については，本款第2項で検討を加える。第三点目については，伝統的な新古典派経済学の想定する合理的な個人は，時間選好率が不変（割引率が常に不変）であることを前提としているものの，行動経済学における双曲割引（hyperbolic discounting）の議論に代表されるように，多くの実証研究において個人の時間選好率が不変ではないことが明らかにされつつある。そのため，限定合理的な決定を行う現実の個人の存在と，割引率の関係ならびに租税政策のあり方を

---

167)　一般的に，時間選好率とは「追加的な1単位の将来財に対する現在の限界的欲求よりも，追加的な1単位の現在財に対する限界的欲求の方がまさっている場合に，その超過分の前者に対する比率」と説明される。金森久雄他編『経済辞典〔第5版〕』496頁（有斐閣，2013年）。

考察する必要があろう[168]。

Ⅱ　リスクの尺度

　投資のリターンには，次の二つの要素が混在している（インフレは捨象する）。一つはリスクに関する純粋な賭け（pure bet）の要素であり，もう一つは投資開始から投資結果が出るまでにタイム・ラグが存在することによる時間選好（例えば金銭の時間的価値など）の要素である。

　リスクの代表的な尺度として，ファイナンスの分野では，分散（variance）や共分散（covariance）が用いられる[169]。従来の租税法における議論では，期待収益率（expected rate of return）に着目して，議論を進めるものが多かった。期待収益率と分散の視点の違いを，簡単な数値例を用いて確認しておこう。次の二つの純粋な賭けを想定してみる。結果が即時に判明するような賭けであれば，金銭の時間的価値（無リスク金利）の存在を捨象することができる。

【賭け A】　20％の確率でマイナス 5，20％の確率でマイナス 2，20％の確率で 0，20％の確率で 2，20％の確率で 5 がもたらされる賭け。

【賭け B】　20％の確率でマイナス 20，20％の確率でマイナス 5，20％の確率で 0，20％の確率で 5，20％の確率で 20 がもたらされる賭け。

　賭け A ならびに賭け B の期待値は，どちらもゼロである[170]。すなわち，賭

---

168)　この点についての導入的考察として，神山弘行「租税法と『法の経済分析』——行動経済学による新たな理解の可能性」金子宏編『租税法の発展』315, 321-322, 329 頁（有斐閣，2010 年），神山弘行「年金信託と課税——租税法と意思決定理論」信託研究奨励金論集 32 号 137 頁（2011年），神山弘行「租税法と行動経済学」金子宏監修『現代租税法講座 (1)——理論・歴史』269-294頁（日本評論社，2017 年）参照。

169)　分散とは，標準偏差（standard deviation）の平方である。ある賭けの結果 i のリターンを r_i，i の起こる確率を $Pr(i)$，賭け全体の期待リターンを $E(r)$ とすると，分散 σ^2 は次のように表現できる。

$$\sigma^2 = E[r_i - E(r)]^2 = \sum Pr(i)[r_i - E(r)]^2$$

　この分散（その平方根である標準偏差）は，投資リターンの確率分布が正規分布であれば，リスクについての正確な尺度となる。

　See, Bodie & Kane & Marcus, *infra* note 173, at 1010.

170)　賭け A と B の期待値をそれぞれ $E(A)$ と $E(B)$ とすると，次のようになる。

第1編　第3章　基礎理論の再検討

けA・Bともに期待値上の損得はゼロの公正な賭け（fair bet）である。期待収益率が同じであるものの，賭けAの分散は11.6であるのに対し，賭けBの分散は170となる（賭けをしない場合の分散はゼロである）[171]。この分散の値が大きいほど，賭けの実際の結果と賭け全体の期待値との予測される乖離が大きいことを意味する。このように分散が大きいほど，リスクが高いと考えることになる。

　もしも，個人がリスク中立的（risk neutral）であれば，期待収益率にのみ着目するため，「賭けA」，「賭けB」または「賭けをしない」という三つの選択肢に関して無差別になると考えられる。一方，個人がリスク回避的（risk aversion）であれば，賭けAと賭けBが等価ではなくなる。賭けAと賭けBの期待値は同じため，リスク回避的な個人にとっては，リスク（分散）の小さい賭けAの方が賭けBよりも望ましくなる。この場合，最も望ましいのは賭けをしないという選択肢になる。そのため，リスク回避的な個人であれば，リスクを取ることに対する対価（リスク・プレミアム）を要求することになる[172]。

Ⅲ　リスクと割引率

　それでは，将来キャッシュ・フローに内在するリスクと割引率は，どのような関係にあるのであろうか。一般的に，割り引かれる対象となるキャッシュ・フローが有するリスクと同程度のリスクを有する代替的投資から得られる収益率を割引率として用いるべきと考えられている。これは，リスク調整後の割引率（risk adjusted discount rate）を用いることを意味する。この考え方は，資本の機会費用（opportunity cost of capital）の考え方と密接に関連している。また，資産の期待収益率とリスクの関係を表現するモデルとして，資本資産価格モデル（capital asset pricing model: CAPM）[173]や裁定価格理論（Arbitrage

---

$E(A) = 0.2 \times (-5) + 0.2 \times (-2) + 0.2 \times 0 + 0.2 \times 2 + 0.2 \times 5 = 0$

$E(B) = 0.2 \times (-20) + 0.2 \times (-5) + 0.2 \times 0 + 0.2 \times 5 + 0.2 \times 20 = 0$

171)　賭けAとBの分散をそれぞれ$\sigma^2(A)$と$\sigma^2(B)$とすると，次のようになる。

$\sigma^2(A) = 0.2 \times [(-5)-0]^2 + 0.2 \times [(-2)-0]^2 + 0.2 \times [0-0]^2 + 0.2 \times [2-0]^2 + 0.2 \times [5-0]^2 = 11.6$

$\sigma^2(B) = 0.2 \times [(-20)-0]^2 + 0.2 \times [(-5)-0]^2 + 0.2 \times [0-0]^2 + 0.2 \times [5-0]^2 + 0.2 \times [20-0]^2 = 170$

172)　リスク・プレミアムについて，例えば，草野耕一『金融課税法講義〔補訂版〕』50-57頁（商事法務，2010年）参照。

173)　*See, e.g.*, William Sharpe, *Capital Asset Prices: A Theory of Market Equilibrium under Conditions of Risk*, 19 JOURNAL OF FINANCE 425 (1964); John Lintner, *The*

第3節　政府（国庫）の視点と納税者の視点の峻別

Pricing Theory: APT)[174] などが存在する。

第2項　租税の存在と割引率

前項の議論では，投資収益への所得課税が存在しない状況を想定していた。しかし，消費課税（または消費型所得概念）を前提としない限り，課税繰延の問題を考える際に，投資収益への課税の存在を無視して議論を進めることはできない。そこで，投資収益への課税と割引率の関係について検討を加えることとする。

Ⅰ　リスクが存在しない場合

今，法人税率を一律 50%，個人の所得税率を一律 25% と想定する。また，インピュテーション方式など，法人税と所得税の二重課税を排除する措置がとられていないものとする。仮に，個人の時間選好率が年 3% である場合，この個人は年 3% の税引後収益率を要求することになる。この個人が税引後 3% のリターンを得るためには，年 4% の税引前リターンを得る必要がある[175]。法人は，この個人から資金を集めるためには，税引前で年 8% のリターンを上げなければならない。これは次のように説明できる。法人の税引前リターンが年 8% であれば，法人税率が 50% なので，法人の税引後リターンは年 4% となる。その 4% を配当として株主に支払った場合，個人株主はさらに 25% の税率で所得税がかけられるため，税引後のリターンは年 3% となる。

このように，個人の要求する時間選好率を満たすために，事業主体である法人は，より高い投資リターンを求めなくてはならず，両者の間に乖離が生ず

Valuation of Risk Assets and the Selection of Risky Investments in Stock Portfolios and Capital Budgets, 47 REVIEW OF ECONOMICS AND STATISTICS 13 (1965); Jan Mossin, *Equilibrium in a Capital Asset Market*, 34 (4) ECONOMETRICA 768 (1966). より正確には，CAPM の用いるリスク尺度は，単なる分散ではなく，マーケット・ポートフォリオの分散に，ある資産（投資）がどれだけ影響を及ぼすかを表す指標である共分散（covariance）である。*Also see*, ZVI BODIE & ALEX KANE & ALAN J. MARCUS, INVESTMENTS, 282-302 (6th ed. McGraw-Hill Irwin 2005).

174)　*See*, Stephen A. Ross, *The Arbitrage Theory of Capital Asset Pricing*, 13 JOURNAL OF ECONOMIC THEORY 341 (1976).

175)　市場において課税前で 4% 未満の投資リターンしかもたらされない場合，個人は，現在の投資（＝将来の消費）ではなく，現在の消費を選択することになる。

第1編　第3章　基礎理論の再検討

る。個人が将来の消費と現在の消費を比較する際には，時間選好率3％を用いることになる。その一方で，法人が投資判断をする際には，必要な投資収益率8％に基づいて判断を行うことになる。

Ⅱ　リスクが存在する場合

次に，リスクが存在する場合を考えてみよう。例えば，課税のない状態で，ある一定のリスクに対する投資リターンが年10％，無リスク金利が年2％（リスクプレミアムは8％）という状況を想定する。もし税率が一律40％の所得課税を導入すると，税引後の投資リターンは年6％，税引後の無リスク金利は年1.2％（リスクへの対価は4.8％）となり，税引前リターンと税引後リターンの間に乖離が生じる。

ただし，期待リターンが減っているのと同様に，リスクの大きさ（分散）も課税によって減少している点には注意が必要である[176]。すなわち，投資が成功した場合に納税者の手取りは減るものの，逆に投資が失敗した場合には納税額の減少（もしくは税の還付）という形で，政府が損失の一部をカバーしてくれるのである。見方を変えれば，「政府」が投資に対する一種のサイレント・パートナー（受動的な共同出資者）の立場にあると理解することも可能である[177]。そこでは，政府は所得課税を通じて税率相当の持分を拠出して，投資に参加していると考えることになる。

サイレント・パートナーとして政府の立場を理解するためには，幾つかの前提が必要となる。例えば，①損失控除の制限が存在しないこと，②税率構造が累進的もしくは逆進的ではなく税率が変化しないこと，③政府のリスク許容度は市場参加者のそれと同程度であること，そして④所得が事後（ex post）の視点から把握されるという前提である。①および②の点については従来から論じられているが，③および④の点についてはあまり論じられてこなかった。③については本款第3項で議論するため，以下は④の点について若干触れておく。

所得を「一定期間における消費と純資産の増減の総和」として観念する包

---

176)　課税前のある投資の期待収益を $E(r)$，ペイオフの分散を $\sigma^2(r)$，税率を t とする。課税後の期待収益は $(1-t)E(r)$，ペイオフの分散は $(1-t)^2\sigma^2(r)$ となり，期待収益が低下するのと同じ割合〔ここでは $(1-t)$〕だけ減少していることが分かる。

177)　本編第1章第2節第2款第2項参照。

括的所得概念の立場からすれば，所得は，投資（賭け）の結果が判明する事前
（ex ante）の視点ではなく，投資の結果が判明する事後（ex post）の視点から
把握されることになろう。しかしながら，現行の所得税法を観察すると，実は
事前（ex ante）の観点から課税している場合が存在している。

　例えば，アメリカにおいて，割引債への課税を時価主義課税に近づけるべ
く，OID ルールが採用されている。OID ルールの下では，まず割引債の発行
時に当該債券がもたらすイールド（半期）が決定され，半期ごとに利子相当額
を所得として認識することになる。この OID ルールの下では，債券発行時に
イールドを決定しており，その後，市場環境や金融政策の変化によって市場
金利が変動しても，それに対応することができない。換言すれば，当初の予測
イールドに基づいて強制的に所得を認識させており，現実のイールドに基づ
いて課税を行っているわけではない。このことから，OID ルールは事後では
なく事前の視点から課税を行っているものと解される。すなわち，OID ルー
ルは，毎期，資産価値を値洗いしているのではなく，事前に決定した一定のキ
ャッシュ・フローに着目して課税をする擬似的な時価主義課税だといえる[178]。
このように事前に所得を決定して課税するという点では，事後の観点から課税
を行うヘイグ゠サイモンズの包括的所得概念とは逆の方向を向いていることに
なる。

　OID ルールに代表されるように，投資所得への課税について，リターンの
名目額が固定的な投資（fixed income）については事前の視点からの擬似的な
時価課税を行い，リターンの名目額が不確かな投資所得（contingent income）
に対しては，結果が判明するまで課税を待つ（wait and see）という税制が採
用される傾向にある[179]。OID ルールのような擬似時価主義課税への志向は，
課税繰延の防止——正確には金銭の時間的価値の恩恵を納税者が得ることを防
止——するという点においては，包括的所得概念に親和的であるものの，「所
得」の捉え方として，純粋な包括的所得概念からは乖離する可能性がある点に
は留意をする必要がある。

---

178)　*See*, Alvin C. Warren, *U.S. Income Taxation of New Financial Products*, 88
　　Journal of Public Economics 899, 900-902 (2004).
179)　*See*, *id.*

第1編　第3章　基礎理論の再検討

第3項　政府・リスク・割引率

I　政府の借入金利

　租税支出論の立場からは，課税繰延を政府から納税者への無利息融資と捉えて，課税繰延という租税優遇措置のコストを把握しようとしてきた[180]。課税繰延に起因する国庫へのコストの割引現在価値を算出するに際して，課税繰延期間と同程度の満期を有する国債のイールドを割引率として用いることが考えられる。実際，このような考え方から，アメリカ政府およびカナダ政府は，租税支出予算において課税繰延等のコストを割引現在価値に換算する際に，利付国債の表面利率を用いている[181]。また，政府の直接融資および債務保証に関して発生主義的予算を導入している FCRA も，将来キャッシュ・フローを現在価値に換算するための割引率として，国債の利率を用いていた（本節第2款第1項）[182]。さらに，先述の Halperin 論文（1986）に代表されるように，伝統的な租税法理論において，納税者とは独立した存在として政府を捉える場合であっても，政府の割引率として国債の利率を念頭に置くことが典型的であった[183]。

　このように国債の利率は，各国の財政過程において政府支出の割引率として用いられてきた。しかし，これまで繰り返し述べてきたように，国債の利率は，課税繰延等のコストを発生主義的に認識する場合に，適切な割引率なのかという根本的な疑問が生じる。例えば，国債の利率を政府の割引率として用いることの理由の一つとして，政府は国債の利率で資金を借り入れることができるという事実があげられることがある。このような考え方は，もし仮に国債の利率が無リスク金利を反映しており，かつ政府の私的部門に対する融資が無リスクである場合には妥当するかもしれない。

　しかし，政府が相対的に低い金利で借入ができるという事実は，主として政府の課税権に起因すると考えられる。政府が国債を償還するための資金を市場から課税により調達できる権限は，政府が融資により直面しているリスクを減

---

180)　第1章第2節第2款第1項参照。

181)　*See*, Sunley, *supra* note 100, at 155, 164; Canada (2001), *supra* note 71.

182)　*See*, 2 U.S.C. 661a (5)(E).

183)　本編第2章第2節第2款第4項参照。

214

少させることを直ちには意味しない[184]。つまり，リスクが存在する場合，政府が低利（国債の利率）で資金を調達できることから，政府による私的部門への融資を国債の利率で割り引くことが，直ちに導かれるわけではない。

適切な割引率は，融資のリスク（すなわち納税者の投資リスク）を考慮に入れたものでなければならない。そこで政府（国庫）とリスクの関係について，理論的な側面から考察を加えてみることとする。

Ⅱ　政府とリスク

ここでは，政府とリスクの関係に絞って，政府の割引率が納税者の割引率よりも小さくなりうる可能性を検討する。リスクが存在する場合，将来の政府支出に関して，政府は市場で用いられる割引率よりも相対的に低い割引率を用いることが可能であると主張する一連の議論がある[185]。以下では，(1)政府によるリスクの集積，(2)政府によるリスクの世代内共有，(3)政府によるリスクの世代間共有の順番に検討を加えたい。

(1)　リスク集積（risk-pooling）

政府の割引率が納税者の割引率よりも低くなりうる第一の可能性は，公共部門（政府）による「リスクの集積」という発想である。これは，古くはSamuelson や Vickrey によって論じられているように，投資リスクが存在する場合，公共部門は個々の納税者（私的部門）よりもリスクを分散する能力が高いという議論である[186]。もしこのような議論が妥当するのであれば，政府は，個々の納税者よりも規模が大きいがゆえに，ポートフォリオの分散効果によって投資リターンのリスクを削減する効果も大きく，各投資プロジェクトのリターンの相関が「1」でない限り，政府プロジェクト（課税繰延の文脈では，政府から納税者への無利息融資という形での租税支出）には私的部門よりも低い割引率を適用できることになろう[187]。

---

184)　*See, e.g.,* CBO (2004), *supra* note 101, at 1-2.

185)　課税繰延や即時償却は，政府から納税者への無利息融資であって一種の政府支出として捉えることが可能であるとすれば，政府支出に関する割引率の議論は，課税のタイミングに関する基礎理論を再考察する上でも直接的に関係することになる。

186)　*See,* Jorgenson et al., *supra* note 23, 88-90, 93-96; *Also see,* GARETH D. MYLES, PUBLIC ECONOMICS, 205-207 (Cambridge University Press 1995).

187)　*Id.*

第1編　第3章　基礎理論の再検討

しかしながら，もしも納税者が市場ポートフォリオ（market portfolio）への投資によって，分散可能なリスク（個別リスク，unique risk）[188]を分散できるのであれば，政府は私的部門よりもリスク・テイキングに関して優れているとはいえなくなる。そのため，ファイナンス技術の発展した現在においては，説得力に欠ける側面がある[189]。

(2)　リスク共有（risk-sharing）

第二の可能性は，租税の賦課徴収および公的支出という一連の国家の財政活動が，リスクに対して一種の「世代内の強制保険」として機能する結果，政府の割引率が個々の納税者よりも相対的に低くなるという発想である。

このような考え方の代表例として，Arrow および Lind の次の議論がある[190]。個々の納税者がリスク回避者であっても，政府プロジェクトのコストは，税制や国債政策を通じて各納税者に分散される結果，各納税者は当該プロジェクトのごく僅かなコストとリスクを負担するに過ぎなくなる[191]。そして納税者の数が多くなるほど，各納税者の直面するリスクは小さくなり，リスク・プレミアムは減少する[192]。その結果，政府はリスク中立者として行動することができる。このことは，将来不確実性のあるキャッシュ・フロー（課税繰延の下で得られる将来の税収）を割り引く際に，リスク調整後の相対的に高い割引率ではなく，リスク調整前の相対的に低い割引率を用いることができるこ

---

188)　投資リスクには，ポートフォリオなどを通じた分散投資によって分散可能な個別リスク（unique risk, firm specific risk, diversifiable risk）と，分散不可能な市場リスク（market risk, systematic risk, nondiversifiable risk）に分けることができる。*See, e.g.*, Bodie et al. *supra* note 173, at 224.

189)　なお，Myles（1995）は，リスク分散の議論に対する批判として，次の二点をあげている。第一の批判は，政府は，投資プロジェクトを全体としてではなく，個別事業ごとに評価するべきであり，そうしなければ社会的に望ましくない投資プロジェクトが遂行されることになるという議論である。第二の批判は，仮に政府が私的部門よりもリスク分散の面で優れているとしても，政府は当該優位性を自ら利用して利益を得るのではなく，補助金などによって私的部門にその優位性を移譲すべきという（規範的な）議論である。Myles, *supra* note 186, at 206.

190)　Arrow & Lind（1970），*supra* note 76, at 364.

191)　*Id.* at 370-373.

192)　納税者の数が無限大になれば，リスク・プレミアムもゼロに近づく。その結果，政府の割引率は無リスク金利となるという発想である。なお，この議論の前提として，政府プロジェクトが市場経済全体と比較してそれほど大きくなく，かつ当該プロジェクトの不確実性が納税者が直面する不確実性と相関関係にないという前提が置かれている。数学的証明に関しては，*See*, Arrow & Lind（1970），*supra* note 76, at 371-372.

216

とを示唆する。

　しかしこの議論に対して次の批判が考えられる。第一に，上記議論は，市場における保険の供給が不十分であることを暗に前提としている点である[193]。保険市場が存在する場合には，何故，政府が私的保険よりもリスクの共有に関して優れているかを説得的に提示できていない[194]。第二に，上記議論は私的部門が直面するリスクと公的部門が直面するリスクが相互独立であることを前提としているものの，現実には分散不可能な市場リスク（market risk）——例えば大恐慌や大震災による収入減少リスク——については，私的部門も公的部門も同様に影響を受けると考えられる[195]。第三に，分散不可能な市場リスクが存在してもなお当該リスク・テイキングをする私的主体は，リスク愛好者（risk lover）である可能性があり，政府がリスク愛好的ではなくリスク中立的であれば，当該私的主体よりも低い割引率を採用することが説得的ではなくなる[196]。

(3) 世代間のリスク共有（intergenerational risk-sharing）

　第三の可能性は，私的部門では上手く分散・共有ができない市場リスク（システマティック・リスク）について，政府が租税および国債政策を通じて「世代間」で（私的部門よりもより効率的に）共有させることができるという考え方である[197]。私的主体は，適切なポートフォリオ編成による分散でも，市場リスクを回避することはできない。さらに，このような分散不可能なリスクを世代間で共有させる法制度が存在しない以上，市場（または家計）は，複数の世代間でリスクを効率的に共有させることに失敗する可能性が高い。例えば，不況

---

193)　保険市場が失敗する理由として，①モラル・ハザード，②逆選択，③取引費用の存在等が考えられる。

194)　*See*, Myles, *supra* note 186, at 208.

195)　*See*, *id*.

196)　*See*, *id*. at 208-212.

197)　*See*, Roger H. Gordon & Hal R. Varian, *Intergenerational Risk Sharing*, 37 JOURNAL OF PUBLIC ECONOMICS 185-202 (1988); Ahsan & Tsigaris (1998), *supra* note 5, at 53, 66-71; *But see*, Gerge R. Zodrow, *Taxation, uncertainty and the choice of a consumption tax base*, 58 JOURNAL OF PUBLIC ECONOMICS 257 (1995).

　　なお，この議論は，各世代が直面する市場リスクは前後の世代と独立であると仮定している。各世代が直面する市場リスクに一定の相関関係がある場合，世代間によるリスク共有にどのような影響を及ぼすかを考える必要がある。

第1編　第3章　基礎理論の再検討

に見舞われた親の世代が子供を養育するために債務超過に陥っていたとして
も，その子供は相続放棄を選択すれば，親の債務を弁済する法的な義務を負わ
なくてすんでしまう。

　一方，政府は租税や国債といった財政政策を利用することで，不運な世代
（不況世代）から平穏な世代（好況世代）に負担を移転することができる。そし
て，リスクを共有させる世代が多くなり無限大に近づくほど，政府の割引率は
無リスク金利に近づくと考えられる[198]。そうであれば，国債が無リスク資産
として市場で扱われている限りにおいて，国債の利子率（無リスク金利）を政
府の割引率として用いることができよう。

　この議論が成立するための前提として，例えば比較的恵まれている世代が，
破滅的状況に直面する将来世代のために，十分な積み立てをし，かつ当該世代
と将来世代の間の中間世代がそれらの積立金を費消せず，将来世代に移転をす
る必要があると考えられる。今日，巨額の財政赤字および累積債務に直面して
いる先進諸国の財政赤字が示唆しているように，国家財政を通じて，負債を将
来世代に残すことはたやすくとも，正の積立金を将来世代に残すことは極めて
困難であると考えられる。これは，民主主義的議会が主として「現在世代の利
害調整の場」として機能していることに起因している。民主的な議会プロセス
において，現在世代（有権者）が将来世代の利益を考慮に入れる範囲でしか将
来世代の利益は保護されない。例えば，比較的平穏な世代において財政黒字が
存在したとしても，有権者の多くが，将来世代のために基金等を積み立てるの
ではなく「減税」または補助金・公共事業・社会福祉事業の拡大といった「歳
出拡大」を要求するのであれば，現在の有権者が望む政策を提唱する政治家が
選出されやすくなる。

　また，過去世代が将来世代のために積み立てた基金等の巨額の財政余剰が存

---

198)　この点について，直観的に説明すれば，次のようになろう。保険メカニズムに代表されるよう
　　に，多くの者の間でリスクを共有することで個々の私的主体が直面するリスクが小さくなる。世代
　　内では分散・共有できないリスクを，政府による世代間財政移転を通じて，全ての将来世代と共有
　　することで，単一世代が直面する（世代内で分散・共有不可能な）リスクを小さくするという発想
　　である。厳密な数学的表現に関しては，Gordon & Varian, *supra* note 197, at 188-196 参照。
　　　なお，この点に関連して，Ahsan & Tsigaris (1998) は，後払消費課税の税収について確実
　　性等価物（CE）を用いることで，政府の割引率を逆算する手法を採用している。*See*, Ahsan &
　　Tsigaris (1998), *supra* note 5, at 66-71, 74.

218

在したとしても，中間世代は，基金等を単に将来世代に移転するのではなく，放蕩息子のように中間世代自身のために費消する恐れがある。そのため，「世代間のリスク共有」という考え方を採用するためには，確実に積立金を将来世代に移転するための実効的な法的枠組みが構築されている必要があると解される[199]。

　もし仮にこれらの前提条件が満たされ，政府が市場では分散・共有が不可能なリスクを，財政制度を通じて世代間で共有させることができるのであれば，政府は，個々の納税者よりも相対的に低い割引率を用いることが可能であると考えられる。そうだとすれば，本編第1章で述べたように，政府にとって課税繰延と投資収益非課税は等価ではなくなる。

第4項　割引率を引き上げる要因

　課税繰延により租税回避や脱税の可能性が高まるのであれば，税収を確保できないという政府にとってのリスクを考慮する必要がある。そして，租税回避等による税収減少のリスクは，政府の割引率を納税者の割引率よりも相対的に高くする方向に作用しうる。

　例えば，CFC 税制が課税繰延を抑止する一つの理由として，単に金銭の時間的価値の問題だけでなく，所得の隠ぺいや，所得の性質変更を行う余地を納税者に与えることに着目しているとも考えられる[200]。また，市場がリスクに対して保険を提供できない原因が，逆選択ではなくモラル・ハザードである場合，政府を媒介としたリスクの共有も市場同様に不完備になる可能性がある。

---

199)　財政赤字解消後に，毎年度の財政黒字を将来世代のためにどのように積み立てかつ管理・運用していくかという点に関する興味深い事例として，2010 年に成立した杉並区の減税基金条例（平成 22 年杉並区条例第 4 号）をあげることができる。この点に関する導入的考察として，神山弘行「世代間資産移転のための『公的基金』と信託的ガバナンスに関する研究ノート――地方財政法と杉並区減税自治体構想を題材に」トラスト 60 研究叢書『金融取引と課税（1）』73 頁（2011 年）参照。

200)　CFC 税制に関する考察として，*See*, Brian J. Arnold, The Taxation of Controlled Foreign Corporations: An International Comparison (Canadian Tax Foundation 1986); 浅妻章如「国際的租税回避――タックス・ヘイヴン対策税制（CFC 税制）について」金子宏編『租税法の基本問題』629 頁（有斐閣，2007 年），渕圭吾「外国子会社合算税制の意義と機能」フィナンシャル・レビュー 94 号 74 頁（2009 年）参照。

第1編　第3章　基礎理論の再検討

第4款　政府の割引率の具体的候補

第3款では，政府とリスクの関係に絞って検討を加えたところ，一定の条件下で，政府の割引率が納税者の割引率よりも低くなる可能性があることが明らかになった。本款では，これまでの議論を念頭におきながら，政府の割引率として考えられる代表的な候補について理論的観点から検討を加えることとする。

第1項　時間選好率

第一の割引率の候補は，時間選好率である。時間選好率とは，（限界的な）現在消費と（限界的な）将来消費から得られる効用が無差別になる比率である[201]。

個人の時間選好率（individual rate of time preference）は，ある個人が将来の消費のために現在の消費を犠牲にする程度である。個人が税引前リターンではなく（手取り額である）税引後リターンに着目して意思決定を行うと想定すれば，個人の時間選好率は税引後リターンということになる。例えば，課税前の利子率が3%（リスクとインフレは無視する）かつ税率が40%の状態で，ある個人が現在の消費と将来の消費に関して無差別になるのであれば，現在の100万円と1年後の101.8万円[202]がその者にとって無差別ということを意味するので，時間選好率（年率）は1.8%ということになる。

しかしながら，個人の時間選好率と，（社会を個人の集合体とすればその社会全体にとっての）社会的時間選好率（social rate of time preference）は乖離する可能性がある。一般的に，公的プロジェクトを評価する場合，社会的時間選好率の方が割引率としてより適切であると主張される[203]。ただ，現実の問題として，社会的な（限界）時間選好率がどのような値であるのか，市場において確

---

201)　限界時間選好率は（marginal rate of time preference）は，現在消費と将来消費の限界的代替率（marginal rate of substitution: MRS）から1を控除した値である。

202)　$100 \times [1 + (1 - 0.4) \times 0.03] = 101.8$

203)　*See, e.g.*, Arrow et al. (1996), *supra* note 76, at 130; U.K. HM Treasury, *supra* note 119; Louise Young, *Determining the Discount Rate for Government Projects*, New Zealand Treasury Working Paper 02/21, at 7-8 (2002); Boardman et al., *supra* note 76, at 252.

220

かめる確固たる術が存在していない[204]。そのため，現実の予算・決算過程および政策決定過程において社会的時間選好率を用いる場合には，一定の仮定のもとで，近似値を模索することになる。

例えば，イギリス財務省[205]は，社会的時間選好率として推計した 3.5% を費用便益等における割引率として採用している[206]。簡略化して説明すると，イギリス財務省は，社会的時間選好率（r）を，①消費の年成長率（annual growth rate in per capita consumption）（g）と限界効用の弾力性（elasticity of marginal utility of consumption）（μ）の積と，②代表的個人の時間選好率（ρ）との和として観念している（$r = \rho + \mu g$）。そして，イギリス財務省は，近い将来に対する ρ を 1.5%，μ を 1 前後，g を年 2% と想定することで，社会的時間選好率 3.5% と推計している。

なお，政府の割引率として社会的時間選好率を選択する立場は，公共投資のための追加的資金調達（増税等）が私的消費のみを減少させ私的投資を減少させない状況を暗黙の前提としていると解することができる[207]。このような前提が成立する場合には社会的時間選好率が有力な候補となるものの，クラウディング・アウトが発生し私的投資をも減少させる場合には，この立場の説得性は弱まることになる。

第2項　機会費用——限界投資収益率，加重平均，影の資本価格

第二の候補は，資本の機会費用（opportunity cost of capital）である。先述のように，私的部門にとって，あるプロジェクトの割引現在価値を算定する際，割引率として資本の機会費用を用いることがファイナンス理論の基本的発想である。そこで政府も同様に，租税支出という公的プロジェクトに対する割引率として，資本の機会費用を用いることが考えられる。

---

204)　*See*, Boardman et al., *supra* note 76, at 252-253.

205)　なお，イギリスは，ニュージーランドやオーストラリアと並んで，積極的に発生主義的な予算制度，決算制度および政策評価制度を導入している国であり，割引率に関する議論の蓄積も他の先進国に比べると豊富である。

206)　U.K. HM Treasury, *supra* note 119, at 97; *Also see*, Arrow et al.（1996），*supra* note 76, at 130. ただし，イギリス財務省は，遠い将来に対する割引率については，逓減させる形でより低い割引率を提唱している。*Id*. at 99, Table 6.1.

207)　*See*, Feldstein（1974），*supra* note 80, at 16-17.

第1編　第3章　基礎理論の再検討

では，公的部門たる政府（国庫）にとっての機会費用は，私的部門のそれと同じと捉えることが適切なのであろうか。公的部門は，私的部門の集合体というだけでなく，規模自体が大きいため，市場において価格受容者ではなく，自身の行動が市場での価格形成に大きな影響を及ぼしうる。そのため，公的部門の機会費用を考える際には，次の三つの要素を考慮に入れなければならない。それは，①消費の機会費用（opportunity cost of consumption）である時間選好率，②私的投資の機会費用（opportunity cost of private investment），③政府の追加的投資によって失われる私的消費と私的投資の割合（①と②の割合）である[208]。

歳入と歳出の均衡がとれた財政状況を所与すると，政府が追加的な支出（公的プロジェクト）を行う場合，その資金は増税もしくは国債の追加発行によって調達されるため，私的部門から資源が公的部門に移ることを意味する。その結果，私的部門の消費活動もしくは投資活動が減少することになる[209]。

機会費用として①消費の機会費用を利用すべきだと唱える立場（本款第1項）は，追加的な政府支出により現在の消費が減少させられるのであるから，割引率として（社会的）時間選好率を利用すべきという主張である。このような考え方をとるのであれば，追加的な政府支出の資金は，私的投資の水準を減少させることなく，私的消費のみからまかなわれているという前提を満たす必要がある。

一方，機会費用として②私的投資の機会費用を用いるべきとの有力な考え方が存在する。これは，私的部門における資本の機会費用の考え方を基礎にしている。すなわち，政府の追加的な支出がなければ，社会は私的投資によるリターンを受けることができたのであるから，「私的投資の限界収益率（税引前）」こそが機会費用だと考える立場である。例えば，アメリカ行政管理予算局（OMB）の Circular A-94 は，このような考え方に基づいて，私的投資の税引前収益率である7％を，費用便益分析等における原則的な割引率として採

---

208)　*See*, Tresch, *supra* note 76, at 733.

209)　本項では，特段の断りのない限り，議論の簡略化のために閉鎖モデル（closed model）を想定する。なお，開放モデル（open model）については，政府が外債を発行する限度において，国内の私的投資のクラウディング・アウトが緩和すると考えられる。開放モデルにおける議論については，Boardman et al., *supra* note 76, at 254 参照。

用していた（本節第2款第3項参照）。しかし，この立場を正当化するためには，追加的政府支出のための資金が，私的消費を一切減少させず，全て私的投資に回るはずだった資金からもたらされる——私的投資にのみクラウディング・アウトが生ずる——というかなり強い前提が必要になる。

　それでは，我々は，政府の機会費用をどのように観念するべきなのであろうか。政府の割引率として機会費用アプローチを採用する場合に，まずは"could view"（可能性の視点）と"would view"（現実性の視点）を峻別する必要がある[210]。"could view"とは，もしも政府の追加的支出とそのための増税・国債発行がなければ，当該資金を私的投資にまわすことが「できる（could）」として，私的投資のリターン（市場リターン）を機会費用だとする見方である。これは，ファイナンス理論における機会費用のとらえ方である。しかし，仮定の話として投資することが「できる」としても，実際に投資「されるであろう（would）」ということにはならない。そして，社会全体にとっての実際の機会費用を考えるには，実際にどの程度，現在の私的消費を犠牲にし，どの程度，現在の私的投資を犠牲にしているのかを考える方が，より適切な機会費用概念ではないだろうか。

　では，後者の"would view"を採用する場合に，どのような算定方法があるのであろうか。この点につき，(1)時間選好率（私的消費）と私的投資収益率の加重平均（weighted average）を算出する方式と，(2)影の資本価格（shadow price of capital）を算出する方式が考えられる。(1)加重平均方式と(2)影の資本価格方式の相違に関して，技術的な議論と具体的な割引率の試算は別稿に譲るとして[211]，さしあたり本書の目的との関係では次の点を指摘しておけば足りるであろう。

　加重平均方式は，追加的な政府支出をファイナンスするために，現在の支出（時間選好率の対象）と将来の支出（現在の貯蓄・投資）からどの割合で資金が拠出されているかを問題とする。政府の追加的な資金調達が，時間選好率（税引

---

210) *See*, Martin S. Feldstein, *The Inadequacy of Weighted Average Discount Rates*, 319 in COST-BENEFIT ANALYSIS: SELECTED READINGS (RICHARD LAYARD ed. 1972); General Accounting Office, *Discount Rate Policy*, 13 (1991).

211)　本章での検討をもとに，個別具体的な割引率の試算については別稿において論じる予定である。

第1編　第3章　基礎理論の再検討

後リターン）に対して私的消費を減少させる割合で重み付けをし，市場リター
ン（税引前リターン）に対して私的投資を減少させる割合で重み付けをすること
で，両者の加重平均を求める手法である。例えば，増税もしくは国債発行によ
ってファイナンスされる追加的な政府支出1単位につき，現在の投資が a 減
少され，そして現在の消費が $(1-a)$ 減少すると想定する（なお $0 \leqq a \leqq 1$ とす
る）。また，時間選好率を r，市場収益率を p，両者の加重平均を w とすると，
$w = ap + (1-a)r$ という式により求めることができる。

　なお，加重平均を割引率として採用することの問題点として，多期間モデル
において中間投資収益が再投資されるのか，その時点で消費されるのかを十分
に区別していない点が指摘されている[212]。ただし，二期間モデルを採用する
限りにおいては，第2期における再投資と消費を区別する必要がないので，加
重平均を割引率として用いることは依然として有効な手法であると考えること
が可能であろう[213]。なお，加重平均を割引率として現実の政策に適用しよう
とする場合，各変数を推計する必要があるものの，明確な数値を導き出すこと
は困難であり，恣意的な操作の恐れを残すことになる。

　一方，影の資本価格方式は，理論上，加重平均方式の抱える再投資の問題を
解決することができる。影の資本価格方式は，全ての割引対象を「消費等価
物（consumption equivalence）」に換算した上で，限界的時間選好率で割り引
く方式だといえる[214]。そのため影の資本価格方式は，限界時間選好率と私的

---

212)　*See*, Fuguitt & Wilcox (1999), *supra* note 76, at 104.

213)　*See*, *e.g.*, Peter Diamond, *The Opportunity Costs of Public Investment*: *Comment*, 82 QUARTERLY JOURNAL OF ECONOMIC REVIEW, 682-688 (1968).

214)　影の価格の考え方は，Layard & Glaister (1994) を援用すると次のように説明することがで
きる。まず次の制約式の下で，目的関数（ここでは，関数 f の最大値の算出）を想定する。

$$目的関数：\operatorname{Max} f(x_1, x_2, \cdots, x_n), \quad 制約式：g(x_1, x_2, \cdots, x_n) \leqq b$$

　もしも制約条件である b が増加すれば，解である x の値は変化するため，その結果 f も増加す
ることになる。そのため，目的関数 f の最大値を V とすれば，V は b の関数であるといえること
から，$V(b)$ と表現できる。そして，「制約の影の価格（shadow price of the constraint）」は，
制約条件を一単位変化させた時の目的関数の変化率として求められる。すなわち，偏微分を用いて
表現すれば，

$$影の価格 = \frac{\partial V(b)}{\partial b}$$

ということである。なお，この種の最大化問題を解く一般的な方法としては，ラグランジュ未定乗
数法（Lagrange multiplier method）が知られている。そこでは，ラグランジュ係数（λ）が，

投資の限界収益率の不一致に起因する問題（再投資を含む）を回避できるため，理論上，普遍的妥当性が高いと考えられている[215]。アメリカの GAO も，理論的には，影の資本価格方式が妥当であるとの結論に達している[216]。しかし，この方式を実際に運用するためには，他の方式よりも多くの前提情報（投資の便益と費用がどのように私的消費と私的投資に影響するかなど）が必要であり，恣意的な操作に極めて脆弱という欠点を内包している[217]。また，多くの政治家や非専門家にとって直観的に分かりづらいという問題もある。そのため GAO や OMB は，制度の執行面の観点から，影の資本価格方式の採用について時期尚早であるとの判断を下している。

　このように執行上の課題が残るものの，(1)加重平均方式や(2)影の資本価格方式に代表される "would view" に基づく機会費用概念を採用するのであれば，次のことがいえる。"could view" に基づく機会費用概念は，私的投資の限界収益率を割引率として採用する。一方，"would view" に基づく機会費用概念は，必然的に「私的投資の限界収益率」と「時間選好率」の間の値をとるということである。このことは，理論上，「政府の割引率」が市場リターン（限界収益率）を割引率として採用する「私的部門の割引率」よりも，低くなりうることを示唆しているといえよう。

第3項　国債の利子率

　第三の候補は，政府の借入利率（国債の利子率）である。第 2 章で検討したように，国債の利子率は課税繰延の恩恵を排除するべく利子税を賦課する際の基準利率として用いられている。先述したように，アメリカやカナダの一般予算や租税支出予算において，将来キャッシュ・フローを割り引くための割引率として，国債の利子率が用いられている。

最適解における制約式の影の価格ということになる。RICHARD LAYARD & STEPHEN GLAISTER, COST-BENEFIT ANALYSIS, 7-14 (2nd ed. Cambridge University Press, 1994).

215)　*See, e.g.*, GAO (1991), *supra* note 138, at 14, 41; Feldstein (1972), *supra* note 210; Bradford (1975), *supra* note 76; Lind (1982), *supra* note 76; Boardman et al. (2010), *supra* note 76, at 255-259; Joel D. Scheraga, *Perspectives on Government Discounting Policies*, 18 JOURNAL OF ENVIRONMENTAL ECONOMICS AND MANAGEMENT 65-71 (1990).

216)　GAO (1991), *supra* note 138, at 14.

217)　*See, e.g.*, GAO (1991), *supra* note 138, at 14; OMB (1992), *supra* note 120, at 8; Boardman et al. (2011), *supra* note 76, at 259.

第1編　第3章　基礎理論の再検討

　制度の執行面を考えれば，国債の利子率を割引率として用いることには次の
ような利点がある。第一の利点は，時間選好率と私的投資の収益率の加重平均
や，影の資本価格を算出するのと比べて，より少ない情報ですむ点である。第
二の利点としては，政治家や多くの非専門家にとって，国債の利子率は現在と
将来の金銭価値を比較する際の基準として，直観的に理解しやすい点が考えら
れる。第三の利点として，もし仮に限界的な投資が国債により賄われており，
資本市場が開放的であれば，追加的な政府借入は，利子率を上昇させることも
なく私的部門の投資を減少させることもない（すなわち国内投資のクラウディ
ング・アウトが存在しない）点があげられる[218]。第四は，国債の利子率を用いると
定められれば，先述の加重平均や影の資本価格などの他の指標と比較して，恣
意的な操作の余地が少ない点である。第五は，一定の条件下において，国債の
利子率は，時間選好率と市場リターンの加重平均に近似しうることである[219]。

　しかしながら，国債の利子率を政府の割引率として用いるには，幾つかの理
論的な欠点が存在する。第一の欠点は，国債の利子率が，国内資本にとっての
「税引前」リターンでもなく，国内の貸出にとっての「税引後」リターンでも
ないという点である。第二の欠点は，国債の利子率（そして時間選好率と資本リ
ターンの加重平均）が，影の資本価格とはかなり異なる値をとりうるという点で
ある[220]。第三の欠点は，もし仮に政府の割引率として国債の利子率を用いる
と，政府による資本保有，政府による直接融資（これには政府による課税繰延の
恩恵付与が含まれる），政府による債務保証をすべきか否かという費用便益分析
において，政府の割引率が市場（私的部門）の要求するリターンよりも過度に
低くなるため，これらの政策を適切なレベルよりも過剰供給してしまう点であ
る。これは，国債の利子率が，個別プロジェクトの適切なリスクを十分に反映
していないことと，所得税の存在を十分に反映していないことに起因する。

---

218)　*See*, Sebastian Edwards, *Country Risk, Foreign Borrowing and the Social Dis-*
　　count Rate in an Open Developing Economy, National Bureau of Economic Reasearch,
　　Working Paper No.1651 (1985); Robert Lind, *Reassessing the Government's Discount*
　　Rate Policy in Light of New Theory and Data in a World Economy with a High
　　Degree of Capital Mobility, 18 JOURNAL OF ENVIRONMENTAL ECONOMICS AND MANAGEMENT
　　(1990).

219)　*See*, GAO (1991), *supra* note 138, at 14-18.

220)　*See*, John F. McDonald, *The Use of Weighted Discount Rates in Cost-Benefit*
　　Analysis: A Further Analysis, 17 WATER RESOURCES RESEARCH 478 (1981).

第3節　政府（国庫）の視点と納税者の視点の峻別

このように，国債の利子率（政府の借入率）は，制度運用上の簡便性および恣意性の排除という利点が存在するものの，理論的根拠が他の選択肢と比べて弱い。ただし，本節第3款第3項で検討したように，政府が財政政策を通じて，市場では分散・共有できない市場リスクを世代間で強制的に共有させることが可能であると考えれば，（世代数が無限大に近づくにつれて）政府の割引率は無リスク金利に近似することになる。そして，国債の利子率も無リスク金利に近似しているのであれば，同利率を政府の割引率として利用することが可能になろう。

第4項　確実性等価物と無リスク金利の併用

第四の候補は，確実性等価物（certainty equivalence）と無リスク金利の併用である。

確実性等価物とは，不確実性のもとで期待収益からリスク・プレミアムを差し引いた値であると一般的に説明される[221]。例えば，ある個人にとって，①50％の確率で10万円を得るか50％の確率で50万円を得ることのできる賭け（期待収益30万円）が，②100％の確率で25万円を得ることと無差別であれば，この賭け①の確実性等価物は②の25万円ということになる。そして，期待収益30万円と確実性等価物25万円の差額5万円が，リスク・プレミアム（賭けという不確実性引受けのための対価）ということになる。

この第四の手法は，将来キャッシュ・フローに不確実性（リスク）が付随している場合に，割引率の方で調整を行うのではなく，割り引かれる対象である将来キャッシュ・フロー（ここでは繰延税額）そのものを先にリスク調整してしまうという発想である[222]。

この手法は，理論的には経済学者の支持を受けている。しかし，本手法は一種のオプション価値の算出であるといえるところ[223]，パラメーター（例：市場の条件）の設定に大きく結果が左右されるにもかかわらず，当該パラメーター

---

221)　金森久雄他編『経済辞典〔第5版〕』134頁（有斐閣，2013年）参照。

222)　*See*, Lind (1982), *supra* note 76; Arrow et al. (1996), *supra* note 76.

223)　*See*, Bazelon & Smetters, *supra* note 87, at 217-218; *Also see*, Robert C. Merton, *Applications of Option-Pricing Theory: Twenty-Five Years Later*, 88 (3) AMERICAN ECONOMIC REVIEW 323 (1998).

第1編　第3章　基礎理論の再検討

の算出において確固たる数値を出すだけの十分な情報が存在しないという欠点がある[224]。また，先述の影の資本価格方式と同じく，恣意的に操作される可能性が高いという問題も内包している。

第5款　小　　括

　本章では，課税繰延に関する政府にとってのコストの捉え方について，理論だけでなく，実際の予算・決算過程ならびに政策決定過程での実務的取扱いの分析もおりまぜながら検討を加えた。

　第2款では，アメリカの予算・決算・政策決定過程において実際に採用されている「政府の割引率」について，その実際を解明・分析した。そこでは，異なる行動原理を有する各国家機関ごと——行政予算管理局（OMB），政府監査院（GAO），議会予算局（CBO）——に，同じ局面でも異なる割引率を採用していた。

　租税支出予算を含む多くの局面において，割引率として国債の利子率が用いられていた。この点に関して，本書では課税繰延のコストを算出する際に，国債の利子率，すなわち政府の借入利率を割引率として用いることは理論的な根拠が薄弱であることを指摘した。現行制度において，国債の利子率が用いられている理由の一つとしては，情報が入手しやすく恣意的な改変を行いにくいということが考えられる。しかし，多くの政治家や非専門家の間において，「政府（国庫）から納税者への無利息融資」たる課税繰延の政府（国庫）にとってのコストは，「政府の借入利率」であるとの誤った理解が流布していることで，国債の利子率を割引率として用いられることが現在も支持されている側面も大いにあると推察される。本書で繰り返し言及したように，課税繰延を「政府（国庫）から納税者への無利息融資」と捉えるのであれば，政府（国庫）にとってのコストとは，借り手である納税者の信用リスク——より正確には納税者が繰り延べた税額を投下する投資プロジェクトのリスク——を考慮に入れたものでなければならない。

　そこで，第3款において，政府とリスクの関係について考察したところ，市

---

224)　*See*, Bazelon & Smetters, *supra* note 87, at 218.

228

場においては私的部門が回避できないリスクを，一定の条件下において，政府
は市場には存在しない強制的なリスク共有手法である「租税」および「国債」
を用いることで，各納税者が被るリスクを減少させることが可能であることを
指摘した。すなわち，租税および財政制度を通じて世代間で（市場では分散・共
有が不可能な）リスクを共有させることが可能であれば，政府の割引率は，納
税者の割引率よりも低くなりうるのである。

　理論上は，世代数が無限大に近づくほど，政府の割引率も無リスク金利に近
似することになる。もし国債が無リスク資産として市場で扱われている場合，
無リスク金利である国債の利率を政府の割引率として用いることが可能とな
る。しかし，先進各国における巨額の財政赤字が示唆しているように，民主的
議会政治が現在世代の利害調整の場として機能しており，直接的には将来世代
の利害を考慮に入れないため，現在世代が将来世代のために十分な積立金の移
転を行うことは難しい。また，仮に現在世代が遠い将来世代のために積立金を
残したとしても，中間世代が当該積立金を費消することを防ぐ実効的な法的枠
組みの構築が必要となろう。

　第4款では，割引率の代表的な候補について，別の観点から理論的検討を加
えた。機会費用に関しては，would view と could view を区別する必要があ
り，私的部門の投資決定において用いられる could view ではなく，（租税支出
を含めた）政府支出を考察する場合には，実際の資金の調達先を考慮に入れた
would view が適切であり，その場合には，政府の割引率は私的部門の割引率
よりも低くなりうることを指摘した。

　本編第1章で指摘したように，従来の租税法理論は，政府の割引率と納税者
の割引率が同一のものであることを前提に，課税のタイミングに関する基礎理
論を構築し，実際の立法政策の理論的根拠を形成してきた。しかし，本節で検
討したように，①政府とリスクの関係と，②公的プロジェクトに関する機会費
用概念の二つの側面において，政府の割引率が納税者の割引率よりも低くなり
うる理論的根拠があることが明らかになった。

第4章　課税繰延への対処策と日本法への示唆

第1節　課税繰延の問題点

　本章は，第3章までの議論をもとに，課税繰延への具体的な対処策について立法的観点から検討を加えるものである[1]。

　課税繰延が問題視される原因は概ね次の三つに集約することができる。第一は，金銭の時間的価値の存在，第二は，限界税率の変化による納税負担の変化，第三は所得の時間的・空間的移転による租税回避および脱税の問題である。

　第一の金銭の時間的価値の観点から課税繰延を防止すべきという考え方は，包括的所得概念を租税制度の理念型として支持する立場から導かれることになる。これに対して，消費型所得概念の立場からは，課税繰延は原則として問題とならない。これは，包括的所得概念が金銭の時間的価値の部分を課税ベースに取り込んでいる――消費型所得概念が金銭の時間的価値を課税ベースに取り込んでいない――ことの一つの帰結である。第二の限界税率の観点からは，納税者が課税繰延を行うことによって，限界税率の低い時点での課税を選択することが可能であれば，その他の納税者との間で課税の公平性が問題となってくる。第三の所得の時間的・空間的移転の観点からは，納税者が課税繰延を空間的移転を伴う形で行うことで，納税者にとって所得の性質を変更する機会や，納税そのものを免れる機会を増大させることが問題となり得る。

　このような問題意識のもと，本章では，課税繰延の最大の問題と考えられて

---

1)　本章は，本書の準備段階で研究ノートとして執筆をした神山弘行「課税繰延の再考察」金子宏編『租税法の基本問題』247，253-266頁（有斐閣，2007年）および神山弘行「対外間接投資と課税繰延防止規定」フィナンシャル・レビュー94号123，142-146頁（2009年）をもとに，加筆・修正を施したものである。なお，上記論文執筆後に考察が進み，見解を改めた部分がある。

第1編　第4章　課税繰延への対処策と日本法への示唆

きた第一の金銭の時間的価値に関する部分を中心に，日本の所得税法の法的構造および課税制度の執行可能性も勘案しつつ，現実的に導入可能な対処策について検討を加えることとする。本章では，第3章で検討したように，政府と納税者の立場が非対称的になる可能性も考慮に入れて考察を進める。本章の究極的な目的は，課税のタイミングの観点から，日本のみならず先進諸国における所得税改革のために有益な処方箋の提示を試みることにある。

第2節　金銭の時間的価値と課税繰延
──キャピタル・ゲイン課税を題材に

第1款　概　　要

本節では金銭の時間的価値に起因する課税繰延につき，キャピタル・ゲイン課税を題材として，具体的な対処法について検討を加える。キャピタル・ゲイン課税を題材とする理由は，第一に所得課税と消費課税の最大の差異であると長年考えられてきた分野であること[2]，第二に金融・投資所得の中で最も（金銭の時間的価値による）課税繰延の恩恵が大きい分野であること，第三に適切な再配分政策を行う上で，資本所得の本丸であるキャピタル・ゲイン課税を考察の対象とすることに意義があると考えるからである[3]。

金銭の時間的価値に起因する課税繰延の問題に対処する方法として，具体的には次の六つの方法が考えられる。第一に，毎年度，資産を時価評価する時価主義課税が考えられる。第二に，繰り延べられた課税に対して毎年度利子税を賦課する方法がある。第三の方法は，実現時にまとめて利子相当額を負担させる方法である。第四の方法として，事前（ex ante）の観点から課税を行う

---

2)　なお，本編第1章第2節第2款第3項で述べたように，一定の条件の下で，包括的所得概念が投資のリスクのリターン部分には課税していないと理解されている。その場合，包括的所得概念と消費型所得概念の差異は，無リスク金利部分（金銭の時間的価値の部分）への課税の有無ということになる。

3)　キャピタル・ゲイン課税の改革に関する最近の議論状況として *see, e.g.*, HENRY J. AARON & LEONARD E. BURMAN & C. EUGENE STEUERLE EDS., TAXING CAPITAL INCOME (Urban Institute Press 2007)。

232

Retrospective taxation がある。第五の方法は，Retrospective taxation を一般化した Generalized cash flow taxation である。そして第六の方法として，事後（ex post）の観点から，投資イールドに着目をして課税を行う方法がある。以下では，まず問題点を定式化した上で，個別の対処策について検討を加えることとしたい。

第2款　問題点の定式化

日本やアメリカの所得税制度は，キャピタル・ゲインへの課税について実現主義を採用している。実現主義課税は，時価主義課税と比べて所得計上を繰り延べることができるため，資産を所有者の手に封じ込めるロック・イン効果（lock-in effect）をもたらす。これは，投資家が含み益資産を保有する場合，保有資産から相対的に低い税引前収益率しか享受できなくなっても（課税繰延の恩恵のため）売却をせず保有し続けることが投資家個人にとっては合理的な選択肢となる可能性を惹起し，その結果，社会的には非効率な投資が選択されてしまうことを意味する。

この点は，Auerbach 教授の議論を援用すると次のように説明できる[4]。投資リスクが存在しない単純な二期モデルを想定する。なお，投資先の変更は各年度末にのみ行えるものとする。投資家がある資産を年度0末に「1」で購入したところ，年度1末にキャピタル・ゲイン g が発生したとしよう。年度1末に，投資家は次の二つの選択肢に直面する。第一の選択肢は，年度1末に保有資産を売却し，年度2に市場収益（市場利子率相当額）i を得られる別の投資先に投資をするというものである。第二の選択肢は，当該資産を保有し続け，年度2に h の収益を享受するというものである。なお，税率は一律 t とする。

第一の選択肢における投資家の年度2末のポジション W_1 は，次のように表現できる[5]。

---

4)　*See*, Alan J. Auerbach, *Retrospective Capital Gains Taxation*, 81 (1) THE AMERICAN ECONOMIC REVIEW 167 (1991). 神山（2007）・前掲注1）253-254 頁。

5)　Auerbach, *supra* note 4, at 167.

第1編　第4章　課税繰延への対処策と日本法への示唆

$$① \quad W_1 = [1 + g(1 - t)][1 + i(1 - t)]$$
$$= (1 + g)(1 + i) - t\{g[1 + i(1 - t)] + (1 + g)i\}$$

この場合，租税負担の総額は，年度1の支払税額に税引後利子を賦課した額と，年度2の支払税額の和となる。第二の選択肢における投資家の年度2末のポジション W_2 は，次のようになる[6]。

$$② \quad W_2 = (1 + g)(1 + h) - t[(1 + g)(1 + h) - 1]$$
$$= (1 + g)(1 + h) - t[g + (1 + g)h]$$

年度1に生じたキャピタル・ゲイン g への課税は，無利子で年度2まで繰り延べられる。そのため，$h < i$ であっても，投資家は第二の選択肢を選択することで年度2末の富を最大化することが可能となる。

実現主義の第二の問題は，含み損のみを先に実現させ，含み益を繰り延べるという租税裁定（tax arbitrage）[7]の原因となる点である。課税繰延に起因するロック・イン効果や租税裁定を排除するためには[8]，所得課税は，保有期間に対して中立（holding-period neutrality）である必要がある。このような観点から Auerbach 教授は，実現主義課税が，資産の保有期間または資産の過去の収益発生パターンに依拠しない確実性等価物たる税引前リターンを投資家に要求させるような場合，当該実現主義課税が保有期間中立的であると定義づけをしている[9]。

そこで，所得税の構造を保有期間中立的にするためには，どのような具体的方策が考えられるかについて，以下で順番に分析を加える[10]。なお，特に断りのない限り主として「納税者の視点」から所得税制度を検討するものの，納税者の視点と政府の視点の差異が重要になる場合には，「政府の視点」からも適

---

6)　*Id.*

7)　租税裁定については，例えば中里実『金融取引と課税』42頁（有斐閣，1998年）参照。

8)　金子宏「キャピタル・ゲイン課税の改革」『課税単位及び譲渡所得の研究』314頁（有斐閣，1996年）は，公平負担の観点からは，ロック・イン効果を排除するために「譲渡所得の全部または一部を課税の対象から除外することは，きびしく排撃されなければならない」とする。

9)　Auerbach, *supra* note 4, at 169.

10)　なお，本章における数式等の表現は，一部簡略化をすることで，近年の Tax Law Review や Harvard Law Review など代表的な法学査読誌において掲載されている論文と平仄をとっている。

宜検討を加える。

第3款　対　処　策

第1項　時価主義課税

第一の対応策は，実現主義課税から時価主義課税への転換である。現在，金融商品への課税を中心に時価主義または擬似時価主義[11]が浸透しつつある。しかし，非上場株式や土地など流動性の低い資産については毎期の時価を正確に算出するのは困難であり，かつ，納税者の納税資金が不足するという問題もある。そのため，全ての資産について時価主義課税を導入することは困難である。

また，時価主義課税に内在する問題として，含み益資産への課税の局面で，実現主義課税よりもインフレ利得部分への課税が相対的に重くなる点をあげることができる[12]。そのため，（直観的理解に反するかもしれないが）時価主義課税

---

[11]　既に本編第3章第3節第3款第2項で述べたように，米国における OID ルールが擬似時価主義課税の代表例である。*See*, Alvin C. Warren, *US income taxation of new financial products*, 88 JOURNAL OF PUBLIC ECONOMICS 899, 901（2004）.

[12]　*See*, Reed Shuldiner, *Indexing the Tax Code*, 48 TAX LAW REVIEW 537, 552-557（1993）. この点に関して，神山弘行「物価変動と租税に関する一考察——インフレ・インデックスの観点から」金子宏編『租税法の基本問題』296，309-310 頁（有斐閣，2007 年）において，次のような指摘をした。

「インフレ率と当該資産の成長率が一定だと想定した場合，インフレ利得の絶対額は時の経過とともに増加する。しかしながら，時の経過とともに名目キャピタル・ゲインに対するインフレ利得の割合（相対額）は減少することになる。」（同上・309 頁）

「インフレ率を π，同資産の実質ベースでの市場価値の変化率を r，資産の所有期間を n とした場合，名目キャピタル・ゲインに占めるインフレ利得の割合は次のように表現できる。

$$\frac{インフレ利得}{名目キャピタル・ゲイン} = \frac{(1+\pi)^n - 1}{(1+\pi)^n(1+r)^n - 1}$$

r が正の値をとる限り，分子の上昇率よりも分母の上昇率が高いため，n が大きくなるほど，名目キャピタル・ゲインに対するインフレ利得の割合は減少する。含み益資産については，所有期間が長くなるほど物価連動措置の必要性は弱まる。」（同上・309-310 頁）

「このことは，時価主義課税を推し進めた場合，従来の実現主義の下での譲渡所得課税よりも，インフレ利得への課税が相対的に大きくなることを示唆する。インフレがなければ，時価主義課税は課税繰延の恩恵を排除・軽減することができ，実現主義の盲点を利用する租税回避への有効な対応策たりえる。しかし，物価連動措置なしに時価主義課税を推し進めることは，インフレ利得への

第1編　第4章　課税繰延への対処策と日本法への示唆

のもとではインフレ補正を導入する必要性が高まることになる。

第2項　毎年度の利子税賦課

　第二の対応策は，第2章第3節第3款で論じたように，繰延税額に対して毎期利子を課す方式である[13]。この方式は，課税繰延が政府から納税者への無利息融資に等しいとの考え方に基づき，納税者に利子相当額の支払いを求める法制度だといえる[14]。既に指摘したように，税引前リターンを参照して利子を賦課する場合，保有期間中立性を維持するためには，当該利子は控除（損金算入）可能でなければならない[15]。課税所得の計算において控除を認めないのであれば，保有期間中立性を保つためには，税引後リターンを参照して利子率を決定する必要がある[16]。

　この方式は，ロック・イン効果および納税資金が不足するという問題を解決することはできる。しかし，時価評価が困難な資産（非上場株式，無形資産など）については，評価の困難性を回避することができない。

　課税が実現主義の下よりも大きくなることを，十分に認識しておく必要がある。時価主義課税により，インフレ利得排除の必要性が増すのに，これを無視してインフレ利得に課税を続けることは，課税による経済的攪乱を増幅させる恐れがある。」（同上・310頁）
　「デフレの場合（πが負の場合）も，インフレと同様のことがいえる。すなわち，rが正の値をとる限り，所有期間が長いほど名目キャピタル・ゲイン／ロスに占めるデフレ損失の割合は減少する。rが負の場合は，所有期間の増加に伴い，名目キャピタル・ロスに占める割合は増加する。」
　「一般化すると，rが正の値をとる場合，名目譲渡益／損失に占める物価変動部分の割合は所有期間の増大とともに減少し，rが負の値をとる場合，同割合は所有期間の増大とともに増加することになる。」（同上・310頁）

13)　*See*, David F. Bradford, *Fixing Realization Accounting*: *Symmetry, Consistency and Correctness in the Taxation of Financial Instruments*, 50 TAX LAW REVIEW 731, 754-755 (1995).

14)　*See, e.g.*, STANLEY S. SURREY & PAUL R. MCDANIEL, TAX EXPENDITURES, 198 (Harvard University Press 1985); CHRISTOPHER H. HANNA, COMPARATIVE INCOME TAX DEFERRAL: THE UNITED STATES AND JAPAN, 124 (Kluwer Law International 2001).

15)　*See, e.g.*, Auerbach, *supra* note 4, at 168-171; Hanna, *supra* note 14, at 38. ただし，国債の利率を基準に利子の額を算定する場合で，かつその基準が非課税国債の場合には，（租税裁定が働いていると想定する限り当該表面利率は税引後利率と一致するため）当該利子の控除を認めるべきではない。

16)　*See*, INSTITUTE FOR FISCAL STUDIES, THE STRUCTURE AND REFORM OF DIRECT TAXATION, 132 (1978) [*thereafter*, Meade Commission Report]. なお，Meade Commission Report自体は，第三の方策である実現主義課税を維持しつつ，実現時に利子税を賦課する方法を提案している（本款第3項参照）。

第2節　金銭の時間的価値と課税繰延

　また，適切な利子率の設定が問題となる。第3章で論じたように，政府と納税者の「割引率」が異なりうるのであれば，保有期間中立的かつ税収中立的な利子税を賦課することは困難になると考えられる。そのため，適切な利子率の設定をするためには，利子税を賦課することの主目的を明確にしなければならない。

　利子税を賦課する主目的が，「保有期間中立性」または「納税者間の租税負担の公平性」の達成であれば，納税者の視点から利子率（割引率）を設定することになる。納税者の視点からの利子率の設定については，第2章第3節第3款第2項において既に検討したように，「納税者の借入利率」や「国債の利率」ではなく，「リスク調整後の税引後収益率」を基礎に利子率を設定するのが適切であろう[17]。

　もしも，賦課される利子率が，納税者のリスク調整後の税引後収益率よりも低ければ，課税繰延の恩恵が残り，保有期間中立性や納税者間の公平性を達成することができない。一方，利子率が高すぎれば，課税が投資活動に対して非中立的になり，正常な経済活動を阻害してしまう恐れがある。執行の簡便化のために，全ての納税者に単一の利子率（例えばリスク調整後の平均的な税引後収益率）を適用するとなると，（事前の観点からは中立性が確保できるとしても）平均的収益率よりも低い収益率しか享受できなかった納税者から，平均よりも高い収益率を享受できた納税者に対して「不公平」な所得移転が生じることになる。包括的所得概念における理念が，事後の観点から納税者間の公平を達成することにあると理解するのであれば，単一の利子率を適用することは，上記理念と逆方向に利子税を作用させてしまうことを意味する。そのため，従来の方式による利子税の賦課は，制度内在的な矛盾を抱えることになる。

　一方，利子税を賦課する主目的が，「税収中立性」の確保または税収損失の最小化をするためであれば，利子率は政府（国庫）の視点から決定されるべきということになる。この場合，税収中立性を達成するためには，利子率は政府（国庫）にとっての機会費用の観点から設定する必要がある。

　第3章第3節第2款で検討したように，現実の予算過程・決算過程・政策決定過程において，国債の利子率が政府の機会費用として用いられている場合が

---

17)　神山弘行「租税法における年度帰属の理論と法的構造 (3)」法学協会雑誌 129 巻 1 号 1，5-13 頁（2012 年）における検討を参照。

多かった[18]。しかし，政府がリスク・テイキングに関して私的主体（市場）よりも優位な立場にないのであれば，税収中立的な利子率は，当該納税者の信用リスクを反映した利率（≒銀行等が当該納税者に貸し出しをする場合の金利）ということになろう。

これに対して，政府が租税政策・国債政策によって，市場では分散不可能なリスクを世代間で共有させることができるのであれば，政府の割引率は私的主体の割引率よりも低くなる可能性があった（第3章第3節第3款参照）。そのような場合，世代数が無限大に近づくにつれて，政府の割引率は無リスク金利に近づくと考えられる。そして，もしも（財政状態が健全な国家の）国債の利率が無リスク金利の近似値であると考えるのであれば，利子税において，国債の利率を基礎として利子率を決定することを理論上，正当化できる余地がある[19]。

また，政府（国庫）が金融市場においてプライス・テイカーではなく，プライス・メイカーであると考え，機会費用概念を could view ではなく would view の立場から観念するのであれば，政府の機会費用は私的投資の限界収益率（市場収益率）と社会的時間選好率の間の値をとると考えることもできる（第3章第3節第4款参照）。

政府の機会費用が私的投資の限界収益率よりも低くなる場合，税収中立性の観点から利子率を決定すると，納税者には課税繰延の恩恵が残ることになり，ロック・イン効果を排除することができない[20]。

なお，具体的な利子税の計算・賦課方法については，第2章第3節第3款第3項において検討した，CCM 方式および（簡易版）LBRM 方式が現実的な選択肢であると考えられる。

---

18) 日本の各省庁が利用している費用便益分析の指針も，同様の考え方に依拠しているものが存在する。神山弘行「財政法におけるリスクと時間——Contingent Liability としての公的債務保証」フィナンシャル・レビュー103号25，42-45頁（2011年）参照。

19) しかし，巨額の財政赤字および累積債務に直面する国（ギリシャなど）の国債の金利は，信用リスクを反映して，無リスク金利ではなくリスク調整後の金利になっていると考えられる。そのため，国債の金利を無リスク金利として採用する場合には，その国の財政状況と市場の反応を個別具体的に判断する必要があろう。

20) もし，政府の割引率が納税者の割引率よりも低い場合に，利子税における適用利子率を私的投資の限界収益率に設定すると，政府に一定の利益がもたらされると考えることが可能かもしれない。

第3項　実現時の調整もしくは利子税の賦課

　第三の対応策は，実現主義課税を維持しつつ課税繰延の恩恵を排除する方法として，所有期間が長いほど税率を高める，もしくは実現時に利子税を賦課する方式がありうる[21]。この方式は，毎期発生する未実現利益への税額に利子を賦課するのと同じ効果が期待できる[22]。

　例えば，時点 s における資産価値を A_s，無リスク金利を i，税率（一律）を t，時点 s と時点 $s+1$ の間の資産の収益率を r_s とすると，Vickrey（1939）が提唱する保有期間中立的なキャピタル・ゲイン課税 T は，**式1**のように表現される[23]。

$$T_{s+1} = [1 + i(1 - t)]T_s + tr_s A_s \quad \cdots\cdots\cdots\cdots（\text{式1}）$$

　正確な課税を行うためには，上記数式における A_s と r_s を毎期把握する必要がある。しかし，時価評価が困難な資産の場合，どのような時系列で利得が発生したか（毎期の A_s と r_s）を正確に把握できない。この点，所有期間を通じて一定の割合で利得が発生したと仮定する見解があるものの[24]，（離散モデルを採用する限り）このような取扱いは問題の本質を解決しない（本款第6項参照）。一定のみなし収益率を個別資産ごとに算定する場合でも，所有期間の初期段階でアブノーマル・リターンが発生した資産を保有する投資家は，依然としてロック・イン効果に直面してしまうからである[25]。

　この第三の手法の実施方法としては，幾つかの方法が考えられる。例えば，金子宏名誉教授が提唱する K 方式は，まずインフレ利得を排除した実質キャピタル・ゲインを求め，次にこの実質キャピタル・ゲインが資産の保有期間を

---

21)　*See*, Bradford, *supra* note 13, at 755-757.

22)　*E.g.*, William Vickrey, *infra* note 23; Auerbach, *supra* note 4, at 168. 金子・前掲注
　8）317-318 頁。

23)　William Vickrey, *Averaging of Income for Income-Tax Purposes*, 47 (3) JOURNAL OF
　POLITICAL ECONOMY, 379 (1939).　なおここでは，説明の便宜上，連続モデル（continuous
　model）ではなく離散モデル（discrete model）を採用している Alan J. Auerbach & David F.
　Bradford, *Generalized Cash-flow Taxation*, 88 JOURNAL OF PUBLIC ECONOMICS 957, 959
　(2004) の表現を援用している。

24)　金子・前掲注8）317-318 頁。

25)　*See*, Auerbach, *supra* note 4, at 168.

第 1 編　　第 4 章　課税繰延への対処策と日本法への示唆

通じてコンスタントに同じ額だけ増加してきたと仮定して各年度に配分し（均等割），その上で各年度に配分された実質キャピタル・ゲインには同じ限界税率が適用されるものとして，当該税額に年単利で 7.3% の利子税——所得税・法人税・相続税の延滞の場合の利子税の利率——を賦課する方式である[26]。

　一方，Meade Commission Report は，物価連動措置同様[27]，取得価格（basis）を利子分だけ調整することで，（物価連動措置とセットにして）利子税を賦課する方法を提唱している[28]。資産の譲渡価格を A，元の取得価格（original basis）を B，元の取得価格 B に保有期間のインフレ分だけ補正を加えた「インフレ修正後取得価格」を BI，そして元の取得価格 B に保有期間の利子を賦課した「利子修正後取得価格」を BS とすると，課税対象となるべき真正のキャピタル・ゲイン CG は，次の**式 2** によって算定できる（なお log は自然対数である）[29]。

---

26)　金子・前掲注 8) 317-318 頁。

27)　キャピタル・ゲイン課税における物価連動措置（inflation indexation）の方法とその問題点については，神山弘行「物価変動と租税に関する一考察——インフレ・インデックスの観点から」金子宏編『租税法の基本問題』305-315 頁（有斐閣，2007 年）を参照。

28)　*See*, Meade Commission Report, *supra* note 16, at 133-134.

29)　**式 2** は，次の計算によって求めることができる。Meade Commission Report, *supra* note 16, Appendix 7.1 at 148-149. なお，自然対数および自然対数の底 e（ネイピア数）を用いた連続モデルの概説については，本款第 6 項を参照。

　　資産の取得価格を B，n 年間保有し，A の価格で売却したとする。平均実質キャピタル・ゲインを g，インフレ・ファクターを I（取得時点から売却時点までのインフレ率），e を自然対数の底とすると，次のように表せる。

$$e^{gn} = \frac{A}{BI}$$

　　これを変形すると，

$$g = \frac{1}{n} \log \frac{A}{BI}$$

となる。また，インフレ率を p とすると，平均名目キャピタル・ゲイン $(g + p)$ は，次の式で表現できる。

$$e^{(g+p)n} = \frac{A}{B}$$

　　年度 t における実質キャピタル・ゲインは，$gBe^{(g+p)t}$ である。そして，年度 n の実質キャピタル・ゲインは，年度 t に発生した実質キャピタル・ゲインに利子因子である $e^{r(n-t)}$ を掛けたものとなる（r は利子率）。そのため，実現時である年度 n における実質課税所得は，次の式で表せる。

$$\int_0^n gBe^{(g+p)t} e^{r(n-t)} dt = \frac{gBe^{rn}}{g+p-r}(e^{(g+p-r)n} - 1) = \frac{gB}{g+p-r}(e^{(g+p)n} - e^{rn})$$

　　ここで利子率は，既に論じたように税引後リターン・ベースで考える必要があるから，m を納税者の限界税率，i を市場利子率とすると，$r = (1 - m)i$ となる。R を時点 0 から時点 n までの

240

$$CG = (A - BS)\left(\frac{\log \dfrac{A}{BI}}{\log \dfrac{A}{BS}} \right) \quad \cdots\cdots\cdots\cdots\cdots\text{(式 2)}$$

この手法の利点は，政府が納税額の算出に際して，①資産の譲渡価格 A，②資産の取得価格 B，③保有期間 n のみを把握していればよい点である。ただし，この手法は，全期間を通じて，納税者の限界税率ならびに市場利子率が一定であることを前提としている点には注意が必要である（なお，インフレ率の変化はインフレ因子によって織り込まれている）。

第 4 項　Retrospective Taxation

第四の対応策として，Auerbach 教授が提唱する Retrospective taxation がある[30]。

結論を先取りすれば，この方式は，事後（ex post）の観点からではなく，事前（ex ante）の観点からキャピタル・ゲイン課税を行うことで保有期間の中立

間の公表される利子因子とすると，$e^{rn} = e^{(1-m)in} = R^{1-m}$ と表現できる。そのため課税所得は，

$$\frac{gB}{g + p - r}\left(\frac{A}{B} - R^{1-m} \right) \quad \cdots\cdots\cdots\cdots\cdots\cdots\cdots\cdots\cdots\text{(式 3)}$$

となる。そして，前半部分の係数は

$$\frac{g}{g + p - r} = \frac{\dfrac{1}{n}\log \dfrac{A}{BI}}{\dfrac{1}{n}\log \dfrac{A}{B} - \dfrac{1}{n}(1-m)\log R}$$

と書き直すことができるので，式 3 は，

$$\frac{gB}{g + p - r}\left(\frac{A}{B} - R^{1-m} \right) = \left(\frac{\log A - \log B - \log I}{\log A - \log B - (1-m)\log R} \right)(A - BR^{1-m})$$

と表現できる。ここで，もとの取得価格 B に対して，インフレ補正を行ったインフレ調整後取得価格を BI，B に利子分の修正を行った利子修正後取得価格を $BS(= BS^{1-m})$ とすると，課税所得式 3 は，次のように整理できる。

$$\text{課税所得} = \left(\frac{\log \dfrac{A}{BI}}{\log \dfrac{A}{BS}} \right)(A - BS)$$

30)　*See*, Auerbach (1991), *supra* note 4; Auerbach & Bradford (2004), *supra* note 23.
　　なお，みずほ総合研究所「キャピタルゲイン税改革について――『ロックイン効果』をいかに回避するか」みずほ政策インサイト（2009 年 10 月 16 日）は，本書で検討している Auerbach (1991), *supra* note 4; Bradford (1995), *supra* note 13; Auerbach & Bradford (2004), *supra* note 23 における課税方式について，簡単な数値例も交えつつ考察を加えている。

第1編　第4章　課税繰延への対処策と日本法への示唆

性を達成することを目的としているといえる。また，別の観点から捉えると，Retrospective taxation の本質的機能を次のように理解することも可能であろう。包括的所得税はリスク・リターンには課税しておらず，ポートフォリオ全体の無リスク金利部分にのみ課税していると解されるところ[31]，賭けの結果であるゲインとロスは捨象して，資産の保有から生じる無リスク金利の部分にのみ課税をする手法だといえる。無リスク金利相当額にのみ課税をすれば，納税者が含み益資産を継続保有するか，当該資産を売却して別資産に再投資をするかを選択する際に租税が中立的になるという発想である。

　納税者の資産売却時期に関する投資判断は，事後的な収益率ではなく，事前の収益率予測に依拠することになる。そのため，Auerbach 教授は，もし課税の保有期間中立性の達成に力点を置くのであれば，Vickrey 教授の唱える前掲式1が必要条件ではなく，確実性等価物（certainty equivalence）を用いることで，条件を緩和することが可能であると指摘する[32]。

　今，$V(x)$ をある期間の不確実な収益 x を確実性等価物に変換する演算子（operator）とする。また，時点 s における資産価値を A_s，時点 s における税額を T_s，無リスク金利を i，税率（一律）を t，時点 s と時点 $s+1$ の間の資産の収益率を r_s とする。裁定により均衡が達成されている市場において，①投資家が含み益資産への課税を繰り延べて，次期も当該資産を保有し続ける場合に要求する税引後収益の確実性等価物は，②含み益を実現させた後，次期は当該収益を無リスク金利で運用する場合の税引後収益と等しくなると考えられる。そうすると，$V(A_{s+1} - T_{s+1}) = [1 + i(1 - t)](A_s - T_s)$ という関係が成立する。保有期間中立性〔$V(r_s) = i$〕を達成するための必要十分条件は，次のようになる[33]。

---

31)　*See, e.g.*, Evsey D. Domar & Richard A. Musgrave, *Proportional Income Taxation and Risk-Taking*, 58 QUARTERLY JOURNAL OF ECONOMICS 388 (1944); Louis Kaplow, *Taxation and Risk Taking: A General Equilibrium Perspective*, 47 NATIONAL TAX JOURNAL 789 (1994); Alvin C. Warren, *How Much Capital Income Taxed Under an Income Tax is Exempt Under a Cash Flow Tax?*, 52 TAX LAW REVIEW 1 (1996); James M. Poterba, *Taxation, Risk-Taking, and Household Portfolio Behavior, in* HANDBOOK OF PUBLIC ECONOMICS VOL.3 Ch, 17 (Alan J. Auerbach & Martin Feldstein eds. 2002); David Weisbach, *The (Non) Taxation of Risk*, 58 TAX LAW REVIEW 1 (2005).

32)　Auerbach, *supra* note 4, at 169-170; Auerbach & Bradford, *supra* note 23, at 959-960.

33)　*Id.*

$$V(T_{s+1}) = [1 + i(1-t)]T_s + tiA_s \quad \cdots\cdots\cdots\cdots (\text{式 4})$$

そして Auerbach (1991) は，次の**式 5** の課税方式が**式 4** を満たすことを指摘している[34]。

$$T_s = \left[1 - \left(\frac{1 + i(1-t)}{1+i} \right)^s \right] A_s \quad \cdots\cdots\cdots\cdots (\text{式 5})$$

この課税方式の利点は，政府の必要とする情報が，無リスク金利 i，納税者の税率 t，資産の保有期間 s，および資産の売却価格 A_s のみであり，取得原価やどの時点で含み益が発生したか——利益発生の時系列パターン——を把握する必要がない点である[35]。**式 5** から読み取れるように，納税者が期間 s の間，無リスク金利 i で収益を享受したところ最終的に資産価値が A_s になったとみなして課税をしているのである[36]。

「公平性」の問題が事後的観点（ex post）からの議論であるのに対して，「中立性」の問題は事前的観点（ex ante）からの議論であると理解されている[37]。そうであれば，Retrospective taxation は，租税負担の水平的公平性（垂直的公平性）よりも，租税の保有期間中立性に重きを置いているともいえる。

この課税方式の問題点として，事前の観点からは，キャピタル・ゲインに対して時価主義課税を行うのと同じ効果を期待できるものの，事後の観点からは，課税所得の計算の際に賭けの結果を考慮する（と信じられている）包括的所得税の伝統的な理解と乖離する点が考えられる[38]。極端な場合として，投資家

---

34)　Auerbach, *supra* note 4, at 170-173. なお，本書では，より簡便な表記である Auerbach & Bradford, *supra* note 23, at 960, fig.(4) を用いている。

　　また，**式 4** においては，無リスク金利 i および税率 t が一定であることを前提としている。無リスク金利および税率が変化する場合，Retrospective taxation は次のように表現される。Auerbach & Bradford, *supra* note 23, at 960, n.4.

$$T_s = \left[1 - \prod_{\xi=0}^{s-1} \left(\frac{1 + i_\xi(1 - t_\xi)}{1 + i_\xi} \right) \right] A_s$$

35)　Auerbach, *supra* note 4, at 171.

36)　*See*, Auerbach & Bradford, *supra* note 23, at 960-961. すなわち，取得価格を $(1+i)^{-s}A_s$ とみなして Vickrey 型の課税を行っているといえる。*See, id.* at 961.

37)　増井良啓「租税法における水平的公平の意義」金子宏先生古稀祝賀『公法学の法と政策（上）』176 頁（有斐閣，2000 年）参照。

38)　*Id*. at 176.

第1編 第4章 課税繰延への対処策と日本法への示唆

が毎期キャピタル・ロスを被っていても，この課税方式の下では，当該含み損資産の売却時に，無リスク金利の分だけ納税義務が生ずることになりうる。

Auerbach 教授は，事前の視点からの課税が不公平であるとの批判に対して，次のように応じている[39]。第一に，時価主義に近接するべく繰延税（利子税）を課す手法ですら，実現時にキャピタル・ロスが生じていても繰延税（利子税）を支払うことになりうる点を指摘する。第二に，課税繰延と投資収益非課税の等価性を前提にして，(Roth IRA のように) 投資収益に関して非課税扱いを認める場合，これらも事前の視点から租税負担を議論していることになるというのである。

なお，日本の所得税法における譲渡所得課税は，最高裁昭和47年12月26日第三小法廷判決[40]が「資産の値上がりによりその資産の所有者に帰属する増加益を所得として，その資産が所有者の支配を離れて他に移転するのを機会に，これを清算して課税する趣旨のもの」と述べているように，いわゆる清算課税説の立場から理解されている。このような理解を導き出す現行所得税法の法的構造の背後には，保有期間中立性よりも租税負担の公平性の観点から，キャピタル・ゲインを事後の観点から捉える方が適切との判断が存在していると解される。そのため，Retrospective taxation の考え方に基づいた課税方式を我が国に導入しようとする場合，単なる実現主義課税の修正の枠を飛び越えて，所得税法体系全体における「公正性」と「中立性」の重み付けの変更を惹起することになろう[41]。その意味で，本方式は，抜本的税制改革としては興味深い議論ではあるものの，現実的な法制度として導入する場合に検討すべき課題が山積することとなる。

第5項 Generalized cash-flow taxation

保有期間中立的な別の課税方式として Auerbach & Bradford (2004) が提唱する Generalized cash-flow taxation がある。これは，上述の Retrospec-

---

39) Auerbach, *supra* note 4, at 176-177. *Also see*, Louis Kaplow, *Taxation*, NBER Working Paper No.12061, at 59 (2006).

40) 民集26巻10号2083頁。

41) 公平性との関係では，レント（超過収益）部分への課税をするかしないかという点も問題となろう。

tive taxation を一般化する形で Bradford (1995) が提唱した課税方式[42] をもとに，改良を加えたものである。そこで，以下では Bradford (1995) の課税方法を検討した上で，Auerbach & Bradford (2004) の課税方法を検討する。

Bradford (1995) の提唱する方式は，次のような方式である[43]。今，投資家がある資産を時点 0 に A_0 で購入し，時点 s に A_s で譲渡したとする。事前に決定されたある時点 D をキャピタル・ゲイン参照時点とし，時点 D におけるキャピタル・ゲイン税率を g と表記する[44]。また，無リスク金利を i，通常の税率を t とする。まず，第一に，取得価格である A_0 の資産を時点 0 から時点 D まで，無リスク金利で運用した場合の①将来価値 $A_0(1+i)$ と，時点 s における譲渡価格 A_s を時点 D まで無リスク金利で割り引いた②割引価値 $A_s/(1+i)^{s-D}$ の差額として，帰属キャピタル・ゲイン（imputed gain）を観念する[45]。そして，時点 D における帰属キャピタル・ゲインに対する租税負担について，時点 D から時点 s まで，税引後無リスク金利で運用した場合の将来価値を算出する（**式6**）。

$$g\left[\frac{A_s}{(1+i)^{s-D}} - A_0(1+i)^D\right][1+(1-t)i]^{(s-D)} \quad\cdots\cdots\text{（式6）}$$

第二に，時点 0 の A_0 から時点 D の① $A_0(1+i)^D$ までの帰属利子に対する税額と，時点 D の② $A_s/(1+i)^{s-D}$ から時点 s の A_s までの帰属利子に対する税額を観念した上で，利子率として税引後の無リスク金利を用いて，それらの時点 s における将来価値に換算する（**式7**）[46]。

---

42) Bradford (1995), *supra* note 13, at 770-778. なお本書では，記載の一貫性を保持するために Auerbach & Bradford, *supra* note 23, at 961-962 に依拠して，Bradford (1995) の課税方式を記述している。

43) Bradford, *supra* note 13, at 770-773; Auerbach & Bradford, *supra* note 23, at 961-962. なお，この方式は，中間利息・中間配当など資産の保有期間中にキャッシュ・フローが発生しないことを前提としている。

44) なお，本書では直観的にわかりやすいように $0 \leqq D \leqq s$ とするものの，これは本課税方式が保有期間中立的になるために必要な条件ではない。Auerbach & Bradford, *supra* note 23, at 961.

45) Auerbach & Bradford, *supra* note 23, at 961. すなわち，参照時点 D における帰属キャピタル・ゲインは，$\left[\frac{A_s}{(1+i)^{s-D}} - A_0(1+i)^D\right]$ として観念される。

46) *Id.*

第1編　第4章　課税繰延への対処策と日本法への示唆

$$[1 + (1-t)i]^{(s-D)}\{(1+i)^D - [1 + (1-t)i]^D\}A_0$$
$$+ \frac{\{(1+i)^{s-D} - [1 + (1-t)i]^{s-D}\}}{(1+i)^{s-D}}A_s \quad \cdots\cdots\cdots\cdots (\text{式 7})$$

最終的な時点 s における税額は，**式6** と**式7** の和として算出されるところ，**式8** のようになる[47]。

$$\left[1 - (1-g)\left(\frac{1+(1-t)i}{1+i}\right)^{s-D}\right]A_s$$
$$- [1 + (1-t)i]^s\left[1 - (1-g)\left(\frac{1+(1-t)i}{1+i}\right)^{-D}\right]A_0 \quad \cdots(\text{式 8})$$

Bradford（1995）の課税方式は，（実現時点である）譲渡時点 s まで課税を繰り延べるため，取得価格と売却価格の双方の情報を必要とする。そこで，執行をより簡便にするために，Auerbach & Bradford（2004）は，**式8** を時点0における還付と，時点 s における課税に分けることで，一般的なキャッシュ・フロー税方式に変換することを提唱している[48]。これを時点 v におけるキャッシュ・フロー税として表現すると**式9** のようになる（CF_z は，時点 z におけるキャッシュ・フローである）[49]。

$$\left[1 - (1-g)\left(\frac{1+(1-t)i}{1+i}\right)^{z-D}\right]CF_z \quad \cdots\cdots\cdots\cdots(\text{式 9})$$

なお，この課税方式は，通常のキャッシュ・フロー税と異なり，無リスク金利部分について所得税同様に税率 t で租税を賦課し，無リスク金利を上回る収益部分（$r_s - i$）については，異なる税率 t^* で租税を賦課していることにな

---

47)　*Id*. なお，**式7** は，$D = g = 0$ の場合に，先述の Retrospective Taxation と等値になる。*See, id.* at 962.

48)　すなわち，資産を購入する時点0で即時損金算入を認めることで $\left[1 - (1-g)\left(\frac{1+(1-t)i}{1+i}\right)^{-D}\right]A_0$ の税額が還付されることになる。そして，譲渡時点 s において $\left[1 - (1-g)\left(\frac{1+(1-t)i}{1+i}\right)^{s-D}\right]A_s$ の税額が課されることになる。*Id*. at 962.

49)　*Id*. at 963

る[50]。なお，納税者がポートフォリオを適切に再編できるのであれば[51]，通常の所得税がリスク・テイキングの対価部分に課税ができないのと同様に，本課税方式もリスク・テイキングの対価部分については，課税が及ばないことになる。

第6項　イールド課税（The Yield Based Method）[52]

これまで課税繰延の利益を排除するために，時価主義課税，利子税の賦課，Retrospective taxation，Generalized cash-flow taxation などの手法が提唱されてきたものの，各手法は次のような問題を内包していた。時価主義課税は，資産評価の問題および納税者が納税資金の不足に直面しうるという問題に直面していた。同様に利子税賦課は，（時価評価が困難な資産の場合）年度間の所得配分が不正確になるという問題を有していた。一方，事前（ex ante）の視点から課税を行う Retrospective taxation は，時価評価が困難な資産への投資の場合であっても投資期間中立性を達成できるものの，投資損失が発生している局面でも租税負担を発生させる。そのため，この課税方式を導入しようとした場合，事後（ex post）の視点を採用する包括的所得概念を理念系として構築されている現行所得税法の法的構造との整合性が問題となる。

　これらの問題点を解決する手法として，現実に生じたイールド（投資収益率）に着目をして課税を行う方式が考えられる[53]。これは，実現主義の利点（時価評価の困難性の回避と，納税資金の確保）を維持しつつ，事後の視点から，金銭の時間的価値に起因する課税繰延の恩恵の排除を企図する課税方式だといえる。イールドに着目した場合，同じ課税前イールド（pre-tax yield）を有する投資プロジェクトが，同じ課税後イールド（after-tax yield）をもたらすような場

---

50)　リスク・テイキングへの対価部分に対する税率は，$t^* = \left[1 - (1-g)\left(\frac{1+(1-t)i}{1+i} \right)^{s+1-D} \right]$ となる。*Id.* at 964.

51)　納税者がリスクの対価部分への租税負担を実質的にゼロにするためには，リスク資産への投資を $1/(1-t^*)$ だけグロス・アップさせればよい。

52)　本項は，神山弘行「対外間接投資と課税繰延防止規定」フィナンシャル・レビュー 94 号 123，142-146 頁（2009 年）をもとに，叙述をより精緻化するとともに，中間利息・中間利子の取扱いおよびポートフォリオの範囲の問題について，加算・修正を施したものである。

53)　Stephen B. Land, *Defeating Deferral: A Proposal for Retrospective Taxation*, 52 TAX LAW REVIEW 45, 73-103 (1996). 本項におけるイールド課税の検討は，Land（1996）に依拠する所が大きい。また，本項の各数値例は，Land（1996）を参考にしつつ，作成した。

第1編　第4章　課税繰延への対処策と日本法への示唆

合に，金銭の時間的価値に起因する課税繰延の恩恵が存在しないことを意味する。

　まず，イールド課税の基本構造を理解するために，投資期間中のキャッシュ・イン（中間配当や中間利息）がなく，最後の売却時（利益の実現時）にのみキャッシュ・フローが生じる状況を想定する。なお，特に断りのない限り，各数値例の計算は連続複利で行っているものの，表記の簡素化のために概数で表記（四捨五入）してあることから，小数点以下の部分で端数が生じる場合がある。

I　離散モデルと連続モデル

　イールドに着目して課税を行う場合，離散モデル（discrete model）と連続モデル（continuous model）を区別することが重要である。本書で離散モデルとは，利子の算出が1年ごと，半期ごと，または1日ごとといった具合に，カレンダー上の区分に従って離散的（非連続）な形でなされる場合をさす。一方，連続モデルは，利子の発生を連続的に捉える（連続複利の）場合である。

　通常，租税法における議論では，前者の離散モデル（特に年単利）を採用して説明を加えることが多い。それに対して，経済学者が議論をする際には，計算を容易にするために後者の連続モデルを利用することが多い。

　例えば，100万円の元本をイールド5％（年率）で2年間運用した場合の総受取額（＝元本＋利子）は，非連続モデル（暦年複利）の下では，110.25万円 $[= 100 \times (1 + 0.05)^2]$ である。これに対して，連続複利の下では，次のように計算される。なお，e は自然対数の底である。

$$100 \times e^{(0.05 \times 2)} \fallingdotseq 110.517 \quad \cdots\cdots\cdots\cdots\cdots\text{（式 10）}$$

　より一般化すると，元本 B を年イールド r で，n 年間運用した場合の総受取額 S（＝元本＋投資収益）は次の式で表現できる[54]。

$$S = Be^{rn} \quad \cdots\cdots\cdots\cdots\cdots\cdots\cdots\text{（式 11）}$$

---

54) なお，r の算出期間と n の期間の単位が一致している限り，どのような期間単位を用いてもよい（半期でも四半期でも1日単位でも）。例えば，100万円を四半期1.25％で8クオーター（＝2年間）運用した場合は，$S = 100 \times e^{0.0125 \times 8} \fallingdotseq 110.517$ という計算式になる。*See*, Land, *supra* note 53, at 75.

248

第2節　金銭の時間的価値と課税繰延

そこで，以下では，イールドの計算の正確性と，課税の公平性および中立性を担保するために，連続複利の計算（continuous model）に基づいて検討を進めることにする。

Ⅱ　基本構造——中間利子・中間配当がない場合

元本100万円を課税前イールド10%（年率）で10年間運用した場合に，課税前の総受取額は「271.828万円」[55]となる。今，税率を30%とすると，課税後イールドは7%である。発生主義に基づいて投資収益（キャピタル・ゲイン）が発生する時点で課税され，課税繰延の恩恵が存在しない場合，当該投資のもたらすイールドは，この課税後イールドと等しくなるはずである。100万円をこの課税後イールドで10年間運用した場合，納税者の（課税後）受取額は① 201.375万円[56]となる。年度10における納税額は，この両者の差額である「70.453万円」ということになる。

これに対して，イールドではなく，実現主義に基づいてキャピタル・ゲインを算出すると，課税所得は171.828万円，納税額は51.5484万円，課税後の総受取額は② 220.2797万円となる。この数値例においては，①と②の差額である約19万円が課税繰延の恩恵ということになる。

イールド課税は，金銭の時間的価値に起因する課税繰延の利益を排除するために，納税者が課税後イールドで運用していたのと同じ状況を作り出すように税額を事後の観点から決定するのである[57]。現実のイールドに着目している点で，事前の観点から無リスク金利で投資がなされると想定するRetrospective taxationとは異なる。また，利子税の賦課とも異なり，毎年度の繰延対象となる発生主義のもとでの納税額を算出する必要もなくなる[58]。

そこで，Land（1996）の議論を援用しつつ，より一般的なモデルを紹介す

---

55)　$100 \times e^{(0.1 \times 10)} = 271.828\ldots$

56)　$100 \times e^{(0.07 \times 10)} = 201.375\ldots$

57)　この点，租税法律主義との関係が問題となるかもしれないが，あくまで税額が事後的に決定されるだけで，税率そのものは事前に法定されているのであれば，現行の所得税法同様に租税法律主義に反しないといえよう。

58)　この点，利子税賦課において，事後的に投資所得をPFICのように保有期間に均等に配分するのではなく，一定の率で収益をあげたものと仮定して配分する方法を採用し，年複利ではなく，連続複利にすれば，イールド課税と同じ効果をもたらすことができる。

249

第1編　第4章　課税繰延への対処策と日本法への示唆

る[59]。今，投資元本を B，投資の課税前総受取額を S_p とし，連続複利 r（年率）で n 年間運用したとする。保有期間全体にわたる課税前イールド（pretax holding period yield）を p とすると，

$$p = rn \cdots\cdots\cdots\cdots\cdots（式 12）$$

と表現できる。そして式 11 より，

$$\frac{S_p}{B} = e^p \cdots\cdots\cdots\cdots\cdots（式 13）$$

という関係が成立する。S/B は，保有期間全体にわたる収益率である。ここで自然対数をとると，式 13 は次のように変形できる[60]。

$$\log \frac{S_p}{B} = p \cdots\cdots\cdots\cdots\cdots（式 14）$$

税率（一律）を t として，課税後の保有期間全体にわたるイールド（after-tax holding period yield）を a とすると，

$$a = (1-t)p = (1-t)\log\frac{S_p}{B} \cdots\cdots\cdots（式 15）$$

という式で表現できる。ここで，投資元本 B を課税後保有期間イールド a で，投資した場合の最終年度の総受取額を S_a とする。

$$S_a = Be^a \cdots\cdots\cdots\cdots\cdots（式 16）$$

そして，式 15 と式 16 より，

$$\frac{S_a}{B} = e^a = e^{[(1-t)p]} = \left(\frac{S_p}{B}\right)^{(1-t)} \cdots\cdots\cdots（式 17）$$

が成立する。

　イールド課税において，投資の最終年度に課税されるべき租税 T は S_p と S_a の差額として求めることができる。そこで式 16 と式 17 を用いてこれを変形すると，T を次のように表現できる。

───────────

59)　本書での表記は，Land, *supra* note 53, at 73-78. をもとにしている。

60)　もしも，投資損失が生じている場合には，式 13 は 1 未満となり，式 14 は負の値をとる。*Id.* at 75.

250

第2節　金銭の時間的価値と課税繰延

$$T = S_p - S_a = S_p - Be^a = S_p - B\left(\frac{S_p}{B}\right)^{(1-t)}$$
$$= S_p\left[1 - \left(\frac{S_p}{B}\right)^{-1}\right] \quad\cdots\cdots\cdots\cdots\cdots\cdots\cdots\cdots\text{(式 18)}$$

この**式 18** は，イールド課税が保有期間中立的な課税であることを示している。なぜならば，**式 18** において保有期間に関係する変数（要素）が一切存在しておらず[61]，税額の決定に必要な情報は①最終的な総受取額 S_p（例：資産の売却価格），②投資元本 B（例：資産の取得価格），③税率 t の 3 種類のみだからである[62]。

イールド課税のもとでは，100 万円が 271.8 万円になるのに，10 年かかろうが 5 年かかろうが，税額の総額が同じになる。10 年かかっている場合のイールドは年 10%，5 年の場合のイールドは年 20% となる。それぞれの場合に，納税者は自身の投資だけでなく，課税繰延を通じて政府の資金を同じイールドで運用していることを暗に意味する[63]。その意味で，イールド課税は政府を投資のパートナーにする効果を有していると考えることができよう。

それではイールド課税は，実際の投資収益率と同等の利子率を適用する利子税の一種なのであろうか。利子税の場合，課税の繰り延べられた期間に応じて利子を複利計算で計算しなければならず，繰延期間（投資期間）が長いほど納税額が大きくなる。これに対して，イールド課税の場合，保有期間の長短と税額の間に直接的な関係は存在しない。この点において，通常の利子税とイールド課税は異なっている。

ところで，事後的に投資イールドを計算して，投資期間中，同率の収益率で利益が発生していたと仮定して所得を配分することは不正確な所得算定に繋がるとの批判がなされることがある[64]。しかしながら，この批判は，離散モデ

---

61)　Land, *supra* note 53, at 77. すなわち，イールド課税の下においては $\frac{\partial T}{\partial n} = 0$ ということになる。

62)　ただし，保有期間が一切関係ないということではない。例えば，100 万円を投資して 200 万円になるのに 1 年かかった場合，それが 10 年かかった場合の 10 倍のイールドということになる。*See*, *id.*

63)　Land, *supra* note 53, at 77.

64)　*See*, Alvin C. Warren, *Financial Contract Innovation and Income Tax Policy*, 107

第1編　第4章　課税繰延への対処策と日本法への示唆

ルに対して有効であっても，連続モデルに対しては有効でない。なぜならば，離散モデルのもとでは，どのような時系列で利益が発生したかによって納める税額が変化するという意味で，経路依存的（path dependent）な課税方式になる。一方，連続モデルのもとでは，利益の発生パターンに対して税額は経路非依存的（path independent）になる[65]。これは，（連続モデルを採用した場合の）イールド課税が保有期間に関して中立的な租税であることの帰結である。そこで，次にイールド課税の保有期間中立性について，もう少し詳細に検討を加えてみたい。

Ⅲ　保有期間に対する中立性

　金銭の時間的価値に起因する課税繰延の恩恵が存在するのであれば，納税者は課税を繰り延べるほど，金銭の時間的価値の分だけ追加的な利益を得ることができる。逆に，包括的所得税に依拠した適切な課税が行われ（例：発生主義課税），課税繰延の恩恵が存在していないのであれば，納税者はいつ投資を終了させるか（例：資産を売却するか）の意思決定について無差別になる。

　この点，実現主義課税は，含み益の存在する資産を保有し続け，含み損の存在する資産を早期に売却するインセンティブをもたらすため，包括的所得概念から乖離することとなる。これに対して，イールド課税は，保有期間に関して中立的であるため，チェリー・ピッキング（含み益資産は保有し続け，含み損資産のみ売却をする税務戦略）を行うインセンティブが納税者に生じなくなる。

　結論から述べれば，①連続複利計算の下で，②繰り延べられた租税が，元の投資先（資産）と同じ収益率で再投資されると仮定すれば，イールド課税は保有期間に関して中立的な租税になる[66]。以下では，幾つかの数値例を用いつつイールド課税の保有期間の中立性ならびに，経路非依存性を検討する。まず，ベースラインとして次のような金融商品を想定してみよう。

【数値例 1】　年度 0 末に投資家が，金融商品 X を 100 万円で購入し，同商品の年度 5 末の時価が 150 万円，年度 10 末の時価が 271.8 万円になる

HARVARD LAW REVIEW 460, 478 (1993).

65)　Land, *supra* note 53, at 79.

66)　*Id.* at 77-80. Ⅲにおける各数値例は，*id.* at 79-80 を参考にしつつ作成をした。

252

第2節　金銭の時間的価値と課税繰延

と想定する。連続複利の下では，前半5年間における課税前イールドは年 8.11%[67]，後半5年間の課税前イールドは年 11.89%[68] となる。保有期間全体10年間を通じての課税前収益率は年 10% である。

ここで，年度10末まで金融商品 X を保有し続けた場合【数値例 1-1】と，年度5末に金融商品 X を一度売却して即時に同商品を買い戻した場合【数値例 1-2】のイールド課税の課税状況を比較してみる。なお，税率は一律 30% とする。

【数値例 1-1】　年度10末まで金融商品 X を保有し続けて，271.8 万円で売却した場合，保有期間を通じての課税前イールドは年 10% である。もし，金融商品 X が課税後イールド年 7% で10年間運用されていた場合，課税後受取額は，「201.36 万円」になるはずである。そのため，投資家は，年度10末に 70.44 万円を納税することになる。

【数値例 1-2】　年度5末に 150 万円で金融商品 X を売却した場合，課税前イールドが年 8.11% であることから，課税後イールドは年 5.677%[69] となるべきである。この課税後イールドで5年間運用された場合の課税後受取額は 132.82 万円[70] となる。課税前受取額 150 万円と課税後受取額の差額が納税すべき金額であり，それは 17.18 万円となる。そして年度5末に，132.82 万円で購入できるだけの同じ金融商品 X を購入することになる。

　　後半5年間の課税前イールドが年 11.89% であることから，年度10末に金融商品 X は 240.67 万円[71] で売却することができる。投資元本 132.82 万円が課税後イールド年 8.32%[72] で運用された場合の課税後受取額は「201.36 万円」となる。そのため，年度10末に納税すべき金額は，売却額 240.67 万円と課税後受取額の 201.36 万円の差額である 39.31 万円になる。

---

67)　$(1/5) \times \log(150/100) = 0.081093022 \ldots$

68)　$(1/5) \times \log(271.8/150) = 0.118886242 \ldots$

69)　$0.0811 \times 0.7 = 0.05677$

70)　$100 \times e^{[\log(150/100)]} \fallingdotseq 132.82$

71)　$132.82 \times e^{[\log(271.8/150)]} \fallingdotseq 240.67$

72)　$(1/5) \times \log(271.8/50) \times 0.7 = 0.08322 \ldots$

第1編　第4章　課税繰延への対処策と日本法への示唆

　上記数値例【1-1】と【1-2】を比較すると分かるように，イールド課税の下では，年度 10 末の課税後受取額がどちらも 201.36 万円になっている。このことは，納税者が途中で wash sale をするかしないかに関して無差別になることを意味する。それでは，投資が前半に損失を生み，後半に利益を生む場合はどうなるのであろうか。議論のベースラインとして次の数値例を考えてみよう。

　【数値例 2】　年度 0 末に 100 万円で金融商品 Y を購入したところ，同商品の年度 5 末の時価は 50 万円になり，年度 10 末の時価は 271.8 万円になったとする。連続複利の下では，前半 5 年間における課税前イールドは年マイナス 13.86%[73]，後半 5 年間の課税前イールドは年 33.86%[74] となる。保有期間全体 10 年間を通じてのイールドは年 10% である。

　ここでも，年度 10 末まで金融商品 Y を保有し続けた場合【2-1】と，年度 5 末に金融商品 Y を一度売却して即時に同商品を買い戻し，年度 10 末まで保有した場合【2-2】の課税関係を比較してみる。なお，税率は一律 30% とする。

　【数値例 2-1】　数値例【1-1】と同じである。

　【数値例 2-2】　年度 5 末に 50 万円で金融商品 Y を売却した場合，課税前イールドは年マイナス 13.86% となる。この場合，あるべき課税後イールドは年マイナス 9.7%[75] となる。この課税後イールドで 100 万円が 5 年間運用された場合の課税後受取額は，61.557 万円[76] となる。そのため，実際の売却額 50 万円と課税後受取額 61.557 万円の差額である 11.557 万円が，納税者に還付されることになる。そして年度 5 末に，納税者は 61.557 万円で購入できるだけの金融商品 Y を再度購入するものとする。

---

73)　$(1/5) \times \log(50/100) = -0.1386294\ldots$

74)　$(1/5) \times \log(271.8/50) = 0.3386087\ldots$

75)　$(1/5) \times \log(50/100) \times 0.7 = -0.0970406\ldots$

76)　$100 \times e^{[0.7 \times \log(50/100)]} \fallingdotseq 61.55722$

254

後半5年間における金融商品Yの課税前イールドは，年33.86%である。そのため年度5末に購入した61.557万円分の金融商品Yは，年度10末に334.625万円[77]で売却することができる。また，61.557万円を課税後イールド年23.7%[78]で5年間運用した場合，課税後受取額は「201.36万円」[79]になるべきである。そこで，納税者は，年度10末の課税前受取額334.625万円と課税後受取額201.36万円の差額である133.265万円を租税として支払うことになる。

数値例【2-1】と【2-2】を比較すると，どちらも年度10末における最終的な課税後受取額は，201.36万円である。そのため，一旦損失が発生している投資の場合でも，納税者はwash saleに関して無差別のままであるといえる。

Ⅳ　損失と還付税額の関係

実現主義課税および利子税賦課方式の下では，還付対象となる損失が大きいほど還付税額が大きくなる[80]。これに対して，イールド課税の下では，損失の増加に伴って還付税額が単純に増加するわけではない[81]。

表1は，取得価格100万円である資産を購入した後に損失が生じた場合を想定して，(1)実現主義課税および(2)イールド課税の下での還付税額を算出したものである[82]。この表において次の二点に注目する必要がある。第一は，イールド課税の下での還付税額が，実現主義課税の下での還付税額を常に下回っている点である（これを現象①とよぶ）。第二は，実現主義課税の下では，損失が増大するとともに還付税額も増大するのに対して，イールド課税の下では，一定以上の損失（**表1**では損失70以上）になると，損失の増大に伴って還付税額が減少する点である〔これを現象②とよぶ〕。

---

77)　$61.5572 \times e^{[\log(271.8/50)]} \fallingdotseq 334.6249$

78)　$0.7 \times (1/5) \times \log(271.8/50) \fallingdotseq 0.237026089$

79)　$61.5572 \times e^{[0.7 \times \log(271.8/50)]} \fallingdotseq 201.36$

80)　利子税方式と（利子賦課なしの）実現主義課税を比べると，利子税方式のほうが，利子分だけ，還付額が大きくなる。

81)　Land, *supra* note 53, at 92-94. Landはこれを「損失のパラドックス」と呼んでいる。

82)　数値例は，Land, *supra* note 53, at 92-93を参考に作成した。表記の簡素化のために，小数点第三位以下は四捨五入している。なお，**表1**は神山（2009）・前掲注1）146頁の表1をもとにしている。

第1編　第4章　課税繰延への対処策と日本法への示唆

表1　(1)実現主義課税〔税利子税なし〕と(2)イールド課税の下での還付税額

取得価格	売却額	(1)実現主義		(2)イールド課税			
		損失	還付税額	保有期間課税前イールド	保有期間課税後イールド	課税後受取額	還付税額
100	90	−10	3	−10.54%	−7.38%	92.89	2.89
100	80	−20	6	−22.31%	−15.62%	85.54	5.54
100	70	−30	9	−35.67%	−24.97%	77.90	7.91
100	60	−40	12	−51.08%	−35.76%	69.94	9.94
100	50	−50	15	−69.31%	−48.52%	61.56	11.56
100	40	−60	18	−91.63%	−64.14%	52.66	12.66
100	**30**	**−70**	**21**	**−120.40%**	**−84.28%**	**43.05**	**13.05**
100	20	−80	24	−160.94%	−112.66%	32.41	12.41
100	10	−90	27	−230.26%	−161.18%	19.95	9.95
100	5	−95	28.5	−299.57%	−209.70%	12.28	7.28
100	2	−98	29.4	−391.20%	−273.84%	6.47	4.47
100	1	−99	29.7	−460.52%	−322.36%	3.98	2.98

(出典：Land, *supra* note 53, at 93, table 2 & table 3 をもとに作成)

　これら二点は，一見直観に反する。現象①は，イールド課税の方が実現主義よりも多くの還付税額をもたらしてくれそうだという直観に反する。例えば，未実現のキャピタル・ゲインが発生している場合，納税者は，実現主義課税の下では金銭の時間的価値に起因する課税繰延の恩恵を享受できる。これに対して，イールド課税においては連続利子が賦課されることから，税額はイールド課税の方が実現主義課税の場合よりも大きくなる。未実現のキャピタル・ゲインへの課税繰延を「政府から納税者への無利息融資」と捉えるのであれば，その逆であるキャピタル・ロス（税還付）の繰延は「納税者から政府への無利息融資」と理解することになる。そして，還付額に連続利子が賦課される分，キャピタル・ロスに直面する納税者は，実現主義課税よりもイールド課税の下でより多くの還付を受けられそうである[83]。しかし，**表1**の数値例においては，

---

83)　通常想定されている離散モデルの利子税の下では，実現主義課税の下での還付税額よりも常に大きくなる。そのため，還付税額の大小を比較すると〔実現主義＋利子税（離散モデル）〕＞〔実現主義課税〕＞〔イールド課税（連続モデル）〕となる。

256

イールド課税の下での還付税額が，実現主義課税の下での還付税額を常に下回っている。

政府が私的投資について税率相当の持分を有するサイレント・パートナーだというアナロジーからすれば，納税者の被った損失が大きいほど政府による補塡（税還付の絶対額）が大きくなりそうである。このような理解は，実現主義課税については当てはまる。しかし，現象②が示しているように，この理解はイールド課税には当てはまらない[84]。**表1**の数値例では，損失が70に達するまでは，イールド課税の下でも還付税額の絶対額は増大している。しかし，損失が70以上の場合には，損失が増大するほど還付税額は逆に減少しているのである。

何故，イールド課税は現象①および現象②という直観に反する帰結をもたらすのであろうか。その原因は，イールド課税において納税者が繰延税額（もしくは還付）を，元の資産と同じイールドで再投資していると扱われていることにある[85]。その結果，未実現のキャピタル・ゲインが発生している場合，納税者はプラスのイールド（positive yield）で繰り延べた税額を再投資・運用していたものとみなされ，その利益を相殺するべく実現主義の下で課されるよりも多くの納税義務を負うことになる。これに対して，キャピタル・ロスが発生している場合，納税者はマイナスのイールド（negative yield）で還付税額を運用・再投資していたものとみなされるため，損失が一定以上の大きさ（すなわちイールドが一定以下）になると，還付税額相当額をマイナス・イールドで運用した結果，納税者の手取り額が減少することになるのである。換言すれば，納税者はせっかく還付してもらえるはずの還付税額をマイナスの収益をもたらす投資先に再投資してしまった結果として，最終的に受け取れる還付税額が減少してしまうのである。

V 中間利子・配当

以上の議論では，投資における中間利子や中間配当などの存在を捨象して議論を進めていた。そこで，次に中間利子・配当のように投資期間の途中においてキャッシュ・フローを受け取る場合について考察を加える。まずは，次の数

---

84) 相対的な補塡の割合は，税率相当分である。
85) Land, *supra* note 53, at 93.

第1編　第4章　課税繰延への対処策と日本法への示唆

値例を考えてみよう。

【数値例3】　年度0末に100万円を2年間投資にまわすとする。年度1末に50万円を受け取ったものの，その時点で年度2末にいくら受け取ることができるかは不明である。

この数値例において，年度1末においてどのような課税を行うべきなのであろうか。50万円を受け取った年度1末の時点では，年度2末の最終受取額は不明（トータルでプラスのリターンかマイナスのリターンかも不明）のため，最終的な投資のイールドが分からない。このような状況への対応策として，"wait and see" 方式を採用することが考えられる[86]。すなわち，投資の最終的な損益が判明する年度2末まで課税繰延を認め，年度1末の50万円に対する繰延利益を相殺するようにイールド課税を行うという方式である。次の数値例を見てみよう。

【数値例4】　年度0末に100万円を2年間投資にまわす。年度1末に50万円を受け取ったものの，その時点で年度2末にいくら受け取ることができるかは不明である。その後，投資が順調に行き，年度2末には投資元本と合わせて200万円を受け取った。

　この投資の課税前イールド（年率）を計算すると，年52.2%となる[87]。税率を一律30%とすると，課税後イールドは年36.6%となる。年度1末の50万円の受領を前提として計算を行うと，年度2末の課税後ベースで受領すべき額は135.8万円[88]となる。従って，年度2末における納税額を算出す

---

86)　Land, *supra* note 53, at 87. 数値例3〜5は, *id*. at 87-89 を参考に作成した。

87)　この場合のイールド（年率）は，内部収益率（IRR）と同様の手法で求めることができる。すなわち，求める課税前イールド（年率）を y とすると，次の式でイールドを計算できる。*See*, Land, *supra* note 53, at 88, fn.137

$$100 = 50e^{-y} + 200e^{-2y}$$

　これを解くと，$y = 0.52244\ldots$ となる。

88)　年度2末の課税後受取額を X とすると，次式に表されるように，課税後イールドに基づく割引現在価値を考えることで X を求めることができる。

第2節　金銭の時間的価値と課税繰延

ると，64.2万円[89]になる。

　なお，年度1末に中間利子・配当を受け取った時点では課税していない（典型的な課税繰延）分，年度2末の納税額が多くなっている。このような wait and see 方式によるイールド課税の第一の問題点は，納税者が受け取った中間利子・配当を元の投資と同じイールドで投資しているものとみなしてしまう点にある[90]。

　第二の問題点として，年度1末の中間支払いで過大な支払いをした結果，年度2末の最終支払いが過少となった場合に，年度2末において納税者の納税資金が不足して徴税ができなくなる可能性が増大する点である[91]。例えば年度0末に100万円を投資して，年度1末に300万円の中間利子・配当を受け取り，年度2末に1万円だけ受け取ったとする。もしも納税者が先の300万円を散財してしまい年度2末の納税資金を十分に持ち合わせない場合，徴税に支障をきたす恐れがある。

　上記の第一の問題点は，イールド課税それ自体の特性であり，wait and see 方式に特有の問題ではない。第二の問題点に関しては，中間利子・配当を受け取った時点（年度1末）に一度課税を行い，その税額を連続複利で年度2末の将来価値に換算した上で，年度2末に税額控除を認める方式が考えられる[92]。次の数値例は，このような修正方式を用いた場合の課税関係を表している。

【数値例5】　数値例4と同じ状況で，年度1末に便宜上10万円の租税を支払うとする。課税後イールドは36.6% であり，この納税額も同イールドで

$$100 = 50e^{-0.161} + Xe^{(-0.161 \times 2)}$$

　これより $X = 135.825728\ldots$

89)　$200 - 135.8 = 64.2$

90)　Land, *supra* note 53, at 88. 1円単位で再投資額を調整できる金融商品であれば問題がないかもしれないが，土地や建物のように再投資をするのに一定のまとまった額が必要な資産については，この問題が顕著になろう。

91)　Land, *supra* note 53, at 87-88.

92)　Land, *supra* note 53, at 88.

第1編　第4章　課税繰延への対処策と日本法への示唆

名目額を連動させると年度 2 末基準の将来価値は 14.4 万円[93]となる。年度 2 末の税額は 64.2 万円であり，年度 1 末に支払った税額相当額（連続複利計算後）の税額控除 14.4 万円を認めることになるため，年度 2 末の最終的な納税額は，49.8 万円になる[94]。

Ⅵ　課税対象としての投資単位の問題

イールド課税の別の問題点として，別個の二つの投資に対するそれぞれの税額の合計と，二つの投資を一つの投資とみなして——言い換えればポートフォリオ全体の視点から——算出した税額が異なるという点がある[95]。そこで，個別課税の場合【数値例 6】とポートフォリオ課税の場合【数値例 7】に分けて，①実現主義課税のもとでの税額と，②イールド課税のもとでの税額を比較検討してみよう[96]。

【数値例 6：個別課税】　年度 0 末に資産 A と資産 B をそれぞれ 100 万円で購入し，年度 1 末に資産 A を 130 万円で，資産 B を 210 万円で売却したとする。税額は一律 30% とする。

①　実現主義課税の下では，投資 A について利益が 30 万円で，税額が 9 万円となる。投資 B について利益が 110 万円で，税額 33 万円となる。合計の税額は「42 万円」である。

②　イールド課税の下では，投資 A の課税前イールドが 26.2%[97]，課税後イールドが 18.4% であり，課税後受取額が 120.2 万円[98]なので税額は 9.8 万円となる。投資 B の課税前イールドが 74.2%[99]，課税後イールドが

---

93)　$10e^{0.366} = 14.41955\ldots$

94)　*But*, Land, *supra* note 53, at 88. Land（1996）は，税額控除額として，年度 1 の支払税額に課税後イールドを「年単利」で連動させたものを用いている。しかし，イールド課税の下で，政府が納税者の投資（特に損失に対する税還付）に関して連続複利で再投資がなされていることを前提としている以上，税額控除の額も「年単利」ではなく，「連続複利」で連動させる必要があろう。

95)　Land, *supra* note 53, at 94.

96)　数値例 6〜9 は，Land, *supra* note 53, at 94-96 を参考に作成した。表記の簡略化のために，小数点第二位以下は四捨五入をしている。

97)　$\log(130/100) = 0.26236426\ldots$

98)　$100 \times e^{[0.7 \times \log(130/100)]} = 120.1601181\ldots$

99)　$\log(210/100) = 0.74193734\ldots$

第2節　金銭の時間的価値と課税繰延

表2　投資単位と課税方式の関係

	実現主義課税（①）	イールド課税（②）
個別課税【数値例6】	42万円	51.7万円
ポートフォリオ課税【数値例7】	42万円	50万円

51.9%であり，課税後受取額が168.1万円[100]なので，税額は41.9万円となる。そして，投資Aと投資Bの税額の合計は「51.7万円」になる。

【数値例7：ポートフォリオ課税（投資を合算して税額を計算する場合）】　年度0末に資産Aと資産Bをそれぞれ100万円で購入し，年度1末に資産Aを130万円で，資産Bを210万円で売却したとする（数値例6と同じ状況）。両資産への投資を一つのポートフォリオ投資として捉えると，年度1末に200万円を投資して年度2末に340万円のリターンがあったと考えることができる。

　ここで①実現主義課税の下では，利益が140万円となり，税額は「42万円」となる。これに対して②イールド課税の下では，課税前イールドが53.1%[101]，課税後イールドが37.1%，課税後受取額が290万円[102]であり，税額は「50万円」となる。

これら数値例の下での，税額を表にまとめると**表2**のようになる。上記数値例から分かるように，①実現主義課税の下では，個別課税とポートフォリオ課税の間で，税額に違いは生じない。これに対して②イールド課税の下では，ポートフォリオ課税の方が，個別課税よりも税額が少なくなってしまう。

【数値例7】は，双方の投資とも利益が発生している場合であった。それでは，利益と損失が同時に発生している（より効率的に編成された）ポートフォリオの場合にはどうなるのであろうか。ファイナンス理論において，効率的なポートフォリオ編成とは，単純化すれば，期待収益率を維持しつつポートフォ

---

100)　$100 \times e^{[0.7 \times \log(210/100)]} = 168.094501\dots$

101)　$\log(340/200) = 0.53062825\dots$

102)　$100 \times e^{[0.7 \times \log(340/200)]} = 289.9641058\dots$

第1編　第4章　課税繰延への対処策と日本法への示唆

リオ全体の分散が「0」に近づくように資産を保有することだとされる[103]。最も単純な例として，ある株式（日経平均や TOPIX などの株価指数でもよい）に関して，「現物買い」（ロング・ポジション）と「空売り」（ショート・ポジション）を同時に行っている状況を想定する。これは課税前の段階では，完全なヘッジがなされていることを意味する。なお，議論の単純化のため各種のプレミアムや手数料相当額は捨象する。次の数値例を考えてみよう。

【数値例8：個別課税】　株価が100万円のときに，1単位だけ現物株を購入し，同時に1単位だけ空売りをする。1年後株価が160万円になったときに，双方を手仕舞いすると，現物株からは60万円の利益が生じ，空売りからは60万円の損失が発生する。結果として，損益はゼロとなる。なお税率は一律30％とする。

　個別課税の下では，現物株の課税前イールドは47％[104]，課税後イールドは32.9％，課税後受取額は139万円[105]となり，税額は「21万円」となる。また，空売りの課税前イールドは−91.6％[106]であり，課税後イールドは−64.1％，課税後受取額は52.7万円[107]となり，還付税額は「12.7万円」となる。その結果，合計の納税額は「8.3万円」となる。

【数値例9：ポートフォリオ課税】　投資全体を考えると200万円を投資して200万円を受け取っただけなので，イールドは0％であり，ポートフォリオ課税の下では，税額はゼロとなる[108]。

　このように，投資資産ごとに個別課税を行うとイールド課税は「包括的所得概念」の直観的な帰結——すなわち純資産の増減がゼロである場合に課税も

---

103)　*See*, ZVI BODIE & ALEX KANE & ALAN J. MARCUS, INVESTMENTS, 228-229 (6th ed. McGraw-Hill Irwin 2005).

104)　$\log(160/100) = 0.47000363\ldots$

105)　$100 \times e^{(0.7 \times \log(160/100))} = 138.9581386\ldots$

106)　$\log(40/100) = -0.9162907\ldots$

107)　$100 \times e^{(0.7 \times \log(40/100))} = 52.65528817\ldots$

108)　ただし，金銭の時間的価値の存在を考慮に入れれば，金銭の時間的価値（無リスク金利）の分だけ，損失を被っているといえる。

ゼロになるという理解——とは異なる結果をもたらしてしまう。これは，イールド課税が利益と損失を対称的に取り扱っていないことに起因する（本項Ⅳ参照）。すなわち，イールド課税は繰延税額と還付税額の双方とも元の資産と同じイールドで再投資されていると仮定している。そして上記数値例のような状況下では，投資家が納税のために現物株の一部を売り，空売りから生じた還付税額をさらに空売りに投資しているとみなすことになる[109]。そのため個別の投資にイールド課税を適用すると，ポートフォリオ全体では損益がゼロの場合でも，租税負担が発生することになってしまう。以下では，これを「イールド課税におけるペナルティ」とよぶ。

　一方，ポートフォリオ全体に着目してイールド課税を適用する場合は，包括的所得概念の直観的な帰結と一致することになる（すなわち納税額はゼロ）。イールド課税を包括的所得税と整合的な形で運用するためには，個別の投資毎のイールドに着目するのではなく，個別投資の集合体であるポートフォリオ全体のイールドに着目をして課税をする必要があるといえる[110]。

　このようにイールド課税においては，ポートフォリオ全体に対して課税を行うのが適切だとしても，各投資の集合体であるポートフォリオのイールド計算において中間利子・配当が存在するだけでなく，個別の投資の開始と終了の時期が異なるため，イールドの計算がより複雑にならざるをえない。そこで，どのようにすれば，ポートフォリオ全体に対してイールド課税を適用できるのかについて，検討を加えることにする。

Ⅶ　ポートフォリオへのイールド課税

　イールド課税の税額計算において，個別の投資ではなく，ポートフォリオ全体のリターンを考えることには，次の長所が存在する。それは，本項Ⅵで検討したように，個別の投資ごとにイールド課税を適用することの問題点（イールド課税におけるペナルティ）を回避することができる点である[111]。また，ポート

---

109)　Land, *supra* note 53, at 95-96.

110)　Land, *supra* note 53, at 96. これは，金融所得を一体的に捉えるということ（金融所得課税の一体化）と親和的な方向性だといえる。広い意味では，労働所得の源泉たる人的資本（human capital）も資本の一部であるが，ここでは，人的資本と金融資本を区別して，専ら後者の取扱いについて議論をしている。

111)　多くの個人にとって，最大の保有資産は「人的資本」である。したがって，より正確な議論を

第1編　第4章　課税繰延への対処策と日本法への示唆

フォリオを構成する一部分の投資の開始と終了は，本項Vで検討した中間利子・配当の取扱いを参考にすることで，課税を仕組むことができる。次のような数値例を考えてみよう。ここでは，キャッシュ・フローが生じた時点を t_i と表記する。

【数値例10】　時点 t_1 に新規に 100 万円を投資し，時点 t_2 に 50 万円を追加投資したとする。時点 t_2 における当初投資の時価は 140 万円であった（含み益 40 万円）。時点 t_3 に同ポートフォリオから 20 万円を引き出したとする。同ポートフォリオの（現金を引き出す前の）時価は 300 万円になっていたとする。

この数値例をもとにポートフォリオ全体へのイールド課税を表すと，**表3**のようになる[112]。t_1 の時点では，投資を開始しただけなので何の課税関係も発生しない。

追加投資を行った t_2 の時点で，(a)課税前ポートフォリオの時価は 140 であるので，時点 t_1 と時点 t_2 の間の課税前イールドは 33.6%[113]であり，税率を 30% とすると課税後イールドは 23.6% となる。時点 t_1 の 100 万円をこの課税後イールドで運用していた場合，時点 t_2 における(g)課税後ポートフォリオ時価は 126.6 万円[114]となる。そして(a)と(g)の差額が(k)繰延税額 13.4 万円として観念される。ただし t_2 の時点では，一切現金を受け取っていないためその時点での課税はなく，全額が繰り延べられることになる。

それでは，20 万円の受領を行った t_3 の時点での課税関係はどうなるのであろうか。この 20 万円が利子であれ，配当であれ，資産売却によるものであれ，

するためには，労働所得をもたらす人的資本もポートフォリオに含める必要があろう。なお，現実の所得課税を詳細に分析すると，実は人的資本について包括的所得概念ではなく消費型所得概念に近い形で課税を行っていると考えられている。*See, e.g.,* Louis Kaplow, *Human Capital Under an Ideal Income Tax*, 80 VIRGINIA LAW REVIEW 1477, 1490 (1994).

112)　表および数値例の作成に関して，Land, *supra* note 53, at 98-99, table 6 を参考にした。なお，表記の簡便化のために小数点第二位以下は四捨五入をしている。

113)　課税前イールドの計算は，t_1 における(d)調整後課税前ポートフォリオ時価と，t_2 における(a)課税前ポートフォリオ時価を比較することで，求めることができる。すなわち，$\log(140/100) = 0.336472\ldots$ となる。

114)　$100 \times e^{[0.7 \times \log(140/100)]} = 126.558\ldots$

264

第2節　金銭の時間的価値と課税繰延

表3　ポートフォリオ課税

	t_1	t_2	t_3
(a)課税前ポートフォリオ時価	0	140	300
(b)受取額（引出額）	0	0	20
(c)新規投資額	100	50	0
(d)調整後課税前ポートフォリオ時価	100	190	280
(e)課税前イールド		33.6%	45.7%
(f)課税後イールド		23.6%	32.0%
(g)課税後ポートフォリオ時価		126.6	243.1
(h)課税後受取額（引出額）		0	16.2
(i)投資額		50	0
(j)調整後課税後ポートフォリオ時価		176.6	226.9
(k)繰延税額		13.4	56.9
(l)引出割合		0.0%	6.7%
(m)支払うべき税額		0	3.8
(n)ネット・キャッシュ・フロー		−50	16.2

（出典：Land, *supra* note 53, at 98, table 6 を参考に作成）

ポートフォリオの一部を切り出して現金化したものとして同様に扱われることになる[115]。t_3 の時点での(a)課税前ポートフォリオ時価は 300 万円であり，課税前イールドは，45.7%[116]ということになる。税率は 30% なので，課税後イールドは 32% となる。そして時点 t_3 における(g)課税後ポートフォリオ時価は，時点 t_2 における(j)調整後課税後ポートフォリオ時価の 176.6 万円を課税後イールド 32% で運用したものであり 243.1 万円[117]になる。その結果，時点 t_3 における(k)繰延税額は，(a)300 万円と(g)243.1 万円の差額である 56.9 万円となる。そして，時点 t_3 においてはポートフォリオから 20 万円の引出しを行っており，これは(a)課税前ポートフォリオ時価 300 万円の 6.7% に相当する。そのため，この(l)引出割合 6.7% と同じ割合の税を負担してもらうことに一定の合理性があると考えれば，時点 t_3 における(k)繰延税額の 6.7% である 3.8 万

---

115)　Land, *supra* note 53, at 99.

116)　$\log(300/190) = 0.4567\ldots$

117)　$176.6 \times e^{\{0.7 \times \log(300/190)\}} \fallingdotseq 243.1$

第1編　第4章　課税繰延への対処策と日本法への示唆

円を支払わせることになる。その結果，時点 t_3 の(n)ネット・キャッシュ・フローは 16.2 万円となる。

　もし仮に，時点 t_3 において単純な引出し（withdrawal）ではなく，利子や配当の受取りであって，当該受取金を現金として受領するのではなく，そのままポートフォリオに再投資したような場合には，(1)引出割合を 0% とすることで，支払うべき税額が 0 となる。これによって，納税資金不足の問題は回避できよう。

　イールド課税をポートフォリオ全体に及ぼすためには，ポートフォリオの時価（価値）が課税時点で分かっていなければならない[118]。

　仮に，キャッシュ・フローが発生する時点で，ポートフォリオ全体の価値が分からなければ，全投資が終了して評価可能になるまで待つしかないということになる。ただし，半永久的に存続しうる法人とは異なり，個人の場合には，

---

118)　*See*, Land, *supra* note 53, at 100-102. ポートフォリオ全体へのイールド課税に関するより一般的な計算式については，Land, *supra* note 53, at 100. は次のように表現している。

　時点 n におけるそれぞれの変数を次のようにおく（なお括弧内の小文字アルファベットは**表3**に対応）。

　　(a)課税前ポートフォリオ時価：V_n

　　(d)(キャッシュ・フロー調整後）課税前ポートフォリオ時価：V'_n

　　(g)課税後ポートフォリオ時価：W_n

　　(j)(キャッシュ・フロー調整後）課税後ポートフォリオ時価：W'_n

　　(b)現金受領額：S_n

　　(c)投資額：P_n

　　(m)支払うべき税額：T_n

　ポートフォリオからのキャッシュ・インとキャッシュ・アウトを表現すると，次のようになる。

$$V'_n = V_n - S_n + P_n$$
$$W'_n = W_n - (S_n - T_n) + P_n$$

　時点 n における(g)課税後ポートフォリオの時価は，時点 $n-1$ における(j)キャッシュ・フロー調整後の課税後ポートフォリオ時価を，課税後イールドで運用したものであることから次の式を導くことができる。

$$W_n = W'_{n-1} \left(\frac{V_n}{V'_{n-1}} \right)^{1-t}$$

　そして(m)支払うべき税額は，(a)課税前ポートフォリオ時価と(g)課税後ポートフォリオ時価の差額である(k)繰延税額に，(1)引出割合をかけたものであるから，次の式によって表現できるというのである。

$$T_n = (V_n - W_n) \left(\frac{S_n}{V_n} \right)$$

死亡した時点で（すなわち相続開始の時点で相続財産の評価の方法に従って）ポートフォリオ全体の時価計算をすることは可能であろう。

　また，ある時点におけるポートフォリオの時価の算定が概算であっても，後に市場価格が判明するのであれば，その時点で適宜調整が可能となる[119]。そのため法人については，一定期間ごとに資産評価を求めることも合理的であるかもしれない。もしも現行所得税法における期間税としての法的側面を重要視するのであれば，年度ごとに概算評価でイールド課税をすることも視野に入ってくる。

第4款　小　　括

　本節では，これまで租税法の分野において長い間，議論の対象となってきたキャピタル・ゲイン課税を題材に，立法論的な観点から，課税繰延防止策の各選択肢について検討を加えた。理想的な課税繰延防止のための課税は，同課税制度を導入する目的に依拠することになる。

　課税繰延防止策の主目的が，課税繰延の利益を排除して「保有期間中立性」を達成すること，または納税者間の事後的な「公平性」を追求することであれば，イールド課税が理想的な選択肢と考えられる。それは，他の課税方式と比較した場合，イールド課税の利点として，第一に投資額・売却価格・税率の三つの情報のみが分かればよく，キャピタル・ゲインの発生パターンを把握する（または発生パターンをみなす）必要がそもそもない点をあげることができる。なおこの点は，イールド課税の他に Retrospective Taxation や Generalized cash flow taxation にも共通した点であった。第二の利点は，事前の観点から課税を行う Retrospective taxation とは異なり，事後の観点から課税を行えるため包括的所得概念に基づいて構築されている現行所得税法と整合的である点である。そして，第三の利点として，Generalized cash flow taxation のもとでは，投資時全額損金算入（expensing）が認められるため，租税の還付が先行する結果，国庫を圧迫する可能性があるのに対して，イールド課税では実現主義的なキャピタル・ゲイン課税の枠組みを維持しているため，そのよ

---

119)　Land, *supra* note 53, at 109.

第1編　第4章　課税繰延への対処策と日本法への示唆

うな問題が生じないという点である。なお，イールド課税の問題点として，より正確な課税方式である連続モデルを採用した場合に，計算が煩雑になるという点がある。しかし，コンピューターが普及している今日の日本では，計算の煩雑さという問題は比較的容易に回避可能であると考えられる[120]。

　一方，課税繰延防止策の主目的が，「税収中立性」の確保にある場合，適切な利子率で利子税を毎期または実現時に賦課すること，またはその代替策（代替課税など）を選択することになろう。

　ところでイールド課税は，事後的に実現したイールドに基づいて税額を計算する。一方，利子税を賦課する場合には，イールド課税のように個々の納税者ごとに投資収益率を判定することは現実的ではないので，事前に利子率が決定されていることが想定される。そのため利子税の賦課は，課税繰延を「政府から納税者への無利息融資」と捉えた上で，当該融資について利息相当額を要求する法制度と解することができる。これに対してイールド課税は，課税繰延を「政府と納税者の共同投資」と捉え，当該投資に関して政府はサイレント・パートナーとして振る舞うことになると解することができる[121]。

　なお，割賦販売契約[122]および長期に及ぶ契約[123]に関して生じる課税繰延の

---

120)　日本では既に電子申告が可能となっているし，申告書の作成・税額の計算も国税庁のホームページで行えることに鑑みれば，税額計算のプログラムを変更するだけで対応が可能であろう。全ての国民がコンピューターを直接操作できないとしても，税理士に依頼したり，税務署・確定申告会場などに操作を簡略化した計算機端末を設置することで，技術的な問題は回避できよう。

121)　*See*, Land, *supra* note 53, at 83-84.

122)　割賦販売契約に付随する課税繰延の問題とその対処策については，神山（2007）・前掲注1）256-258頁において既に検討を加えた通りである。具体的な対応策としては，①権利確定主義の例外として認められている延払基準（所得税法65条・66条，法人税法63条）を廃止し権利確定主義に戻すか，②利子税を賦課する方式が現実的な選択肢であろう。なお，利子税を賦課する場合の方式と利子率の選択は，本節において検討した通りである。

123)　建物の建築請負契約などのように，履行開始から履行終了までの期間が長期に及ぶ類型（例：工事請負契約）の場合に，どの時点で収益・費用を認識するかが問題となる。

　この点に関して，米国内国歳入法典460条は，完成比率方式（percentage completion method）を採用している。この方式の下では，費用に関しては，現金主義を採用する納税者であっても，工事の進捗状況に応じて，発生主義に基づいて（現実の支払いがまだでも）費用が発生した時点での控除が認められている。1986年改正以前は，現金主義会計，発生主義会計，そして完成比率方式の他に，完成契約方式（completed contract method）を選択することができた。完成契約方式の下では，納税者は，当該長期契約の履行終了まで費用や収益を認識する必要はなかった。しかし，この取扱いは納税者に過度に有利だという連邦議会の判断によって，廃止されたのである。そして，1986年の税制改正で，完成比率方式に一本化するに際して，納税者の恣意

268

問題も，本節で検討したように，その目的に応じて対処策を講じることが可能であると考えられる。

第3節　加速度減価償却[124]

第1款　歴史的背景と制度の機能

　金銭の時間的価値に起因する課税繰延は，収益項目の計上が遅らされる場合だけに限定されない。費用項目の計上が早められる場合にも繰延の利益は存在する（本編第2章参照）。租税法が認める減価償却のスケジュールが，経済的減価償却（economic depreciation）よりも早い加速度償却[125]の場合，納税者の租税負担は金銭の時間的価値の分だけ軽減されることになる。

　そこで，本節では，法制度が政策目的によって正面から課税繰延の恩恵を納税者に付与しようとしている加速度減価償却に関して，その歴史的背景と機能について検討を加えることとしたい。

I　日本の法制度

　日本において，公正妥当な会計処理の基準に基づくとされる定率法と定額法以外の減価償却方法として特別減価償却制度が存在する[126]。これは，特定の政策目的を実現するために，所得税法もしくは法人税法で認められる減価償却額・減価償却限度額をこえて減価償却を認めるものと解されている[127]。特別

的な所得操作を防ぐべく，完成比率方式に次のような修正を加えたのである。それは，予測された進歩状況と実際の進歩状況が異なった場合に，契約の履行完了時点で，その差異を測定した上で，利子を賦課するというものである。これは，一種のリキャプチャーだと評価できる。*See*, THE JOINT COMMITTEE OF TAXATION, GENERAL EXPLANATION OF THE TAX REFORM ACT OF 1986, at 527 (1987). [*thereafter*, Bluebook of 1986.]

124)　本款は，本書の準備段階で執筆をした神山・前掲注 12) 315-317 頁での導入的考察をもとに，加筆・修正を施したものである。

125)　わが国でも平成 19 年度改正で，250% 定率法が導入された。また，法定耐用年数を実際の資産の使用年数よりも短く設定することでも，加速度償却の効果は得られる。

126)　租税特別措置法 10 条の 2，同法 40 条の 5 参照。

127)　金子宏『租税法〔第 23 版〕』388-389 頁（弘文堂，2019 年）。

第1編　第4章　課税繰延への対処策と日本法への示唆

減価償却制度は，「特別償却」と「割増償却」に分類される。前者の特別償却は，特定の償却資産を取得して，それを事業の用に供した場合，その事業年度において通常の減価償却額（または減価償却限度額）に加えて，取得価格の一定割合の償却を認める制度である[128]。後者の割増償却とは，特定の資産の特定年度の償却額について，通常の減価償却額（または減価償却限度額）を一定割合増加させた額の償却額（または償却限度額）とする制度である[129]。

　これらはあくまで原則に対する例外としての加速度償却であったところ，平成19年度の税制改正において，米国における加速度償却の制度を範にして，減価償却制の「原則」の改正が行われた。すなわち，①平成19年4月1日以降に取得する減価償却資産については，償却可能限度額および残存価格の制度が廃止され，耐用年数経過時点に備忘価額の1円まで償却できることになった。そして②定率法の償却率は，定額法の償却率（＝1／耐用年数）を2.5倍した率とされ（これは250％定率法とよばれる），定率法により計算した減価償却額が一定の金額（減価保証額）を下回ることになったときに，償却法を定率法から定額法に切り替えて減価償却費を計算することになった[130]。

Ⅱ　米国の法制度

　それでは，日本の現在の加速度償却の範となった米国においては，加速度償却[131]の導入にはどのような時代背景と導入理由があったのであろうか。この点を理解することによって，原則として課税繰延を抑止しようとしてきた議会が，どのような場合に例外的に課税繰延を認めているのかを知ることができよう。

　1981年の税制改正においてACRS（Accelerated Cost Recovery System）が導入された際は，米国はインフレーションに直面していた。近代租税制度は金銭を尺度として所得を算出し，金銭によって賦課徴収がなされている。しかしながら，近代租税制度は，所得算出の尺度である金銭自体のブレであるインフ

---

128)　金子・前掲注127) 388-389頁。

129)　金子・前掲注127) 389頁。

130)　所得税法49条2項，所得税法120条の2第1項2号ロ，法人税法31条6項，法人税法施行令48条の2第1項2号ロ参照。

131)　米国の加速度償却の概要に関しては，中里実『デフレ下の法人課税改革』21-23頁（有斐閣，2003年）参照。

レーションという現象に対して、所得の正確な反映という側面からの措置を怠っていた[132]。その結果、1981年改正前の減価償却制度の下では、高率のインフレーションの下では減価償却額の実質的価値が過度に目減りしてしまい、所得を過大に算出してしまう状況にあった。その結果、投資収益率を低下させ、古い設備の新しい設備への転換を遅らせる要因となっていた[133]。インフレーションによる減価償却額の実質的価値の目減りについて、次の数値例を考えてみよう[134]。

まず、比較対象として正確に所得を捕捉するとされる経済的減価償却（economic depreciation）の場合を考えてみる。インフレーションが存在しない場合、経済的減価償却は【数値例11】のように機能する。次に、投資開始時点では予期しなかったインフレーションが発生した場合に、経済的減価償却に何も物価連動措置が講じられない場合の所得算定を考えてみる【数値例12】。なお、各数値は、いずれも概数表記である。

【数値例11】 毎年1000万円のキャッシュ・フローを2年間もたらし、年度2末には残存価値が0となる資産があるとする。インフレーションがなく、実質利子率を10%とした場合、年度0末での同資産の価値は1736万円である。同資産の価値は年度1末には909万円となり、827万円の減価償却を計上できる。年度2末には、同資産は0円となり、909万円の減価償却を計上できる。その結果、年度1の所得は175万円、年度2の所得は91万円となる。

【数値例12】 年度1と年度2に（年度0末の時点では予測されなかった）10%のインフレが発生し、その結果、年度1の収入は1100万円、年度2の収入は1210万円となったとする。経済的減価償却について物価変動措置が講じられなければ、年度1の課税所得は273万円（＝1100－827）、年度2の課税所得は301万円（＝1210－909）となる。

---

132) なお租税法制度とインフレーションの関係については、神山・前掲注12) 参照。

133) *See*, S. Rep No. 144, 97th Congress, 1st Sess. 47 (1981).

134) ここでの数値例11～13は、神山・前掲注12) 316頁による。

第1編　第4章　課税繰延への対処策と日本法への示唆

　この【数値例 12】において，各年度の課税所得を年度 0 末基準の貨幣価値（実質価値）で表現すると，年度 1 の所得は 249.1 万円，年度 2 の所得は 248.8 万円となる。これは【数値例 11】と比べると，過大な課税になっている。物価連動を導入しない所得税制は，負の租税支出を納税者に課していると考えることもできる。このように，物価連動措置を導入しないと，減価償却の実質的価値が目減りすることによって，（実質的な）所得を過大に算出することになる。

　そこで 1981 年の税制改正において，インフレーションに対処しつつ，景気を刺激することを目的として，ACRS が導入されたのである。ACRS の下では，耐用年数や使用可能年数という概念は放棄され，代わりに資産を機械的に幾つかのクラスに分類して，それぞれのクラスに対応する償却期間（Recovery Period）を導入した。例えば，多くの有形資産は 3 年と 5 年の 2 クラスに分類され，それぞれ 3 年と 5 年の償却期間を割り当てられた[135]。不動産に関しては，その大半が 15 年償却の一つのクラスに分類された[136]。

　そして，1986 年の税制改正では，1981 年に導入された ACRS の骨格を維持しつつも，税制をより中立的なものに再構築するべく，修正が加えられた[137]。不動産を中心に，償却期間をより現実の使用可能期間に近づけるように改正されたのである。

　具体的には，動産は 3 年・5 年・7 年・10 年・15 年・20 年という六つのクラスに分類された。この分類は次のように，現実の使用可能期間よりも短く設定されている[138]。すなわち，①現実の使用可能期間（class life）が 4 年以下（4 or less）の場合は，3 年資産（3 year property）のクラスに，②使用可能期間が 4 年よりも長く 10 年未満の場合（more than 4 but less than 10）には，5 年資産のクラスに，③使用可能期間が 10 年以上 16 年未満の場合（10 or more but less than 16）は，7 年資産のクラスに，④使用可能期間が 16 年以上 20 年未満の場合（16 or more but less than 20）は，10 年資産のクラスに，⑤使用可

---

135)　Boris I. Bittker & Lawrence Lokken, Federal Taxation of Income, Estates and Gifts, vol.1, ¶23.3.1, at 23-37 (3rd ed. Warren, Gorham & Lamont, NY, 1999).

136)　*Id.* さらに 1982 年，1984 年，1985 年改正において，不動産の償却期間は 18 年と 19 年に延長された。

137)　Bittker & Lokken, *supra* note 135, ¶23.3.1, at 23-38.

138)　内国歳入法典 168 条(e)。

272

第3節　加速度減価償却

能期間が 20 年以上 25 年未満の場合（20 or more but less than 25）は，15 年資産のクラスに，⑥使用可能期間が 25 年以上の場合（25 or more）は，20 年資産のクラスに分類されることになった。

そして，償却期間は，各クラス（○年資産）に応じて定められた——例えば，7 年資産のクラスに分類された動産であれば，償却期間は 7 年と定められている[139]。不動産は，居住用資産と非居住用資産の 2 クラスに分類され，居住用資産の償却期間は 27.5 年，非居住用資産の償却期間は 31.5 年とされた[140]。

さらに 1986 年改正では，投資税額控除（investment tax credit：以下 ITS とよぶ）を縮小廃止するに伴って，その代替措置として，3 年・5 年・7 年・10 年のクラスに該当する償却資産については，150％ の定率法から，200％ 定率法へと加速度償却の速度を速めたのである[141]。これは，定額法の下で算出された減価償却額の 200％（すなわち 100％ 増し）の控除を認めるという方式である[142]。この点から，連邦議会は課税の中立性の確保をすることで，米国の国際競争力の促進を念頭に置いていたことが読み取れる[143]。

例えば，1986 年改正以前においては ACRS と ITS の併用によって，取得費の即時損金算入（expensing）——すなわち投資収益非課税——よりも投資収益率が上昇するという状況にあった[144]。その結果，ACRS と ITS の併用可能な資産への投資を過度に奨励し，その他の資産への投資を相対的に抑止する結果を生んでいた。そこで，ITC を縮小廃止するとともに，ACRS の適用をより現実に即したものとすることで，連邦議会はマーケット・メカニズムに基づいた資源の効率的な配分を志向したといえる[145]。

なお加速度減価償却に限らず，減価償却対象資産を最後まで利用しきらず

---

139)　内国歳入法典 168 条(c)。
140)　Bittker & Lokken, *supra* note 135, ¶23.3.1, at 23-38. なお非居住用資産の償却期間については，後に 31.5 年から 39 年に変更された。内国歳入法典 168 条(c)参照。
141)　Bluebook of 1986, *supra* note 123, at 98. *Also see*, Bittker & Lokken, *supra* note 135, ¶23.3.1, at 23-38.
142)　内国歳入法典 168 条(b)(1)。
143)　Bluebook of 1986, *supra* note 123, at 98. *Also see*, Bittker & Lokken, *supra* note 135, ¶23.3.1, at 23-38.
144)　*Id.*
145)　さらに連邦議会は，ITC の縮小廃止とセットで，課税の投資選択への中立性を促進すべく，法人税の最高税率を引き下げている。

273

第1編　第4章　課税繰延への対処策と日本法への示唆

に途中で売却した場合の手当てもされている。すなわち，自己使用している間は多めに減価償却を認める代わりに，途中で売却した場合には，その多すぎた減価償却額を通常所得（ordinary income）として認識させることで税の取戻しを図っている[146]。これを一般にリキャプチャー（recapture，取戻課税）とよぶ。具体的には，内国歳入法典 1245 条は，減価償却相当額だけ取得価格（basis）を減額させるという方法を採用している。

第2款　改善余地

このように，米国においては加速度償却の制度の起源は，「尺度のブレ」としてのインフレーションによる所得算定の歪みに対処できていない所得税法の下で，インフレーションによる減価償却額の実質的価値の目減りを防ぐために講じられた次善の策であったと理解することも可能である。しかしながら，インフレーションの対応策としては，次のような式による減価償却額に物価連動措置を講ずる方がより正確な所得を算定することができよう[147]。【数値例 13】は，このような算出方法を用いた場合の所得計算方式である。

年度 n の減価償却額 ＝（年度 n 初日の価値）×（年度 n の物価上昇率）

－（年度 n 最終日の価値）

【数値例 13】　数値例 12 の状況下（10% の予想外のインフレ）では，年度 1 末の時点で当該資産の価値は 1000 万円（＝ $1210/(1.1)^2$），年度 2 末で 0 円とな

---

146)　ここで注意を有するのは，減価償却額は相対的に高税率が適用される通常所得（ordinary income）を減らすのに対して，相対的に税率の低いキャピタル・ゲイン（capital gain）で税を取り戻すのであれば，全体でみれば税収中立的な制度ではなく，納税者にとって有利な制度になってしまうため，控除との対称性を確保すべく通常所得として扱われる構造になっている点である。内国歳入法典 1245 条(a)(1)参照。

147)　なお，消費課税の下では，即時損金算入（expensing）が認められるため，インフレの影響を受けない。しかしながら，税の還付を認めず，適格資産購入時に損金と相殺できる所得がない場合，損金を繰り越すことになる。損金を繰り越す際に，物価連動措置を講じないと損金の実質的価値が目減りしてしまい，結果として即時損金算入は非課税と同じ効果をもたらさなくなる。即時損金算入の効果を維持するためには，繰り越す際にインフレ部分だけでなく実質金利部分の利子調整も必要となる。この点に関する類似の議論として，第 3 章第 2 節参照。

第 3 節　加速度減価償却

る。経済的減価償却に物価連動措置が講じられれば，年度 1 の減価償却額は 909 万円（≒ 1735 × 1.1 − 1000），年度 2 は 1100 万円（= 1000 × 1.1 − 0）となり，年度 1 の課税所得は 192 万円，年度 2 は 110 万円となる。

　一方で，投資促進の名目で加速度償却が認められる場合，低インフレの場合には加速度償却適格資産への投資を増大させ，高インフレの場合には減少させることになる[148]。

　物価連動措置の代替手段として，投資の初年度に将来にわたる経済的減価償却額の割引現在価値を一括損金算入する方法が考えられる[149]。これは，将来の減価償却額を現在価値に割り引いている点で，投資元本の全額を即時に損金算入する方式（expensing）とは異なり，あくまで包括的所得税の陣営に属する。この代替手段の下では，購入時の貨幣価値と減価償却時の貨幣価値の乖離が生じないので，インフレの影響を受けなくなる。この手法の問題点は，経済的減価償却額の算出とそれを割り引くための割引率の決定が困難であるという点である。

　なお，割引率を決定することの困難を回避する手法として，第 2 章第 3 節第 2 款で検討した原子力発電所の廃炉費用の控除に関する内国歳入法典 468A 条のように，別ファンドを利用するという手法も考えられる。ただし，個別の償却資産ごとに納税主体とは別にファンドなりアカウントを設けることで，執行上の煩雑さが増すのであれば，償却資産全体を一括したファンドによって残高を管理することも可能であろう。この点に関する運用のあり方については，本章第 2 節第 3 款第 6 項Ⅵで検討したイールド課税における投資単位の考え方が参考になろう。

---

148)　*See*, Shuldiner, *supra*, note 12, at 600.

149)　*See*, Alan J. Auerbach & Dale W. Jorgenson, *Inflation-Proof Depreciation of Assets*, 58 (5) Harvard Business Review 113 (1980).

第1編 第4章 課税繰延への対処策と日本法への示唆

第4節 限界税率の変化と所得平準化[150]

課税繰延が問題視される第二の原因は，限界税率の変化と所得の平準化の問題である。すなわち，累進課税の下で納税者が，限界税率の高い年度から限界税率の低い年度に所得を移転することで，所得の平準化を図り，生涯ベースでの租税負担を減少させることが可能となる。

第2章第2節第4款第4項で述べたように，個人の限界税率の変化に着目すると，繰延報酬には所得平準化の効果がある[151]。しかし，非適格繰延報酬による所得平準化は，現行の租税法制度が政策的配慮から認めている所得平準化[152]とは異なり，租税法が予定しない形で納税者間の公平性を阻害しうる。そこで，本節では所得平準化の問題について，公平性の観点も織り込みつつ検討を加える[153]。

所得平準化の根拠として，生涯所得が同レベルの個人間で生涯の租税負担が

---

150) 本節は，本書の準備段階で執筆をした神山 (2007)・前掲注1) 259-266 頁をもとに，加筆・修正を施したものである。

151) 神山弘行「租税法における年度帰属の理論と法的構造 (2)」法学協会雑誌 128 巻 12 号 232-239 頁参照。

152) シャウプ勧告は，譲渡所得，著作家の印税収入，漁業所得，山林所得などの変動の激しい所得に関して平準化の必要性を提唱している。これを簡素する形で現行の所得税法は，変動所得に関して五分五乗方式を採用している (所得税法 90 条)。長期間にわたり累積する性質の所得に，累進課税を適用すると酷になるとして，一定の軽減措置がとられている。例えば，退職所得は，退職所得控除後の残額の2分の1だけが課税の対象とされている (所得税法 30 条 2 項)。長期譲渡所得の2分の1課税も平準化措置といえる (所得税法 22 条 2 項 2 号)。このようにわが国の所得税は，所得平準化を一定限度で認めている。

153) 所得平準化に関する主要な先行研究として，*E.g.* William Vickrey, *Averaging of Income for Income-Tax Purposes*, 47 (3) JOURNAL OF POLITICAL ECONOMY 379 (1939); William Vickrey, *An Updated Agenda for Progressive Taxation*, 82 (2) THE AMERICAN ECONOMIC REVIEW 257 (1992); Richard Goode, *Long-Term Averaging of Income for Tax Purposes, in* THE ECONOMICS OF TAXATION (Henry J. Aaron & Michael J. Boskin, eds. The Brooking Institute, D.C. 1980); Richard Schmalbeck, *Income averaging after twenty years : A failed experiment in horizontal equity*, DUKE LAW JOURNAL 509 (1984); Lee Anne Fennell & Kirk J. Stark, *Taxation Over Time*, 59 (1) TAX LAW REVIEW 1 (2005); Neil H. Buchanan, *The Case Against Income Averaging*, 25 VIRGINIA TAX REVIEW 1151 (2006); Daniel Shaviro, *Permanent Income and the Annual Income Tax*, NYU Law & Economics Research Paper No.06-28 (2006). 増井良啓「個人所得課税の基本概念——累進所得税の平準化」税研 24 巻 5 号 68 頁 (2009 年) 参照。

異なることは水平的公平の要請――「等しい者を等しく扱え」――に反するという主張がなされる[154]。

　たとえば，二期モデルを想定して，個人Aは年度1に500万円の所得があり，年度2に1500万円の所得を得たとする（議論の簡略化のために金銭の時間的価値の存在は捨象する）。個人Bは年度1および年度2とも1000万円の所得を得たとする。両氏とも生涯所得は2000万円である。Vickrey教授は，累進所得税の下では，所得の変動が激しい個人Aと，所得が平準化されている個人Bの間で不公平が生じることを問題視し，所得平準化（income averaging）の必要性を説いたのである[155]。この平準化の議論は，ライフ・サイクル仮説[156]と親和的である。しかし，生涯所得を基準に水平的公平を追求するのであれば，今度は課税年度（もしくは一定期間）内における水平的公平が保てなくなるというジレンマが発生することになる[157]。

　水平的公平の要請自体は，所得の「評価期間」（生涯か課税年度か）の問題について，明確な指針を示してくれない。これは，水平的公平それ自体からは，何をもって「等しい状況」とするかの判断基準を内在的に導けないことに起因

---

154)　同時に，垂直的公平性との関係でも恣意的な平準化は問題となる。日本の金融所得課税の一体化の文脈において，所得の再配分の機能は，累進税率が適用される勤労所得課税の部分に期待される。しかし，勤労所得課税で累進性を維持しようとしても，高額の報酬を受け取る会社役員の多くは，繰延報酬など様々な形で租税負担の軽減を図ろうとする。貯蓄性向の低い中・低所得者層は繰延報酬により所得平準化を行えないが，貯蓄性向の高い高所得者層は繰延報酬により所得平準化が行えるのであれば，所得の再配分機能は弱められ，垂直的公平性も崩れうる。

155)　Vickrey (1939), *supra* note 153.

156)　ライフ・サイクル仮説は，Franco Modigliani & Richard Brumberg, *Utility Analysis and the Consumption Function: An Interpretation of Cross-Session Data*, *in* POST-KEYNESIAN ECONOMICS 388 (Kenneth K. Kurihara ed. 1954) によって提唱された。ライフ・サイクル仮説とは，「人々はその生涯の残余期間と生涯所得をたえず視野において消費を決定し，残った貯蓄総額を退職後の消費と子どもへの遺産に振り分ける」という考え方だと一般に説明される。金森久雄他編『経済辞典〔第5版〕』1272頁（有斐閣，2013年）。

　これと，限界効用逓減の法則（diminishing marginal utility）を併せて考えれば，個人は，現時点での資産・貯蓄額と将来の期待収入をもとに，消費を生涯を通じて平準化させることで，生涯効用の最大化を図ることになる。これは，Milton Friedman の唱える「恒常所得仮説（permanent income hypothesis）」――個人は，ある一定時点において，現時点の所得水準ではなく長期的に続くと期待される所得水準（恒常所得の水準）に応じて現在の消費量を決めるという仮説――と密接な関連を有している。*See*, MILTON FRIEDMAN, A THEORY OF THE CONSUMPTION FUNCTION 26-31 (Princeton University Press 1957).

157)　*See*, Schmalbeck, *supra* note 153, at 547.

第1編　第4章　課税繰延への対処策と日本法への示唆

していると解される[158]。結局，所得の「評価期間」を決定するためには，何らかの外部的基準または外在的価値判断を導入せざるをえないのである。

　もし仮に，ライフ・サイクル仮説が妥当するのであれば，単年度の所得への課税ではなく，生涯所得もしくは生涯消費への課税の方が水平的公平の基準として望ましいと考えることもできる[159]。ライフ・サイクル仮説が成立する条件として，①資本市場が完備（complete capital market）で，②個人が一貫して合理的選択を行い（consistent rational choice），③将来の不確実性がないことが必要であるところ，次のような批判がなされる。

　第一の批判は，個人が生涯所得を考慮して現在の消費を決定する場合に，資本市場が完備しており，制約なく投資および借入が行える必要があるというものである。しかし，現実には，モラル・ハザードや逆選択が存在するため，個人が十分な借入を行うことは困難である（流動性制約）[160]。例えば，通常は労働者にとって，自己の人的資本のみを担保に担保価値相当額（すなわち生涯所得の割引現在価値相当額）の借入を行うことはほぼ不可能だと考えられる。上記の例にあてはめれば，個人 A は第 1 期に借入をして，所得平準化を行うことは困難となる。個人が流動性制約に直面する場合，生涯所得を基準に公平性を追求することの根拠は弱まる。上記例で（個人 A と個人 B は同じ効用関数を有すると想定し），ⅰ個人 B は消費を平準化できるため，個人 A よりも生涯ベースの効用は高く，ⅱ個人 B は第 1 期において相対的に貧しい個人 A よりも効用が高く，ⅲ個人 B は第 2 期において相対的に裕福な個人 A よりも効用が低いということになる。Shaviro 教授は，富の相対的価値は所得がいつ実現したかに左右されるのであり，A と B の生涯消費・生涯所得の比較は意味をなさないと指摘する[161]。そして，所得平準化により，生涯租税負担の公平を図るのではなく，第 1 期に個人 B から個人 A に税制を通じて所得移転を行い，第 2

---

158)　増井・前掲注 37）181 頁。

159)　なお，消費課税を支持する論者の多くは，消費課税の下では，「生涯消費の割引現在価値が等しい者の間で，生涯租税負担の割引現在価値が等しくなること」が水平的公平に合致していると考えているようである。*See, e.g.*, DAVID BRADFORD & THE U.S. TREASURY TAX POLICY STAFF, BLUEPRINTS FOR BASIC TAX REFORM, 44 (2nd ed. 1984).

160)　*See, e.g.*, Buchanan, *supra* note 153, at 1179; Shaviro, *supra* note 153, at 28; Fennell & Stark, *supra* note 153, at 11-13.

161)　Shaviro, *supra* note 153, at 28.

期に個人 A から個人 B に所得移転を行う方が望ましいと論ずる[162]。この考え方の下では，毎期の所得移転の手段として，課税期間ごとの累進課税は正当化され，所得平準化は原則として望ましくないということになる。

第二の批判は，将来の所得に不確実性が存在する場合，逆選択やモラル・ハザードのために一種の保険市場が完備されていなければ，個人は消費の平準化を行えないというものである[163]。個人は，将来の不確実性が顕在化した時点で，それ以降の生涯の消費活動を平準化することはできるが，遡って過去の消費を平準化することはできない[164]。過去に遡って消費を変更できないという事実は，予想外の利得（損失）による限界効用を減少（増加）させることになる。そのため，個人は現実の生涯所得から生ずる効用を最大化することができない。過去の消費・投資選択を訂正できない点を重視するのであれば，期間税として所得税を構成することに意義が出てくると考えられる。

第三の批判は，現実には個人は「家計」もしくは「世帯」の一部として所得と消費活動を認識しているのに対して，ライフ・サイクル仮説は家族の存在を捨象して「個人」にのみ着目しているというものである[165]。例えば，被扶養者として子供を抱える親の効用関数には，自身の消費レベルだけではなく，（扶養対象たる）子供の消費レベルも入っていると考えられる。そして，子供が自立すると，親の効用関数内における子供の消費レベルの加重は低くなる（もしくはゼロになる）と考える方がより現実的であろう。言い換えれば，被扶養者の有無や年齢などの状況に応じて，同一個人の効用関数は変化する可能性があるといえる。もしそうであれば，個人の消費パターンは生涯を通じて平準化されるわけではなくなる。この場合，「どのような状況下」で「いくら稼ぐ」かが問題となろう。そうであれば，期間税としての所得税の方がより適切なものと評価できるかもしれない。

第四の批判として，行動経済学の観点から提供される個人の合理的選択に対する懐疑がある[166]。通常の新古典派経済学では，個人の時間選好は常に一定

---

162) *Id.*

163) *Id.* at 30.

164) *See, id.* at 22; Schmalbeck, *supra* note 153, at 548.

165) *See*, Fennell & Stark, *supra* note 153, at 9–11.

166) *See, e.g.*, Hersh M. Shefrin & Richard H. Thaler, *The Behavioral Life-Cycle Hypothesis*, 26（4）ECONOMIC INQUIRY 609（1988）; Richard H. Thaler, *Anomalies*：

第 1 編　第 4 章　課税繰延への対処策と日本法への示唆

であることを前提としている。これに対して，行動経済学の分野では，個人の時間選好率（将来効用に対する割引率）は一定ではなく，むしろ双曲的であると論じられることがある[167]。例えば，個人は「今日の利得 X」と「1 年後の利得 Y」を比較する際には，「10 年後の利得 X」と「11 年後の利得 Y」を比較する場合と同じ割引率ではなくむしろ高い割引率を用いていると考えられている[168]。

双曲割引を表現する準双曲割引モデルとして次のものがある[169]。今，n 期末にコスト C がかかり，$n + 1$ 期末に便益 B が得られる投資（ないし仕事）があるとする。割引率を δ とし，割引因子に対する過重係数 β を想定する（$0 < \delta \leq 1$ かつ $0 < \beta \leq 1$）。この双曲割引のもとで，個人による（直観的な）利得計算は，式 19 のように表現することができる[170]。

$$-\beta\delta^n C + \beta\delta^{n+1} B \quad \cdots\cdots\cdots\cdots\cdots\cdots（式 19）$$

$\beta = 1/2$，$\delta = 1$，$C = 4$，$B = 6$ とすると，$n = 1$ の時（近い将来の投資について現在考える場合），式 19 は，

$$-\beta\delta C + \beta\delta^2 B = -\frac{1}{2}4 + \frac{1}{2}6 = 1 > 0$$

となり，当該投資は魅力的なものと映ることになる[171]。これに対して $n = 0$

Saving, Fungibility, and Mental Accounts, 4 (1) JOURNAL OF ECONOMIC PERSPECTIVES 193, 197 (1990); B. Douglas Bernheim, *Taxation and Saving, in* HANDBOOK OF PUBLIC ECONOMICS vol.3, at 1173, 1200-1208 (Alan J. Auerbach & Martin Feldstein eds. 2002); B. Douglas Bernheim & Antonio Rangel, *Behavioral Public Economics: Welfare and Policy Analysis with Non-Standard Decision-Makers, in* BEHAVIORAL ECONOMICS AND ITS APPLICATIONS, 7 (Peter Diamond & Hannu Vartiainen eds. 2007); Fennell & Stark, *supra* note 153, at 13-16.

167)　*See*, Fennell & Stark, *supra* note 153, at 14-15; Bernheim & Rangel, *supra* note 166, at 24-28; Shaviro, *supra* note 153, at 24.

168)　具体例としては，10 年後に 100 万円貰うよりも 11 年後に 110 万円貰う方が望ましいと考える個人であっても 1 年後に 110 万円貰うよりも今 100 万円貰う方が望ましいと判断することがありうる。

169)　神山弘行「年金信託と課税──租税法と意思決定理論」信託研究奨励金論集 32 号 137，144 頁（2011 年）参照。

170)　*See*, John Beshears & James J. Choi & David Laibson & Brigitte C. Madrian, *How are preferences revealed?*, 92 JOURNAL OF PUBLIC ECONOMICS 1787, 1790 (2008).

171)　*Id.*

280

の時，すなわち現時点で決断を求められた場合，**式 19** は，

$$-C + \beta\delta B = -4 + \frac{1}{2}6 = -1 < 0$$

となり，同じ投資であっても，この個人にとって魅力的なものではなくなる[172]。これは，ある投資について，将来投資をするか否かを尋ねるとその時点では投資したいと考える個人がいたとしても，実際に投資を実行する時期が訪れると，投資をしないという判断に変わる事象を表現している。

　このように，時間選好が時間軸の経過とともに変化するのであれば，個人の選好は一定であるというライフ・サイクル仮説の前提が崩れてしまう。

　また別の問題として，各人が（将来期待も含む）ある収入を当期所得と認識するか，当期資産（将来所得）と認識するかで，限界消費性向が異なる可能性がある点である。もしも，そうであれば当期所得は，当期消費に回される傾向が当期資産（将来所得）の場合よりも強くなろう。この種のメンタル・アカウントが存在するのであれば，生涯所得の変化よりも，当期所得の変化の方が，消費パターンに及ぼす影響が大きくなりうる[173]。このことは，所得の獲得パターン自体が，生涯所得の割引現在価値とは独立の問題であることを示唆する[174]。

　このように，ライフ・サイクル仮説が現実には成立しづらいと考えるならば，生涯所得もしくは生涯消費を水平的公平の基準とすることの根拠が薄弱となる。生涯所得ではなく，「毎年度の所得」を基準に課税をすることに意義があると考えるのであれば，課税繰延による恣意的な所得平準化は阻止されるべきものとなる。

　さらに，生涯所得を基準に所得税制度を設計するには，時代ごとに税制の構造が大きく変化しうるところ，そのような変化を適切に反映することができるのかという問題や，個人は所得を時間的に平準化できるだけでなく家族間でも

---

172)　*Id.*

173)　*See,* Fennell & Stark, *supra* note 153, at 15-16; Shefrin & Thaler (1988), *supra* note 166, at 614-618; Thaler (1990), *supra* note 166, at 197; Bernheim (2002), *supra* note 166. もし仮に，未実現利益が将来の所得と認識されるのに対し，実現した利益が現在の所得と認識されるのであれば，消費性向に差を生じさせる可能性がある。そうであるならば，実現主義課税はメンタル・アカウントの考え方と親和的な発想により再解釈できるかもしれない。

174)　Shaviro, *supra* note 153, at 24.

第1編　第4章　課税繰延への対処策と日本法への示唆

平準化することが可能であるのに時間的平準化のみを対象とする理由付けが必要となるという問題に直面することになろう[175]。

　所得を計測する時間単位として暦年（1年単位）を用いることは，恣意的な選択ではあるものの，一定の合理性が存在しうる。例えば，政府支出の議会統制手段である予算・決算制度が，（憲法上の要請により）暦年単位を採用しているのであれば，歳出と表裏一体の関係にある歳入も暦年単位で考える——その結果，経済情勢の変化に柔軟に財政・租税制度が対応できる——ということには一定の合理性があろう[176]。

　さらに，市場では分散不可能なリスクを租税制度・財政制度を通じて，世代間で分散することが望ましいと考える本書の立場からすれば，世代間のリスク共有のみならず，同世代内において異時点間の分散不可能なリスクを共有させることが望ましいと考える余地があるかもしれない。そうであれば，生涯所得を基準として租税負担を考えるのではなく，期間税として所得税を構築する（課税繰延による所得の平準化を防止する）ことには，積極的な意義を見出すことができよう。

　ところで，第3章第3節で指摘したように，単年度主義的な議会による財政統制は，現在世代の利害調整の場として上手く機能するかもしれないが，将来世代の利益を十分に反映することができない。繰り返しになるが，単年度主義的な財政統制メカニズムのもとでは，現在世代が考慮する範囲でしか将来世代の利益は考慮されないのである。もしも，租税制度および財政制度を単年度主義的な歳入・歳出の手段として捉えるのではなく，市場において分散不可能なリスクを世代間で共有させるための法的装置（≒一種の世代間強制保険）と捉えるのであれば，限界税率の変化については，個人間の公平の問題だけでなく，世代間衡平の観点からも考察を深める必要があろう。

---

175)　増井・前掲注153）70-71頁。

176)　この点に関して，藤谷武史「所得税の理論的根拠の再検討」金子宏編『租税法の基本問題』292頁（有斐閣，2007年）は，「租税制度は究極的には財政制度と表裏をなすものであり，後者が長期の Time Frame によることが困難である以上，前者のみが無関係に長期的な Time Frame を採用しうるというのは，納得しがたい。合理的な納税者の視点に立って（おそらく無限に）長期の Time Frame を用いて租税制度を構築する試みは，経済理論としては正しいが，制度的前提を欠くのではないか，という疑問は，厚生主義の枠内においても成立するように思われる」と指摘している。

結　語

　本書第1編の直接的な目的は，序章で述べたように，課税のタイミングに関する租税法理論（とりわけ各租税法規の前提となっている基礎理論）の再解釈および再構築を行う点にあった。そこで本編では，アメリカにおける法制度を主たる素材として，課税のタイミングの問題，とりわけ課税繰延の問題について，その背後に存在する基礎理論にも目配りをしながら検討を加えた。

　第1章および第2章における検討から明らかになったように，従来の租税法研究および立法実務において，政府と納税者のペイ・オフは表裏一体の関係にあり「対称的」な存在であることが暗黙の前提とされていた。すなわち，課税繰延や早期控除による「納税者の租税負担の減少」イコール「国庫にとっての損失」という考え方が世界的に流布していた。

　そこで本編では，「割引率」という観点から，政府と納税者の立場が表裏一体の関係ではなくなる可能性に着目をして，課税のタイミングに関する法理を検討対象として考察を進めた。リスクが存在する場合に，一定の条件のもとでは，政府は納税者よりも低い割引率を採用することができるとすれば，従来の基礎理論およびそれを前提とする租税法の法的構造は，再検討が必要となるからである。

　第3章においては，まずアメリカの財政法関係規則を紐解くことで，予算過程・決算過程・政策決定過程の各局面において，政府（OMB），議会（CBO），政府監査局（GAO）がそれぞれどのような理由に基づいて，どのような割引率を採用しているかを明らかにした。

　その上で，理論的検討を通じて，「政府の割引率」が「納税者の割引率」よりも低くなりうる理論的な可能性として，次の二つの視座を得ることができた。第一は，リスクと政府の関係という観点から，政府は市場では分散することのできないマーケット・リスクを，強制加入保険としての租税政策ならびに国債政策をもちいることで，世代間で共有させることが可能だとすれば，

283

第1編　結　語

リスクを加味した場合の政府の割引率は，納税者の割引率よりも低くなりう
る点を指摘した。第二に，（仮に上記の政府のリスクへの優位性が存在しないとして
も）私的部門において一般的に用いられる割引率であるところの資本の機会
費用（opportunity cost）は，政府の割引率として適切ではない点を指摘した。
機会費用の概念には could view と would view の二つが存在し，私的部門
において用いられている機会費用は，could view に属するものであるのに
対して，政府にとっては would view が適切な機会費用概念であり，would
view の下での割引率は，「時間選好率（市場利子率）」と「私的投資のリターン
（could view）」の間の値になることを示した。

　世界的にみて伝統的な租税法研究の枠組みでは，一定の条件下で「課税繰延
＝ 投資収益非課税」，「即時損金算入 ＝ 投資収益非課税」，「先払消費課税 ＝
後払消費課税」であると信じられてきた。しかしながら，政府の割引率が納税
者の割引率よりも低いのであれば，（納税者の観点からは上記等号は成立するとし
ても），政府にとって両者は等価ではなくなる。そうであれば，政府（国庫）に
とって，課税を繰り延べた方が投資収益を非課税扱いにするよりも税収を増
加させることができることを意味する。そもそも，租税を賦課徴収する最大
の目的は，政府歳出を賄うための「歳入（税収）」を確保することである以上，
政府（国庫）の視点を無視して租税法制度を構築することには，慎重でなけれ
ばならない。このような観点から眺めた場合に，現存する課税繰延防止策は改
善の余地がある。そこで，第4章第2節第3款において，課税繰延防止策の具
体的な改善策について検討を加えたところ，経済活動に対する課税の中立性の
観点からは，イールド課税（連続モデル）が，他の代替策と比較して，課税繰
延の恩恵をより正確に排除することができ，かつ，現行所得税法が立脚する法
的構造と親和的であるとの結論に至った。ただし，イールド課税を上手く機能
させるためには，幾つか注意すべき点がある。第一に，中間利子・中間配当に
ついて適切な課税措置を講じる必要があった。第二に，所得算定の範囲の問題
として，「イールド課税におけるペナルティ」を回避するために，個別投資ご
とに所得を算定するのではなく，納税者が保有する「ポートフォリオ構成の変
化」として所得を算定する必要があった。第三に，イールド課税においては，
計算が煩雑になることから，執行可能性および遵守可能性が問題となる。この
点については，今日，計算機器が発達・普及していることに鑑みれば，技術的

ハードルが低下しているものと考えられる。なお，イールド課税は，ファイナンス理論的な発想によって，所得税制を再構築するものであると位置づけることができる。そのため，理論的には，キャピタル・ゲイン課税のみならず，他の課税繰延の類型や人的資本（human capital）への所得課税についても，応用することが可能であろう。

　別の観点から見れば，本編は，近年世界的に注目を集めている消費課税型の税制改革において，先払消費課税と後払消費課税の差異を検討する上で，政府と納税者の視点を峻別することによって，従来とは異なる新たな視座の提供を試みたと位置づけることも可能であろう。

　しかし，本書において行っている一般的な議論を，より具体的かつ実りのあるものとするためには，さらに次のような検討を行うことが必要不可欠である。

　第一に，本書においては，アメリカの法制度を主たる題材として検討を加えているものの，日本の法制度の沿革について当時の社会的背景を踏まえつつ，歴史的な分析を加えることができなかった。現在の日本の所得税法および法人税法の基礎は，第二次世界大戦後にアメリカから送られたシャウプ使節団の「シャウプ勧告」によって築かれている。さらに，近年の税制改正においても，とりわけ先端的な金融商品への課税のあり方など，課税のタイミングに関する法制度の多くは，アメリカ法を範としている。本来，法制度は，各時代が直面している社会問題を解決するために，その時々の社会情勢にマッチする形で導入されることが多い。そのため，今後，日本の課税のタイミングに関する法制度を今日の社会情勢に応じて改革するべく，より個別具体的な提言をするためには，本編で再検討した基礎理論のみならず，アメリカの法制度の変遷とアメリカ法の日本法への影響にも目配りをしつつ，時代によって変化しない法制度の根幹的部分と，時代の要請に応えて適宜変更される政策的部分を見極めた上で，検討を加える必要がある。

　第二に，「納税者の観点」から租税制度の中立性や公平性を論じる伝統的な視点にもさらなる改善が必要である。近年の租税法学においては，経済学の知見を取り入れて議論を展開することが一つの潮流となっているものの，多くの場合，新古典派経済学の知見に依拠して，合理的な個人を前提にしている。そこで，今後は，合理的な個人を前提として（単に数学的な精緻さを追求すべく）

285

第1編 結 語

議論を進めるのではなく，より現実に即した個人（限定合理的な個人）を想定して議論を進める方法として，租税法と行動経済学の協調の可能性を模索する必要があると考える。この点については，本編においても若干の試論を加えたものの，今後は本格的にこの分野を開拓し発展させるべく，研究を進めていく必要がある。この点については，本書第2編で改めて論じることとしたい。

　第三に，本編では，主として理論的な側面から検討を行ってきた。しかしながら，その理論の現実的な妥当性を検証し，理論をより現実に即したものへと修正を加えるために「実証的な分析」が必要であると考える。実証的な知見を織り込みつつ，絶えず法制度の背後に存在する理論的根拠の修正を行うことで，より望ましい法制度を模索することが可能となろう。

　第四の課題は——本編での一連の検討を通じて得られたより大きな問題意識であるが——市場で分散不可能なリスクを世代間で上手く共有するため，実効的な法メカニズムをどのように構築していくかという問題である。第3章で検討したように，政府が納税者よりも低い割引率を採用できる理論的可能性として，市場では分散不可能なリスクを世代間で上手く共有する法的メカニズムが存在しないが，政府は租税政策および国債政策を活用することで，分散不可能なリスクを世代間で強制的に分散する一種の「世代間強制保険」を提供できる可能性が存在していた。国家の財政活動（租税政策・国債政策・歳出政策の総称）を通じて世代間強制保険が上手く機能するためには，危機的状況にない世代から，（大恐慌などの）危機的状況に直面する将来世代のために，保険積立金（基金）を移転する必要がある。しかし，民主主義的な議会は，主として現在世代の利害の調整の場として機能している。そのため，まだ存在しない将来世代の利益は，現在世代が考慮に入れる範囲でしか，現在の政策決定において加味されない。そのため，財政黒字が存在する場合に，減税や歳出拡大が優先される可能性が極めて高いのである。

　このような問題を解決するためには，少なくとも現在世代が享受している行政サービスのコストを現金主義的な予算・決算ではなく，発生主義的な予算・決算の観点から正確に把握することが最低限必要となろう[1]。発生主義予算の

---

1) 導入的考察として，神山弘行「財政赤字への対応——財政規律と時間枠組み（複数年度予算・発生主義予算）」ジュリスト1397号12頁（2010年），神山弘行「財政法におけるリスクと時間——Contingent Liabilityとしての公的債務保証」フィナンシャル・レビュー103号25頁（2011

導入に際しては，本編における政府の割引率に関する考察を活かす形で，現金主義的単年度予算をどのように補完していくかが今後の課題となる。また，仮に現在世代が遠い将来世代のために，十分な基金を残したとしても，中間世代が放蕩息子のように同基金を費消しないように，どのように管理・運営していくかという問題を解決しなければならない[2]。

　最後に，今日，日本，アメリカおよびヨーロッパ各国の財政赤字・累積債務の問題が，世界的に大きな問題となっている。国債危機は，これまで安全資産として金融市場で扱われてきた先進諸国の国債が，一度，市場の信認を失うと他の私的債権同様に危険資産として認知されることを物語っている。これは，法学者が国家と市場の関係について考え直す時期が到来していることを示唆していると思われる。各種リスクの分散・共有のあり方について，国家と市場の関係を再構築する上で，公法学の視点と，私法学の視点という従来型の法的枠組みを尊重しつつも，それに縛られることなく，世代間衡平の観点から，公法制度（租税制度・財政制度など）と私法制度（会社法制度・相続制度・破産法制度など）について統合的かつ横断的な分析を進める必要があろう。

年），神山弘行「不確実性の下での財政と市場の役割——リスク再分配政策の観点からの導入的検討」フィナンシャル・レビュー 113 号 21 頁（2013 年）参照。

2) この点に関する導入的考察として，神山弘行「世代間資産移転のための『公的基金』と信託的ガバナンスに関する研究ノート——地方財政法と杉並区減税自治体構想を題材に」トラスト 60 研究叢書『金融取引と課税（1）』73 頁（2011 年），神山弘行「財政問題と時間軸——世代間衡平の観点から」公法研究 74 号 197 頁（2012 年）参照。

第 2 編　租税法理論の理解更新
——納税者の視点から

は じ め に

　第1編では，「政府（国庫）の視点」と「納税者の視点」の峻別という観点から考察を進めた。これに対して，第2編では，投資主体である納税者の視点から検討を加えることに主眼が置かれる。

　納税者の視点から課税のタイミングに関する基礎理論を考察するために，第1章では，ゼロ金利時代における基礎理論の現代的意義について検討を加える。第2章では，行動経済学の視点から個人の行動原理について理解更新を図ることを通じて，個人の意思決定と租税の関係を考察する。第3章では，第2章での知見も参照しつつ，個人により組織される「法人（企業）」の意思決定と租税の関係について，考察を加えることとする。

第1章　ゼロ金利時代と課税のタイミングに関する基礎理論[1]

　所得課税（包括的所得概念）と消費課税（消費型所得概念）の理論的差異として，「貯蓄（投資）への課税」の有無があると語られることがある。Andrews (1974) は，包括的所得概念と消費型所得概念の差異は，資本の蓄積（accumulation）に対する「課税のタイミングの違い」であると指摘している[2]。そして，課税のタイミング（所得の年度帰属）に関する基礎理論と，それに基づく法制度や判例法理は，金銭の時間的価値（time value of money）が重要な存在であることを前提に，議論を展開してきたといえる（第1編参照）。

　しかし，2008年のリーマンショック以降，日本やアメリカなど先進諸国は，ゼロ金利政策又は低金利政策を採用してきた。ゼロ金利又は低金利の時代に，課税のタイミングの問題——とりわけ実現主義と密接に関連する課税繰延の問題——を議論する意義は，果たしてあるのか，もし意義があるとした場合それは何を意味するのかが本章での検討課題となる。

　本章では，課税繰延の問題の重要性に懐疑的な Listokin (2016) の議論と，課税繰延が引き続き重要な問題であることを主張する Brennan & Warren (2016) の議論を概観した上で，検討を加える。

第1節　課税のタイミングの重要性の後退？
——Listokin (2016) の問題提起

　Listokin (2016) は，利子率がゼロの場合には，課税のタイミングの問題

---

1)　本章は，神山弘行「所得の年度帰属——低金利時代における基礎理論の再考」日税研論集74号189, 198-215頁（2018年）に加筆及び修正を加えたものである。

2)　William D. Andrews, *A Consumption-type or Cash Flow Personal Income Tax*, 87 HARVARD LAW REVIEW 1113, 1120 (1974).

が，さほど重要ではなくなる旨を指摘している[3]。アメリカ，ドイツ，日本の直近30年間の国債の利率の推移を考えると，タイミングの問題が租税法学界を賑わせた時代とは状況が異なるというのである[4]。低金利時代には，キャピタル・ゲインへの軽減税率や，OIDルール，ウオッシュ・セールス・ルールなどの重要性も低下する一方，相対的に死亡時の取得費の引上げ（step up basis）の重要性が増加すると指摘している[5]。

Listokin（2016）は，もしも課税繰延を「政府からの貸付」の一種と捉えるのであれば，分析において適切な利子率は「政府の借入利率（the government borrowing rate）」であるとの立場を採っている[6]。

その根拠として，次の考え方を表明している。政府が無利息貸付制度を導入したと想定して，個人が政府から借入をした場合の便益は，当該個人が直面する借入利子率に依拠する。Listokin（2016）は，①この制度のコストを測定する際には，当該制度が利用者にどの程度の便益を与えたかではなく，「政府にとってどれだけの費用がかかったか」という観点から分析をするとした上で，②当該制度のコストは政府の借入利率——すなわち国債の利子率——によって決定されると述べている[7]。従って，③政府からの無利息貸付と経済的等価性がある課税繰延（＝租税支出）のコストを測定する際にも，私的利子率ではなく，政府の借入利率を用いるべきと主張する[8]。

この主張は，①は租税支出の測定におけるフィナンシャル・アプローチと同じであり，特段問題はない。一方，②の論理については，第1編第3章第3節の考察を勘案すると，論理の飛躍があるように思われる。①のアプローチから導かれる結論は，「納税者の割引率」ではなく，「政府（国庫）の割引率」を用いるべきという点のみである。①から，「政府の割引率＝国債の利子率」と直ちに結論づけることはできない。第1編第3章第3節で述べたように，「政府の割引率」は，「国債の利子率（＝政府の借入利子率）」と「市場の私的借入利

---

3) Yair Listokin, *How to Think About Income Tax When Interest Rates Are Zero*, 151 Tax Notes 959,（May 16, 2016）.

4) *Id*. at 959.

5) *Id*. at 959, 961-962.

6) *Id*. at 960.

7) *Id*. at 961.

8) *Id*. at 961.

率」の間に位置する可能性がある。

　なお，Listokin（2016）は，政府の割引率として採用する「利子率」が何で
あれ，利子率がゼロに近づくに従って，課税繰延の便益はゼロに近づく点が重
要であると指摘している。そのため，低金利時代において「所得金額」に関す
る法理論と比較して，「課税のタイミング」に関する法理論——例えば実現主
義を巡る法理——の重要性が低下しているというのである[9]。

第2節　実現主義とロック・イン効果
——Brennan & Warren（2016）の反論

　Brennan & Warren（2016）は，Listokin（2016）の見解に対して，ゼロ金
利の時代においても，未実現の含み益（unrealized appreciation）に対する課
税繰延により惹起される「ロック・イン」の問題が重要であり続ける点を述べ
ている[10]。

　議論の前提として，Brennan & Warren（2016）は，次の三点を指摘して
いる[11]。第一は，Listokin（2016）は利子率（正確には政府の借入利率）がゼロ
に近づいていると主張するが，投資リターンや資産の含み益は，リスクや経
済的レントの存在故に，「正の値」を取り続けているという点である。第二は，
Listokin（2016）の議論は，「納税者」の借入利率がゼロという前提に依拠す
ることはできないという点である。第三は，所得の実現時期の繰延の効果に焦
点を絞るために，税率が不変であると仮定する点である。

　(1)　簡単な数値例

　Brennan & Warren（2016）は，次の数値例をあげている。

【数値例】　投資家が無配当株式（non-dividend-paying stock）を唯一の資産

---

9)　*Id.* at 961. なお，低金利時代には，実現主義に関して，課税繰延よりも，死亡時の取得費引上
　（step up basis）が問題になると述べている。

10)　Thomas Brennan & Alvin C. Warren, *Realization and Lock-in When Interest Rates
　Are Low*, 152 Tax Notes 1151 (2016).

11)　*Id.* at 1151-1152.

第2編　第1章　ゼロ金利時代と課税のタイミングに関する基礎理論

として保有しており，取得価格を100ドル，時価を1,100ドルとする。現時点（時点1と呼ぶ）で，投資家は，(a)現資産を売却して別の資産に投資するか，(b)現資産を保持し続け，未実現の含み益への課税を繰り延べるという二つの選択肢を有する。税率を一律40％と想定する。また，ある将来の時点（時点2と呼ぶ）に投資資産の価値が2倍になり，その時点で投資家は全ての資産を売却して，その収入を消費に回すと想定する。ここで問題となるのは，実現主義課税が投資家に選択肢(b)を選択するインセンティブを付与するか否かという点である。

◆　選択肢(a)のシナリオ：投資家は，時点1で400ドルの租税（=〔1,100 − 100〕× 0.4）を支払い，税引後の700を新規投資に回す。時点2において1,400ドルになった新資産を売却し，280ドルの租税（=〔1,400 − 700〕× 0.4）を支払い，税引後の1,120ドルが手元に残る。

◆　選択肢(b)のシナリオ：投資家は，時点1で資産を売却せず，時点2で初期資産を2,200ドルで売却し，840ドルの租税（=〔2,200 − 100〕× 0.4）を支払い，税引後の1,360ドルが手元に残る。

上記の数値例において，注目すべきは，課税繰延の利益は「利子率」（又は政府の借入利率）の水準に左右されないという点である[12]。選択肢(a)では課税が「二度」なされるのに対して，選択肢(b)では課税が「一度」で済むため，より多くの含み益を得ることができる[13]。Brennan & Warren (2016) は，課税繰延により「課税の頻度」が下がることが，課税繰延の利益の源泉だというのである[14]。

その上で，選択肢(c)として，納税者の借入による納税資金調達のシナリオも比較検討している[15]。

◆　選択肢(c)のシナリオ：投資家は，時点1で保有資産を1,100ドルで売

---

12)　*Id.* at 1152.
13)　ここでは，選択肢(a)と選択肢(b)の税率が，同率，一律，かつ不変であることが前提となっている。
14)　*Id.* at 1152.
15)　*Id.* at 1153.

296

却し，納税資金 400 ドルを借り入れた上で租税 400 ドル（＝〔1,100 － 100〕× 0.4）を支払うとともに，1,100 ドルを新規投資に回す。議論の単純化のために，投資家は，借入金に対して，時点 2 に一括して利子を支払う（途中の支払利子なし）こととし，利子総額は借入額の 30％ とする。時点 2 において，投資家が，新規投資を 2,200 ドルで売却できると，440 ドルの租税（＝〔2,200 － 1,100〕× 0.4）を支払う。加えて，400 ドルの借入元本と，利子 120 ドル（＝ 400 × 0.3）を支払う。支払利子控除が認められる場合，48 ドルの節税効果があるため，支払利子の実質負担は 72 ドルとなる。時点 2 の税引後の手取額は，1,288 ドル（＝ 2,200 － 440 － 400 －〔120 × 0.6〕）となる。

Brennan & Warren (2016) は，投資家の借入を想定した場合でも，課税繰延の利益 72 ドル（＝ 1,360 － 1,288）は，政府の借入利率とは独立に，依然として存在することになるというのである[16]。

(2) 議論の一般化：課税繰延の利益

Brennan & Warren (2016) は，上記の議論を次のように一般化している[17]。投資家が保有する資産の取得価格を B，時価を V，税率を t，ある期間における期待収益率（expected return）を r，投資家の複利率（compounded interest rate）を r_b とする。各選択肢における時点 2 の最終的な投資家の税引後の消費可能額は，次のようになる。なお，議論の簡便化のために，含み益がある状況（$V > B$）を想定しておく。

選択肢(a)：$[V(1-t)+tB][1+r(1-t)]$ ······························(式 1)

選択肢(b)：$V(1+r)(1-t)+tB$ ····································(式 2)

選択肢(c)：$V(1+r)(1-t)+tB-t(V-B)r_b(1-t)$ ··········(式 3)

まず課税繰延がない選択肢(a)（式 1）と比較して，課税繰延の選択肢(b)（式 2）がどの程度有利かを表現すると式 4 のようになる[18]。これは，課税繰延の

---

16) Brennan & Warren, *supra* note 10, at 1153.

17) *Id*. at 1153, fn.12, 15.

18) *Id*. at 1153, fn.12.

第2編　第1章　ゼロ金利時代と課税のタイミングに関する基礎理論

利益を表している。r と t が正の値をとる限り，**式4** も正の値をとる。

$$式2-式1 = r(1-t)t(V-B) \cdots\cdots\cdots\cdots\cdots(式4)$$

課税繰延の選択肢(b)と，借入の選択肢(c)を比べると，**式5** のように表現できる[19]。**式5** も課税繰延の利益を表しており，r_b と t が正の値をとる限り，**式5** も正の値をとり，課税繰延に起因する利益が発生することを意味する。

$$式2-式3 = r_b(1-t)t(V-B) \cdots\cdots\cdots\cdots\cdots(式5)$$

⑶　初期資産と新規資産の収益率が異なる場合：ロック・インの問題

Brennan & Warren (2016) は，Listokin が「これは多くの国において合理的な近似状況であるが，ゼロ金利の時代において，課税繰延は何の利益もない」と述べていることに対して，上記の議論を踏まえると，現在の米国に Listokin の主張を適用することは誤りであると指摘している[20]。そして，「Listokin は国庫に対する課税繰延のコストを評価するために政府の借入利率の重要性を強調しているが，租税政策の評価に際して納税者のインセンティブを歪めることもまた重要である」[21] と指摘している。

このように，Brennan & Warren (2016) は，利子率が低い時代においても，課税繰延に起因するロック・イン効果がなくならず，結果として非効率な投資が継続される余地を生んでいると指摘する[22]。これを一般化すると次のように表記できる[23]。

時点1において，課税繰延を選択した場合の保有資産の課税前リターンを r_H，リバランスする場合の新規投資の課税前リターンを r_R，（課税後）借入利率を r_b とする[24]。

---

19)　*Id.* at 1153, fn.15.

20)　Brennan & Warren, *supra* note 10, at 1153.

21)　*Id.*

22)　*Id.* at 1154.

23)　*Id.* at 1154, fn.19. の数値例に若干の修正を加えたものである。

24)　Brennan & Warren (2016) は，おそらく表記の単純化のために r_b のみ課税後ベース（支払利子控除による節税効果を勘案した場合）で表記している。もし，支払利子控除が認められない場合でも，最終的な結論に差異は生じないとしている。*Id.*

298

選択肢(b)： $V_H = V(1 + r_H)(1 - t) + tB$ ·······························(式 6)

選択肢(c)： $V_R = V(1 + r_R)(1 - t) + tB - t(V - B)r_b(1 - t)$ ····(式 7)

　ロックイン効果が問題となるのは，リバランスが課税前ベースでは望ましいにもかかわらず，課税後ベースでは望ましくなくなるという状況である。これは，$r_R > r_H$ の状況下で，$V_R < V_H$ となる場合である。後者の条件 $V_R < V_H$ は，式 6 及び式 7 より，次のように整理できる[25]。

$$V(r_R - r_H) < t(V - B)r_b ·······················(式 8-1)$$

　式 8-1 は，リバランスをした場合（選択肢(c)）と課税繰延をした場合（選択肢(b)）の収益の差である「左辺」が，時点 1 における保有資産売却にともなう納税資金を借り入れた場合の利子負担である「右辺」よりも小さい場合に，課税繰延（選択肢(b)）を選択することが，投資家にとって合理的な選択であることを分かりやすく示している[26]。また，式 8-1 を整理すると，式 8-2 のように表現できる。

$$\frac{r_R - r_H}{r_b} < \frac{t(V - B)}{V} ·······················(式 8-2)$$

　式 8-2 からは，借入利率 r_b の絶対的な値が問題なのではなく，リバランスにより追加的に得られる利益率 $r_R - r_H$ との相対的な値（左辺）と，資産価格 V に占める納税額 $t(V - B)$ の割合（右辺）との関係が重要であることが示唆される[27]。

第 3 節　考　　察

　Brennan & Warren（2016）は，利子率又は割引率の「絶対的な値」が低い状況，すなわち低金利又はゼロ金利の状況においても，実現主義課税に起因する課税繰延の問題は，重要であり続けること（又は重要であるための条件）を指

---

25)　*Id.*

26)　*Id.*

27)　*Id.* at 1154-1155.

摘している点で興味深い。

(1) Brennan & Warren（2016）における「課税繰延の利益」の整理

上記の選択肢(a)から選択肢(c)及び**式1**から**式5**における Brennan & Warren (2016) の議論の特徴及びそこから得られる示唆として，次の点がある。

第一は，（単年度ベースの）利子率及び収益率の任意性という点である。本章第2節(1)における選択肢(a)と選択肢(b)の比較において，具体的な収益率や利子率は設定されていない。これは利子率がゼロに近い状況でも，Brennan & Warren（2016）の議論が成立することを直感的に表現している。また，選択肢(c)において，「ある期間後」——時点1に借入をして時点2に元利を返却する際——に支払利子総額が元本の30% になると想定しているが，期間を1年など特定することなく，任意の期間について議論が成立することを示唆している。

第二は，「課税繰延の利益」と「評価のベースライン（すなわち評価の基準となる状況）」との関係である。まず**式4**を眺めてみると，選択肢(a)を基準とした場合，課税繰延の利益は，資産のキャピタル・ゲインに対する税額である $t(V-B)$ と，課税後リターン $r(1-t)$ の積として表現されている[28]。

次に**式5**を眺めてみると，選択肢(c)を基準とした場合，課税繰延の利益は，資産のキャピタル・ゲインに対する税額である $t(V-B)$ と，（支払利子控除による節税効果を加味した）課税後借入率の積として表現されている。伝統的に租税支出論などにおいて，課税繰延は「政府から納税者への無担保かつ無利息の融資（interest free loan）」として論じられる局面があった[29]。**式5**は，課税繰延の利益を「無利息融資」に伴う利益として課税繰延の利益を評価する立場と親和的である。

借入利率 r_b が新規投資の収益率 r に近似するほど，**式5**が**式4**に近似することを意味する。もし仮に，借入利率 r_b と新規投資の収益率 r が完全に一致する場合には，**式4**と**式5**が一致することになる。

---

28) ここでは，キャピタル・ゲインへの税額 $t(V-B)$ を元本として，課税後リターン $r(1-t)$ で運用した場合の，運用益（元本を含まない運用益部分のみ）が課税繰延の利益であると解される。

29) *E.g.*, STANLEY S. SURREY, PATHWAYS TO TAX REFORM, 109-110, 120 (Harvard University Press 1973)；STANLEY S. SURREY & PAUL R. MCDANIEL, TAX EXPENDITURES, 228-229 (Harvard University Press, 1985).

なお，課税繰延がない場合で，納税資金調達のために借入をする選択肢(c)（**式3**）と，借入をしない選択肢(a)（**式1**）の差を算出すると，**式9**のようになる。

$$式3 - 式1 = (r - r_b)(1 - t)t(V - B) \quad \cdots\cdots\cdots\cdots (式9)$$

上記**式9**は，借入利率 r_b が投資収益率 r に近似するほど両選択肢の差が小さくなることを示唆する。Brennan & Warren（2016）の数値例では，$r > r_b$ の状況を想定していた。

もし仮に，情報の非対称性が存在したり，納税者の信用リスクが高いなどの理由により資金調達に多くのコストがかかり，市場収益率よりも，借入利率が高い場合——すなわち $r < r_b$ の場合——**式9**はマイナスの値をとることになる。この場合は，選択肢(a)の方が，選択肢(c)よりも望ましいことになる。

第三は，納税者が選択肢(c)において，借入ではなく，納税者自身の余裕資金から租税を支払う場合について，納税者にとって課税繰延の利益が存在しない点である。納税者が自己の余裕資金から納税を行う場合，支払利子を負担する必要はないが，当該資金を運用すれば得られたであろう投資収益を得られなくなる。納税者は，当該納税資金を元本に得られたであろう期待収益率 r 相当のコストを負担することを意味する。この場合，**式3**は**式1**と同じになる。

(2) 投資収益の構成要素との関係

一方で，Brennan & Warren（2016）の議論については，留意が必要な点がある。それは，「一定期間後に投資元本が2倍」になることの「要因」（投資収益の発生原因）——投資収益率 r の構成要素——が曖昧にされている点である[30]。

通常，投資の収益又はリターンは，①金銭の時間的価値，②リスクの対価，③経済的レント（市場リターンを上回る超過収益），④インフレ部分から構成されると考えられる[31]。現実の投資収益は，上記①～④の構成要素が複合したもの

---

30) この点については，増井良啓教授より貴重なご指摘を賜った。記して感謝を申し上げる。

31) より正確には，金利の期間構造や，インフレ・リスクに関するプレミアム部分なども存在する。「インフレ利得部分」と「インフレ・リスク・プレミアム」の違いと課税の関係については，神山弘行「物価変動と租税に関する一考察——インフレ・インデックスの観点から」金子宏編『租税法の基本問題』296，318-323頁（有斐閣，2007年）参照。本書では，議論の簡略化のために，特に断りのない限りインフレ・リスク・プレミアムについては，捨象する。

第2編　第1章　ゼロ金利時代と課税のタイミングに関する基礎理論

であるが，ここでは議論を単純化するために，投資収益の要因がある構成要素によってのみもたらされる場合を想定して議論を進める。

①　金銭の時間的価値　　第一の状況は，投資収益の要因が①金銭の時間的価値の場合である。この場合は，Listokin（2016）の議論が妥当することになろう。低金利又はゼロ金利の時代においては，包括的所得概念に基づく所得課税と消費課税の差異が極めて小さくなることが従前から指摘されてきたように[32]，金銭の時間的価値に起因する課税繰延の問題は後退することになる[33]。

②　リスクの対価　　第二の状況は，投資収益の要因が②リスクの対価の場合である。この場合は，「リスクと所得課税」に関する一連の議論との関係をどのように考えるかが問題となる。一定の条件の下で，納税者が（所得課税がない場合の最適なポートフォリオと比較して）リスク資産への投資割合を増加させる――グロス・アップさせる――ことにより，所得課税（包括的所得概念に基づく所得課税）がない場合と同様の利得状況を生み出せることが広く知られている[34]。

　一連の先行研究が理論的に指摘するように，包括的所得概念は投資リスクに対応する部分のリターンに対して（消費型所得概念と同様に）課税が及んでいないと考えた場合，通常の所得課税も課税繰延も同じ状況になる。すなわち，選択肢(a)及び選択肢(c)のどちらにおいても，リスクのリターン部分は実質的に「非課税」であり，収益率の局面において相違がでないことになる。

　Brennan & Warren（2016）の議論が妥当するためには，想定する所得課税の制度において――何らかの要因により，納税者によるポートフォリオ変更による課税効果の相殺が上手くいかず――リスクのリターンに対して所得課税の

---

32)　*See*, David A. Weisbach, *The (Non) Taxation of Risk*, 58 TAX LAW REVIEW 1, 24-25 (2005).

33)　課税のタイミングという観点からは，限界税率の変化，繰越欠損金との関係は問題になる。

34)　*See, e.g.*, Evsey D. Domar & Richard A. Musgrave, *Proportional Income Taxation and Risk-Taking*, 58 QUARTERLY JOURNAL OF ECONOMICS 388 (1944) ; Alvin C. Warren, *How Much Capital Income Taxed Under an Income Tax is Exempt Under a Cash Flow Tax?*, 52 TAX LAW REVIEW 1 (1996) ; Noël B. Cunningham, *The Taxation of Capital Income and the Choice of Tax Base*, 52 TAX LAW REVIEW 17 (1996) ; Weisbach, *supra* note 32. 渋谷雅弘「論文紹介」アメリカ法 1999（2）290 頁（2000 年），藤谷武史「所得税の理論的根拠の再検討」金子宏編『租税法の基本問題』272，277-278 頁（有斐閣，2007 年），増井良啓『租税法入門〔第 2 版〕』174-179 頁（有斐閣，2018 年）。

効果が及ぶ状況を想定する必要があると考えられる。納税者が上手くグロス・アップを行えない可能性として，納税者が合理的でない場合[35]，納税者が流動性制約に直面している場合（又はリスク資産に振り分ける十分な無リスク資産を保有していない場合），税率が一律ではなく累進税率が適用され限界税率が一定でなくなる場合[36]，投資損失の還付や欠損金の繰越制限などにより利益と損失が非対称的に扱われる場合などを前提とする必要が出てくる[37]。もちろん，これらの想定は理念的な包括的所得概念からは乖離するが，「所得課税の現実的な姿」により近接しているとも解される。

　したがって，Brennan & Warren（2016）が「所得課税の現実的な姿」を想定している場合，「低金利又はゼロ金利時代においても，課税繰延の利益が重要な問題でありつづける」という彼らの主張はリスクのリターンの部分にも射程が及ぶことになろう。

　③　経済的レント（超過収益）　　第三の状況は，投資収益の要因が，③経済的レント（超過収益）の場合である。

　納税者が，借入によりレントを生み出す投資先への投資比率を高めるというポートフォリオの変更を試みようとしても，レントが複成不可能であれば，追加的な投資部分について納税者は通常収益しか享受できない。このことは，納税者がグロス・アップによって経済的レントに対する所得課税の効果を排除することができないことを含意する[38]。このように経済的レントに対して所得課税が及ぶと考えれば，Brennan & Warren（2016）の議論が当てはまることになろう。

　ただし，レントが複成不可能であったとしても，当初に獲得されたレント（初期レント）部分については，投資元本の増加という形で，課税繰延の恩恵を享受することが可能になると考えられる。

---

35)　*But see*, Weisbach, *supra* note 32, at 43-44. Weisbach は，個人が課税後の状況を加味して適切にポートフォリオ変更をしていないのではないかという批判に対して，所得課税や消費課税に関する理念的議論を展開する際に，合理的個人を想定することが一般的であり，ポートフォリオ変更においてのみ，個人が課税効果を考慮に入れていないと想定することが説得的ではないとの見解を示している。

36)　日本の所得税において，資産性所得は源泉分離課税の対象になり比例税率が適用される場合と，総合課税の対象になり累進税率が適用される場合に分かれる。

37)　藤谷・前掲注34) 278-279 頁，増井・前掲注34) 158-169 頁参照。

38)　Weisbach, *supra* note 32, at 19-20.

第2編　第1章　ゼロ金利時代と課税のタイミングに関する基礎理論

もし仮に，レントが複成可能な場合であっても，市場が競争的かつ効率的であれば，レントが消滅するまで裁定（arbitrage）が行われる結果，レントが消滅し，やはり新規投資は通常収益率しかもたらさないのが均衡状態ではないかと考えられる[39]。

④　インフレ利得　　第四の状況は，投資収益の要因が，④インフレの場合である。貨幣価値の下落というインフレにより，資産価値等が名目的に上昇してもそれは実質的な価値ではないため，理念的な包括的所得概念に基づく所得課税の下では，貨幣価値の変動に起因するインフレ利得部分には課税が及ぶべきではないと解されてきた[40]。理念的な所得課税において適切なインフレ調整措置が講じられ，インフレ利得への課税が行われないのであれば，課税繰延の問題は生じないことになる。

しかし，現実の所得課税は，実質価値ではなく名目価値に着目をして課税をしているため，インフレ利得に課税が及んでいる[41]。米国内国歳入法典は，キャピタル・ゲイン課税については，インフレ利得を排除していない（すなわち取得価格をインフレ調整しない）が，タックス・ブラケットや基礎的な控除額については自動的なインフレ連動措置を導入している[42]。日本法においては，タックス・ブラケットや諸控除の自動的なインフレ調整措置すら講じられていないため，キャピタル・ゲインへの課税以外にも，インフレ利得への課税が広く及ぶ法的構造になっている[43]。

そのため現実の所得課税を想定した場合，インフレ利得部分について，課税繰延の恩恵が及ぶことになる[44]。この場合には，Listokin（2016）よりもBrennan & Warren（2016）の議論の方がより説得的な議論ということにな

---

39)　レントが一定の範囲で複成可能であり，かつ裁定取引によりレントが消失するまでに一定期間を要するという場合，追加的な投資について，（投資元本部分だけでなく収益率の部分においても）納税者は超過収益を享受できることになるが，このような状況は限定的な状況であるといえようか。

40)　神山・前掲注31）300-302頁参照。インフレ利得との関係では，特にキャピタル・ゲインの取扱いが大きな問題となる。

41)　神山・前掲注31）305-326頁参照。

42)　Reed Shuldiner, *Indexing the Tax Code*, 48 TAX LAW REVIEW 537, 542-545（1993）；神山・前掲注31）325-326頁。

43)　神山・前掲注31）305-326頁参照。

44)　インフレ利得と所得課税の関係については，神山・前掲注31）参照。

304

第3節 考　察

ろう。

　ここでの課税繰延の利益は，実質的経済価値の絶対的な増加というよりも，「名目価値にキャピタル・ゲイン発生時に課税されて再投資元本（当初元本と当初利益の和）が減少すること」と比較した場合の相対的な恩恵ということになろう。なお，日本においては，デフレ及び低インフレが長年続いていることに鑑みれば，無リスク金利の議論同様に，課税繰延の利益はあまり存在しないということになるのかもしれない。

　結局のところ，純粋に理論的な世界を想定し，純粋な包括的所得概念及び合理的個人を想定した場合，Listokin（2016）の議論の説得性が増すのであろう。これに対して，純粋な包括的所得概念ではなく，より現実的な所得課税及び現実的な経済状況（例えば納税者の流動性不足など）を想定する場合には，Brennan & Warren（2016）の議論が妥当することになると考えられる。

　ところで，所得課税と消費課税の優劣又は差異を論じる際に，「（包括的所得概念から乖離している）現実的な所得課税」と「理念的な消費課税」を比較することは説得的ではなく，「（包括的所得概念に忠実な）理念的な所得課税」と「理念的な消費課税」を比較するべきと指摘されることがある[45]。所得課税と消費課税の優劣を論じる際には，リンゴとオレンジを比較してもあまり意味がないように，条件を統一するということは重要であろう。

　これに対して，課税繰延の問題は，現行の所得税制度が実現主義を採用しているという事実によるところが大きい。そのため，課税のタイミングに関する議論は，「（包括的所得概念に忠実な）理念的な所得課税」と「現実的な所得課税」を比較していることを意味する。もし理念的な所得課税の姿のみを想定するのでれば，時価主義課税等によって課税繰延の問題自体が全く重要な問題ではなくなることを意味する。そのため，課税繰延の議論においては，「所得課税 v. 消費課税」の議論とは異なり，ある程度，現実に即した所得課税の状況を想定して議論を進めることに意義があると考えられる。このように考えた場合，Brennan & Warren（2016）の議論は色褪せていないといえるのではないだろうか。

45）　*E.g.*, Joseph Bankman & David A. Weisbach, *The Superiority of an Ideal Consumption Tax over an Ideal Income Tax*, 58 STANFORD LAW REVIEW 1413, 1414-1415（2006）.

第2編　第1章　ゼロ金利時代と課税のタイミングに関する基礎理論

(3)　納税者行動と実現主義

　課税繰延の問題について考察を進める際に，純粋理論的な包括的所得概念の前提を緩めることの意義については，上で述べた通りである。それでは，純粋理論的状況からより現実的状況に前提条件を緩めた場合，どのような課税の世界が広がるのであろうか。

　例えば，実現主義課税における「実現主義」は，個人の行動原理とどのような関係があるのであろうか。実現主義と個人の行動原理の関係を考える際には，①年度帰属のルール形成が個人の行動原理に与える影響と，②個人の行動原理が年度帰属のルール形成に与えうる影響——現実的には，実現主義課税に親近感を抱く別の理由[46]——という二方向のベクトルを区別することが有益かもしれない。

　既に論じた実現主義課税に起因する「課税繰延の利益」が存在することは，個人の投資行動に影響を与えるという意味で，①の領域の議論だといえよう。

　実現主義課税から時価主義課税に移行することが困難とされる根拠として，資産の時価評価の困難性や納税資金の不足などが指摘される[47]。しかし，(法人はもちろん)個人にとっても，上場株式や投資信託などの流動性が高い資産については時価評価の困難性という根拠は薄弱であるし，納税資金の不足についても，「税額の確定時期」と「徴収の時期」を乖離させることで一定の対応が可能かもしれない[48]。「時価評価の困難性」，「納税資金の不足」又は「執行

---

46)　実現主義課税から乖離すること(時価主義課税に移行すること)への反対の論拠として，資産評価の困難性や，納税資金の流動性不足などが従来は理由として掲げられてきたが，本書は，それ以外の潜在的要因について探究を試みるものである。

47)　*See, e.g.*, Alan J. Auerbach, *Retrospective Capital Gains Taxation*, 81 AMERICAN ECONOMIC REVIEW 167-168 (1991)；増井・前掲注34) 107頁。

48)　これに関連する提案として Glogower (2016) の繰延課税会計 (deferred tax accounting) の提案がある。Ari Glogower, *Taxing Capital Appreciation*, 70 TAX LAW REVIEW 111 (2016).

　　これは，未実現の利益及び損失 (unrealized gains and losses) に対する繰延税額に一種の利子税 (deferral charge) を賦課することで，納税資金不足の問題を考慮に入れつつ，課税繰延の利益を排除する方式である。この方式の下では，納税者は，実現前の任意の時点で任意の額について支払いが可能であり，最終的な実現時に清算することが想定されている。なお，利子税の率は「連邦短期レート +3%」が提案されており，これは「納税者の最も低い借入利率の近似値」を想定している。*Id.* at 154.

　　この方式は，利子税を賦課する方式として位置付けた場合，適切な利子率の設定という問題を内包することになる。本書第1編第3章第3節及び第4章第2節第3款，神山弘行「法定利率・延滞

第 3 節　考　　察

の簡便性」という実現主義課税を擁護する主張の基底には，どのような思考様
式が存在しているのであろうか。これが，②の領域の議論である。

　合理的な個人の前提を緩めて，現実社会において観察される限定合理的
（bounded rational）な個人の存在を分析に取り込むことで，「実現主義課税」
の現代的意義と機能について異なる理解が可能になるのかもしれない。

　例えば，上記で議論したように，課税繰延の利益について意識する個人であ
れば，含み損の資産を一度売却し，含み益を抱える資産を売却せず保有し続け
る方向でインセンティブが働くはずである。これに対して，個人投資家は，保
有資産に含み益がある状況では資産を売却する傾向があり，また，含み損があ
る状況では資産を保有し続ける傾向があると指摘する一連の実証研究が存在
する[49]。これは，disposition effect と呼ばれる[50]。実証研究において，様々
なタイプの投資家や投資対象について，分析がなされており[51]，金融機関と個
人投資家の間での差はあまり大きくないとも指摘される[52]。この disposition
effect が観察される合理的な説明として，リバランスなどが考えられるが，説
得的な説明が困難ともいわれている[53]。別の可能性として，プロスペクト理論

税等の法的構造と課題——利率を通じたリスクの配分と所得の再分配」金子宏 = 中里実編『租税法
と民法』226 頁（有斐閣，2018 年）参照。

[49]　*E.g.*, Hersh Shefrin & Meir Statman, *The disposition to sell winners too early
and ride losers too long*, 40（3）JOURNAL OF FINANCE 777（1985）. 課税が存在しない場合で
も，disposition effect が存在すると指摘する実証研究として，Chris Firth, *The disposition
effect in the absence of taxes*, 136 ECONOMICS LETTERS 55（2015）.

[50]　MORRIS ALTMAN, REAL-WORLD DECISION MAKING: AN ENCYCLOPEDIA OF BEHAVIORAL
ECONOMICS, 97-98（Greenwood Pub Group, 2015）.

[51]　*E.g.*, Terrance Odean, *Are Investors Reluctant to Realize Their Losses?*, 53（5）
JOURNAL OF FINANCE 1775（1998）; Mark Grinblatt & Matti Keloharju, *What Makes In-
vestors Trade?*, 56（2）JOURNAL OF FINANCE 589（2001）; Peter R. Locke & Steven Mann,
Professional trader discipline and trade disposition, 76（2）JOURNAL OF FINANCIAL
ECONOMICS 401 （2005）; Andrea Frazzini, *The Disposition Effect and Underreaction to
News*, 61（4）JOURNAL OF FINANCE 2017（2006）; Laurent E. Calvet & John Y. Campbell
& Paolo Sodini, *Fight or Flight? Portfolio Rebalancing by Individual Investors*, 124
（1）THE QUARTERLY JOURNAL OF ECONOMICS 301（2009）.

[52]　Mark Grinblatt & Matti Keloharju, *What makes investors trade?*, 56（2）JOURNAL OF
FINANCE 589（2001）.

[53]　Markku Kaustia, *Disposition Effect*, *in* BEHAVIORAL FINANCE: INVESTORS,
CORPORATIONS, AND MARKETS 171, 182-183（Baker & Nofsinger eds., 2011）; Altman,
supra note 50, at 96.

307

(prospect theory), メンタル・アカウンティング (mental accounting), 後悔回避性 (regret aversion), セルフ・コントロールがあげられている[54]。

今後は, 行動経済学等の知見を参照しつつ現実的な人間行動を想定して, 実現主義の意義と機能について改めて考察を深めることが必要になるのではないだろうか。この点については, 次章で論ずることとしたい。

第4節 小 括

所得の年度帰属は, 所得税の重要問題の一つである。所得の年度帰属に関する研究は, 権利確定主義や管理支配基準など「所得の実現時期の判定」を巡る諸法理の解明・分析という観点と, 諸法理の基底に存在する「課税のタイミングに関する基礎理論」の構築・更新という観点に大別することが可能であった。両視点は密接不可分に関連しているが, 本章では主に後者の観点から考察を加えた。

課税のタイミングに関する基礎理論——特に課税繰延等に関する基礎理論——は, 高金利又は高収益率を前提に議論が展開されてきた。本章では, 近年の低金利時代において, 諸法理の基底に存在する基礎理論の現代的意義について, Listokin (2016) と Brennan & Warren (2016) の間の論争を参照しつつ, 考察を加えた。結局のところ, 議論の参照基準をどこに設定するかによって, 課税のタイミングに関する基礎理論の評価が大きく異なりうるのではないだろうか。純粋な所得課税を想定するほど, 金銭の時間的価値に起因する課税繰延の利益及び基礎理論を論ずる実益は乏しくなる。一方で, 現実的な所得課税の法的構造に近い状況を想定するほど, 課税繰延の問題は重要な問題でありつづけ, 基礎理論の重要性も色褪せていないということになろう。

---

54) Kaustia, *supra* note 53, at 181-185. 行動経済学の基本的枠組みと租税法の関係について, 事実解明的分析は本書第2編第2章, 規範的分析は神山弘行「租税法と行動経済学——法政策形成への応用とその課題」金子宏監修『現代租税法講座(1)——理論・歴史』269頁 (日本評論社, 2017年) 参照。

第2章　納税者行動の理解の更新[1]

第1節　行動経済学のレンズを通じた人間行動の理解更新

　個人の投資行動と税制については，法学者による経済的分析の参照は，期待収益モデルを中心になされてきた。この分析視座は，個人の投資決定は合理的になされるべきとの規範的主張として有意なものである点に疑いはない。

　一方，現実の人間行動を描写する事実解明的分析として，各種の租税法政策の前提とするには，慎重な判断が求められることになる。

　近代的租税は，貨幣を媒介とし，経済活動から生じる所得や付加価値を把握して賦課されている。そのため租税法の枠組みは，経済理論と密接な関係にある。所得概念など租税法における重要な概念を巡る議論は，しばしば経済理論を参照する形で発展してきた[2]。

　本章は，租税法学の視点から，伝統的な「法の経済分析（法と経済学）」の枠組みを概観するとともに，近年，発展しつつある行動経済学の知見を用いた分析の可能性を紹介するものである[3]。本章の目的は，行動経済学の知見を導入

---

1)　本章は，神山弘行「租税法と『法の経済分析』——行動経済学による新たな理解の可能性」金子宏編『租税法の発展』315 頁（有斐閣，2010 年）に，加筆修正を加えたものである。

2)　例えば，金子宏「租税法における所得概念の構成」同『所得概念の研究』1 頁（有斐閣，1995 年，初出 1966-1975 年），中里実「所得概念と時間——課税のタイミングの観点から」金子宏編『所得課税の研究』129 頁（有斐閣，1991 年），藤谷武史「所得税の理論的根拠の再検討」金子宏編『租税法の基本問題』272 頁（有斐閣，2007 年）参照。

3)　法の経済分析は，経済学がそれまで分析してこなかった不法行為法・契約法・民事訴訟法などを主たる分析対象とする。*E.g.*, Christine Jolls, *Behavioral Law and Economics*, *in* BEHAVIORAL ECONOMICS AND ITS APPLICATIONS, 115 (Peter Diamond & Hannu Vartiainen eds., Princeton University Press 2007). これに対して，租税政策は公共経済学の分野で分析されており，狭義の法の経済分析には含まれないものの，本章では便宜上，租税法に関する立法論・解釈論を分析する行為も含めたい。

309

することで，伝統的なミクロ経済学の視点では見落とされてきた租税法の構造に光を当てる点にある。

本章の構成は次の通りである。まず，法の経済分析の基本的なスタンスを確認する（第2節）。次に，従来の経済学が前提とする個人の合理性に修正を加える行動経済学の代表的な知見を紹介し，租税法の法的構造について従来とは異なる理解が可能であることを示す（第3節）。行動経済学の知見から租税法を見つめ直してみると，「執行のあり方」が租税政策において重要な要素であることがわかる。そこで最後に，執行の局面にも着目することで，最適課税論を最適課税制度論へと発展させる段階において，法学と経済学の相乗効果が生まれることを指摘する（第4節）。

本章では，行動経済学の知見を無条件に礼賛するのではなく，現時点での理論の成熟度合いを勘案しつつ，租税政策論への有用性と限界を見極めることとしたい。なお本章は，法の経済分析が，全ての法領域において常に有効な分析手法であることを主張するものではない。また，租税法研究において経済学のみが有用なツールであることを主張するものでもない。租税法学の発展のためには歴史学や哲学など様々な学術分野との協働が考えられるところ，本章は，そのうちの一つである経済学との協働について，近年の研究動向を紹介し検討を加えるものである。

第2節　法の経済分析の基本的スタンス

第1款　二つの問い

法の経済分析は，次の二つの問いに答えようとする学究的態度である[4]。第一は，法制度が行動主体に対してどのような影響を与えるのかという事実解明

---

4) Louis Kaplow & Steven Shavell, Economic Analysis of Law, *in* HANDBOOK OF PUBLIC ECONOMICS vol.3, at 1666 (Alan J. Auerbach & Martin Feldstein eds., North-Holland 2002) [*thereafter*, Kaplow & Shavell (2002a)]. *Also see*, STEVEN SHAVELL, FOUNDATIONS OF ECONOMIC ANALYSIS OF LAW, 1 (The Belknap Press of Harvard University Press 2004).

310

的（positive）な問いである[5]。第二は，それらの法制度の影響が社会的に望ましいかどうかという規範的（normative）な問いである。

　前者の事実解明的分析では，一般的に新古典派経済学を基礎とするミクロ経済学が採用される。そこでの行動主体は，合理的かつ自己の期待効用の最大化を図るものと仮定されている。

　後者の規範的分析では，ある社会厚生（social welfare）を構想し，それを基準に社会的に望ましい法制度を模索することになる[6]。すなわち，社会厚生を最大化させるような法政策が最善の政策とされる。そのため，社会厚生を反映する社会厚生関数（social welfare function）[7]の構成によって，結論が左右される[8]。

　法の経済分析に対して「効率性（富の最大化）のみを考慮しており公平性（所得分配）を考慮していない」という批判があるかもしれない[9]。しかし，規範的分析において採用される厚生経済学（welfare economics）の枠組みは，公平性の基準となる分配的正義に関する構想を内在的に決定することはないものの，外在的に与えられる公平性の基準に基づいて，公平性と効率性の双方の達成を目指している点には留意が必要であろう[10]。

　分配的正義の構想を社会厚生関数に反映させる方法として，個人の効用に対

---

5)　Empirical analysis との混同を避けるべく，本章では Positive analysis を事実解明的分析と表記する。奥野正寛＝鈴村興太郎『ミクロ経済学 I』（岩波書店，1985 年）6 頁参照。

6)　Shavell（2004），*supra* note 4, at 2.

7)　社会厚生関数は，個人の効用（utility）もしくは well-being の関数として観念されうる。個人の効用には，金銭的な価値だけでなく，非金銭的な価値（例えば，利他的選好や公正への選好）も考慮される。*See, e.g.,* Louis Kaplow & Steven Shavell, Fairness Versus Welfare, 18-28 (Harvard University Press 2002)［*thereafter*, Kaplow & Shavell（2002b）］; Shavell（2004），*supra* note 4, at 2; Louis Kaplow, The Theory of Taxation and Public Economics, 359-369 (Princeton University Press 2008).

8)　Shavell（2004），*supra* note 4, at 2.

9)　この批判は，ポズナーに代表される「富の最大化」に着目をする古典的な法と経済学には妥当するものの，現在の主流である厚生経済学を基礎とする分析に対しては的外れであろう。常木淳『法理学と経済学——規範的「法と経済学」の再定位』26-28 頁（勁草書房，2008 年）参照。

10)　社会厚生関数を構成する個人の効用が基数的効用（cardinal utility）として観念される場合，効用の比較可能性という問題に直面する。*See,* kaplow, *supra* note 7, at 375-377. なお，well-being, 効用，幸福（happiness）を巡る近年の議論および法学への示唆は Conference: Legal Implications of the New Research on Happiness, 37 (S2) The Journal of Legal Studies S1-S351（2008）参照。

第2編　第2章　納税者行動の理解の更新

する加重（weight）を変えることが考えられる。「最大多数の最大幸福」とい
う功利主義的な立場からすれば，全個人の重み付けは全て1となる。これに対
して，ロールズの格差原理のもとでは，最も不遇な個人の効用に着目すること
になる。例えば，n 人の個人から構成される社会を想定し，社会状況 x におけ
る個人 i の効用関数を $u_i(x)$，効用水準の分配状況に関する不公平回避度合い
（degree of aversion to inequality）を δ（$\delta \geqq 0$）とする。Kaplow（2008）の
社会厚生関数を簡略化すると，ある分配的正義の構想を反映させた社会厚生
$SW(x)$ は式1のように表現できる[11]。

$$SW(x) = \sum_{i=1}^{n} \frac{u_i(x)^{1-\delta}}{1-\delta} \quad [\delta \neq 1 \text{ の場合}] \quad \cdots\cdots\cdots (\text{式 1})$$

$\delta = 0$ の時は，功利主義に基づく社会厚生を表す。また，δ の値が無限大に
近づく場合，ロールズの格差原理に基づく社会厚生に近づくとされる[12]。

再分配政策の文脈で，Kaplow 教授と Shavell 教授は，再分配の手段とし
て租税政策・財政政策が最善であり，それ以外の法的政策（例えば不法行為法）
による再分配は不適切（非効率）と主張する[13]。この主張が妥当する限りにお
いて，再分配（公平性）への配慮は租税制度・財政制度で行われることになり，
それ以外の法領域における規範的分析では，効率性を中心に検討されることに
なろう。

---

11)　Kaplow（2008），*supra* note 7, at 42. なお，最適課税論では，効用関数の形状の問題を捨
　　象するために，効用水準ではなく，消費水準で表現される傾向にある。*Id.* at 43-44.

12)　Kaplow（2008）は，再分配に関する各立場について，次のように整理する。最も極端な立場
　　がいかなる犠牲を払っても再分配による平等を徹底する平等主義（E）であり，その次に最も不
　　遇な個人に着目をするロールズ主義（R）がくる。続けて，個人の効用の和の最大化を図る功利主
　　義（U）と，全ての再分配に反対するリバタリアン的立場（L）が位置付けられる。他方の極に，
　　可能な限りの富をある特定の個人に所属させる独裁者的立場（X）が存在することになる。この
　　E-R-U-L-X という並びにおいて，上記の社会厚生関数は，他の立場が余りにも極端であるという
　　判断から，少なくとも R-U 間に位置付けられることを前提としている。*Id.* at 44-48.

13)　Louis Kaplow & Steven Shavell, *Why the Legal System is Less Efficient than the
　　Income Tax in Redistributing Income*, 23 THE JOURNAL OF LEGAL STUDIES 667（1994）. 同
　　論文の紹介として，J・マーク・ラムザイヤー「租税法以外の分野における租税法の意義」金子宏
　　編『租税法の基本問題』23 頁（有斐閣，2007 年）参照。

312

第2款　新古典派経済学における前提

　経済学における現在の主流といえる新古典派経済学は,「人間の行動原理としてある特定の仮説を採用し, その仮説が正しいと仮定して導出される行動様式が, 現実の人間の行動様式だと考える方法」[14]を採用している。ここでいう特定の仮説とは, 人間は(1)合理的 (rational), (2)利己的 (selfish), かつ(3)行動によって実現する「結果」にのみ関心がある (結果に至る過程や状況には関心がない) という人間像である[15]。

　新古典派経済学は, (1)の人間が合理的であるという仮説を背景に「人間の具体的行動様式を, 直面する状況ごとに, 与えられた環境条件という制約の下で自分の満足を最大化する『制約条件付最大化問題』の最適解を実行することとして記述してきた」[16]のである。また, (2)の利己的選好や(3)の結果重視という人間行動の仮定は, 分析の簡素化のために採用されているにすぎず, 新古典派経済学に必要不可欠ではないものの, 暗黙の前提とされてきたといわれる[17]。

　さらに最適課税論は, 規範的分析において, 簡便化のために全ての個人は同質 (homogeneity) であるとの仮定のもとに, 代表的個人の厚生を最大化する租税制度を導出する傾向がある[18]。この代表的個人の行動様式も, 上述の合理的個人像が前提とされてきた。

　これに対して, 行動経済学は, 実験等によって現実の人間の行動を調べた上で, それをもとに人間の行動様式を構築する手法を採る[19]。新古典派経済学は人間の行動様式について演繹的アプローチを採用していたのに対して, 行動経済学は実験経済学の手法等を用いることで帰納的アプローチを採用しているといえる。行動経済学は, まだ発展段階ではあるものの, 新古典派経済学が前提としていた行動様式とは異なる行動様式——個人の限定合理性 (bounded rationality) ——を明らかにしつつあり, 経済学者のみならず法学者からも注

---

14)　奥野正寛編著『ミクロ経済学』19-20 頁 (東京大学出版会, 2008 年)。

15)　奥野・前掲注 14) 20-21 頁。

16)　奥野・前掲注 14) 20 頁。

17)　奥野・前掲注 14) 21 頁。

18)　*See*, N. Gregory Mankiw & Matthew Weinzierl & Danny Yagan, *Optimal Taxation in Theory and Practice*, 23 (4) JOURNAL OF ECONOMIC PERSPECTIVES 147, 148 (2009).

19)　奥野・前掲注 14) 22 頁。

第2編　第2章　納税者行動の理解の更新

目されている[20]。

　新古典派経済学とそれに基づく公共経済学は，合理的な個人が自己の効用を最大化することを前提に，事実解明的分析を行ってきた[21]。また，規範的分析をする際に，公共政策の評価基準は，社会の構成員の効用や well-being によるべきだとされてきた[22]。新古典派経済学との関係で，市場の失敗に着目するのが公共経済学だとすると，政府の失敗に着目をするのが公共選択論（public choice theory）だといえる[23]。そして，個人の限定合理性に着目をするのが行動経済学といえよう。

　租税法に携わる者にとって，経済学的分析は「前提が非現実的すぎる」とか「現実の立法政策に適用できない」と感じられることがあったかもしれない。行動経済学は，未成熟な部分が多いものの，租税法制度の設計を行うに際して，課税が納税者に及ぼす影響についてより現実的かつ体系的な知見を提供してくれる可能性を秘めている。また，立法機関を構成するのは個人である。そのため，立法者が陥りやすいバイアスを把握することで，バイアスを是正するためのメカニズムを構築する契機となりうる。そこで，次に行動経済学の視点に触れてみたい。

---

20)　See, e.g., Cass R. Sunstein ed., Behavioral Law & Economics (Cambridge University Press 2000); Francesco Parisi & Vernon L. Smith, The Law and Economics of Irrational Behavior (Stanford University Press 2005); Jolls, supra note 3, at 115-145. プロスペクト理論に着目するものとして，山本顕治「投資行動の消費者心理と民法学《覚書》」同編『法動態学叢書 水平的秩序 4 紛争と対話』77 頁（法律文化社，2007 年），同「投資行動の消費者心理と勧誘行為の違法性評価」新世代法政策学研究 5 号 201 頁（2010 年）。

21)　See, Edward J. McCaffery & Joel Slemrod, Toward an Agenda for Behavioral Public Finance, in Behavioral Public Finance 3 (Edward J. McCaffery & Joel Slemrod eds., 2006).

22)　Id.

23)　John Cullis & Philip Jones, Public Finance & Public Choice: Analytical Perspectives, 486 (3rd ed., Oxford University Press 2009). 小西・後掲によると，政府の失敗は，次の二つに分類できる。第一は，パレート効率性を基準に政府の失敗を捉える立場である。この場合，政府の失敗を単に「政府がパレート改善を行えないこと」と捉えるのではなく，そもそも市場においてパレート最適な資源配分が行えなかったことを前提に「利用可能な政策の集合の中にパレート改善を実現しうる政策が存在するにもかかわらず，政府がそれを選択しないこと」を政府の失敗と捉える必要がある。第二は，「『投票のパラドックス』に象徴されるように，民主的な集合的意思決定では合理的な選択ができないかもしれないという点に着目をする」立場である。小西秀樹『公共選択の経済分析』6-8, 11 頁（東京大学出版会，2009 年）。

第3節　行動経済学の視点と租税法

　まず，第1款において個人の限定合理性を中心に，租税政策と関連する幾つかの論点に絞って，行動経済学の議論を概観する[24]。続いて，行動経済学のレンズを通すと，租税法に対しどのような理解の可能性が広がるかについて，最近の研究を紹介しつつ，第2款では主として事実解明的観点から，第3款では規範的観点から検討を加える[25]。

第1款　行動経済学の視点

(1)　限定合理性

　限定合理性は，個人が現実には最適な選択を実行できないことを意味する。この理由として，次の二つが想定される[26]。第一は，個人が「何が最適な選択肢かについて判断できない」という理由である。第二は，個人が「合理的な選択肢を認識しつつも，それを実行できない」という理由である。

　前者の例として，個人が老後の生活のために，現在の所得のどれだけを消費し，どれだけを貯蓄に回すべきかにつき最善の選択をできないという状況が想定できるかもしれない[27]。別の例として，メンタル・アカウンティングがある。伝統的な経済学の枠組みでは，個人の意思決定過程において，金銭は代替可能（fungible）なものとされてきた。しかし，主観的な分類やラベリングに

---

24)　行動経済学の紹介については *e.g.*, Jolls, *supra* note 3, at 121-126.

25)　租税政策への行動経済学の応用については，例えば次の文献が存在する。Edward J. Mc-Caffery, *Cognitive Theory and Tax*, in BEHAVIORAL LAW & ECONOMICS 398 (Cass R. Sunstein ed., 2000); McCaffery & Slemrod, *supra* note 21; B. Douglas Bernheim & Antonio Rangel, *Behavioral Public Economics*: *Welfare and Policy Analysis with Non-standard Decision-Makers*, in BEHAVIORAL ECONOMICS AND ITS APPLICATIONS, *supra* note 3, at 7; Special Issue: *Happiness and Public Economics*, 92 JOURNAL OF PUBLIC ECONOMICS 1773-1862 (2008); William J. Congdon & Jeffrey R. Kling & Sendhil Mullainathan, *Behavioral Economics and Tax Policy*, 62 NATIONAL TAX JOURNAL 375 (2009).

26)　Congdon et al., *supra* note 25, at 377.

27)　情報の制約がなくとも，ライフ・サイクル仮説が成立しない可能性について *see*, Bernheim & Rangel, *supra* note 25, at 20-40.

第2編　第2章　納税者行動の理解の更新

よって金銭が非代替的になることが指摘される[28]。

後者の例として，双曲割引（hyperbolic discounting）がある[29]。これは，個人の時間選好率（効用の割引率）は一定ではなく，時間軸の変化とともに変わるというものである。例えば，個人は「今日の利得 X」と「1 年後の利得 Y」を比較する際には，「10 年後の利得 X」と「11 年後の利得 Y」を比較する場合と同じ割引率ではなく，むしろ高い割引率を用いているというのである[30]。これは，人が「短期的便益」をもたらすが同時に「長期的コスト」を惹起する行為に対して自制できない傾向（例：宿題を先延ばしにて遊ぶ）と関連しているとされる。

(2)　リスクと非典型的選好

行動経済学は，リスクと個人の選好に関しても，新たな知見を提供してくれる。伝統的な経済学は，将来の事象にリスク[31]が存在するときには，人は期待効用を最大化するべく意思決定をするという行動仮説（期待効用理論）を前提に，規範的議論および事実解明的議論を進めていた[32]。

---

28)　これは，次の三つの段階によって生じうる。第一は，支出に関するアカウントである Consumption（budget）categories，第二は，資産形成に関するアカウントである Wealth accounts，第三は，所得源泉に関するアカウントである Income accounting である。Richard H. Thaler, *Mental Accounting Matters*, *in* ADVANCES IN BEHAVIORAL ECONOMICS 75-100 (Colin F. Camerer & George Loewenstein & Matthew Rabin eds., Princeton University Press 2004).

29)　*See, e.g.*, Shane Frederick, George Loewenstein & Ted O'Donoghue, *Time Discounting and Time Preference*: *A Critical Review*, *in* ADVANCES IN BEHAVIORAL ECONOMICS, *supra* note 28, at 172-173. しかし，1 年以上の中長期については十分実証されていないとの反論がある。*Id.* at 173-175. また，双曲割引率とは逆の現象も指摘される。*See*, Lee Anne Fennell, *Hyperopia in Public Finance*, *in* BEHAVIORAL PUBLIC FINANCE, *supra* note 21, at 141.

30)　Bernheim & Rangel（2007）は，代表的な（β, δ）モデルを，次のように記述している。ある時間 t における消費 c_t から得られる効用を $u(c_t)$ とし，T 年まで生きるとして，δ を一定の時間選好率，β を近視眼的バイアス（myopia）の度合いを表す割引因子とすると，$U(c) = u(c_t) + \beta[\sum_{k=t+1}^{T} \delta^{k-t}u(c_k)]$ と記述できる。従来の経済学の見方は $\beta = 1$ という特殊な状況だといえる。$\beta < 1$ の場合，常に過去と現在の生涯消費計画に差異が生じ，一貫しない時間選好となる。Bernheim & Rangel, *supra* note 25, at 29-30.

31)　本章では，将来の利得と確率が全て事前に分っている場合をリスクとよび，それらが一部でも不明な場合を不確実性とよんで区別する。*See*, Starmer, *infra* note 33, at 106.

32)　*See*, Daniel Kahneman & Amos Tversky, *Prospect Theory*: *An Analysis of Decision under Risk*, 47 ECONOMETRICA 263 (1979); 奥野・前掲注 14）259-261, 301-302 頁。*But see*, John A. List, *Neoclassical Theory Versus Prospect Theory*: *Evidence from the*

第 3 節　行動経済学の視点と租税法

　しかし，実証研究・実験結果から，現実の人間行動は，期待効用理論から乖離する可能性が指摘されている[33]。期待効用理論に対する有名な批判として「アレのパラドックス」が存在するところ，Kahneman & Tversky（1979）の例を用いつつ紹介したい[34]。下記の【問題 1】及び【問題 2】を比較してみてほしい。

　【問題 1】次のくじから一つを選びなさい
　　くじ A：33% の確率で 25 万円，66% の確率で 24 万円，1% の確率で 0
　　　　　円がもらえる
　　くじ B：確実に 24 万円がもらえる
　【問題 2】次のくじから一つを選びなさい
　　くじ C：33% の確率で 25 万円，67% の確率で 0 円がもらえる
　　くじ D：34% の確率で 24 万円，66% の確率で 0 円がもらえる

　ある個人が（直感的に）問題 1 でくじ B を，問題 2 でくじ C を選択したとしよう[35]。問題 1 の判断は，効用関数を $u(x)$ とすると[36]

$$u(240,000) > 0.33u(250,000) + 0.66u(240,000) + 0.01u(0)$$

$$\text{すなわち，} 0.34u(240,000) > 0.33u(250,000) + 0.01u(0) \quad \cdots (\text{式 2})$$

と表現できる。問題 2 における判断は，

Marketplace, 72（2）Econometrica 615（2004）.

[33]　期待効用理論とその妥当性を巡る議論については，Chris Starmer, *Developments in Non-expected Utility Theory*: *The Hunt for a Descriptive Theory of Choice under Risk*, *in* Advances in Behavioral Economics, *supra* note 28, at 104-147 が詳しい。

[34]　Kahneman & Tversky, *supra* note 32, at 265-266. 異なる数値例については，*id.* at 266-267. および奥野・前掲注 14）262-263 頁参照。

[35]　Kahneman & Tversky（1979）によると，大学での実験（被験者総数は 72 人）において，【問題 1】では，18% の者がくじ A を選び，82% の者がくじ B を選び，【問題 2】では，83% の者がくじ C を選び，17% の者がくじ D を選んだとされる。*Id.*

[36]　$u(x)$ は，事象 x に直面した場合の個人の効用を表している。期待効用理論の下では，ある個人がくじ A をくじ B よりも選好する場合には，くじ A の効用がくじ B の効用よりも高いことを意味する。すなわち，くじ A がくじ B よりも選好される場合，u（くじ A）$> u$（くじ B）が成立する。なお，期待効用理論における効用（ノイマン・モルゲンシュテルン効用関数）は，基数的効用である。奥野・前掲注 14）262 頁参照

第 2 編　第 2 章　納税者行動の理解の更新

$$0.33u(250,000) + 0.67u(0) > 0.34u(240,000) + 0.66u(0)$$

$$\text{すなわち, } 0.34u(240,000) < 0.33u(250,000) + 0.01u(0) \quad \cdots (\text{式 3})$$

と表現できる。**式2**と**式3**を比較すると，不等号の向きが入れ替わっており，矛盾している。この矛盾は，期待効用理論を採用したことに起因する。

次に，利益がもたらされる局面【問題3】と，損失がもたらされる局面【問題4】と比較してみよう。

【問題3】次のくじから一つを選びなさい（利益）
　　くじE：80％の確率で ＋40万円，20％の確率で 0 円
　　くじF：確実に ＋30万円
【問題4】次のくじから一つを選びなさい（損失）
　　くじG：80％の確率で −40万円，20％の確率で 0 円
　　くじH：確実に −30万円

実験では，問題3（利益）においては多くの個人がくじF（確実な状態）を好むのに対して，問題4（損失）においては多くの個人がくじG（リスク）を好むことが知られている[37]。言い換えれば，利益が期待できる局面では個人はリスク回避的であるのに対して，逆に損失が期待される局面ではリスク愛好的になる傾向があるとされる[38]。この傾向は，期待効用理論と矛盾する[39]——期待効用理論のもとでは，利益の局面でリスク回避的であるならば，損失の局面においてもリスク回避的な行動をとることが期待される。

期待効用理論よりも現実の人間行動をより正確に記述しうるものとして，プロスペクト理論（prospect theory）が提唱されている[40]。期待効用理論は「最終的な絶対的資産額」に着目をしていた。これに対して，プロスペクト理論は，人間が現在の保有資産を参照点（reference point）として，参照点からの

---

37) Kahneman & Tversky, *supra* note 32, at 268-269.

38) *Id.*

39) 個人は期待値が高く，分散（variance）が小さい選択肢を選好しているに過ぎないとの反論がありえる。しかし，もし分散を基準にするのであれば，問題4において多くの個人がくじGを選ぶことを上手く説明できない。Kahneman & Tversky, *supra* note 32, at 268-269.

40) Kahneman & Tversky, *supra* note 32.

「変化」に着目をして意思決定をしていると説明する[41]。プロスペクト理論は、意思決定過程に着目をしているといえよう[42]。

以下では、期待効用理論とプロスペクト理論の差異を、奥野（2008）を援用して整理する[43]。初期保有資産を W、確率 p で x 円、確率 $1-p$ で y 円得られるくじ X を想定する（$x > y,\ 0 \leqq p \leqq 1$）。期待効用理論のもとでは、くじ X から得られる効用 $U(X)$ は、式4 のように表現される。

$$U(X) = pu(W + x) + (1 - p)u(W + y) \quad \cdots\cdots\cdots\cdots（式4）$$

これに対して、プロスペクト理論では、事象 x に対する主観的評価を価値関数 $v(x)$（効用関数に対応）で表現する。また、客観的確率 p を主観的な確率加重関数 $\pi(p)$ として表現する（なお $v(0) = 0,\ \pi(0) = 0,\ \pi(1) = 1$ である）。くじ X からの効用 $V(X)$ は、式5 のように表現される。

$$V(X) = \pi(p)v(x) + \pi(1 - p)v(y) \quad \cdots\cdots\cdots\cdots（式5）$$

プロスペクト理論の第一の特徴は、参照点からの「増加」に対して、人はリスク回避的となり、逆に「減少」に対してはリスク愛好的になるという点である[44]。さらに、参照点においては、利益よりも損失をより過大に評価する傾向があるとされる。これは損失回避性（loss aversion）と呼ばれる[45]。これらの点から、価値関数（value function）は図1 のような形状をとるものと考えられている[46]。

第二の特徴は、将来事象の客観的確率について、人は判断をする際に、低い確率を過大評価し、高い確率を過小評価する傾向にあるという点である[47]。

---

41) Kahneman & Tversky, *supra* note 32, at 274, 277; 奥野・前掲注14) 302 頁。

42) *See*, Starmer, *supra* note 33, at 126.

43) 奥野・前掲注14) 301-304 頁；*Also see*, Kahneman & Tversky, *supra* note 32, at 274-284.

44) すなわち、$a > 0$ とすると、増加（利得）の場面で $v(a/2) > 0.5v(0) + 0.5v(a)$ となるのに対して、減少（損失）の場面では $v(-a/2) < 0.5v(0) + 0.5v(-a)$ となるということである。Kahneman & Tversky, *supra* note 32, at 274-275, 277-280；奥野・前掲注14) 303 頁。

45) 奥野・前掲注14) 303 頁。

46) 価値関数との関係で、投資家保護を検討するものとして、山本・前掲注20) 参照。

47) Amos Tversky & Daniel Kahneman, *Advances in Prospect Theory: Cumulative Representation of Uncertainty*, *in* CHOICES, VALUES, AND FRAMES 45 (Daniel Kahneman

第2編　第2章　納税者行動の理解の更新

図1　価値関数の形状　　　　　図2　確率加重関数の形状

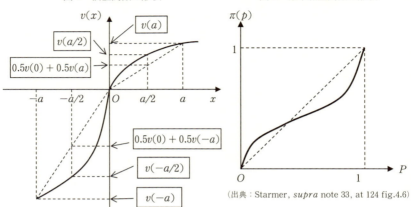

(出典：Starmer, *supra* note 33, at 127 fig.4.7 に加筆)

(出典：Starmer, *supra* note 33, at 124 fig.4.6)

例えば，宝くじの当選確率は客観的には低いにもかかわらず，当たりそうだと感じたり（過大評価），9割がアタリのくじについて，当選の可能性を過小評価する傾向である。この傾向は，**図2**のような確率加重関数（probability weighted function）の形状を含意する。

(3)　規範的分析への影響例

行動経済学の視点は，法の事実解明的分析だけでなく，規範的分析にも影響を及ぼしうる。例として，コースの定理をあげよう。コースの定理とは「外部（不）経済が存在しても，取引費用がなければ，当事者間の交渉によってパレート効率的な資源配分がもたらされる」という命題である[48]。すなわち，取引費用がゼロの場合，法的な権利配分は資源配分の効率性に影響を及ぼさないというのである。

プロスペクト理論が妥当する場合，ある個人にとって権利の初期配分が「既得権化」すると，それを手放し難くなるため，同一の権利に対する支払意志額

───────────────
& Amos Tversky eds. 2000)(1992). なお，人は「1に近い確率の変化に関しては大きく感じる」とされる。奥野・前掲注14）303-304頁。

48)　Ronald H. Coase, *The Problem of Social Cost*, 3 THE JOURNAL OF LAW AND ECONOMICS 1 (1960). コースの真意は，本命題の成立には「取引費用ゼロ」という仮定が必要であり，取引費用が正の場合には，法的ルールが重要な役割を果たすことを示す点にあった。

（willingness to pay）と受取容認価格（willingness to accept）が異なる可能性
が出てくる[49]。このような効果が存在する場合——それを取引費用と呼ぶか否
かは議論の余地があろうが——上記命題は成り立たなくなる。そして，権利の
初期配分を決める法的「原則」が，支払意志額を左右するのであれば，費用便
益分析とそれに基づく規範的議論は説得性を失ってしまう[50]。

第2款　租税法の枠組みに関する新たな理解の可能性

(1)　法形式の影響

　ある選択肢の客観的状況が同じでも，同選択肢の心理的構成が異なれば，個
人の選択に影響を及ぼしうる。例えば，コップ半分の水の描写として，「コッ
プに半分も水がある」とするか，「コップに半分しか水がない」とするかで事
実の受け止め方が異なってくる[51]。

　これは実質が同じでも，提供される形式（form）によって受け止め方が異
なるということである。形式との関係では，フレーム効果やラベリング効
果が知られている。これらは，選好が合理的であるための要件である推移性
（transitivity）が乱れることに繋がる[52]。法律は，経済的に同一視できるキャ
ッシュ・フローについて，異なる法形式を付与する場合がある。そのため，法
形式は意思決定に影響を及ぼす可能性がある。

　租税における例として，租税嫌悪（tax aversion）がある[53]。租税嫌悪とは，
個人が租税という名目での支払いに対して不満を持ち，使用料，負担金，また
は拠出金という名目の方が，同じ経済的負担でも抵抗感が少ないという傾向の

---

49)　*E.g.*, Richard H. Thaler, *Toward a positive theory of consumer choice*, 1 JOURNAL OF ECONOMIC BEHAVIOR & ORGANIZATION 39 (1980); Cass R. Sunstein, *Behavioral Analysis of Law*, 64 UNIVERSITY OF CHICAGO LAW REVIEW 1175, 1179-1181 (1997).

50)　*See*, Jolls, *supra* note 3, at 118-121.

51)　*See*, Sunstein (1997), *supra* note 49, at 1177. 両者の表現の違いには，ベースラインをど
こに置くかという問題が背後に存在している。

52)　*See*, McCaffery & Slemrod, *supra* note 21, at 7; *Also see*, Botond Kőszegi & Matthew Rabin, *Choices, situations, and happiness*, 92 JOURNAL OF PUBLIC ECONOMICS 1821-1832 (2008).

53)　McCaffery (2000), *supra* note 25, at 402. 本書では，租税回避（tax avoidance）と区別
するために tax aversion を租税嫌悪と表記する。

ことである[54]。毎月の所得から源泉徴収される場合，基礎年金保険料や健康保険料という名称の方が，年金税や健康保険税という名目で徴収される場合よりも心理的抵抗感が少なくなる可能性がある[55]。

直接税と間接税の違いも法形式の違いといえる。直接税は「法律上の納税義務者と担税者（租税を実際に負担する者）とが一致することを立法者が予定している」租税であり，間接税は「税負担の転嫁が行われ両者が一致しないことを立法者が予定している租税」と解されている[56]。両者は，直接税が累進的，間接税が比例的であるという立法政策上の差異を除けば，最適課税論の文脈では「直接税と間接税の区別は，便宜上のものである」とされてきた[57]。しかし，納税者が限定合理的ならば，この法形式の違いは納税者行動に違いをもたらしうる。

個人所得税のような直接税は，納税義務者と担税者が一致するため，租税負担を認識することが容易である。これに対して間接税は，転嫁が見えないため隠れた租税（hidden tax）の性格を帯びる。例えば，法人税の負担は，株主，債権者，役員・従業員，消費者，取引先などの様々な利害関係人の間で分配されることになる[58]。そのため，各利害関係者がどの程度の租税負担を負っているかわかりづらくなる。納税者が租税嫌悪を有する場合，直接税と間接税では，支出に対する納税者のとらえ方が異なってくる可能性がある。

また，消費税（付加価値税）の表示を内税方式にするか外税方式にするかで，負担額は変わらないものの，個人の主観的な負担感は異なりうる。そのため，異なる消費行動をもたらす可能性がある[59]。ただし，客観的な租税負担額よりも主観的な租税負担感に左右されやすいということの，厚生経済学上の帰結は

---

54) *See, Id.*; McCaffery & Slemrod, *supra* note 21, at 8.

55) 社会保障法の観点からすれば，名称の差異は法的差異につながりうる。

56) 金子宏『租税法〔第 23 版〕』15 頁（弘文堂，2019 年）。

57) 井堀利宏『課税の経済理論』23 頁（岩波書店，2003 年）。金子・前掲注 56）15-16 頁参照。

58) 法人税の負担は最終的にはどこかの個人に転嫁されざるを得ないため，租税政策上は間接税に分類できよう。*See*, McCaffery（2000），*supra* note 25, at 405-408.

59) 例えば，米国における州の売上税（sales tax）について，外税方式でかつレジで初めて明示的に税額が表示される場合，消費者は概ね租税負担を無視しているといわれる。*See*, Raj Chetty, Adam Looney & Kory Kroft, *Salience and Taxation: Theory and Evidence*, 99（4）AMERICAN ECONOMIC REVIEW 1145（2009）.

必ずしも明確ではない[60]。

　形式に関する規範的議論として，次のことがいえるかもしれない。もしも損失回避や租税嫌悪が存在するのであれば，租税というコストを支払う場合に，①最初に税引前の総額を受領した上で，そこから納税を行うよりも，②当初から税引後の純額のみを受領する方が，納税者の心理的抵抗が少ない[61]。そうであれば，隠れた租税の方が同じ租税負担でも負担感は少なくすむ[62]。これは，パレート改善に資するかもしれない。ただし，仮にそうであっても，隠れた租税を全面的に志向することは，政府サイドと納税者サイドの間の情報の非対称性を拡大する。そのため，憲法が租税法律主義および財政民主主義を通じて保障しようとしている民主的統制の観点からは疑問が残る。

(2)　「原則」の影響

　原則がどこに設定されるかによって，個人の選択は影響を受ける可能性がある。例えば，貯蓄促進税制である米国の 401(k) プランに関して，取引費用が小さい場合でも，デフォルト・オプションのあり方が，参加率，拠出額，ポートフォリオ選択に強い影響を及ぼすことが知られている[63]。

　また，損失回避との関係で，租税法規におけるベースラインの設定が，ある租税措置に対する納税者の心理状態に違いをもたらす可能性がある[64]。例えば，扶養控除について，控除できるのが当然の扱いであれば，被扶養者を持たない共働き夫婦は，扶養控除を得られないことを損失と感じる。逆に，もしも扶養控除が政策的な恩恵だとすれば，扶養者はこれを利得と感じる可能性がある。

(3)　課税のタイミングへの影響

　課税のタイミングに関する基礎理論の一つに，ケアリー・ブラウンのモデルがある。これは，投資額全額の即時損金算入を認めることは，当該投資からも

---

60)　*See*, Congdon et al., *supra* note 25, at 378-379.

61)　McCaffery（2000），*supra* note 25, at 401.

62)　McCaffery は，隠れた租税を納税者の認識の程度から partially hidden なものと fully hidden なものに分類できるとする。*Id*.

63)　*See*, Bernheim & Rangel, *supra* note 25, at 25-26. ただし，この傾向は意思決定の費用を回避しているとも理解できる。*Id*.

64)　*See*, Cullis & Jones, *supra* note 23, at 493. *Also see*, Aradhna Krishna & Joel Slemrod, *Behavioral Public Finance: Tax Design as Price Presentation*, 10 INTERNATIONAL TAX AND PUBLIC FINANCE 189, 191 (2003).

第2編　第2章　納税者行動の理解の更新

たらされる投資収益を全額非課税にすることと等しいという理論である。さらに，税率不変かつアブノーマル・リターンが存在しなければ，課税繰延と投資収益非課税は等価となることが知られている[65]。これらの理論をもとに，米国では老後資金を蓄えるための税制優遇措置である IRA において2種類の方式（課税繰延方式〔EET 型〕と投資収益非課税方式〔TEE 型〕）が併用されている[66]。米国議会は IRA 等の貯蓄優遇制度を立法する際に，優遇制度を導入すれば貯蓄が増えると考えている[67]。

　個人の時間選好率が一定であれば，課税繰延（EET）と投資収益非課税（TEE）の間で，納税者は無差別になりうる。しかし，先述のように，納税者の時間選好率が一定でないのであれば，両者は無差別ではなくなる可能性を秘めている。

(4)　増税と減税の非対称性

　プロスペクト理論が妥当する場合，将来起こりうる減税（利益）と増税（損失）に対する納税者の対応は，非対称的になる可能性がある[68]。例えば，減税の局面において「x 円の減税2回」と「$2x$ 円の減税1回」を比較すると納税者は前者の減税を好むかもしれない[69]。逆に，増税の局面では「y 円の増税2回」と「$2y$ 円の増税1回」を比較すると，経済的な負担増加は同じでも，後者を好む可能性がある[70]。

(5)　一時所得と課税

　日本の所得税法は，所得を10種類に分類している。所得分類を設けること

---

65)　Alvin C. Warren, *The Timing of Taxes*, 39 NATIONAL TAX JOURNAL 499 (1986)；本書第1編第1章参照。

66)　国庫の視点については，本書第1編第3章参照。

67)　個人が，ライフ・サイクル仮説に従って貯蓄と消費を決定する合理的存在であれば，この種の貯蓄優遇策はあまり効果はなくなる。Edward J. McCaffery, *Behavioral Economics and Fundamental Tax Reform*, USC CLEO Research Paper No. C06-4, at 15-16 (2006).
　しかし，現実に納税者は，IRA の拠出限度額の変化に敏感であるとされる。Bernheim & Rangel, *supra* note 25, at 25-26.　税制優遇と貯蓄の関係についての実証研究の傾向は B. Douglas Bernheim, *Taxation and Saving*, *in* HANDBOOK OF PUBLIC ECONOMICS vol.3, *supra* note 4, at 1173, 1211-1232 が詳しい。

68)　Krishna & Slemrod, *supra* note 64, at 191; Cullis & Jones, *supra* note 23, at 494;*But see*, Thaler, *supra* note 28, at 91-92.

69)　図1における価値関数の形状から $v(x) + v(x) > v(2x)$ 〔$x > 0$〕となる。

70)　価値関数の形状から $v(y) + v(y) < v(2y)$ 〔$y < 0$〕となる。

324

の意義として，第一に所得金額の計算技術上の要請，第二に担税力（ability to pay）に応じた課税の実現，第三に法文技術上の便宜などが説かれる[71]。

その中でも一時所得は，「担税力が低いとの考慮から，その2分の1のみが課税の対象とされている」[72]と説明される。一時所得は，継続的行為から生じる事業所得とは異なり，一時的・偶発的利得である点に特色があるとされる。

一時所得のうち，生命保険の一時金や一時払養老保険の満期受取金等への課税軽減は，長期譲渡所得の課税軽減措置と同様に，所得平準化の代替措置[73]として理解できるかもしれない。しかし，道で大金を拾った場合などのwindfall の担税力が低いかどうかは疑問が残る[74]。レント課税の発想からすれば，この種の一時所得に対して高い租税負担を課しても，納税者の行動はあまり変化しないと考えられる。それにもかかわらず担税力が低いとする考えの背後には，windfall もすぐに使ってしまう（貯蓄に回されない）という点を考慮しているのかもしれない。もしそうであれば，所得分類はメンタル・アカウントの発想と関連する部分があるかもしれない。

(6) 脱　税

従来の脱税（tax evasion）の説明は，合理的経済人が期待効用理論のもとで，脱税が発覚する確率およびペナルティの大きさと，租税法規を遵守する際の税額等を比較考量して意思決定しているとしてきた[75]。行動経済学の知見は，人々の租税遵守（tax compliance）についても，新たな見方を提供してくれる[76]。

Cullis & Jones（2009）は，価値関数の形状や損失回避の観点から，次の試

---

71)　武田昌輔監修『DHC コンメンタール所得税法』1393-1395 頁（第一法規）および，金子・前掲注56）200 頁。

72)　金子・前掲注56）300 頁。

73)　退職所得（2 分の1 課税かつ分離課税），山林所得（5 分5 乗かつ分離課税），長期譲渡所得（2分の1 課税）に関する各規定は，所得税制度が超過累進課税を採用していることとの関係で，所得の平準化の代替措置と理解できよう。

74)　ここでも所得平準化を拠り所にするのであれば，2 分の1 課税はそもそも杜撰な制度である点に留意する必要がある。

75)　Joel Slemrod & Shlomo Yitzhaki, *Tax Avoidance, Evasion, and Administration*, *in* HANDBOOK OF PUBLIC ECONOMICS vol.3, *supra* note 4, at 1423, 1429-1432.

76)　*See*, ERICH KIRCHLER, THE ECONOMIC PSYCHOLOGY OF TAX BEHAVIOUR (Cambridge University Press 2009).

論を展開している[77]。申告を正直に行うか否かについて，納税者が申告納税（追加的租税支払い）を損失と捉えれば，納税者はリスク愛好的な態度をとり，不正申告や不申告が多くなる。それに対して，申告納税を利益（還付）と捉える場合には，納税者はリスク回避的になり，不正申告は減ることになる[78]。さらに規範的議論として，源泉徴収によって，申告時に税還付がもたらされるよう多めに徴収しておけば，申告納税（還付）が利益と納税者に映ることになり，リスク回避的態度から，租税遵守が上昇する可能性が期待できるというのである[79]。

(7) 税率構造と顕在性

所得税の累進性の指標として，限界税率よりも平均税率の方が適切とされる[80]。しかし，報道では，限界税率である最高税率の変化の方が大々的に取り上げられる傾向にある。さらに最高税率に比べ，最高税率が適用されるタックス・ブラケットには相対的に低い関心しか寄せられていないといわれる。

この傾向を McCaffery（2000）は，税率とブラケットの顕在性（prominence）の違いに起因していると主張する[81]。最高税率は社会的顕在性が高いのに対して，タックス・ブラケットは個人的顕在性が高いというのである[82]。この点に関し，米国では次の興味深い事例がある。第二次世界大戦中，米国政府は戦費調達のため所得税の大幅増税を行った。ただ，最高税率が高い時期は，対応するブラケットは非現実的な高額に設定されていたのである。1936 年に最高税率が 63％ から 79％ に上昇した時期に，同税率が適用されるブラケットは，100 万ドルから 500 万ドルに引き上げられている。1936 年の 500 万ドルを 2019 年の（インフレ調整後の）貨幣価値に換算すると約 9120 万ド

---

77)　Cullis & Jones, *supra* note 23, at 494.

78)　還付の局面でも，費用の水増しにより，過大な還付を請求するというインセンティブは存在する。

79)　*Id.* これに対して，個人が還付（追加納税）に直面する場合であれば，期待効用理論のもとでも不正申告は減少（増加）することは当然であるとの批判が考えられる。上記の主張は，プロスペクト理論が妥当するのであれば，期待効用理論の下で予測されるよりも，さらに不正申告の減少（増加）傾向が強まるという点を示唆している。

80)　*See*, Kaplow（2008），*supra* note 7, at 17, n.7.

81)　McCaffery（2000），*supra* note 25, at 408-412.

82)　*Id.*

ルに相当する[83]。このことは，最高税率を高くすることで税収拡大を図るというよりも，象徴として最高税率が利用されていたことを示唆する。すなわち，多くの国民（中間所得層）に税制の累進性が極めて強いと信じさせ，自己の租税の負担感を相対的に和らげさせる効果を狙った可能性がある[84]。

　この点に関する規範的議論として，立法者の視点からすると，税収を上げたい場合には，最高税率を変化させるよりも，トップ・ブラケットの範囲を拡大する方が，政治的抵抗が相対的に少なくてすむ。さらに，明示的にブラケットを変動させるよりも，ブラケットを物価連動させないことにより暗黙の増税を行うことが可能だといえる[85]。

　租税の顕示性（tax salience）の概念は，論者により異なる意味で多義的に用いられているところ，Gamage & Shanske（2011）は，租税の顕示性を「納税者が意思決定や判断を行う際に，課税によってもたらされるコストを考慮に入れる程度」[86]と定義した上で，①個人の消費行動に関する意思決定の局面における租税の影響（market salience）と，②投票行動等に関する政治的意思決定の局面における租税の影響（political salience）を明確に区別する視座を提供している[87]。さらに，market salience に関する一連の実証分析を〔①-a〕個人が全体像を無視して即時の価格や部分価格にのみ反応する傾向（spotlighting）[88]と，〔①-b〕納税者が意思決定（投資決定）を行う際に限界税

---

83)　インフレ調整には CPI-U の値を用いた。U.S. Department of Labor, Bureau of Labor Statistics, Consumer Price Index All Urban Consumers (CPI-U), U.S. city average, all urban consumers, *available at*, https://www.bls.gov/ (last visited, October 2, 2019). 1982〜1984 年の CPI-U を 100（基準点）とすると，1936 年 1 月の値は 13.8，2019 年 1 月の値は 251.712（1936 年の約 18.24 倍）となる。

84)　McCaffery（2000），*supra* note 25, at 411.

85)　米国では 1989 年にタックス・ブラケットに物価連動措置が導入されているものの，日本ではまだ導入されていない。物価連動措置全般の分析については，神山弘行「物価変動と租税に関する一考察──インフレ・インデックスの観点から」金子宏編『租税法の基本問題』（有斐閣，2007 年）296 頁参照。

86)　David Gamage & Darien Shanske, *Three Essays on Tax Salience*: *Market Salience and Political Salience*, 65 Tax Law Review 19, 23 (2011).

87)　*Id.* at 24. なお，Tax Salience については，神山弘行「個人の意思決定に対する租税の影響：Tax Salience に関する研究ノート」トラスト 60 研究叢書『金融取引と課税(2)』101-120 頁（2012 年）において詳しく論じている。

88)　Gamage & Shanske, *supra* note 86, at 26-27.

率ではなく平均税率をもとに判断を行うときに生じる行動（ironing）[89]に区分している。

第3款　租税政策における規範的議論

(1)　再分配的法政策の復権？

本章第2節第1款において，富の再分配は租税・財政を通じて行うのが最善であり，不法行為法など他の法的政策による再分配は非効率だとする Kaplow & Shavell の定理を紹介した。

本定理の骨格は次の通りである。租税を通じた再分配も労働意欲の阻害という歪み（distortion）を惹起するものの，この歪みは再分配自体に起因するものである。不法行為法を通じて再分配を志向すれば，①再分配自体に起因する税制と同程度の歪みに，②同法政策が公平性を重視し効率性を犠牲にした結果生じる非効率性が加わるため，税制単体よりも非効率な再分配になるというのである。

これに対して，行動経済学の視点から，次の二つの反論が提起されている[90]。第一の反論は，もし個人が楽観的であって，自分に生じる不幸（事故）の客観的確率を過小評価する傾向があれば，再分配的な不法行為法による損害賠償を負う可能性も過小評価することにつながる。そうであれば，不法行為法による再分配効果に起因する労働意欲の阻害も過小評価される余地があるというのである[91]。従って，再分配的法政策は必ずしも税制に劣後しないというのである。

ただし，事故の客観的確率が低い場合，プロスペクト理論における確率加重関数の形状は，この反論の根拠である楽観的傾向とは逆の方向に作用するため，上記反論の説得性を高めるためには両者を整合的に説明することが必要であろう。

第二の反論は，所得税による再分配と他の法政策による再分配は，異なるメ

---

89)　*Id*. at 31.

90)　Christine Jolls, *Behavioral Economics Analysis of Redistributive Legal Rules*, 51 VANDERBILT LAW REVIEW 1653 (1998).

91)　*Id*. at 1658-1662.

第3節　行動経済学の視点と租税法

ンタル・アカウンティングに帰属するというものである。所得税による再分配は，所得獲得に伴う費用と認識されるのに対して，再分配的法政策に起因する再分配は，所得からの支出と認識されるというのである[92]。そして，後者の方が前者よりも労働意欲を阻害する効果が弱いため，他の法政策は税制に劣後しない可能性があるというのである[93]。

しかし，これらの反論が法政策に起因する非効率性の問題に十分配慮していないという点には，注意する必要がある。そのため，税制による再分配を他の法政策による再分配に転換することで社会厚生を改善できるかどうかは不明であり，規範的議論としては脆弱であろう。

(2)　政策目的達成のための最適な政策手段

ある政策目的を達成するための政策手段として，独立した制度がよいのか，税制に組み込むのがよいのかという問題がある。所得移転政策の手段として，生活保護のように独立した制度として補助金を直接給付する方法の他に，給付つき税額控除のように租税制度のメカニズムを通じて執行することが考えられる[94]。

租税の自動性（automaticity）は，最適な政策手段の選択に関する議論に影響を及ぼしうる[95]。例えば，日本では多くの給与所得者は年末調整によって課税関係を確定できるため，給与所得者に対しては課税制度を通じた所得移転の方が，受給するための手続コストが少なくてすむ。

また，消費性向の高い納税者が多数存在する状況下では，老後の生活資金を十分蓄えさせるために，年末調整や確定申告における還付税額を直接納税者の預金口座に全額還付するのではなく，個人年金口座などに還付税額の全部もしくは一部を還付することも考えられよう。実際，米国においては，還付税額の一部を個人退職口座（IRA）など複数の口座に振り分けることが可能となり，貯蓄を助長しているといわれる[96]。

---

92)　*Id.* at 1670.

93)　*Id.* at 1670-1673.

94)　給付つき税額控除を巡る執行上の課題については，藤谷武史「給付つき税額控除と『税制と社会保障制度の一体化』？」新世代法政策学研究3号303頁（2009年）参照。

95)　Congdon et al., *supra* note 25, at 381.

96)　*Id.* at 383; Sondra Beverly & Daniel Schneider & Peter Tufano, *Splitting Tax Refunds and Building Savings: An Empirical Test, in* TAX POLICY AND THE ECONOMY

329

第2編　第2章　納税者行動の理解の更新

(3)　税制の簡素さの重要性

伝統的な議論の下では，租税制度の簡素さ（simplicity）は，納税協力，取引，解釈に関するコスト削減に役立つといわれることがある[97]。これは，簡素さが間接的に資源の効率的配分に寄与するという考え方だといえる。

それに対して，行動経済学の枠組みでは，租税の簡素さは，最適課税の計算に直接影響する。Congdon et al. (2009) は，次の二点を指摘する[98]。第一に，経済的には同じ租税負担であっても，租税の簡素さは異なる行動を導く可能性がある。第二に，租税の複雑さは，合理的個人と非合理的個人のスクリーニングとして機能する結果，効率的に租税誘因措置を仕組むことが可能になるというのである。

租税法規の複雑さが有用なスクリーニングになる場合として，Congdon et al. (2009) は，次の例をあげる。教育が外部効果をもたらすため，個人の教育投資に対して租税優遇措置（例えば税額控除）を与えることが社会的に望ましいと仮定する。教育の外部効果の度合いが個人により異なる場合，もしも外部効果の大きさと，租税法規の複雑さを乗り越えて「合理的な選択」ができることが正の相関関係にあるならば，複雑な形で教育投資に対する租税優遇措置を付与することは，外部効果の大きい個人のみが当該誘導に反応することになり，効率的に補助を与えることが可能になる[99]。これは，個人が限定合理的な場合，租税優遇措置の複雑さは，予想以上に当該優遇の効果を阻害する度合いが高まる可能性があることを意味するかもしれない。しかし実際には，複雑さのプラス効果とマイナス効果を相殺した結果は不明である[100]。

(4)　財 政 政 策

景気刺激のために減税をする場合，同額の減税であってもその提示方法によって，納税者の行動は変わりうる。例えば，所得税の 10% 相当額を減税する場合に，「本来負担するはずの経済的負担の軽減」と捉えさせるよりも，「ボー

Vol. 20, at 111 (James M. Poterba ed., 2006).

97)　増井良啓「『簡素』は税制改革の目標か」国家学会雑誌 107 巻 5 = 6 号 130，135-140 頁（1994年）は，この種の考えをコスト還元主義と評している。

98)　Congdon et al., *supra* note 25, at 378.

99)　*Id.* at 380.

100)　*Id.* at 381.

ナス」として捉えさせた方が消費性向が高まるといわれる[101]。

　また，減税の恩恵の配付方法によっても差異が発生しうる。すなわち，一定額を直接給付する定額給付金の場合よりも，源泉徴収額の減少とする方が，恒久的な減税と勘違いをする納税者が多くなる可能性がある。

第4節　小　　括

　法の経済分析について，事実解明的分析と規範的分析を区別するのは重要である[102]。本章では，合理的経済人を前提とする新古典派経済学は，事実解明的分析において，現実の人間行動を十分に説明できないという問題を内包する点について，行動経済学の知見を援用しつつ議論した。そして，行動経済学のレンズを通してみると，租税法に対する新たな理解が可能かもしれない点を，導入的に検討した。

　行動経済学の理論には，未成熟な部分が多く，多くの反論が存在する。また，事実解明的分析では興味深い視点を提供してくれるものの，政策形成に直結する規範的分析では必ずしも明確な指針を示してくれない[103]。租税制度・財政制度の変更は，国民生活および経済活動に及ぼす影響が大きいことから，未成熟な理論を振りかざすことで，政策変更を惹起することには慎重でなければならない。その意味で，本書は行動経済学を手放しで礼賛するものではない。

　なお行動経済学の知見は，法学と経済学の協働・協調が求められる租税立法について次の点を示唆する。従来の最適課税論（optimal tax theory）は，合理的な人間の存在を前提に効率性と公平性を両立すべく，精緻な理論を構築してきた。しかしながら，個人が限定合理性に直面するのであれば，最適課税論を現実の立法政策に適用する場合には修正が必要となる。

---

101)　*Id*. at 384.

102)　先進諸国における行動経済学の立法政策への導入状況とその背後に潜む課題については，神山弘行「租税法と行動経済学——法政策形成への応用とその課題」金子宏監修『現代租税法講座（1）——理論・歴史』269-294頁（日本評論社，2017年）参照。

103)　*But see*, Bernheim & Rangel, *supra* note 25, at 10-20, 67-68.

第2編　第2章　納税者行動の理解の更新

　最適課税論に修正を加える場合に，執行面も加味して制度設計を行う必要性が説かれることがあり，これは最適課税制度論（optimal tax system theory）と呼ぶことができよう[104]。この最適課税制度論の構築において，制度運用・執行面での個人の行動を分析する手法として行動経済学の知見が極めて有益であると考えられる。

　法学者が立法論において執行面に着目をする場合には，主として執行可能性を前面に出してきた。その背後には，人間の行動様式に関する判断が存在していたと思われる。最適課税制度論においては，制度運用の効率性に加えて執行の個人への影響を考慮に入れることで，最適課税論を社会工学的観点から，現実の立法政策に昇華させることが可能となろう。経済理論を理解した上で，それを現実の法制度にする局面において，常に制度執行の観点を持ち合わせて議論を行ってきた法学者の果たす役割は大きいと考えられる。

---

104)　*See*, Joel Slemrod, *Optimal Taxation and Optimal Tax Systems*, 4 (1) JOURNAL OF ECONOMIC PERSPECTIVES 157 (1990); Slemrod & Yitzhaki, *supra* note 75, at 1454-1458. 増井良啓「税務執行の理論」フィナンシャル・レビュー 65 号 169 頁（2002 年）参照。

第3章　法人の投資行動と税制

第1節　は じ め に

　本編第2章では，主に自然人である個人納税者を念頭に議論を展開した。第3章では自然人により組織される法人（企業）を念頭に議論を深めてみる。

　課税のタイミングに関する租税理論は，法人の投資行動とどのような関係にあるのであろうか。ここでは，専ら納税者の視点から，検討を加える。投資に関する意思決定と税率の関係に関する伝統的な理解では，（特定の国で生産することを想定した場合）投資水準に影響を及ぼすのは，限界税率（marginal tax rate）であると解されてきた[1]。

　また，法人の資金調達手段に関する理論及び実証研究も，限界税率に経営者が反応することを念頭に，議論が進められていた[2]。これは合理的な経営者であれば限界税率を参照するべきであるという規範的議論としては正鵠を得ている。しかし，事実解明的分析の領域においては状況が異なる。近年の実証的な研究において，法人の経営者には限界税率ではなく別の税率指標に依拠している者が少なからず存在する可能性が指摘されている[3]。

　もし法人の経営者が，（資金調達手段の決定時のみならず）投資決定時においても，限界税率以外の税率に反応するのであれば，その潜在的原因を検討するこ

---

1) MYRON S. SCHOLES, MARK A. WOLFSON, MERLE ERICKSON, MICHELLE L. HANLON, EDWARD L. MAYDEW & TERRY SHEVLIN, TAXES AND BUSINESS STRATEGY: A PLANNING APPROACH, 193-212 (5th ed. Global ed. Pearson education, 2016) [*thereafter*, Scholes et al.].

2) *See, e.g.*, John R. Graham, *Do Taxes Affect Corporate Decisions? A Review, in* HANDBOOK OF THE ECONOMICS OF FINANCE vol.2A, at 123 (George M. Constantinides et al. eds, North-Holland 2013); Scholes et al., *supra* note 1, at 194.

3) *See, e.g.*, John R. Graham, *How Big Are the Tax Benefits of Debt?*, 55 THE JOURNAL OF FINANCE 1901 (2000); Ilya A. Strebulaev & Baozhong Yang, *The mystery of zero-leverage firms*, 109 (1) JOURNAL OF FINANCIAL ECONOMICS 1 (2013).

第2編　第3章　法人の投資行動と税制

とで，租税政策のあり方について，有益な示唆を得ることができよう。

第2節　投資決定と税率——伝統的な理解

第1款　四つの投資局面と税率

投資決定に影響を及ぼす可能性がある「税率」の候補として，①法定税率（statutory tax rate），②法定実効税率／法人実効税率／表面税率（事業税の損金算入調整後）[4]，③限界実効税率（effective *marginal* tax rate），④平均実効税率（effective *average* tax rate），⑤帳簿税率（book tax rate）／GAAP 実効税率（generally accepted accounting principles effective tax rate）[5]が考えられる。

神山（2016）では，多国籍企業の投資決定と税率の関係について，理論上，次のように整理されている点を確認した[6]。すなわち，第一の局面は，(a)自国で生産をして輸出をするか，または(b)海外で生産をするかに関する投資決定の局面であり，これには④平均実効税率が影響を及ぼしうる[7]。第二の局面は，

---

4) 法定実効税率（法人実効税率）は，「法人所得に対する税率（国税・地方税）。…… なお，法人所得に対する税負担の一部が損金算入される場合は，その調整後の税率」とされる（財務省 Web サイト「法人実効税率の国際比較」（注 1）https://www.mof.go.jp/tax_policy/summary/corporation/c01.htm〔2019 年 10 月 1 日最終訪問〕）。

　なお，政府税制調査会「法人課税小委員会報告」（1996 年）は，「『実効税率』という用語は，この指標が実質的な税負担を示しているという誤解を与えるおそれもあり，今後，この指標を使用する場合には，法人課税の『表面税率（事業税の損金算入調整後）』……という用語とすることが適当であろう」と指摘している〔同上 6 頁；加藤慶一「企業の法人税等負担の計測手法と国際比較」レファレンス 717 号 114 頁（2010 年）参照〕。本章では，「法定実効税率」の用語をこの「表面税率（事業税の損金算入調整後）」の意味で用いる。

　法定実効税率の算定方式については，企業会計基準委員会「税効果会計に適用する税率に関する適用指針」（平成 28 年 3 月 14 日・企業会計基準適用指針）3，11-13 頁参照。

5) *See*, Scholes et al. (2016), *supra* note 1, at 193; Batchelder (2017a), *infra* note 22, at 16.

6) 神山弘行「成長戦略と税制——法人税改正とその課題」ジュリスト 1493 号 14, 16-17 頁（2016 年）。*See*, Alan J. Auerbach, Michael P. Devereux & Helen Simpson, *Taxing Corporate Income, in* Dimensions of Tax Design: The Mirrlees Review 837, 853-855 (Oxford University Press 2010) [*thereafter*, Auerbach et al. (2010)].

7) Auerbach et al. (2010), *supra* note 6, at 853.

334

第 2 節　投資決定と税率

表 1　税率が投資決定に影響を及ぼす局面

税　率	影響を及ぼす局面
①法定税率，②法定実効税率	利益や課税所得をどの地域・国に計上するかに影響
③限界実効税率	投資水準（どの程度の生産をするか）に影響
④平均実効税率	どこの国に生産拠点を置くかの選択（生産地選択）に影響

海外での生産を選択した場合に「どこの国に生産拠点を置くか」という投資地の決定局面である。この投資決定においても，上記と同様に④平均実効税率が影響すると理解されている[8]。第三の局面は，特定の投資先の国において「どの程度の規模」の投資を行うかという投資水準の決定局面である。この局面においては，③限界実効税率が影響を及ぼすとされる。なぜならば，企業は，資本の限界生産物（marginal product of capital）が資本コスト（cost of capital）と一致する水準にまで投資を拡大することが合理的な選択であり，この資本コストに直接的な影響を及ぼすのは，③限界実効税率だからである[9]。第四の局面は，利益又は課税所得をどこの地域・国に計上するかという計上地の選択局面である。この局面においては，①法定税率（又は②法定実効税率）が直接的な影響を及ぼすことになるとされる[10]。

　すなわち，投資に関する生産地選択については④平均実効税率が，投資水準の決定については③限界税率が，利益の計上地選択については①法定税率（又は②法定実効税率）が影響を及ぼすことになる（表 1）。

第 2 款　限界税率の概念

　本書の問題関心との関係では，第三の局面である（特定の国・地域における生産を念頭に）投資水準と課税の関係が問題となる[11]。

　限界税率の用語は多義的に用いられることがあるが，例えば，タックス・プ

---

8)　*Id.*

9)　*Id.* at 853-854.

10)　*Id.* at 855.

11)　国際的資本移動と各種の法人税改革案（キャッシュ・フロー法人税，ACE，ACC，BEIT など）の関係については，神山弘行「法人課税とリスク——法人課税課改革案における課税ベースを題材に」金子宏他編『租税法と市場』321，335-336 頁（有斐閣，2014 年）参照。

335

第2編　第3章　法人の投資行動と税制

表2　年度 t の限界税率

	年度 t の課税所得 < 0	年度 t の課税所得 > 0
年度 t 期首の繰越欠損金総額 $= 0$	STR_{t-v}	$STR_t - STR_n/(1+r)^n$ $+STR_s/(1+r)^s$
年度 t 期首の繰越欠損金総額 > 0	$\dfrac{STR_s}{(1+r)^s}$	STR_t 又は $\dfrac{STR_s}{(1+r)^s}$

(出典：Scholes et al., *supra* note 1, at 195-198 をもとに作成)

ランニングの代表的な著書である Scholes et al. (2016) は，限界税率を「追加的（又は限界的）に 1 ドルの課税所得が発生することにより，現在及び将来において新たに生じる（明示的租税と黙示的租税の双方を含む）租税債務の現在価値（present value）」[12]と定義している。ここで重要なのは，ファイナンス的な視点（又はタックス・プランニングの視点）からは，金銭の時間的価値やリスクの存在を考慮に入れて，「現在価値ベース」で限界税率を捉えている点である。

限界税率は，現在【年度 t】の課税所得（taxable income: TI_t）と，【年度 t】の期首の純損失（net operating loss: NOL_{t-1}）〔過去の年度 $t-1$ 期からの繰越欠損金の総額〕の関係から，次の①～④の 4 パターンに整理される（**表2**）[13]。

まず，① $TI_t < 0$ かつ $NOL_{t-1} = 0$ の場合，納税者は繰戻還付（carryback）を利用できることから，限界税率は（現在の年度 t ではなく）繰戻年度 $t-v$ の法定税率〔STR_{t-v}〕となる[14]。

次に，② $TI_t < 0$ かつ $NOL_{t-1} > 0$ の場合，納税者は繰越欠損金を年度 t において利用できず，将来の年度 s においてのみ繰越欠損金を利用することが

---

12) Scholes et al., *supra* note 1, at 193, 195. より厳密には限界税率（marginal tax rate）は，限界明示税率（marginal *explicit* tax rate: METR）と限界黙示税率（marginal *implicit* tax rate: MITR）から構成されることになる。*Id.* at 195. 黙示の税（implicit tax）の概念については，増井良啓『租税法入門〔第 2 版〕』14-16 頁（有斐閣，2018 年）参照。本書では，特に断りのない限り，限界明示税率の意味で限界税率の用語を用いることとしたい。

13) Scholes et al., *supra* note 1 は，米国の法人所得税制の枠組みを前提に議論をしている点には留意が必要である。

14) *Id.* at 196. 従来，米国では過去 2 年分繰戻還付が可能であったが，2017 年末に成立した Tax Cuts and Jobs Act により繰越欠損金の期間制限を撤廃した（無期限化した）ことにともない繰戻還付は廃止された。日本の場合，繰戻還付は過去 1 年分だけ適用が可能なので，$v = 1$ となる（法人税法 80 条 1 項）。なお，ここでは繰戻還付を受けるだけ十分な所得が過去年度にあった状況を想定している。繰越欠損金を繰戻還付で使い切れない場合には，当該部分については次の②のケースに該当することになる。*Id.* at 167.

できることから，年度 t（現時点）における限界税率は，割引率を r とすると $[1 * STR_s/(1+r)^s]$ となる[15]。

③ $TI_t > 0$ かつ $NOL_{t-1} = 0$ の場合，単純に考えると限界税率は年度 t の法定税率になりそうである。しかし，年度 t に課税所得が発生し，年度 $t+1$ に欠損金が発生した場合，年度 $t+1$ の欠損金を年度 t に繰戻しをすることができる。さらに，年度 t に課税所得が 1 単位限界的に増加すると，年度 $t+1$ に繰戻還付を利用する対象が増加する結果，年度 $t+2$ 以降に利用可能であった繰越欠損金をその分だけ減少させることに繋がる[16]。これらの点を勘案すれば，将来の年度 n に繰戻還付を請求し，将来の年度 s に年度 n の欠損金を控除するとした場合，年度 t の限界税率は，「現在の法定税率」と「将来の繰戻還付額の割引現在価値」の差に「（当該繰戻還付により）繰越欠損金が減少することにともなう将来の追加的租税負担の割引現在価値」を加えたものとして表現される結果，$[STR_t - STR_n/(1+r)^n + STR_s/(1+r)^s]$ となる[17]。

④ $TI_t > 0$ かつ $NOL_{t-1} > 0$ の場合，課税所得の方が繰越欠損金よりも大きいのであれば（$TI_t > NOL_{t-1}$），年度 t の法定税率が限界税率 $[STR_t]$ となる。もしも，繰越欠損金の額の方が大きいのであれば（$TI_t < NOL_{t-1}$），②と同じ限界税率になる[18]。

これに対して，GAAP 実効税率は「会計上の支払税額を何らかの所得（通常は財務諸表上の課税前所得）で除したもの」と定義されるところ，平均税率の一類型として位置づけることができる[19]。平均税率の一類型であることから，GAAP 実効税率を，限界的な投資判断において利用することは，多くの問題を惹起することになる[20]。

15）　*Id*. at 197.
16）　*Id*. at 197-198.
17）　*Id*. at 198.
18）　*Id*.
19）　*Id*.
20）　*Id*. at 202-204.

第2編　第3章　法人の投資行動と税制

第3節　税務会計と企業会計の乖離

先述のように，投資元本の即時全額控除（即時償却，即時全額損金算入，expensing）は，一定の前提の下において，当該投資から得られる通常収益（normal return）に対する納税者の所得課税の負担をゼロにすると考えられてきた[21]。このことは，即時全額損金算入は，①支払利子控除（又は損金算入）が認められない場合には（通常収益に対する）限界税率を「ゼロ」にし，②支払利子控除が認められる場合には（通常収益に対する）限界税率を「マイナス」にすることを意味する[22]。なお，expensing の下では，通常収益に対する所得税負担がゼロ（又はマイナス）となるが，超過収益（abnormal return，経済的レント）に対する所得税負担はゼロにならない，すなわち法定税率相当の負担が残ることになる[23]。

この点に着目をして，研究開発など投資促進のための租税優遇措置の有力な選択肢として，投資コストの expensing が取り上げられることがある[24]。より正確に表現すれば，支払利子控除の損金算入が認められない場合は，減価償

---

21)　*E.g.*, William D. Andrews, *A Consumption-type or Cash Flow Personal Income Tax*, 87 HARVARD LAW REVIEW 1113, 1120 (1974). 中里実『金融取引と課税——金融革命下の租税法』15-30 頁（有斐閣，1998 年），本書第1編第1章第1節参照。

22)　Lily L. Batchelder, *Accounting for Behavioral Considerations in Business Tax Reform: The Case of Expensing*, 11 (January 24, 2017) [*thereafter*, Batchelder (2017a)], *available at* SSRN: https://ssrn.com/abstract=2904885; Lily L. Batchelder, *The Shaky Case For a Business Cash-Flow Tax Over a Business Income Tax*, 70 (4) NATIONAL TAX JOURNAL 901 (2017) [*thereafter*, Batchelder (2017b)]. Batchelder (2017b) は，通常の法人所得課税とキャッシュ・フロー法人税を比較検討しているが，キャッシュ・フロー法人税も expensing 型の消費課税であるため，本章では特段の断りのない限り，expensing とキャッシュ・フロー法人税を同義で用いる。

23)　もしも，expensing の下で赤字になった場合に，納税者に当該年度に完全還付が行われない（すなわち繰越欠損金になる）のであれば——そして，現実的に国が完全還付を伴う立法を行うことは想定しづらいといえる——expensing の下でも通常収益に課税が及ぶとともにレントに対する実効税率が高まることを意味する。Batchelder (2017b), *supra* note 22, at 912-913. そして，この事象は，繰越欠損金額を利子相当額だけ調整する場合にも，適切な利子率の設定という問題に直面することになる。*Id.* at 913. 本書第1編第4章第2節第3款参照。

24)　なお，日本における既存の研究開発税制（R&D 税制）が上手く機能していない可能性については，神山弘行「研究開発と税制——模倣の促進からイノベーションの促進へ」租税法研究46号1頁（2018年）参照。

338

却を expensing に置き換えた場合——包括的所得概念から消費型所得概念に近接することを意味するのであり——投資自体を促進するというよりは，通常収益に租税負担が及ばないため投資判断に対して税制が「中立的」になることを意味するに過ぎない[25]。包括的所得概念に近い課税ベースと比較すると，expensing が認められる場合には相対的に投資が促進されることを意味するに過ぎないのである。

　Expensing の投資促進効果に関する伝統的な議論は，投資主体（ここでは法人を想定する）が，限界税率（marginal tax rate）に依拠する形で，投資に関する意思決定を行っているとの前提に立脚してきた。しかし，もしも投資主体が，限界実効税率ではなく，法定税率等の「より認知しやすい指標」[26]に反応する場合，投資促進の手段として expensing が最適な政策手段でなくなる可能性が高まる。例えば，所与の法人税収を想定した場合，①（包括的所得概念と親和的な）経済的減価償却を維持しつつ法定税率を引き下げる選択肢と，②（消費型所得概念と親和的な）expensing を採用した上で法定税率を引き上げる選択肢[27]を想定してみよう。もし仮に，投資主体が限界実効税率ではなくより認知しやすい指標（例えば法定税率や法定実効税率）に反応するのであれば，②expensing よりも①法定税率引き下げの方が投資促進の効果が高くなる可能性がでてくる[28]。

　Batchelder（2017a）は，expensing が法人納税者に対する投資促進策として，上手く機能するのかという問いについて，税務会計と企業会計の乖離に着

---

25) 長戸貴之「キャッシュ・フロー法人税の理論と課題」法律時報 90 巻 2 号 21，22 頁（2018 年）；「シンポジウム イノベーションと税制」租税法研究 46 号 100-101 頁〔神山発言〕（2018 年）参照。

26) 限界実効税率よりも法定実効税率又は法定税率の方が，投資主体にとって認知しやすいという意味で，顕著性（salience）が高い指標と評価することも可能であろう。租税の顕著性を巡る議論については，本編第 2 章第 3 節第 2 款参照。*Also see*, David Gamage & Darien Shanske, *Three Essays on Tax Salience: Market Salience and Political Salience*, 65 TAX LAW REVIEW 19 (2011).

27) ここでは，expensing を採用することで課税ベースが狭まり税収が失われる分を取り戻すために，法定税率を引き上げるシナリオを想定している。例えば，Batchelder（2017b）は，キャッシュ・フロー法人税で法人所得税と同規模の税収を上げるためには，税率が 8〜16% 高くなるとの試算を提示している。Batchelder (2017b), *supra* note 22, at 906.

28) Batchelder (2017a), *supra* note 22, at 24-25, 35; Batchelder (2017b), *supra* note 22, at 906.

第2編　第3章　法人の投資行動と税制

表3　税務会計と企業会計の乖離

	税務会計	企業会計
総収入	20 ドル	20 ドル
減価償却費	−20 ドル	−20 ドル
課税前所得	0 ドル	10 ドル
所得税	0 ドル	3.5 ドル
（現在租税負担）		0 ドル
（繰延税金債務）		3.5 ドル
課税後所得	10 ドル	6.5 ドル

（出典：Batchelder (2017a), *supra* note 22, at 13 Table 1 をもとに一部修正）

目をして，次の数値例を用いつつ議論を展開している[29]。

【数値例[30]】年度 1 初めに，ある企業が 100 ドルの資産に投資をした。当該資産は，年 10% の割合で市場価値が下がるものの，毎年 20 ドルの売上（sales）をもたらしてくれる。今，企業は当該資産について「加速度償却」により，年 20% の割合で減価償却を計上できるとする。税率を 35% とした場合，年度 1 の企業の課税所得はゼロとなる。一方で，企業会計上は，減価償却は 10 ドルしか計上できないため[31]，課税前純所得（pre-tax net income）は 10 ドルとなる。費用収益対応の原則（matching principle）のもとでは，年度 1 の課税前帳簿所得（pre-tax book income）10 ドルに対する帳簿租税債務（book tax liability）を 3.5 ドル計上する[32]。年度 1 の企業の「課税後帳簿所得（after-tax book income）」は 6.5 ドルになる（**表3**）。

企業会計は，繰延税金債務（deferred tax liability）に対して，割引率を適用することを認めない。これは，企業会計が，金銭の時間的価値（time value of

---

29)　ここでは，米国法人が従うべき GAAP financial accounting rule を前提にしており，IFRS と同内容である。Batchelder (2017a), *supra* note 22, at 12-13 fn.40.

30)　*Id.* at 12-13.

31)　Batchelder (2017a) は，現実には，経済的減価償却ではなくとも，（税務会計上の加速度償却よりは）経済的減価償却に近似した値になるとして議論を進めている。

32)　今年の租税負担 0 ドルと，繰延税金債 3.5 ドルの合計である。

money）を無視することを要求していることを意味する[33]。言い換えれば，企業会計は繰延税金債務の現在価値の算定において割引率「ゼロ」の適用を主張していることになる[34]。

　財務諸表（損益計算書，貸借対照表，キャッシュ・フロー計算書）は，tax foot-note を付しているが，当該年度の所得に対して今年度支払う分と繰延分の区別しかしておらず，企業が「何年間」課税繰延をできるのかの情報を提供していないため，加速度償却の租税便益を把握することが困難だというのである[35]。結局，財務諸表は，expensing や加速度償却について「経済的利益」がないものとして扱っており，その他の開示情報から投資家が当該経済的利益を算出することは困難となっている[36]。もしも，経営者が投資の「現実の税引後効果」ではなく，「公開される税引後効果」に反応する形で意思決定をするのであれば，expensing はファイナンス的な見地が想定するほどには，投資促進効果がないのかもしれないというのである[37]。

　これに対して，税額控除や法定税率の引下げは，企業会計上も直ちに租税便益が反映されるため，税務会計と企業会計の間の乖離は生じない（又は相対的に生じづらい）ということが示唆される。

第4節　法人の意思決定——法人は限界税率を参照しているのか？

　法人の背後には，意思決定を司る様々な個人が存在している。法人の意思決定のあり方を考察するに際して，差し当たり，「所有と経営」が分離しているか否かに着目をすることが有益かもしれない[38]。所有と経営が「一体的」な企

33）　FASB, ASC 740-10-30-8; Batchelder (2017a), *supra* note 22, at 13.
34）　課税繰延に対する政府の割引率として割引率ゼロを採用すべきとの主張については，第1編第3章第3節第1款参照。
35）　Batchelder (2017a), *supra* note 22, at 14.
36）　*Id.* at 14-15.
37）　*Id.* at 15.
38）　所有と経営が分離しているか否かという点は，上場企業か非上場企業かという点や，企業規模（大企業か中小零細企業か）とは，別の属性として捉えることができよう。非上場企業であっても，所有と経営が分離していることはありえる。また，企業規模と上場・非上場は別の性質として整理する必要があろう。法人の意思決定に関する分析において，①上場・大企業（所有と経営が分離），

第2編　第3章　法人の投資行動と税制

業（主に非上場企業等）においては，経営者個人の意思決定が，法人の意思決定
に直接的に反映されることになる。一方，所有と経営が「分離」している企業
（主に上場企業等）においては，経営者と株主（投資家）が乖離することになる。

第1款　経営者の判断基準

Graham et al.（2017）[39]では，500社の重役に法人の意思決定における「主
要な参照税率」について，アンケート調査を遂行している[40]。参照税率の選
択肢は，(a)米国の法定税率，(b) GAAP の実効税率（≒帳簿税率）[41]，(c)法域限
定的な法定税率（jurisdiction-specific statutory tax rate），(d)法域限定的な実
効税率（jurisdiction-specific effective tax rate），(e)限界税率，(f)その他であ
った[42]。意思決定の局面は，① M&A の局面，②資本構成（株式による資金調
達か負債による資金調達かの判断），③投資決定（資産，設備等），④購入かリース
かの判断，⑤加重資本コスト（weighted average cost of capital），⑥新工場の
立地，⑦報酬であった[43]。次の表4は上場企業及び非上場企業における参照税
率，表5は意思決定局面ごとの参照税率を示している。

表5では，投資決定において限界税率を参照している企業が 12.5% と少な
いのに対して，何らかの法定税率（米国法定税率又は法域限定的な法定税率）を参
照する企業が約 44%（= 22.9% + 21.1%），何らかの実効税率（GAAP 実効税率
又は法域限定的な実効税率）を参照する企業が約 40.5%（= 24.5% + 16.0%）とな
っている。

また，表4においては，上場企業の約 41% が何らかの法定税率を，約 45%

---

②非上場・大企業（〔②-a〕所有と経営が分離，〔②-b〕所有と経営が未分離），③非上場・中小零
細企業（〔③-a〕所有と経営が分離，〔③-b〕所有と経営が未分離）を区別することが有益かもしれ
ない。

39) John R. Graham, Michelle Hanlon, Terry Shevlin & Nemit Shroff, *Tax Rates and
Corporate Decision Making*, 30 (9) THE REVIEW OF FINANCIAL STUDIES 3128 (2017).

40) 具体的な質問文は，"What is the primary tax rate your company uses to incorporate
taxes into each of the following forecasts or decision making processes?" であった。*Id.*
at 3139.

41) Batchelder（2017a）及び Batchelder（2017b）が論じる帳簿税率（book tax rate）に該当
するものと解される。

42) Graham et al., *supra* note 39, at 3139.

43) *Id.*

342

第4節 法人の意思決定

表4 上場企業及び非上場企業における参照税率

	(a)法定税率	(b)GAAP 実効税率	(c)法域限定 的法定税率	(d)法域限定 的実効税率	(e)限界税率
上場企業	20.0%	27.4%	21.0%	17.6%	10.8%
非上場企業	34.1%	20.5%	14.6%	15.0%	12.5%

（出典：Graham et al., *supra* note 39 at 3140, Figure 1 をもとに作成）

表5 意思決定局面と参照税率

	(a)法定税率	(b)GAAP 実効税率	(c)法域限定 的法定税率	(d)法域限定 的実効税率	(e)限界税率	(f)その他
M&A	21.1%	24.9%	20.3%	20.1%	10.1%	3.4%
資本構成	25.9%	29.7%	14.5%	15.3%	12.0%	2.7%
投資決定	**22.9%**	**24.5%**	**21.1%**	**16.0%**	**12.5%**	**3.1%**
購入かリースか	23.9%	23.7%	20.3%	16.4%	12.3%	3.5%
加重資本コスト	25.4%	34.3%	13.4%	12.6%	11.8%	2.5%
新工場の立地	17.0%	16.6%	28.8%	25.9%	8.8%	2.9%
報酬	25.7%	27.2%	19.1%	12.9%	10.6%	4.6%

（出典：Graham et al., *supra* note 39, at 3141, Table 3 Panel A をもとに一部修正）

が何らかの実効税率を参照しているのに対して，10.8% のみが限界税率を参照している。非上場企業ではその約 48.7% が何らかの法定税率を，約 35.5% が何らかの実効税率を参照しているのに対して，限界税率は約 12.5% となっている[44]。上場企業の重役が企業パフォーマンスの指標として GAAP 収益を最も重要視しているとの実証研究を踏まえると，その延長上として，上場企業の重役にとって GAAP 実効税率が最も顕著性が高い指標になる可能性が高まる[45]。

　この調査における「実効税率」の定義は，本章の定義と異なる可能性がある点には留意が必要であるが，限界税率を参照する企業が相対的に少ない点は興

---

44) さらに，プロビット回帰分析でも，上場企業は（法定税率又は限界税率に対して）実効税率を使う傾向があり，非上場企業は法定税率を使う傾向が示されている。*Id.* at 3142-3144.

45) *Id.* at 3144. なお，上場企業に限定した場合，保有資産規模が 10% 上昇するごとに実効税率を利用する傾向が 1% 減少するとともに，法定税率を利用する傾向が 0.5% 上昇し，また限界税率を利用する傾向が 3% 上昇するとの分析も提示されている。*Id.* at 3143-3144, table 4 Panel B.

343

第2編　第3章　法人の投資行動と税制

味深い。この点，どのように理解することが可能であろうか。

　毎年安定的に高い課税所得を有する企業においては，限界税率は法定税率とかなり近似することになるため，法定税率を限界税率の近似値として用いている可能性が示唆される[46]。一方で，約4割の企業は何らかの実効税率に基づいて意思決定をしていることになる。

　研究開発投資の比重が高い上場企業は，実効税率よりも限界税率を利用する傾向が高まるとの分析結果も提示されている[47]。また，上場企業の意思決定において限界税率と法定税率の乖離が大きい場合には，企業は法定税率を参照する傾向が弱まるようである[48]。さらに，機関投資家による株式保有（institutional ownership）比率が高い企業や，より競争的な事業環境に直面している企業は，実効税率ではなく限界税率を参照する傾向が高まるとされる[49]。これらの点は，合理的な投資行動と親和的な傾向であると解されよう。

　一方で，企業をフォローする財務アナリスト（financial analyst）の数が増加するほど，法定税率や限界税率よりも実効税率を利用する傾向が高まるとの結果が出ている[50]。この点は，財務アナリストがGAAP利益を調査分析する結果，企業にとってGAAP実効税率がより顕著になることを示唆している[51]。

　また，加速度償却等の租税優遇措置について，大企業よりも小規模企業の方がより反応するとの実証分析も存在する[52]。この背後には，支配株主兼経営者であれば——後述するように——帳簿利益に反応する市場の投資家やアナリストの評価を気にすることなく，企業価値の最大化のみを追求できるインセンテ

---

46)　*Id.* at 3140-3141.

47)　*Id.* at 3143-3144, table 4 Panel B. 研究開発投資が10%増加すると，限界税率を参照する傾向が7.4%高まるとともに，実効税率を利用する傾向が17.7%減少するとしている。*Id.*

48)　*Id.* at 3143 table 4 Panel B, 3145. 限界税率と法定税率の乖離が10%上昇すると，法定税率を参照する傾向が2.6%減少するとの分析結果が提示されている。*Id.*

49)　*Id.* at 3143 table 4 Panel B, 3146. 機関投資家による株式保有が10%上昇すると，限界税率を参照する傾向が1.2%高まり，より競争的な環境で事業を展開する企業は実効税率を参照する傾向が15.4%減少するとされる。*Id.*

50)　*Id.* at 3143 table 4 Panel B, 3145. 財務アナリスト数が1人増加すると，実効税率を参照する傾向が1.5%上昇し，法定税率を参照する傾向が1.2%減少し，限界税率を参照する傾向が6%減少する。*Id.*

51)　*Id.* at 3145-3146.

52)　Eric Zwick & James Mahon, *Tax Policy and Heterogeneous Investment Behavior*, 107 (1) AMERICAN ECONOMIC REVIEW, 217-248 (2017).

ィブ構造にあるのかもしれないとの指摘がなされている[53]。

第2款　投資家／アナリストの合理性

　資本市場は完全に効率的ではないとする一連の理論および実証研究が存在している[54]。資本市場が完全に効率的ではない原因として，投資家やアナリストが公開情報から企業の限界税率を計測できないという点[55]や，複雑な情報や顕著性（salience）が低い情報を考慮に入れない傾向がある点を指摘されることがある[56]。

　投資家やアナリストは，直接的に企業の投資決定をしないが，市場メカニズムを通じて株価に影響を及ぼす。上場企業において経営者の利益連動型給与等が企業の株価や帳簿利益に連動している場合，経営者が近視眼的でエージェンシー問題（すなわち，代理人である経営者が本人である株主の利益を最大化しない状況）が生じているために短期的な株価を重視するような状況下において，投資家やアナリストが法定税率やGAAP実効税率（又は帳簿税率）に着目をして株価を形成することは，経営者の意思決定に影響を及ぼすことにつながる可能性があろう[57]。これは投資家やアナリストがGAAP利益に着目することで，企業経営者にとってGAAP実効税率の顕著性が高まることを示唆する[58]。

　もしも，投資家やアナリストがGAAP利益に焦点を当てることで，企業の経営者がGAAP実効税率を参照して投資決定を行う状況が惹起されているのであれば，対応策として，財務諸表の租税情報に関する開示内容を改善させる

---

53)　Batchelder (2017b), *supra* note 22, at 908.

54)　*E.g.*, ANDREI SHLEIFER, INEFFICIENT MARKETS: AN INTRODUCTION TO BEHAVIORAL FINANCE (Oxford University Press, 2000); Malcolm Baker & Jeffrey Wurgler, *Behavioral Corporate Finance: An Updated Survey, in* HANDBOOK OF THE ECONOMICS OF FINANCE VOL. 2A at 357 (George M. Constantinides & Milton Harris & René M. Stulz eds., 2013).

55)　*E.g.*, Michelle Hanlon, *What Can We Infer about a Firm's Taxable Income from Its Financial Statements?*, 56 (4) NATIONAL TAX JOURNAL 831 (2003).

56)　Batchelder (2017b), *supra* note 22, at 905, 907. *Also see*, Marlene A. Plumlee, *The Effect of Information Complexity on Analysts' Use of That Information*, 78 (1) Accounting Review 275 (2003).

57)　Graham et al., *supra* note 39, at 3145-3146.

58)　*Id.*

第2編　第3章　法人の投資行動と税制

（繰延税金債務の現在価値の公表など）ことが考えられる[59]。

第3款　参照税率と税制改革の効果

　法人税改革における従来の議論は，企業は限界的な投資決定においては限界税率を参照して意思決定をすることが前提とされてきた[60]。しかし，企業の現実の意思決定において，限界税率ではなく他の税率が参照されている場合，どのような影響があるのであろうか。

　この点に関連して，Batchelder (2017a) は，税収中立及び自己資本による投資[61]という前提を置いた上で，次の三つの政策オプションを比較検討している[62]。第一の選択肢は即時償却を導入するために相対的に「高い」法定税率を設定する場合（Business Cash-Flow Tax）〔以下，①CF税とよぶ〕であり，第二の選択肢は経済的減価償却にする代わりに法定税率を引き下げる場合（Pure Business Income Tax）〔以下，②法定税率引き下げとよぶ〕であり，第三の選択肢は経済的減価償却にする代わりに投資税額控除を導入する場合（Business Income Tax with ITC）〔以下，③投資税額控除とよぶ〕である[63]。各選択肢の間の比較において，課税ベースの違いだけでなく，税収中立の前提の下，課税ベースが狭い選択肢では法定税率が高くなり，課税ベースが広い選択肢では法定税率が低くなる[64]。

　以下では，説明の便宜のために，通常収益（normal return）を nr，レント（economic rent, abnormal return）を ar，新規投資を n，既存投資を o と表記

---

59)　Batchelder (2017a), *supra* note 22, at 28. ただし，会計士業界は，伝統的に繰延税金債務の割引に対して反対をしてきた経緯があるため，現実性はないのかもしれない。*See, id.*

60)　神山・前掲注11) 321-339頁参照。

61)　すなわち，議論を単純化するために，支払利子控除の問題を避けるべく，借入による投資を想定していない。Batchelder (2017a), *supra* note 22, at 22-30.

62)　Batchelder (2017a) の議論は，ベースラインを現行法（米国内国歳入法典）に設定していると解される。

63)　Batchelder (2017a), *supra* note 22, at 22-30.

64)　なお，経済的減価償却にする場合，法定税率を引き下げることができることの根拠が不分明であるが，支払利子の損金算入を否定することで課税ベースを広げるという前提が効いているように解するのが自然であろう。*Id.* at 23. もしくは，加速度償却や各種課税繰延措置を廃止することで，経済的減価償却への完全移行により現行法をベースラインとした場合に，税収が増加するという仮定を置いていると解することができるかもしれない。

346

する。新規投資から生じる通常収益は nr_n，新規投資から生じるレントは ar_n，既存投資から生じる通常収益は nr_o，既存投資から生じるレントは ar_o と表される。

第一のシナリオは，投資決定において限界税率にのみ反応する場合である。①CF 税は新規投資から生じる通常収益 nr_n への（限界）税率をゼロにするとともに，新規投資から生じるレント ar_n への（限界）税率及び既存投資から生じる全収益 $nr_o + ar_o$ への（限界）税率を上昇させることになる（本節第2項参照）。これに対して，②法定税率引き下げは，新規投資から生じる通常収益 nr_n への限界税率を上昇させ，新規投資から生じるレント ar_n への限界税率を引き下げ，既存投資から生じる全収益 $nr_o + nr_o$ への限界税率を引き下げることになる[65]。③投資税額控除は，新規投資への限界税率は現行法から変化がないことになる[66]。そのため投資促進の観点からは，①CF 税が最善の選択肢となり，③投資税額控除が次善の選択肢になると論じている[67]。

第二のシナリオは，投資決定において限界税率に全く反応せず，帳簿税率又は法定税率のみに反応する場合である。この場合，①CF 税の税効果は無視され，高い法定税率の分だけ，税負担が増加したと感じ，企業は投資を絞ることになる[68]。②法定税率の引き下げと③投資税額控除のどちらに便益を感じるかは，帳簿税率と法定税率のどちらに依拠して投資決定をしているかによる。企業が法定税率に専ら依拠している場合は，②法定税率引き下げでは投資が増加するのに対して，③投資税額控除では効果ゼロになると指摘する[69]。企業が帳簿税率に専ら依拠している場合には，平均帳簿税率ではなく限界帳簿税率に着目している程度において，③投資税額控除の方が効率的になる可能性が出てくるというのである[70]。

第三のシナリオは，複数のタイプが並存する場合，すなわち企業毎又は同一企業内でも局面に応じて参照「税率」が異なる場合である。この場合，新規投資に対する relevant tax rate（RTR）を最小化することが重要になるとの分

---

65) *Id*. at 23.
66) *Id*.
67) *Id*. at 23.
68) *Id*. at 24-26.
69) *Id*. at 25.
70) *Id*. at 25.

第2編　第3章　法人の投資行動と税制

析枠組みを提示している[71]。RTR は，「参照税率の加重平均」と「税収中立的な税率と税額控除」から導かれるとしている[72]。

　企業の意思決定における参照税率を巡る実証研究が発展途上段階にある点に鑑みて，Batchelder（2017a）は暫定的な結論として，（米国の）国内投資を増加させるためには，大規模かつ上場企業については，伝統的に主張されてきた① CF 税よりも，②法定税率引き下げという選択肢の方が効果を見込める可能性が高いとしている[73]。

第5節　考　　察

　伝統的には法人課税改革の文脈において，本章第1節第2款で述べたように，（課税所得の計上地選択や生産地選択の局面とは異なり）投資水準の決定局面において企業は限界税率を参照することが想定されてきた。そして，そのような前提の下，法人税改革の議論が展開される傾向がある[74]。

　これまで先進諸国において，企業の投資行動への中立性を確保することで効率的な資源配分を促すという観点から，付加価値を課税ベースにする改革案——フラット税や X 税など——と，レントを課税ベースにする改革案——キャッシュ・フロー法人税や ACE（Allowance for Corporate Equity）や COCA（Cost of Capital Allowance）など——が様々なバリエーションで展開されてきた[75]。前者は支払配当・支払利子・支払賃金を課税ベースに取り込むことで「広い課税ベース ＋ 低い法人税率」を志向する改革案であり，後者は通常収益を非課税にすることで「狭い課税ベース ＋ 高い法人税率」を志向する改革案

---

71)　*Id.* at 26-28.

72)　*Id.* at 27.

73)　*Id.* at 34-35, 49.

74)　例えば，Tax Foundation（2016）は，法人税率引き下げよりも expensing の方が GDP 上昇効果が高いと試算している。具体的には，法人課税に expensing に移行する（CF 税）場合，長期的に 5.4% の GDP 上昇が見込めるとしている。これに対して，法人税の最高税率を 25% に下げる場合の GDP 成長率上昇を 2.3%，最高税率を 20% に下げる場合の成長率上昇を 3.3%，最高税率を 15% に下げる場合の成長率の上昇を 4.3% と試算している。Tax Foundation, Options for Reforming America's Tax Code, 69-71, 77 (2016).

75)　神山・前掲注 11）321-339 頁参照。

348

だといえる。これらの議論においても，企業の投資水準の決定局面における参照税率は限界税率であることが明示又は暗黙の前提とされてきたと解される。

規範的議論として限界税率をベースに設定することは合理的である。しかし，本章第3節及び第4節で述べたように，事実解明的分析において，もし何らかの理由（それが制度的要因であれ，個人の限定合理性であれ）によって，企業の意思決定者（経営者や役員）が限界税率以外の税率を参照しているのであれば，法人税改革を巡る一連の議論はより精緻な分析が必要となってくる。

フリクション（friction）[76]や規制が存在しないなど一定の条件の下では，限界税率以外を参照する投資家ではなく限界税率を参照する投資家が，裁定取引を通じて，全ての投資家が同じ限界税率に直面する状況がもたらされる[77]。もしも，投資家やアナリストが GAAP 利益及び GAAP 実効税率を参照して価格形成を行っているのであれば，企業が限界税率を参照して事業に関する決定を行うことが困難になるという点において，この状況も一つのフリクションの源泉と位置づけることができよう。

企業のどのような属性又は特性が，参照税率の決定に関してどのように影響を及ぼすかについては実証研究の蓄積を待つ必要がある。今後は，伝統的な議論枠組みだけでは見落とされてきた要素を加味しつつ，課税のタイミングに関する基礎理論とそれに依拠する税制改革案について，より豊かな議論を展開する必要があろう。具体的には，合理的個人の存在を前提とする伝統的な経済学やファイナンス理論の枠組みを基礎にしつつ，行動経済学などにより示唆される限定合理的な個人の存在とそれらの選択が市場メカニズムに及ぼす影響（市場裁定により価格等が是正されるのか，それともフリクション等の何らかの理由により非合理的な価格等が残るのか）について考慮に入れた上で，租税法政策に関する規範的な議論を展開する必要があろう[78]。

---

76) フリクションと租税の関係については，David M. Schizer, *Frictions as a Constraint on Tax Planning*, 101 COLUMBIA LAW REVIEW 1312 (2001)；神山弘行「『金融革命の進行』を振り返って：Fiction, Friction & Taxation」金子宏他編『租税法と市場』167，178，180-182 頁（有斐閣，2014 年）参照。

77) Scholes et al., *supra* note 1, at 194.

78) なお，私的部門では裁定取引等を通じて，個人のバイアス等を解除してくれる市場活動が存在している。これに対して，租税分野など立法政策に関する公的部門においては，個人レベルでのバイアスを自動的に裁定してくれるような制度的仕組みが内在していない。法制度が市場における裁定やバイアス緩和を阻害している場合，この点について，法と行動経済学の分野の分析が寄与する

第 2 編　　第 3 章　法人の投資行動と税制

度合いは大きいと考えられている。Edward J. McCaffery, *Behavioral Economics and the Law*: *Tax, in* THE OXFORD HANDBOOK OF BEHAVIORAL ECONOMICS AND THE LAW, 599, 602 (Eyal Zamir & Doron Teichman eds., Oxford University Press, 2014). 神山弘行「租税法と行動経済学——法政策形成への応用とその課題」金子宏監修『現代租税法講座（1）——理論・歴史』269-294 頁（日本評論社，2017 年）参照。

結　語

　第1編では，主に「納税者の観点（割引率）」と「政府の観点（割引率）」を峻別する見地から，租税法における課税のタイミングに関する基礎理論の再解釈および再構築を試みた。これに対して，第2編では，主に「納税者の観点」から課税のタイミングに関する基礎理論の更新及び再構築を試みている（第1編結語参照）。課税のタイミングに関する伝統的な租税法理論——特に課税繰延の理論——が立脚している前提条件を拡張する（又は現状に即して修正する）と，従来の議論にどのような変化が生じるかという観点から眺めてみると，第2編での議論は，次のように整理できよう。

　第1章では，伝統的な議論が「金銭の時間的価値」として一定の値を想定していたところ，近年の金融市場ではゼロ金利（又はマイナス金利）が生じていることに鑑みて，金銭の時間的価値に関する前提条件を変更した場合の影響について考察を加えた。ゼロ金利の影響は，包括的所得概念に忠実な理念的な所得課税を参照対象とする場合，金銭の時間的価値に起因する課税繰延の問題に関する従来の議論の意義が後退することを示唆するものであった。これに対して，議論の参照対象を現実の所得課税の法的構造に近い状況又は現実の納税者が直面する状況に設定すると，（納税者の観点に限定すれば）課税繰延を巡る伝統的な基礎理論の重要性は今なお失われていないことが確認できた。このことは，課税のタイミングを巡る現実の立法政策に関して，納税者の観点から既存の法制度を評価し，新たな法制度を企画立案する局面では，課税繰延に関する伝統的な議論からの示唆を踏まえつつ，現状に対応する形で（伝統的議論が立脚する）明示の前提条件及び黙示の前提条件の修正必要性も考慮に入れた上で，議論を展開していくことが重要であることを例示しているといえよう。

　第2章では，租税法の経済分析における伝統的な議論が，合理的個人という人間像を前提とする新古典派経済学に立脚してきたところ，近年では個人の限定合理性に着目をする行動経済学の観点からの議論が進展しつつある。本章で

第2編　結　語

は，限定合理的な個人の存在を織り込んだ場合（従来の前提条件を緩めた場合），租税法理論および租税法制度の意義や機能についてどのような理解の更新が可能かを広い観点から検討した。今後は，事実解明的な視点から，より具体的な法制度やその執行局面を念頭におきつつ，実証的な研究を進めていくことが望まれよう。さらに，行動経済学の知見を実際の租税法政策に応用するという規範的分析の局面については，どのような場合に社会的に望ましいのか（又は望ましくないのか）を判断するためのメタ・ルールの構築が必要となろう[1]。

　第3章では，第2章の限定合理的な個人の存在も加味しつつ，議論の前提条件を「個人」から「（個人の集合体である）法人」に拡張することを試みた。伝統的な議論では，法人の（限界的な）投資に関する意思決定に際しては，限界税率を参照税率とすることが理論的には望ましいと考えられてきた。これは，規範的議論として正当であると考えられるものの，事実解明的分析については異なる視座を提供する実証分析が提供されつつある。このことは，法人の意思決定については，組織内部の個人だけでなく，アナリスト等の組織外部の個人，そして裁定取引が可能となる（又は何らかのフリクションにより裁定取引が制約される）市場メカニズムへの影響を慎重に，理論・実証の双方から慎重に検討することが必要であることを示唆している。

　第2編の各章における考察を通じて示されたように，今後の租税立法政策においては，立脚しようとする伝統的な基礎理論について，当該理論が明示的又は黙示的に前提としてきた条件の緩和又は修正を通じて，より豊かな議論を展開できる可能性が広がっているのではないだろうか。租税法を巡る立法政策論においては，これまでも経済学の知見を参照する形で議論が発展してきたが，今後は法制度の表面的な建て付けだけでなく，現実の法適用局面及び法執行局面にも目配りをした上で議論の深化が望まれる。法の適用局面や執行局面の分析においては，個人の限定合理性に着目をする行動経済学に代表される行動科学（behavioral science）の知見も有益な視点を提供してくれよう。

　第2編では，紙幅の制約から，第1編での考察を通じて認識された諸課題の積み残しのうちごく一部しか検討ができなかった。未検討の諸課題に加えて，第2編での考察を通じて発見された課題についても引き続き検討を加えたい。

---

1)　神山弘行「租税法と行動経済学——法政策形成への応用とその課題」金子宏監修『現代租税法講座 (1)——理論・歴史』269頁（日本評論社，2017年）参照。

索　引

欧　文

ability-to-pay ･････････････････････････ *167*
ANDREWS, William ･･････････････ *14, 293*
AUERBACH, Alan J. ･････････*233, 241, 244*
BRADFORD, David ･･････････････ *130, 244*
Cary Brown モデル　→　Expensing
CBO（Congressional Budget Office）
　･･･ *203, 206*
CFC ルール ･････････････････････････････ *111*
Circular A-94 ･･････････････････････ *195, 222*
Current Comparison Method（CCM）･･ *139*
EET　→　課税繰延，後払消費課税
Expensing ･･････ *14, 27, 128, 154, 323, 338, 346*
FASAB（Federal Accounting Standard
　Advisory Board）･･････････････････････*193*
Federal Credit Reform Act ･････････････ *192*
GAO（Government Accountability Office
　／ General Accounting Office）
　････････････････････････････････････*200, 205, 225*
Generalized Cash Flow Taxation ･･････ *244*
HALPERIN, Daniel･･････････ *20, 96, 98, 214*
Look-Back Recomputation Method
　（LBRM）･･････････････････････････ *118, 141*
OID ルール ･････････････････････ *95, 213, 294*
OMB（Office of Management and
　Budget）･･････････ *189, 195, 204, 207, 222, 225*
PFIC（Passive Foreign Investment
　Company）･･･････････････････････････････*113*
Retrospective Taxation ･･････････････ *241*
SHOLES, Myron S.･････････････････････*99*
standard-of-living ･････････････････････ *167*
TEE　→　投資収益非課税，先払消費課税
Tracing Method（TM）･･･････････････ *141*
VICKREY, William ･････････････････ *277*
WARREN, Alvin C.･･･････ *16, 20, 295, 299*

あ

アブノーマル・リターン　→　超過収益

い

イールド ･････････････････････*125, 213, 214*
　課税後（税引後）── *129, 132, 236, 247, 249*
　課税前（税引前）── *118, 126, 236, 247, 250*
　マイナスの── ･････････････････････････ *257*
イールド課税････････････････ *247, 260, 267, 275*
インフレ ･･････････････ *25, 80, 148, 161, 201,*
　　　　　　　　235, 270, 274, 304
　──修正後取得価格 ･･････････････････ *240*

か

外国投資会社（foreign investment
　company）･･･････････････････････････････*112*
外国同族持株会社（Foreign Personal
　Holding Company）･････････････････････*110*
架空の所得（phantom income）･･･････････ *120*
確実性等価物（certainty equivalence）
　････････････････････*203, 206, 218, 227, 234, 242*
影の資本価格････････････････ *206, 221, 223, 224*
加重資本コスト／資本の加重コスト（weighted
average cost of capital）･･･････････*206, 223, 342*
課税繰延（tax deferral）･･･････ *18, 19, 29, 128,*
　　　　　　　　154, 231, 232
　──の利益･･･････ *269, 296, 297, 300, 305, 306*
　──の利益の排除･･ *97, 114, 126, 247, 249, 267*
　──防止規程（anti-tax deferral
　provisions）･････････････････････････････ *107*
課税のタイミング ･･････････････････････*11, 35*
簡　素･･･････････････････････････････････ *330*

き

機会費用･･･････････････････ *20, 79, 102, 158, 194,*
　　　　　　　　196, 202, 221, 237
　──（could view）････････････････ *204, 223*
　──（would view）････････････････ *204, 223*
　私的投資の── ･････････････････････････ *222*
　資本の── ････････ *186, 204, 210, 221, 284*
　政府の── ･････････････････*223, 237, 238*

353

企業会計 ························· *338*
規範的（normative）な問い ·········*31*
金銭の時間的価値（time value of money）
　··········· *11, 25, 67, 84, 121, 147, 177, 180,*
　　　　　　　213, 232, 269, 293, 302, 336

く

繰延報酬 ·········· *52, 56, 95, 97, 99, 141, 276*
グロス・アップ ·······················*26*

け

経済的利益の法理（economic benefit
　doctrine）································ *56*
経済的履行の法理（economic performance
　doctrine）··············· *84, 144, 147*
限界税率 ··········· *100, 103, 140, 143, 159, 171,*
　　　　　　231, 276, 326, 333, 335, 341
減価償却 ·······························*338*
　加速度―― ······················*269, 341*
　経済的―― ························ *12, 346*
　利子つきの―― ·····················*16*
現金主義 ················ *65, 80, 89, 148*
　――会計 ·············*39, 93, 104, 121, 188*
　――予算 ····························*187*
現金等価の法理（cash equivalence
　doctrine）··························*52*
限定合理性 ················ *307, 313, 315, 349*

こ

行動経済学 ·······················*279, 315*
国際課税 ····························*107*
国債の利子率　→　割引率
国庫の視点 ···············*22, 102, 177*

さ

再分配 ·······························*328*
債務保証 ····························*191*
サブパートF所得 ···············*107, 111*

し

時価主義 ··············· *6, 35, 36, 104, 106, 116,*
　　　　　　118, 131, 138, 213, 235, 306
　擬似的な―― ····················*213*
時間選好率 ···········*185, 202, 208, 220,*
　　　　　　222, 223, 280, 316

社会的―― ··· *186, 199, 203, 205, 206, 220, 238*
事実解明的（positive）な問い ···············*31*
実現主義 ··············· *118, 130, 233, 239, 244,*
　　　　　247, 249, 252, 255, 260, 267,
　　　　　　　293, 295, 299, 305, 306
私的投資の限界収益率 ··· *185, 196, 222, 225, 238*
私的投資のリターン ·····················*102, 223*
資本所得課税 ···························*4*
資本の影の価格（shadow price of
　capital）／影の資本価格 ··*206, 221, 223, 224*
社会的時間選好率 ················· *186, 199, 203,*
　　　　　　205, 206, 220, 238
取得費 ·······························*12*
消費概念 ·······················*167, 173*
消費課税 ·························*23, 24*
　後払―― 　→　課税繰延
　先払―― 　→　投資収益非課税
消費型所得概念 ······· *24, 124, 176, 231, 293, 339*
所得平準化（income averaging）··· *100, 276*

せ

税引後収益率（after-tax rate of return）
　→　イールド
税引前収益率　→　イールド
政　府
　――の機会費用 ··············*223, 237, 238*
　――の視点 ···············*22, 102, 177*
　――の割引率 ·· *27, 30, 153, 174, 175, 178, 186,*
　　　　　　204, 208, 220, 225, 238, 294
税務会計 ·······························*338*
全事情の基準（all events test）············*62*
　――の問題点 ······················*68, 80*

そ

早期控除（premature deduction）
　··············· *23, 40, 69, 104*
双曲割引 ·······················*280, 316*
相続・贈与 ·······················*167*
ソーシャル・アプローチ ···············*178, 184*
ソーシャル・セキュリティ ···············*194*
即時全額控除／即時償却　→　expensing
租税回避 ···········*111, 135, 219, 231*
租税支出論（tax expenditures）··*22, 181, 184*
租税の顕示性（tax salience）···············*327*
損　失·······················*51, 135, 255, 263*

索　引

——損失回避性（loss aversion）········ *319*

た

代替課税（substitution tax）〔含む，代替税〕
················· *101, 124, 143*
タックス・コスト方式······················ *182*

ち

中間利息···*20*
超過収益··············· *15, 25, 157, 177, 239,*
295, 303, 325, 338, 346, 348

と

投資収益非課税（yield exemption）
··············· *14, 17, 19, 29, 154*
投資単位··· *260*
同族持株会社（personal holding company）
··· *111*

な

内部留保課税（accumulated earning tax）
··· *108*

の

納税者の視点····································· *177*

は

パートナー ······················ *24, 117, 251*
サイレント—— ···············*212, 257, 268*
発生主義··· *192*
——会計···*61*
——課税········· *35, 36, 104, 117, 141, 252*

ふ

フィナンシャル・アプローチ ··········· *178, 181*
プロスペクト理論 ····················· *307, 318*

へ

平均税率·····························*159, 326, 337*
ベネフィット方式 ···························· *183*

ほ

包括的所得税（包括的所得概念）···· *12, 23, 24,*
36, 101, 124, 148, 170, 176,
231, 242, 247, 262, 293, 339

法形式··· *321*
法と経済学（法の経済分析）·················· *10*
保有期間中立性 ··············· *234, 251, 252, 267*

ま

マッチング ························· *92, 146*
——不要説···································*96*

み

みなし受領の法理（constructive receipts
doctrine）······························· *42*

む

無リスク金利······························ *218, 227*
無利息国債 ···································· *128*
無利息融資（interest free loan）
········· *22, 102, 129, 214, 236, 256, 300*

め

メンタル・アカウンティング ··········· *281, 308*

り

利益率··*15*
離散モデル（discrete model）············· *248*
利子税··········· *106, 116, 118, 125, 128, 225*
——の賦課方式 ······························· *137*
実現時の—— ······························· *239*
毎年度の—— ······························· *236*
利子率···························· *125, 128, 130*
——（過少納税への利子税）·············· *126*
——（過大納税への還付加算金）··········· *126*
——（納税者の借入利率）·················· *133*
——（納税者の投資収益率）·················· *130*
国債の—— ········ *102, 127, 134, 188, 194, 196,*
201, 218, 225, 237, 238, 294
リスク····························*212, 215, 316*
——共有／——・シェアリング（risk
sharing）·······················*165, 216*
——集積（risk-pooling）·················· *215*
——と割引率····························· *208*
——の対価····························· *302*
——・プレミアム······ *133, 164, 210, 216, 227*
——への課税····························· *24, 302*
世代間の——共有······························· *217*

355

る

累進課税（含む累進税率）···· *100, 159, 276, 303*
累進性···························· *326*

れ

連続モデル（continuous model）·········· *248*
レント　→　超過収益
連邦短期レート（federal short-term rate）
·························· *118, 123, 125*

わ

割引現在価値············ *15, 20, 27, 121, 148, 158,*
175, 190, 195, 214, 337
割引率（discount rate）········ *4, 18, 124, 178*
──（時間選好率）·········· *185, 202, 208, 220,*
222, 223, 280, 316
──（私的投資の限界収益率）
·············· *185, 196, 222, 225, 238*
──（私的投資のリターン）·········· *102, 223*
──（資本コストの加重平均／加重資本コス
ト（WACC））·············· *206, 223, 342*
──（資本の影の価格（shadow price of
capital）／影の資本価格）
·············· *206, 221, 223, 224*
──（社会的時間選好率）········ *186, 199, 203,*
205, 206, 220, 238
──（政府の借入利子率／国債の利子率／国
債の利率）······ *102, 127, 134, 188, 194, 196,*
201, 218, 225, 237, 238, 294
──ゼロ ·························· *179, 187*
──無限大·························· *187*
決算過程における── ···················· *193*
社会的──（social discount rate）···· *184*
政策決定過程における── ·············· *195*
政府の── ·········· *27, 30, 153, 174, 175, 178,*
186, 204, 208, 220, 225, 238, 294
納税者の── ························ *294*
予算過程における── ···················· *187*
リスクと── ·························· *208*

356

〈著者紹介〉

神山　弘行（こうやま　ひろゆき）

一橋大学　大学院法学研究科　准教授

1979 年　岐阜県に生まれる
東京大学法学部卒業
Harvard Law School, LL.M.（法学修士）
Harvard Law School, S.J.D.（法学博士）

東京大学大学院法学政治学研究科助手，同助教，岡山大学大学院社会文化科学研究科准教授，神戸大学大学院法学研究科准教授を経て，2015 年より現職

所得課税における時間軸とリスク
―― 課税のタイミングの理論と法的構造

2019 年 12 月 30 日　初版第 1 刷発行

著　者　　神　山　弘　行
発行者　　江　草　貞　治
発行所　　株式会社　有　斐　閣
　　　　　　　郵便番号 101-0051
　　　　　東京都千代田区神田神保町 2-17
　　　　　電話　(03) 3264-1314〔編集〕
　　　　　　　　(03) 3265-6811〔営業〕
　　　　　http://www.yuhikaku.co.jp/

印刷・大日本法令印刷株式会社／製本・大口製本印刷株式会社
©2019, Hiroyuki KOHYAMA. Printed in Japan
落丁・乱丁本はお取替えいたします。
★定価はカバーに表示してあります。

ISBN 978-4-641-22748-4

｜JCOPY｜ 本書の無断複写（コピー）は，著作権法上での例外を除き，禁じられています。複写される場合は，そのつど事前に（一社）出版者著作権管理機構（電話03-5244-5088, FAX03-5244-5089, e-mail：info@jcopy.or.jp）の許諾を得てください。